丛书总主编／马怀德

中国政法大学新兴交叉学科研究生精品教材

人工智能法学导论：文本、案例与材料

郭旨龙◎编著

RENGONG ZHINENG FAXUE DAOLUN:
WENBEN、ANLI YU CAILIAO

中国政法大学出版社

2024·北京

声　明　1. 版权所有，侵权必究。

　　　　　2. 如有缺页、倒装问题，由出版社负责退换。

图书在版编目（CIP）数据

人工智能法学导论：文本、案例与材料 / 郭旨龙编著. —— 北京：中国政法大学出版社，2024.8. —— ISBN 978-7-5764-1702-9

Ⅰ. D922.174

中国国家版本馆CIP数据核字第202449FP49号

出　版　者	中国政法大学出版社
地　　　址	北京市海淀区西土城路 25 号
邮　　　箱	fadapress@163.com
网　　　址	http://www.cuplpress.com（网络实名：中国政法大学出版社）
电　　　话	010-58908435(第一编辑部) 58908334(邮购部)
承　　　印	保定市中画美凯印刷有限公司
开　　　本	720mm×960mm　1/16
印　　　张	18.25
字　　　数	327 千字
版　　　次	2024 年 8 月第 1 版
印　　　次	2024 年 8 月第 1 次印刷
印　　　数	1~3000 册
定　　　价	66.00 元

总　序

2017年5月3日,在中国政法大学建校65周年前夕,习近平总书记考察中国政法大学并发表重要讲话。他强调,全面推进依法治国是一项长期而重大的历史任务,要坚持中国特色社会主义法治道路,坚持以马克思主义法学思想和中国特色社会主义法治理论为指导,立德树人,德法兼修,培养大批高素质法治人才。推进全面依法治国既要着眼长远、打好基础、建好制度,又要立足当前、突出重点、扎实工作。建设法治国家、法治政府、法治社会,实现科学立法、严格执法、公正司法、全民守法,都离不开一支高素质的法治工作队伍。法治人才培养上不去,法治领域不能人才辈出,全面依法治国就不可能做好。

习近平总书记强调,没有正确的法治理论引领,就不可能有正确的法治实践。高校作为法治人才培养的第一阵地,要充分利用学科齐全、人才密集的优势,加强法治及其相关领域基础性问题的研究,对复杂现实进行深入分析、作出科学总结,提炼规律性认识,为完善中国特色社会主义法治体系、建设社会主义法治国家提供理论支撑。法学学科体系建设对于法治人才培养至关重要。我们有我们的历史文化,有我们的体制机制,有我们的国情,我们的国家治理有其他国家不可比拟的特殊性和复杂性,也有我们自己长期积累的经验和优势,在法学学科体系建设上要有底气、有自信。要以我为主、兼收并蓄、突出特色,深入研究和解决好为谁教、教什么、教给谁、怎样教的问题,努力以中国智慧、中国实践为世界法治文明建设作出贡献。对世界上的优秀法治文明成果,要积极吸收借鉴,也要加以甄别，有选择地吸收和转化，不能囫囵吞枣、照搬照抄。

当前，我们正处于中华民族伟大复兴战略全局和世界百年未有之大变局之中，面对深刻的社会变革、复杂的法治实践和日新月异的科技发展，我们必须清醒认识到，我国法学学科体系存在学科结构不尽合理、社会急需的新兴学科供给不足、交叉融合不够、学科知识容量亟待拓展等深层次问题，需要加快构建具有中国特色和国际竞争力的法学学科体系。正如习近平总书记深刻指出的那样："我国高校学科结构不尽合理，课程体系不够完善，新兴学科开设不足，法学与其他学科的交叉融合不够。"近年来出现的教育法、网络法、卫生法、体育法、能源法、娱乐法、法律与经济等新兴法律领域和交叉学科，已经开始挑战固有的法学学科秩序，带来法学学科创新发展的新机遇。健全法学学科体系，重点在于创新法学学科体系，必须大力扶植法学新兴学科和交叉学科的发展。学科体系建设同教材体系建设密不可分。要培养出优秀的法治人才，教材体系建设是重要基础性工作。中国政法大学作为中国法学教育的最高学府，可以利用其学科齐全、人才密集的优势开展法学新兴交叉学科教材的编写工作，促进法学新兴交叉学科的建设。

编写法学新兴交叉学科教材是落实全面依法治国要求，大力发展法学新兴交叉学科的需要。十八大以来，全面依法治国进入快车道，对法学学科体系建设提出了新要求，构建中国特色法学体系特别是学科体系、教材体系刻不容缓。2020年9月，教育部等三部委联合下发了《关于加快新时代研究生教育改革发展的意见》，该意见明确提出，要加快学科专业结构调整、加强课程教材建设。推进法学新兴交叉学科发展、加强法学新兴交叉学科教材建设，是我校落实全面依法治国要求、加快法学学科体系和法学课程教材建设的应有之义和具体措施。

编写法学新兴交叉学科教材是推动法学教育事业，培养复合型、创新型人才的需要。随着经济社会快速发展，社会急需复合型、创新型人才。在法学领域，急需既懂法律，又懂专业技术和其他社科知识的复合型、创新型人才。特别是熟悉监察法、党内法规、大数据、人工智能、共享经济、数字货币、基因编辑、5G技术等方面的人才奇缺，研究也不深入。为此，急需建立一批法学新兴交叉学科专业，开设更多新兴交叉学科课

总 序

程，努力培养社会急需的复合型、创新型法治人才。中国政法大学在回应新技术革新对法治的挑战，培养创新型、复合型人才方面一直在积极探索、努力耕耘。近年来，我校相继设立了一批科研机构（包括数据法治研究院、资本金融研究院、互联网金融法律研究院、党内法规研究所等），开设了一批新兴交叉学科课程。为发展新兴交叉学科，推动法治人才培养取得实效，必须推进法学新兴交叉学科教材建设。

编写法学新兴交叉学科教材是引领世界法学学科发展潮流，构建中国特色法学学科体系的需要。近年来，许多国家法学新兴交叉学科发展迅速。例如，美国推动法经济学、法社会学、法政治学、法心理学、法人类学等新兴交叉学科建设，在世界范围内产生较大影响。中国要引领法学学科发展，必须打破法学内部的学科壁垒，扩充法学学科的知识容量，推进法学和其他学科的交叉与融合。习近平总书记指出，要按照立足中国、借鉴国外，挖掘历史、把握当代，关怀人类、面向未来的思路，体现继承性、民族性、原创性、时代性、系统性、专业性，加快构建中国特色哲学社会科学。我们要在借鉴国外有益经验的基础上，努力建设既体现中国特色、中国风格、中国气派，又具有国际竞争力，能够引领世界发展潮流的法学学科体系。

推出这套法学新兴交叉学科精品教材，希望可以积极推动我国法学教育新的发展方向，做法学新兴交叉学科建设的探路者。我们深知，合抱之木，生于毫末；九层之台，起于累土。希望这套精品教材的推出能够成为一个良好开端，为推进我国法学新兴交叉学科发展尽绵薄之力。经过一段时间的努力，相信一定能够建成具有中国特色、中国风格、中国气派，符合时代要求、引领世界法学学科发展的我国法学新兴交叉学科。

是为序。

马怀德
2021 年 9 月 9 日

序　言

当前，新一轮的科技革命和产业变革正在萌发，智能化成为技术和产业发展的重要方向，人类对人工智能掌控力的降低也引发了民众对人工智能技术的担忧甚至恐惧。国务院于 2017 年发布了《新一代人工智能发展规划》将"明确人工智能法律主体以及相关权利、义务和责任"作为我国发展人工智能的一项有待推进的重要议题。国内几大高校设立了人工智能学院。如何对人工智能进行规制，使其在设定好的轨道内蓬勃发展成为时代新课题。2020 年 6 月，调整后的全国人大常委会 2020 年度立法工作计划公布，提出重视对人工智能等新技术领域相关法律问题的研究。

未来已来。这句耳熟能详的口号随着 2023 年初 Chat-GPT 4 和 2024 年初 Sora 的风靡全球，已然深入人心。智能已能。中国积极开展深度合成、算法新闻等领域的治理。欧盟《人工智能法案》(The AI Act) 已正式颁布。在深度科技化的时代，如何构建人与智能和谐共生、联合进步的未来世界图景走向，需要跨学科地进行积极的理论探索。

人工智能法学的研究和教学是中国在这一领域确立领先地位的重要支点。2020 年春，新型冠状病毒肺炎肆虐全球，导致我待在家乡。无心进行科研创作，正好乘此机会开始读书做笔记。于是较为系统地阅读了人工智能法律规制的相关著作。教学相长的机会马上到来。在北京大学暑期班授课《智能时代共同体的联合与进步》。2020 年秋始连续四年给法律硕士（非法学）讲授《人工智能法学》课程。2023 年秋给本科生开始《人工智能法学导论》。本人亦连续多年担任法大网络与智能法研究会指导老师，开展了网络法与人工智能法的第二课堂。

《人工智能法学导论》是对人工智能涉及的法治系统问题进行梳理的教材。本书吸收了国内外人工智能法学研究领域的优秀成果，兼顾人工智能的当前需求与长远发展，以人工智能的法律规制为核心，构建起人工智能法学研究的初步框架。本书可分为四部分：第一部分，即本书的出发点是人工智能的发展现状及其对传统法律体系带来的冲击。第二部分不仅详细论述了人工智能的责任承担体系，也对人工智能的权利哲学进行了介绍，并在此基础上对人工智能能否拥有法律人格进行了探讨。第三部分建立在前两部分的基础上，回归应如何对人工智能进行规制这一核心问题，从规制者的建设、规制人工智能的创造者、规制人工智能本身三个方面展开系统论述。第四部分则以中国现行法律体系为出发点，从具体的司法实践的角度来分析应如何解决人工智能引发的种种问题，例如智能环境的信息隐私问题、犯罪预防问题。最终本书加上了副标题"文本、案例与材料"。这是对本版的定位，本版主要是对既有文本、案例与材料的汇编。这也是对再版的期许，希望再版时能够更好地融合人工智能法学领域的重要论著、典型案例与经典材料，更加契合国际上"Texts，Cases and Materials"类教材的风格。

作为一本跨学科的著作，本书不但面向科研与学术机构中从事人工智能法学研究与学习的师生，同时也可供人工智能产业界的实务人士学习、参考。本书的实践价值在于为人工智能产业，尤其是无人驾驶、自动武器、人机协同等重点领域的发展提供一般性的法律与理念指引，促进人工智能持续发展与深度应用。本书的理论价值在于对未来人工智能可能带来的社会变革展开研究，为新一代人工智能法律规制理论体系的建立提供理论支撑，更在于促进国内人工智能法学教育的发展、促进国内人工智能法学人才的培育。

感谢中国政法大学法律硕士学院院长许身健教授、数据法治研究院王立梅教授、诉讼法学研究院陈锦波副教授、刑事司法学院张可副教授、法治信息管理学院周蔚老师等师友的帮助，让我有幸获得了中国政法大学2023年新兴交叉学科研究生精品教材立项。感谢我的学生郝洁、张文馨、杜佩、陈嘉雯、翁晟棋、周可、许浩然、曹莹，反复校阅了各个章节，我对他们的长期支持深表感谢。感谢江苏省高级人民法院朱军彪和中国人民大学博士生陈习明的前期文字帮助。感谢中国政法大学出版社李闯先生与同事对本书的悉心编校。

郭旨龙
2024年6月5日于北京

目录 Contents

第一章 人工智能法学的基础问题 ………………………………… 1
    一、机器人定律的得失 ………………………………………… 1
    二、人工智能的界定问题 ……………………………………… 4
    三、AI 收益和风险的泛在性 ………………………………… 11
    四、人工智能法学研究的当下性 ……………………………… 20
    五、人工智能法学研究的框架 ………………………………… 30

第二章 人工智能时代的法治挑战 ………………………………… 34
    一、AI 法的新颖性 …………………………………………… 34
    二、AI 对责任概念与制度的挑战 …………………………… 38
    三、AI 时代的责任、权利与伦理 …………………………… 53
    四、AI 独有特征挑战法治的结论 …………………………… 57

第三章 人工智能的责任问题 ……………………………………… 58
    一、AI 的私法责任 …………………………………………… 60
    二、AI 的刑事责任 …………………………………………… 80
    三、AI 有益行为的责任 ……………………………………… 81
    四、AI 的其他责任 …………………………………………… 89
    五、AI 责任的结论 …………………………………………… 91

第四章 人工智能的权利问题 ……………………………………… 92
    一、批判性的机器人权利哲学 ………………………………… 93
    二、对 AI 权利四种前见的批判 ……………………………… 96
    三、研究 AI 权利的反常思路 ………………………………… 114
    四、研究 AI 权利的初步结论 ………………………………… 118

第五章　人工智能的法律人格 ……………………………………… 121
　　一、AI 法律人格的困境与进路 …………………………………… 121
　　二、AI 法律人格是否可取 ………………………………………… 124
　　三、AI 法律人格是否可能 ………………………………………… 129
　　四、AI 法律人格面临挑战 ………………………………………… 134
　　五、AI 法律人格的初步结论 ……………………………………… 140

第六章　建设人工智能规制者 …………………………………… 142
　　一、为何要在能够制定法律之前设计制度 ……………………… 142
　　二、政府规制 AI 的当下趋势 ……………………………………… 149
　　三、当前的国际规制 AI 趋势 ……………………………………… 161
　　四、建设 AI 规制者的结论 ………………………………………… 170

第七章　控制人工智能创造者 …………………………………… 171
　　一、道德规制者的合法性问题 …………………………………… 172
　　二、已经提出的规制准则 ………………………………………… 186
　　三、许可和教育 …………………………………………………… 202
　　四、控制 AI 创造者的结论 ………………………………………… 209

第八章　控制人工智能创造物 …………………………………… 211
　　一、正当程序原理 ………………………………………………… 212
　　二、实体正义原理 ………………………………………………… 229
　　三、控制 AI 创造物的结论 ………………………………………… 253

第九章　人工智能犯罪的刑法预防 ……………………………… 255
　　一、犯罪主体的双重变化 ………………………………………… 257
　　二、犯罪行为的认定 ……………………………………………… 260
　　三、严格责任的趋向 ……………………………………………… 273
　　四、新犯罪时代的新预防策略 …………………………………… 275

附录　中国人工智能政策法规文件及其解读 …………………… 277

第一章

人工智能法学的基础问题

美国西雅图大学的学者知念（Chinen）认为，随着智能技术成为我们日常生活中更强大、更普遍的一部分，人工智能（Artificial Intelligence AI）的兴起为机器和智能系统赋能，并可能对我们的生活和规范产生影响。在规范层面，AI 的出现让我们重新考虑我们处理损害的方式，并思考现有责任体系是否依旧能够让人信服。[1]在生活层面，我们的生活方式和思维习惯也将发生全方位的渐变。为此，我们需要对整个人工智能及其社会影响的体系有一个系统的了解。

一、机器人定律的得失

"机器人"一词通过1920年的捷克戏剧《罗萨木的万能机器》变得流行后，机器人在该剧本中指称的"工厂里被用作奴隶劳动力（roboti）的人造人（artificial humans）"这种含义也产生了深远影响。此外，很多责任体系或伦理体系的讨论都会从阿西莫夫（Asimov）等人的文艺作品中提出的机器人法则谈起。在其1942年的小说《环舞》（Runaround）中首创了"机器人学"一词之后，阿西莫夫提出了机器人四法则：①机器人不得伤害个人（person/individual）或者通过不作为放任该人受害；②机器人必须遵照人类给予的指令，除非该指令违反第一个法则；③机器人必须保护其自身的存在，只要该保护不与前两个指令相冲突；④机器人不得伤害人类（humanity），或通过不作为放任人类受伤。[2]这些规则在无数论著中被广为引用，激发了诸多思考，但其存在各种缺陷。

担任过英国最高法院副院长司法助理的特纳（Turner）批评道，这种科幻中的法则难以作为人类与人工智能实际互动的蓝图：首先，这些规则很模糊，以使

---

[1] Mark Chinen, *Law And Autonomous Machines: The Co-Evolution of Legal Responsibility and Technology*, Edward Elgar Publishing, 2019, p. vi.

[2] Isaac Asimov, "Runaround", in Isaac Asimov, *I, Robot*, Harper Voyager, 2013, p. 31.

得阿西莫夫能够写出一个又一个奇怪的机器人行为不当而危险的故事；这些法则也未能说清楚如果不同的人给出不同的指令，机器人该何去何从；再者，未能解释应当如何处理有害但没有危害人本身的命令，例如要求机器人盗窃财产。所以阿西莫夫的法则远非处理我们与人工智能关系的完整法典。我们不仅需要一系列新的规则，更要清楚谁应该塑造这些规则，这些规则如何能够得到支持。[1]阿西莫夫的法则远非我们需要的完整新规则，例如如何处理义务冲突；它们更未说清楚为何他或者其他人应该塑造这些规则，这些规则又如何能够得到大众的支持和实践的落实。

意大利都灵大学的帕加罗（Pagallo）教授认为，七十多年后引人注目的是，阿西莫夫的情节如何预见到当今争论的许多关键问题：机器人的法律人格问题，法律的规律应当如何被理解的逻辑问题，以及机器的设计应该理解和处理诸如当前战争法则和交战规则这样复杂的信息。在法律和文学之间，阿西莫夫的故事传达的信息似乎很清楚：既然机器人将继续存在，法律的目标应该是明智地管理我们的相互关系。[2]阿西莫夫法则的先进意义在于很早地提出了要一直思考人类与人工智能之间的关系处理法则，然而现实的局限在于七十多年后关系处理法则仍未有更新或更系统的发展，或者虽然其他个体或其他团体提出了更新或更系统的关系处理法则，我们人类整体、甚至国内社会整体，都未形成一致意见。

美国律师韦弗（Weaver）认为，机器人法则是科幻小说中人工智能的重要概念，其引出了科幻小说中AI机器人和软件所具有的内在冲突：AI可能与人类具有相同的意志自由，却不享有人类所拥有的行动自由，其行动自由是有条件的。其他没有表达几大定律的科幻小说也表明了AI拥有自由意志的可能性，这一现象背后的信息也愈发清晰：部分自由意志以及对这种意志的认可对AI而言可能是不够的。法律可将有限权利和责任赋予AI，保护与其交流互动的真实人类，将人类置于更好的位置，使其从中获益。[3]艺术来源于生活而高于生活。科幻文学为我们处理人类与人工智能之间的关系提供了一个远景的参照，但这个远景毕竟不是现实，而法律主要关照的是现实生活。所以韦弗才会认为，虽然在未来对AI部分意志和人格的认可可能是不够的，但当下对其有限的权利和责任的认可

---

[1] Jacob Turner, *Robot Rules: Regulating Artificial Intelligence*, Palgrave Macmillan, 2019, pp. 2～3.

[2] Ugo Pagallo, *The Laws of Robots: Crimes, Contracts, and Torts*, Springer Netherlands, 2013, pp. 16～17.

[3] John Frank Weaver, *Robots are People Too: How Siri, Google Car, and Artificial Intelligence will Force Us to Change Our Laws*, Praeger, 2013, pp. 4～5.

却是足够且有益于人类的。

对于人工智能和人类的法律关系的系统处理,远非上述科幻文学中的几个法则就能涵盖和解决的。弗鲁姆金(Froomkin)认为,从方法论上来说,最值得注意的三个焦点是:①现在对机器人及其监管问题进行研究,仍有早期优势;②技术问题远比法律人想象的复杂,而法律、伦理和哲学问题比工程师想象的更有争议且有时也更复杂;③解决这些问题的唯一办法是,扩大和深化跨学科的交流合作,这个团队项目能让世界为机器人做好准备,也让机器人为世界做好准备。[1] 人工智能法学的研究注定是跨学科的综合性研究,不仅要了解人工智能本身涉及的数学、计算机和数据等基本知识,[2]还需要了解既有的法律体系,更需要知晓人工智能对于社会实践和社会思潮的影响以及其中的多元互动关系。

弗鲁姆金认为,机器人引发的问题分布在广泛的多学科领域,影响着日常生活、商业实践乃至战争。此外,正是问题识别的这个过程表明了还有诸多的定义和应用工作有待进行。以有序的方式处理这些问题是一项重大任务,需要跨越学科才能真实有效地扩展对话。[3] 帕加罗认为,一方面,机器人应用的不同寻常的多样性提醒我们不要一概而论,因为这样做在确定一个领域的规范性挑战时,必然会有不足之处;另一方面,机器人学的交叉学科性质决定了这个领域无所不包的视角远超任何一名学者的能力。[4] 弗鲁姆金认为,跨学科的团队能为机器人设计人员的设计避免一些法律和道德问题。在工程师设计产品之前,法律人和伦理学家关于机器人部署障碍的特点和问题的识别,以及详细的规范指导,有助于引导机器人标准和设计的发展。而如果无法规避,或者提供的规避设计在商业上不可行,或者有人选择忽视这些设计,则监管机构需要工程师和伦理学家的帮助,以制定针对性规则,来解决当前问题或适用于未来技术。在上述过程中,机器人的设计者和制造者能够解释未来方向、实际可行性和商业合理性,促进质量监管的实现。[5] 这个交流合作的过程不仅通过法律人和伦理学家实现了人工智能的合规,也通过科学家和企业家实现了人工智能时代法律和标准的革新。

接下来,本章将概述 AI 的日益复杂化情形,及其在各领域的广泛应用和影响,然后思考其带来的各种公共政策、法律制度乃至哲学上的挑战,展望可能的

---

[1] Ryan Calo, A. Michael Froomkin, Ian Kerr eds., *Robot Law*, Edward Elgar Publishing, 2016, p. xxi.
[2] 杨延超:《机器人法:构建人类未来新秩序》,法律出版社 2019 年版,第 2 页。
[3] Ryan Calo, A. Michael Froomkin, Ian Kerr eds., *Robot Law*, Edward Elgar Publishing, 2016, p. x.
[4] Ugo Pagallo, *The Laws of Robots: Crimes, Contracts, and Torts*, Springer Netherlands, 2013, p. xii.
[5] Ryan Calo, A. Michael Froomkin, Ian Kerr eds., *Robot Law*, Edward Elgar Publishing, 2016, xxii.

政策与法律变化。弗鲁姆金认为，通过识别出可能影响或推迟机器人部署的问题，其撰写的、阐述了机器人广泛部署对社会的影响的跨学科章节，将影响未来机器人的计划和设计，以及机器人法则的首次迭代。理想情况下，由这些研究产生的对话将有助于确定如何缓解、解决或避免所发现的问题。[1]

二、人工智能的界定问题

经济合作与发展组织（OECD）在其关于人工智能的原则建议中提出，人工智能系统是一种基于机器的系统，它可以针对一组给定的人类定义的目标作出预测、建议或决定，从而影响真实或虚拟环境。[2]专家认为，除非规约中另有规定，否则法律术语预期只有一个定义，与之不同的是，大多数技术概念受益于根据作者的不同而改变含义。这给那些试图预测法律应该如何对待人工智能的人增加了困惑，例如，因为作者们无法就人工智能在概念上代表什么达成一致。[3]

（一）人工智能界定的动因

在界定人工智能时，与其直接问什么是人工智能，不如先问我们为什么要界定它——因为如果人们不理解规则，就无法主动遵循规则。[4]再者，在学术上，如果概念不明确，容易牵强附会，导致学术泡沫兴起。国内学者指出，当人们因不求甚解而误解研究对象时，准确认识相关概念就十分必要，特别是要避免将仅具有自动性的普通机器和程序，例如普通汽车、ATM机、手机银行、支付宝第三方支付平台等，认定为认定条件非常复杂的人工智能。[5]专家指出，人工智能涵盖了从简单软件到有感知能力的机器人，以及介于两者之间的一切技术，并不可避免地包括算法和数据。这就是为什么现在很多人对人工智能的描述有些不准确，因为人们谈论的不是整个人工智能，而是机器学习和相关技术的进步。[6]

---

[1] Ryan Calo, A. Michael Froomkin, Ian Kerr eds., *Robot Law*, Edward Elgar Publishing, 2016, pp. x–xxii.

[2] Recommendation of the OECD Council on Artificial Intelligence, https://legalinstruments.oecd.org/en/instruments/OECD-LEGAL-0449.

[3] Iria Giuffrida, Fredric Lederer, Nicolas Vermeys, "A Legal Perspective on the Trials and Tribulations of AI: How Artificial Intelligence, the Internet of Things, Smart Contracts, and Other Technologies Will Affect the Law", *Case Western Reserve Law Review*, Vol. 2018, No. 3.

[4] Jacob Turner, *Robot Rules: Regulating Artificial Intelligence*, Palgrave Macmillan, 2019, pp. 8~9.

[5] 刘艳红：《人工智能法学研究的反智化批判》，载《东方法学》2019年第5期。

[6] Iria Giuffrida, Fredric Lederer, Nicolas Vermeys, "A Legal Perspective on the Trials and Tribulations of AI: How Artificial Intelligence, the Internet of Things, Smart Contracts, and Other Technologies Will Affect the Law", *Case Western Reserve Law Review*, Vol. 2018, No. 3, p. 756.

人们要发展科学技术，要遵循人工智能时代人与机器人的关系法则，都首先需要理解什么是机器人和人工智能。目前，有的学者专注于人工电子能动性与具有此类能动性的网络，以期建立可能最终演变成人们所称"完全能动者"的系统。这就要求根据能动性来定义"智能"，这一概念在不同学科中拥有不同内涵，尤其是在计算机科学与道德哲学中。在本书的上下文中，这两种含义均有出现且与法律主体性观念息息相关。因此，肇始于对能动性——数据驱动行为能力——的讨论，将使得读者对特定类型的能动者有更好的了解。这对于智能技术的前景及其对民主与法治的潜在颠覆性影响至关重要。[1]希尔德布兰德（Hildebrandt）提出，机器能动者根据我们的行为数据调整自己的行为，从而改变我们的行为——它们是数据驱动的，因为它们智能地以数据的方式感知环境。由于数据本身不能说明问题，为了进行推断，这些机器需要代码，例如，基于机器学习的研究设计试图将大数据压缩成一个数学函数，即所谓的目标函数，并由该函数根据特定的机器可读任务定义数据。[2]可见，这种数据驱动而获得的行为能力与人类的能动性有联系又有区别，这导致了人类法律在面临人工智能时的不稳定状态。

（二）人工智能界定的人类中心主义

人类中心主义的定义存在问题。特纳说道，人类称自己为智人，所以早前的一些对其他实体中的智能的定义参照了人类的特征。这种定义最著名的应用就是图灵测试，也就是如果计算机能够使得超过一定比例（一般是30%）的对话者无法识别与其对话的是机器，就认定该机器有智能。但这一测试模式的缺陷是，只测试了计算机模仿人类特定对话类型的能力。为了避免一些社会上模糊的、变动的人类智能概念，另一种关于智能的定义是，执行那些人类执行时需要运用智能的任务的能力。但这种定义存在不足之处：一是太宽泛，因为人类也做了许多不智能的事情，例如变道而忘记指示，而且许多车可能因具有某些非人工智能的特征而落入这个定义圈，例如自动在夜间开前灯；二是太狭隘，因为人工智能有许多兴起的特征远超过人类的能力。[3]

---

[1] Mireille Hildebrandt, *Smart Technologies and the End(s) of Law: Novel Entanglements of Law and Technology*, Edward Elgar Publishing, 2015, p. 21.

[2] Mireille Hildebrandt, "The Artificial Intelligence of European Union Law", *German Law Journal*, Vol. 2020, Special No. 1, p. 76.

[3] Jacob Turner, *Robot Rules: Regulating Artificial Intelligence*, Palgrave Macmillan, 2019, pp. 9~13.

既然以人类外在表现为参照物的人工智能定义行不通，那就尝试以人类内在理性本质为参照物的人工智能定义。首先可以参考知念对人类"自主"的述评。[1]"自主"被定义为"自治的性质或状态"或"自我指导的自由，特别是道德上的独立"。[2]显然，这种定义考虑到了人，但这一定义是否因其人类中心主义而存在缺陷呢？有人认为，任何能够感知和响应外部刺激的自我执行系统都可以被认为是自主的。[3]然而，大多数研究人员认为机器和系统需要做到更多，才能被认为是自主的。一个设备或系统不仅必须能够感知其环境并按照指示做出响应，要实现完全自主或智能化，它还必须能够保留其与环境交互的经验，然后根据某些标准或设定的目标调整其响应以更好地依据其环境进行执行。也即，它应当是有学习能力的。一些学者则设定更高的标准：机器或系统能够确定自己的目标和实现目标的方法，例如把一般智力与对周围环境的常识性看法和对新情况的创造性反应联系起来。[4]对于理性主义的界定，特纳认为，这是一种人工智能系统具有目标且能朝向这些目标进行推理的标准。但是目标都被假定为外在的、静止的，因而这种定义适合有限智能，但不适用于发展中的通用智能。另外一种理性主义的定义要点是，在正确的时间做正确的事。但是既然不存在绝无错误的道德系统，且对特定行为的后果没有完全的知识，那么知道什么是正确的事就是不可能的。事实上，如果人工智能自动具有总是做正确的事的能力，那么就没有必要去规制它了。再者，该定义也过宽，例如钟表准点报时并非钟表有智能，而是设计者有智能。[5]

（三）机器人定义的相通性

人工智能（AI）和机器人（robot）在定义是上相通的，机器人定义的现状也在很大程度上有助于理解人工智能的定义问题。乔丹（Jordan）并没有给出一个定义，而是试图解释和理解定义这一术语上的困难。根据他的理解，"机器人"之所以复杂，有三个原因。原因一，为什么机器人很难被谈论：机器人的定义本身就是不确定的，即使对这个领域的专家而言也是如此。原因二，随着社会环境和技术能力的变化，机器人的定义不规则且不稳定地发生着变化。原因三，

---

[1] Mark Chinen, *Law And Autonomous Machines*: *The Co-Evolution of Legal Responsibility and Technology*, Edward Elgar Publishing, 2019, pp. 3~4.

[2] Merriam-Webster Dictionary, "Autonomy", www.merriam-webster.com/dictionary/autonomy.

[3] Ugo Pagallo, *The Laws of Robots*: *Crimes, Contracts, and Torts*, Springer Netherlands, 2013.

[4] Murray Shanahan, *The Technological Singularity*, MIT Press, 2015, p. 6.

[5] Jacob Turner, *Robot Rules*: *Regulating Artificial Intelligence*, Palgrave Macmillan, 2019, pp. 13~15.

科幻小说比工程师们更早地设定了这一"概念游戏"的界限。[1]这三个原因使得定义和描述"机器人"这个词变得复杂而有趣。因此,我们可以通过单独考虑每一个原因来更好地处理识别什么是机器人和什么不是机器人的问题。[2]先看第三个原因,即科幻小说。贡克尔(Gunkel)认为,这是一种幸运,因为科幻小说为机器人提供了灵感、动力和思想实验;但这也是一种诅咒,因为大多数人对机器人的期望更多来自于小说而非现实。而且,由于现实如此平淡,机器人学家经常发现,当机器人事实上就是实现不了某个功能的时候我们必须解决为什么做不到的问题,特别是当这一功能来自虚构的期望时。[3]贡克尔还提出,大家都知道的事实就是现有技术不足以实现某些功能,本来这是一件无需解释的、正常的事情,但是因为一些来自小说的期待使得很多人觉得应该要做到。再看第一个原因——不确定的定义。"机器人"是一个开放的且具有广泛多样性的概念,有时其具有不同的外延。[4]正如特纳认为,不同的专家在不同的场景和测试中会有不同的定义。[5]最后说第二个原因——移动的目标(不断变动的机器人)。贡克尔继续分析道,深蓝(Deep Blue)将国际象棋的难题变成了另一个聪明的计算机应用程序。它改变的不仅是处理相关机制的技术能力(事实上,Deep Blue 整合了最近的一些技术创新),还包括人们对国际象棋和智能游戏的思考方式。因此,"机器人"并不是一种被严格定义的、存在于真空中的奇异事物,而是一种经过社会协商的东西,其用词和术语定义随着对技术的期望、经验和使用的变化而变化。因此,人们需要时刻谨记这样一个事实,即所谓的"机器人"总是处于一定社会情境之下。它的背景(或多个背景,因为它们总是多元的和多方面的)与其技术组件和特征一样重要。因此,什么是机器人,什么不是机器人,既是科学和工程实践的产物,也是社会过程和人与机器相互作用不断变化的结果。[6]由此,我们应当对人工智能的任一定义都有所怀疑。

贡克尔认为,用计算机编程的术语来说,这意味着"robot"不是标量,而是一个可以在开始时声明和赋值的变量。它更像一个允许有一系列不同但具有相关特性的多值变量的数组。〔var robot = new Array("sense-think-act,""embodied,"

---

[1] John Jordan, *Robots*, MIT Press, 2016, pp. 4~5.
[2] David J. Gunkel, *Robot Rights*, MIT Press, 2018, p. 15.
[3] David J. Gunkel, *Robot Rights*, MIT Press, 2018, p. 18.
[4] David J. Gunkel, *Robot Rights*, MIT Press, 2018, p. 22.
[5] Jacob Turner, *Robot Rules*: *Regulating Artificial Intelligence*, Palgrave Macmillan, 2019, p. 13.
[6] David J. Gunkel, *Robot Rights*, MIT Press, 2018, p. 23.

"autonomous,"…）;］但这并不意味着"机器人"可以是任何人想要或宣称的那样。相反，这意味着应当关注："机器人"一词是如何在学术、技术和通俗文学中被使用、定义和描述的；这个词的内涵是如何随着时间、随着不同背景、甚至有时在同一文本中变化的；以及这些变化如何与我们对技术产物的道德状况和地位的选择、争论和辩论相关并对其产生影响。[1]即使是最普遍且似乎没有争议的描述方法，"感觉－思考－行为"范式仍然不足以捕捉和表示当前研究中已经存在的全部变化和复杂性。[2]AI系统生命周期阶段包括：①设计、数据和模型，这是一个与环境相关的序列，包括规划和设计、数据收集和处理，以及模型的建立；②验证和确认；③部署；④运行和监控。这些阶段通常以迭代的方式发生，不一定是连续的；在运行和监控阶段的任何时刻，都可能会作出让 AI 系统退出运行的决定。[3]针对这一点，贡克尔决定不像通常那样作一个确定的定义，而是注意对这一多义词负责。也就是说，我们将努力解释、容忍甚至促进这种语义的多样性，而不是通过"判断和确定何者正确"的方式来定义术语并声明对这一术语的支持，其形式类似于"在这项研究中，我们认为'机器人'是……"。在这种模式下，"机器人"这个词将充当一种半自主的语言工具，它始终处于逃离我们监督和控制的边缘，因此，摆在我们面前的任务不是在调查之前就限制进行不同解释的机会，而是要尽可能使"机器人"一词发挥作用并探索所有使之可用的含义。[4]在调查的过程中保持开放性，能获知更多关于人工智能道德状况和地位的选择和争论，这对最终做出审慎的建议或结论是有好处的。

（四）面向法律和法学的人工智能定义

对于这些不同的场景和测试，经过抽象，可以提出我们的定义，使之在法律和法学上可用。首先，知念采取了某种务实的方法来确定什么是自主性和智能，并将重点放在其能力上，而不是理解上。即，当机器和系统能够在没有人监督的情况下执行相对复杂的任务时，它们就是自主的。[5]弗鲁姆金认为，能够对外部刺激做出反应并不需要直接或持续的人类控制就可以采取行动的人造物体就是机

---

[1] David J. Gunkel, *Robot Rights*, MIT Press, 2018, p. 26.

[2] David J. Gunkel, *Robot Rights*, MIT Press, 2018, p. 48.

[3] Recommendation of the OECD Council on Artificial Intelligence, https://legalinstruments.oecd.org/en/instruments/OECD-LEGAL-0449.

[4] David J. Gunkel, *Robot Rights*, MIT Press, 2018, p. 49.

[5] Mark Chinen, *Law And Autonomous Machines: The Co-Evolution of Legal Responsibility and Technology*, Edward Elgar Publishing, 2019, p. 4.

器人。其应具有的关键要素有三：一是某种传感器或输入机制，以产生刺激反应；二是某些控制算法或其他系统，以管理对感测数据的响应；三是对外部世界产生显著影响的能力。在该定义下，机器人可以是有形的，也可以是纯软件产品。[1] 当然，可能会有学者认为机器人的定义和人工智能的有所不同。有学者从文学作品和当下热门的机器人特质出发，认为机器人是一种显示出生理和心理上的能动性（agency）但在生物意义上不存在的结构化系统，也就是一种在其世界四处活动、似乎可以理性决定做什么的制成机器。能动性的认定具有一定的主观性，即该系统只有在对特定的外部观察者而言具有能动性时，才符合这个定义。这个定义排除了不运用任何生理能动性的、完全基于软件的人工智能。[2]

特纳进一步在法律的视角下推进了务实的定义。他认为，要服务于对AI的法律规制，将智能界定为做出选择的能力。这些选择的本质和对世界的影响，才是我们的关注点。所以，AI就是非自然实体通过评估过程做出选择的能力，机器人则用以指代使用AI的物理性实体或者系统。在该定义中，"非自然"的表述比"人造的"更好，因为AI可以设计和创造其他的AI。做出选择的自主不同于机器重复一个过程的自动化，也不需要AI发起自己的运行，AI可以自主做出选择，即使它是在和人类互动中选择了那个决定，例如搜索引擎呈现搜索结果。评估过程是指衡量不同原则的分量，然后得出结论的过程。例如，与象征性AI中专家系统的每一步都能溯回到编程者的决策不同，人工神经网络中机器学习系统中的原则分量能够被该系统随着时间推移而再次校准。这一功能性的定义可能不全面，因为没有给所有智能一个统一的标准。但特纳指出其只关注法律上显著的技术特性该定义也可能太宽泛，因为没有包括想象力、情感或者意识等能力要素。但没有这些要素的AI也对世界有影响，法律也需要规制。列表单式的定义机制行不通，因为AI具有高度技术化和快速发展的本质。AI越是改善其在原有基础上构建新概念和发掘新技能的能力，越是为非专家群体所使用，则起初的人类输入就越容易减少，实际的决策过程距离起初的设计者越远，进而是该实体在做决策的结论就越明显。[3] 此外，法律上得以显著的技术特征才受到法律的充分关注，法律上不显著的技术特性或其他要素，只能由其他方式进行处理，例如政

---

[1] Ryan Calo, A. Michael Froomkin, Ian Kerr eds., *Robot Law*, Edward Elgar Publishing, 2016, p. xi.
[2] Neil M. Richards, William D. Smart, "How should the law think about robots?", Calo et al. eds., *Robot Law*, Edward Elgar Publishing, 2016, p. 6.
[3] Jacob Turner, *Robot Rules: Regulating Artificial Intelligence*, Palgrave Macmillan, 2019, pp. 15~22.

策、标准、道德等。

（五）务实的人工智能分类界定

与所谓的超级人工智能问题相比，更重要的是要区分有限人工智能和通用人工智能。强人工智能的智力水平与人类相当甚至超过人类，能像人类一样解决问题且在社交场合与人类互动交流；弱人工智能只能在计算机中创造出人类智能的某些方面，具有部分人类智能，能做出人类所作决定的某些类型并遵循、复制人类智能的简单规则，这属于已经实现或即将实现的人工智能。[1]关于超级人工智能，其中 AI 与人类智能相当和超过人类智能的节点被称为奇点。在未来的某个时候，技术的进步可能达到 AI 普遍的智能，也许是通过复制人脑或通过直接编程。沙纳汉（Shanahan）认为一旦发生这种情况，在智力和能力上超越人类的机器很可能很快就会出现。[2]奇点的支持者认为，如果技术奇点能够发生，它就一定会发生。[3]"奇点"是人工智能及其相关技术的未来最具戏剧性的表现。这是极具推测性的，但也是一个非常实际的问题的说明点。[4]但特纳提出，最好还是将奇点看作一个过程，而非一个单一的事件，因为没有理由认为 AI 将在某个时间点瞬间比得过人类的每一项能力。有限人工智能是指以智能的方式或技术达到一些指定目标的系统能力。通用人工智能则是指达到无限范围的目标，甚至在既有目标不确定或模糊的情形下独立设定新目标的能力。人工智能提高自身的性质不同于解决其他问题的能力。即使其达到了某种通用智能，也会和人类一样不能设计出比自身更为高级的通用智能。[5]专家提出，导向开发通用智能的项目似乎很少，但有许多公司在潜行模式下研究人工智能，很少向公众披露信息。更进一步的是秘密公司，它们试图保持不被公众看到。秘密项目很可能不是由邪恶的超级恶棍造成的，但很可能是由于市场压力而开展的，比如在消费产品或商业机密保护中迅速部署人工智能。[6]因此不难理解，知念会经常使用诸如"越来越复杂的机器

---

[1] John Frank Weaver, *Robots are People Too*: *How Siri*, *Google Car*, *and Artificial Intelligence will Force Us to Change Our Laws*, Praeger, 2013, p. 3.

[2] Murray Shanahan, *The Technological Singularity*, MIT Press, 2015, pp. 85~109.

[3] Ray Kurzweil, *The Singularity Is Near*, Penguin Books, 2005, pp. 14~21.

[4] Ryan Dowell, "Fundamental Protections for Non-Biological Intelligences or: How We Learn to Stop Worrying and Love Our Robot Brethren", 19 *MINN. J. L. SCI. & TECH.* 305, 2018.

[5] Jacob Turner, *Robot Rules*: *Regulating Artificial Intelligence*, Palgrave Macmillan, 2019, pp. 29~31.

[6] Ryan Dowell, "Fundamental Protections for Non-Biological Intelligences or: How We Learn to Stop Worrying and Love Our Robot Brethren", 19 *MINN. J. L. SCI. & TECH.* 305, 2018.

和系统"或"越来越自主"之类的短语来指代更接近通用智能的技术。[1]这种对通用智能的理解更为务实,更能为法律的思考与革新提供扎实的实证经验,从而获得更多的理解与认同,反过来又能使我们对人工智能的规制也更为切实有效。

近年来,通用人工智能治理成为了人工智能治理的焦点问题。通用人工智能、基础模型、前沿人工智能等概念相继出现在 2023 年英国 AI 布莱切利峰会、美国《关于安全、可靠和值得信赖的人工智能的相关行政令》、欧盟《人工智能法案》等重要国际合作或国内立法政策中,是否监管、谁来监管、如何监管成为各方争议焦点。考虑到人工智能系统可以被用于各种不同目的,以及通用人工智能技术此后可能会被集成到另一个高风险系统中,欧盟临时协议增加了一些新条款。该协议还涉及通用人工智能系统的具体场景。针对基础模型,即能够执行一系列独特任务的大型系统(如生成视频、文本、图像,进行横向语言转换、计算或生成计算机代码),各方也已达成具体规则。临时协议规定,在基础模型市场投放前必须履行特定的透明度义务(即披露义务),并对有"高影响"的基础模型引入更严格的管理机制。这些用大量数据训练的基础模型,具有远高于平均水平的复杂度、功能和性能,可沿着价值链传播系统性风险。基于制定通用人工智能模型的新规则以及在欧盟层面执行这些规则的明显必要性,欧盟委员会内部成立了一个人工智能办公室,负责监督这些最先进的人工智能模型,以促进标准的制定和检验实践并在所有成员国执行共同的规则。一个由独立专家组成的科学小组将就通用人工智能模型向人工智能办公室提供建议,协助人工智能办公室制定基础模型功能的评估方法,就高影响基础模型的选择和产生提供建议,并监测与基础模型相关的可能的重要安全风险。[2]

三、AI 收益和风险的泛在性

施耐尔(Schneier)简化得出了风险分析的五步流程:①你试图保护什么资产?②这些资产的风险是什么?③安全解决方案减轻这些风险的效果如何?④安全解决方案还会导致哪些风险?⑤安全解决方案带来了什么成本和权衡?[3]风险

---

[1] Mark Chinen, *Law And Autonomous Machines*: *The Co-Evolution of Legal Responsibility and Technology*, Edward Elgar Publishing, 2019, p. 5.

[2] https://www.consilium.europa.eu/en/press/press-releases/2023/12/09/artificial-intelligence-act-council-and-parliament-strike-a-deal-on-the-first-worldwide-rules-for-ai/.

[3] Bruce Schneier, *Beyond Risk*: *Thinking Sensibly About Security in an Uncertain World*, Springer, 2003, pp. 14~15.

分析是立法者多年来使用的一种方法，如果我们将施耐尔的五步法应用到人工智能的立法分析中，可以想象如下分析流程：①你想要保护的是什么权利？②人工智能对这些权利有哪些风险？③当前的立法如何减轻这些风险？④现行法律适用于人工智能会带来哪些风险？⑤当前的立法带来了什么成本和权衡？[1]回答这些问题是一个宏大的项目，需要专门研究。在此本书仅先进行一个粗略的勾勒。

（一）人工智能应用的泛在与研究的主题

我们在各个领域都可以期待人工智能的应用。一个研究小组报告说，AI 正应用于八个领域：交通、家庭和服务机器人、医疗保健、教育、对服务不足的社区进行服务、公共安全（即执法）、就业和工作场所，以及娱乐。综合起来，报告中提到的八个领域几乎涵盖了人类生活的每一方面。[2]在每一个领域，人们都希望研究人员和企业能够突破机器的能力界限，帮助人类在这些领域的活动，甚至使机器可以取代人类。[3]配合人类工作的自动化应用的增加将导致一种更加分散的商业组织类型，该组织将作为出资者与协调者，并将结合使用雇员、基于计算机的增强系统、第三方等。[4]欧盟的机器人地球项目（RoboEarth）甚至要为机器人建立万维网，构建某种机器人的云基础设施，提供机器人分享信息、互相学习和存储在线数据的环境。[5]美国可能已经迈出了一步，其研发的私人智能助理 Siri 通过网上的中央处理器，能在更多人使用时得以从用户处收集并分析数据以改进其服务。[6]

OECD 认为，人工智能工具和系统可以支持各国应对新型冠状病毒肺炎（CO-

---

[1] Iria Giuffrida, Fredric Lederer, and Nicolas Vermeys, "A Legal Perspective on the Trails and Tribulations of AI: How Artificial Intelligence, the Internet of Things, Smart Contracts, and Other Technologies Will Affect the Law", *Case Western Reserve Law Review*, Vol. 2018, No. 3, p. 776.

[2] 2015 Study Panel, *Artificial Intelligence and Life in 2030, One Hundred Year Study on Artificial Intelligence*. Sept. 6, 2016, https://ai100.stanford.edu/2016-report. Daniel Fagella, *Artificial Intelligence—An Overview by Segment*, techemergence, Mar. 29, 2018, www.techemergence.com/artificial-intelligence-industry-an-overview-by-segment/.

[3] Mark Chinen, *Law And Autonomous Machines: The Co-Evolution of Legal Responsibility and Technology*, Edward Elgar Publishing, 2019, p. 6.

[4] Ravin Jesuthasan, John Boudreau, "Thinking Through how Automation Will Affect Your Workforce", *Harv. Bus. Rev.*, Apr. 20, 2013, https://hbr.org/2017/04/thinking-through-how-automation-will-affect-your-workforce.

[5] *Cognitive Systems and Robotic Initiative*, the European Union seventh framework programme (FP7/2007–2013), https://cordis.europa.eu/programme/id/FP7.

[6] John Frank Weaver, *Robots are People Too: How Siri, Google Car, and Artificial Intelligence will Force Us to Change Our Laws*, Praeger, 2013, p. 7.

VID-19）危机。例如，人工智能可以帮助决策者和医学界了解 COVID-19 病毒，并通过快速分析大量研究数据加速治疗研究。它还可用于帮助发现、诊断和防止病毒的传播。对话式和交互式人工智能系统通过个性化信息、建议和治疗帮助应对健康危机。最后，人工智能工具可以帮助监测经济危机和复苏——例如，通过卫星、社交网络和其他数据（例如 Google 的社区移动报告）——并可以帮助人们从危机中学习，建立针对未来突发危机的早期预警系统。然而，为了充分利用这些创新性解决方案，人工智能系统需要以一种值得信赖的方式来被设计、开发和部署，并符合以下建议：它们应该促进包容性增长、可持续发展并增进福祉；尊重人权和隐私；透明、可解释；稳健、安全；参与其开发和使用的行动者应继续承担责任。[1]

专家总结道，当下研究项目的共同主题是：很多研究型机器人都是多功能的，而非针对单任务设计的，但可做的事情越多，可做什么和应该做什么的界限就越模糊；机器人在处理知觉和推理等潜在挑战方面愈发具有自主性，相应的责任归属变得复杂，尤其是在时而自主时而被远程操控的系统中；机器人开始与对它们所知甚少的人们进行互动，致力于优雅而安全地与人类打交道，但人类不好捉摸，容易受伤又难以取悦；人们愈发关注现实世界中的机器人，要求处理好现实世界本身所固有的诸多不确定性和不可预测性，机器人走向商业界等现实世界引发了一系列既全面又不过度限制系统用途的立法挑战，这要求相关保护比研究型机器人所适用的保护更为全面和有力——这种保护往往包括诸多的警告和免责声明并有赖于经过训练的用户在做出良好评估和谨慎注意之后不做愚蠢之事，但这对于未受训练的公众而言是不切实际的。[2]

（二）人工智能时代的生活世界

弗洛瑞迪（Floridi）认为，我们现在的生活世界不能再用线上和线下的二分法来描述，这意味着需要一个新的术语来更充分地描述我们当前的困境。"在线生活"（On*life*）指出，我们的现实生活既不是线上的，也不是线下的，而是一个我们仍在探索的新世界。[3] 同时，希尔德布兰德提出，我们物理环境的活跃涉及

---

[1] Recommendation of the OECD Council on Artificial Intelligence，https://legalinstruments. oecd. org/en/instruments/OECD-LEGAL-0449.

[2] Neil M. Richards and William D. Smart, "How should the law think about robots?", Calo et al. eds., *Robot Law*, Edward Elgar Publishing, 2016, pp. 10~11.

[3] Luciano Floridi, "A Look into the Future Impact of ICT on Our Lives", *The Information Society*, Vol. 2007, No. 1, pp. 59~64.

各种类型的数据驱动能动性。可以说我们的物理环境以某种方式活了起来。这个新的在线生活世界具有两个相互关联的特征：第一个是大数据在网络化时代的指数级增长，它依赖于数据驱动的能动性，并为其提供养分；第二个是我们越来越依赖于大数据空间的技术中介，它构成了一种新的数字潜意识。[1]知念也认为，AI在生活中无处不在的结果是一个融合的世界，在这个世界里，人们在网络世界和现实世界之间，在与人类的互动和与尖端技术的互动之间，无缝地、几乎是下意识地切换。这是一个技术不仅能满足而且能预见人类需求的世界。从某种意义上说，这是一个高度个性化的世界。其结果是一种高度个性化的服务形式，但在另一种意义上又是不受个人感情影响的，因为在运用人工智能设备时所有互动都将与各种自主系统而不是人类进行。[2]

荷兰拉德布德大学理学院的计算机与信息科学研究所（iCIS）"智能环境，数据保护与法治"教授希尔德布兰德认为，无意识的数据驱动行为能力意味着一种全新的泛灵论。事实上我们的生活世界中充满了越来越多训练有素的东西，它们可以预见我们的行为并先行获取我们的意图。这些东西不再是独立设备，它们正在通过"云"逐步实现互联，这使它们可通过分享对我们的"经验"，以改善它们的功能。事实上，我们正在被适应性系统包围，这种适应性系统扮演着一种新型的无意识能动者角色。[3]她详细解释了这种新型能动者与人类的互动关系：

人类即将从"使用技术"转为"与其互动"，协商技术的违约行为，先行获取它们的意图，正如技术所施于人类。当环境变得充满活力时，人类正在重塑泛灵论，并准备学习如何预测那些同样在预测我们的物种——动物，人类同伴，现在也包括智能的、毫无意识的机器。现实不仅存在生命与泛灵论，同时亦存在敌意冲突。这种敌意冲突存在于个人自由与先发制人的人造环境之间（在人类察觉之前，它会预测我们个人的偏好设置），独立人员与其智能设备之间（冰箱订购其所预测的物品，但实际所需为其他东西），个人与其数字助理之间（二者可能拥有不同目的），甚至在协调朋友、同事或家人的数字助理之间（代表他们各自顾客潜在利益行事）。更遑论在为助理付费一方（或许例如保险公司）与雇用

---

[1] Mireille Hildebrandt, *Smart Technologies and the End(s) of Law：Novel Entanglements of Law and Technology*, Edward Elgar Publishing, 2015, p. 42.

[2] Mark Chinen, *Law And Autonomous Machines：The Co-Evolution of Legal Responsibility and Technology*, Edward Elgar Publishing, 2019, p. 10.

[3] Mireille Hildebrandt, *Smart Technologies and the End(s) of Law：Novel Entanglements of Law and Technology*, Edward Elgar Publishing, 2015, p. viii.

助理一方，或宣称需要一个可行的"信息职位"的政府之间的敌意冲突。

新世界最有趣、富有破坏性且引人入胜的方面涉及其无意识的生机，其对我们未来状态与行为的无意识——或应称之为一种有意识的——计算。我们受邀学习如何应对由无数愈加智能化与不可预测的人工能动者群体组成的人工世界。我们可能会对此类能动者产生情感，尤其是在它们被具象化时（如机器人）。它们正在学习"读懂"我们的思想，包括我们的恐惧、厌恶、欲望与嗜好。[1]

在这个世界中，智能算法通过影响隐私而影响商业实践与公共决策。希尔德布兰德提出，在民主体制下，隐私是一种公共利益，因为它保护了身份建设的实践，而这是警惕的公民社会的先决条件。但它又可能与公共利益相矛盾，它强调个人优先于集体，尽管个体的自我只有在被他人处理之后才会出现，并且他们总是会发现自己被扔进一个现存的、构成集体动态支柱的规范（约束）网络中。准确地说，为了使个人能够根据其个人喜好行使其隐私权利（隐私作为一种私人利益），必须设置允许这种行使的社会约束（从而将隐私限定为一种公共利益）。先发制人式的推断与推送对隐私构成的威胁也威胁到公共领域：剖析可以预测政治偏好，而在一个依赖大数据空间的超互联在线世界里，这些偏好可以根据个性化的新闻推送和有针对性的竞选活动进行管理。这让我们看到了更多的新出现的威胁，这些威胁是由精确剖析的、无形的可见性造成的，即对个人自主权和获得平等尊重的权利的威胁。[2]虽然对于算法是否成功左右了公众的想法仍然存在争议，但至少有人声称，这影响了包括英国脱欧和2016年美国大选在内的重要公共决策。[3]

具有自主性的人工智能体可能创建侵略性的新行动中心，作为基本的生产性机构。[4]知念认为，"Facebook与剑桥分析"事件极为恶劣，AI能够利用从大数据

---

[1] Mireille Hildebrandt, *Smart Technologies and the End(s) of Law: Novel Entanglements of Law and Technology*, Edward Elgar Publishing, 2015, p. ix.

[2] Mireille Hildebrandt, *Smart Technologies and the End(s) of Law: Novel Entanglements of Law and Technology*, Edward Elgar Publishing, 2015, p. 87.

[3] Matthew Rosenberg, Nicholas Confessore, Carole Cadwallader, "How Trump Consultants Exploited the Facebook Data of Millions", *N. Y. Times*, Mar. 17, 2018, https://www.nytimes.com/2018/03/17/us/politics/cambridge-analytica-trump-campaign.html. Cecilia Kang, Sheera Frenkel, "Facebook Now Says Improper Data Use Affected 87 Million", *N. Y. Times*, Apr., 2018, https://www.nytimes.com/2018/04/04/technology/mark-zuckerberg-testify-congress.html? hp&action = click&pgtype = Homepage&clickSource = story-heading & module = first-column-region & region = top-news & WT. nav = top-news.

[4] Teubner, Günther, "Rights of non-humans? Electronic agents and animals as new actors in politics and law", *Journal of Law and Society*, Vol. 2006, No. 4, pp. 497~521.

集中收集的信息来预测和潜移默化地影响人类行为，其代价可能是牺牲个人隐私或是自由和身份。在最可怕的情况下，比人类更聪明的 AI 将开始为自己行动。到那时，AI 将控制大量的基础设施和流程。彼时步入反乌托邦的潜力将是巨大的。[1]

在"人—机—人"的新型社会关系中，人类社会联系的本质性衰退无疑可以预见。在人借由智能技术增强自己的能力和扩展活动范围的可能性大幅提升时，人类可能沉湎于这种增强本身，而忽视了与其他得到增强的人类成员的联系与互动。在未来的智能社会中，在全新的智能人主体开始独立成型与活动时，旧的人类主体也可能更多地与这一新主体进行联系与互动，个人沉浸在增强自身活动能力、扩展活动范围的社会态势中，而忽视了与旧的人类成员的联系与互动。社会联系弱化，个人与智能新主体进行联系可能性增加，个人甚至形成各异的与 AI 关系的观念，而与旧的人类成员的联系减少，旧的人与人之间的观念发生变化。由此，人类社会联系的本质发生了变化。

尽管机器会异化和物化我们的生活，引发关于从属、依附、信任感等诸多方面的心理问题，但机器人的应用提供了有益于人类福祉的服务。它带来一系列新的约束和机会，改变、重塑、丰富了个人和社会环境。[2]知念同时提醒道，AI 也有造福人类的潜力，自动驾驶技术成熟之后能将车祸死亡人数降低几个数量级。在医疗保健方面，自动医疗技术可能是国家履行其国际人权义务，向其不断增长的人口提供医疗保健的少数方式之一。[3]欧盟委员会于 2010 年提出智能汽车计划，目的不仅是大幅减少交通事故，而且还有减少交通拥堵，以及改善能源利用、减少污染。[4]某些个体的独立性会是 AI 发展的成本，但 AI 发展给全人类带来的收益是有更多的空闲时间去实现潜能、生活更美好，再如，企业家用工成本降低、更多企业家有能力从事制造业。[5]而这所有的利益与代价，都需要我们的法律进行及时有效的规制。在法律上，不管是资本主义国家的法律还是社会主义国家的法律，都有重视集体主义与社会团结义务的面向，二者区别的关键在于

---

[1] Mark Chinen, *Law And Autonomous Machines*: *The Co-Evolution of Legal Responsibility and Technology*, Edward Elgar Publishing, 2019, p. 2.

[2] Ugo Pagallo, *The Laws of Robots*: *Crimes*, *Contracts*, *and Torts*, Springer Netherlands, 2013, pp. 4~6.

[3] Mark Chinen, *Law And Autonomous Machines*: *The Co-Evolution of Legal Responsibility and Technology*, Edward Elgar Publishing, 2019, p. 2.

[4] Digital Single Market, https://ec.europa.eu/digital-single-market/en/news/intelligent-car-initiative.

[5] John Frank Weaver, *Robots are People Too*: *How Siri*, *Google Car*, *and Artificial Intelligence will Force Us to Change Our Laws*, Praeger, 2013, p. 175.

程度不同、领域不同而已。就中国而言，现代法治要成为本土秩序的有机构造者，必须面对并回应中国既有的社会团结生态。[1]法律具有社会团结功能，能恰当地将各种社会要素组织为良性循环系统，具体表现为制度安排、组织社会、亲密关系。[2]未来法治也须回应未来将有的社会团结生态。换言之，智能时代的个人自由化、原子化倾向需要法律的应对，集体主义与社会团结义务适用的领域和强度需要调整。

（三）人工智能法律问题的泛在性

人工智能法律问题在多个领域中出现。AI广泛参与到金融决策和金融监管的工作领域，在这一更加中心化的金融领域，AI完成市场监管时的地位、作用和原则成为了法律问题。[3]自动驾驶汽车从旧金山横跨3400英里来到纽约，诸多汽车都有不同程度的自动驾驶功能，且每年都在提高自动驾驶能力，但一些功能的上市还不"合法"。[4]第一批自动驾驶汽车死亡案例也已经出现。2017年，一辆特斯拉Model S在自动驾驶仪的"帮助"下撞上了一辆卡车，造成了乘客的死亡。[5]2018年，一辆优步无人驾驶模式的测试车在亚利桑那州撞死了一名女

---

[1] 涂少彬：《儒家"活法"与社会团结内在构造的法理学分析》，载周赟主编：《厦门大学法律评论》（总第十九辑），厦门大学出版社2011年版，第122页。

[2] 李伟迪：《论法律的社会团结功能》，载《时代法学》2011年第6期。

[3] 杨延超：《机器人法：构建人类未来新秩序》，法律出版社2019年版，第15页。2018年4月，中国人民银行、中国银行保险监督管理委员会、中国证券监督管理委员会、国家外汇管理局联合印发了《关于规范金融机构资产管理业务的指导意见》，对智能投顾资质、算法备案管理、程序化交易算法失效的监管作出规定。①运用人工智能技术开展投资顾问业务应当取得投资顾问资质，非金融机构不得借助智能投资顾问超范围经营或者变相开展资产管理业务。②金融机构应当向金融监督管理部门报备人工智能模型的主要参数以及资产配置的主要逻辑。③金融机构应当根据不同产品投资策略研发对应的人工智能算法或者程序化交易，避免算法同质化加剧投资行为的顺周期性，并针对由此可能引发的市场波动风险制定应对预案。④因算法同质化、编程设计错误、对数据利用深度不够等人工智能算法模型缺陷或者系统异常，导致羊群效应、影响金融市场稳定运行的，金融机构应当及时采取人工干预措施，强制调整或者终止人工智能业务。修订后于2020年3月生效的《中华人民共和国证券法》，涉及智能金融监管的条款主要有两条：①关于程序化交易的规制。新法规定，通过计算机程序自动生成或者下达交易指令进行程序化交易的，应当符合国务院证券监督管理机构的规定，并向证券交易所报告，不得影响证券交易所系统安全或者正常交易秩序。②和对于不以成交为目的的恶意申报与撤单的规制。新法规定，禁止任何人不以成交为目的，频繁或者大量申报或撤销申报，操纵证券市场，影响或者意图影响证券交易价格或者证券交易量。

[4] ［美］约翰·弗兰克·韦弗著，彭诚信主编：《机器人是人吗？》，刘海安、徐铁英、向秦译，上海人民出版社2018年版，中文版序第2页。

[5] Gareth Corfield, "Tesla Death Smash Probe: Neither Driver nor Autopilot Saw the Truck", *The Register*, July 20, 2017, https://www.theregister.co.uk/2017/06/20/tesla_death_crash_accident_report_ntsb/.

子。[1]在该案中,自主系统将推着自行车的被害人识别为一个未知对象,接着是识别为一辆车,然后是一辆自行车。就在碰撞前1.3秒,系统才得出结论需要紧急制动操作,但是处于计算机控制下的汽车并未执行此项操作。这是为了防止车辆的不稳定行为,其设计目的不是为了提醒人类操作员。[2]自动驾驶作为最著名的AI应用例子之一,在国内外的科技公司和传统车企中都备受青睐。2020年,自动驾驶的出租车在长沙、上海试运行,乘客可通过网络直接下单。由此,中国如何处理自动驾驶中的伤亡与损失等法律问题,也将成为现实问题。

自动驾驶中的死亡至少有部分是由自动机器造成的,除此之外,自动武器也会造成死亡,它们会寻找目标并将其摧毁。自动驾驶中的伤亡是非故意的,而自动武器中的伤亡却是故意的。已知最致命的自动地面武器的使用是在一次友军开火事件中,当时南非的一门大炮发生故障,导致9名士兵死亡。一些报道对故障是由于软件还是人为错误提出了质疑。[3]也有学者担心,自动武器将带来一场战争革命,使战争能够更快、更大规模地展开。而且它们有可能被恐怖分子使用,从而使非对称战争更加致命。[4]维纳(Wiener)恰当地针对机器人的自主性提出了如下警告:在战斗中机器人的使用会降低宣战或参战的条件,造成过度使用武力,违反区分和豁免的原则,甚至可能引发意外的战争。[5]通过考虑当今机器人士兵对传统类别的诉诸战争权(即何时和如何能够正当化诉诸战争)和战时法(即何为战争中的正当行为)的影响,可以说机器人行为的威胁和机器人概念相伴而生。[6]此外,假设或指望人类在AI无人机上保有与对既有武器相同的控制水平是不现实的。首先,控制者长时间值班的无聊感将影响其成功监控的能力;其次,无人机与操作者之间的通讯的中断或时间迟延,都可能导致致命的后果。[7]

---

[1] Sam Levin, Julia Carrie Wong, "Self-driving Uber Kills Arizona Woman in First Fatal Crash Involving Pedestrian", *The Guardian*, March 19, 2018, https://www.theguardian.com/technology/2018/mar/19/uber-self-driving-car-kills-woman-arizona-tempe.

[2] U. S. Nat'l Transp. Safety Bd., Preliminary Report: Highway, HWY18MH010, 2018, p. 2.

[3] Tom Simonite, "'Robotic Rampage' Unlikely Reason for Deaths", *New Scientist*, Oct. 19, 2007, https://www.newscientist.com/article/dn12812-robotic-rampage-unlikely-reason-for-deaths/.

[4] Markus Wagner, "The Dehumanization of International Humanitarian Law: Legal, Ethical, and Political Implications of Autonomous Weapons Systems", *Law, Political Science · Public International Law*, Dec. 22, 2014.

[5] Norbert Wiener, *The Human Use of Human Beings*, The Riverside Press, 1950.

[6] Ugo Pagallo, *The Laws of Robots: Crimes, Contracts, and Torts*, Springer Netherlands, 2013, p. 3.

[7] John Frank Weaver, *Robots are People Too: How Siri, Google Car, and Artificial Intelligence will Force Us to Change Our Laws*, Praeger, 2013, p. 46.

有趣的是，地方性规定也受到了 AI 的冲击。市政当局面临的难题是，自动驾驶将导致与停车相关的税收和罚款收入下降。其因而精心制定地方条令来确保城镇或乡村个性，却发现 AI 可以限制条令的效力，而且 AI 将使得制造商更容易进入非工业区又不会打扰社区，例如将 AI 用于成人娱乐，这冲击了地方对商店和个人活动的规定。对此种种，韦弗认为，市政府应当采取的战略是，将 AI 行为纳入当地条令规定的人类行为中，甚至在某些情况下赋予 AI 权利、规定其义务。[1] 这就需要在行政区划条令中将 AI 作为规制对象甚至行动主体来对待，因为它们在诸多方面不是被动的，而是与外界互动地甚至是主动地产生区划影响。

  法律人工智能的实践也在被不断推进并引发争议。2017 年已经出现第一位机器人律师，其在英美等地被广泛使用，以极低成本处理交通罚单。其官网口号是：打击公司，打击官僚主义，只要按下一个按钮就可以起诉任何人。[2] 专家认为，法律领域人工智能的激增将使越来越多的外行（客户）能够更低成本、更高效地获得传统上由律师独家提供的信息和服务，但非律师的用户缺乏分析和理解它所输出的信息的培训。律师扮演的角色也将发生变化，即转向利用这些工具为他们的客户创造更好的产品、提高效率。[3] 在执法领域，AI 正被用于寻找失踪儿童，以及查找网上的剥削儿童和保险欺诈行为。[4] 此外，基于 AI 的面部增强识别技术正被中国警察用来识别人群中的嫌疑犯。[5] 这可能引发算法滥用的问题——人们利用算法进行分析、决策、协调、组织等一系列活动时，其使用目的、使用方式、使用范围等可能出现偏差并引发不良影响。美国即面临警察使用监控无人机的宪法界限问题。[6] 2017 年，英国警方宣布，他们正在试验一个名为"危害评估风险工具"的项目，根据各种数据来决定嫌疑人应该被拘留还是保

---

[1] John Frank Weaver, *Robots are People Too: How Siri, Google Car, and Artificial Intelligence will Force Us to Change Our Laws*, Praeger, 2013, pp. 106, 182.

[2] https://donotpay.com/.

[3] Sean Semmler, Zeeve Rose, "Artificial Intelligence: Application Today and Implications Tomorrow", 16 *DUKE L. & TECH. REV.* Vol. 2017, No. 1, p. 85.

[4] Intel, *The Future of AI in Law Enforcement: Intel-powered AI Helps Find Missing Children*, www.intel.com/content/www/us/en/analytics/artificial-intelligence/article/ai-helps-find-kids.html.

[5] Rob Thubron, "Chinese Police Use Facial Recognition Tech to Identify Suspect from Crowd of 50,000", *Techspot*, Apr. 13, 2018, www.techspot.com/news/74150-chinese-police-use-facial-recognition-tech-i-dentify-suspect.html.

[6] John Frank Weaver, *Robots are People Too: How Siri, Google Car, and Artificial Intelligence will Force Us to Change Our Laws*, Praeger, 2013, p. 15.

释。[1]对这类技术的批评，以及对它带有的种族偏见倾向的探讨，已经出现。[2]算法甚至被用来预测再犯，但这也引起了人们对算法歧视的关注。[3]2023年底，英国允许法官使用ChatGPT写裁决书，并公布官方指南，详细描述了使用ChatGPT的正确方法、潜在风险以及示例，该规定同时适用于首席大法官、高级庭长等负责司法的所有官员、员工。该指南是支持司法机构使用生成式AI的重要一步。未来，其还会根据实际使用情况实时更新该指南，并邀请司法相关部门提出更多的建议以持续完善。[4]

四、人工智能法学研究的当下性

根据人类对AI的态度可以大体将其分成三种——乐观主义者、悲观主义者与实用主义者。乐观主义者认为人类能够并将成功应对AI引发的任何挑战。悲观主义者认为人工智能将抓住和消耗现有的一切资源，盲目地追求其目标，而人类没有机会阻止它毁灭整个宇宙。实用主义者承认乐观主义者预测的利益，也承认悲观主义者预测的潜在灾难，并在此基础上呼吁我们要警惕和控制AI的风险。未来学家聚焦潜在的超级智能的长期问题，可能在数十年以后。而基于乐观主义的立法者聚焦极短期的将来甚至聚焦过去。对此，特纳认为，技术发展与对其规制的时间滞差存在多年，这种过分的规制在事后看来是荒唐的。而且新技术的采用对大多数人有益，却被既得利益者所反对。关于超级智能的毁灭性或异质性潜能的头条，使得公众忽视了更为平淡，但根本上更为重要的问题，那就是人类和AI现在应当如何互动。[5]所以基于未来主义的悲观主义有点杞人忧天，而亦步亦趋的乐观主义立法则可能导致过分规制，我们当下需要有预见性地规制一些现

---

[1] Aatif Sulleyman, "Durham Police to Use AI to Predict Future Crimes of Suspects, Despite Racial Bias Concerns", *Independent*, May 12, 2018, http://www.independent.co.uk/life-style/gadgets-and-tech/news/durham-police-ai-predict-crimes-artificial-intelligence-future-suspects-racial-bias-minority-report-a7732641.html.

[2] Julia Angwin, Jeff Larson, Surya Mattu, Lauren Kirchner, "Machine Bias: There's Software Used Across the Country to Predict Future Criminals: And It's Biased Against Blacks", *ProPublica*, May 23, 2016, https://www.propublica.org/article/machine-bias-risk-assessments-incriminal-sentencing.

[3] Julia Dressel, Hany Farid, "The Accuracy, Fairness, and Limits of Predicting Recidivism", *Science Advances*, Vol. 2018, No. 1, pp. 1~5. Julia Angwin et al., "Machine Bias", *Pro Publica*, May 2, 2016, www.propublica.org/article/machine-bias-risk-assessments-in-criminal-sentencing.

[4] Courts and Tribunals Judiciary, "Artificial Intelligence (AI)-Judicial Guidance", https://www.judiciary.uk/guidance-and-resources/artificial-intelligence-ai-judicial-guidance/.

[5] Jacob Turner, *Robot Rules: Regulating Artificial Intelligence*, Palgrave Macmillan, 2019, pp. 32~34.

实风险。

(一) 人工智能法学研究的必要性

韦弗认为,我们根据技术对自身的影响来判断新技术发展的好坏,但这不仅包括个体如何使用AI,更在于我们通过公共政策和法律法规决定整个社会乃至整个人类如何分享AI的收益。技术进步和收益增加的并无确定关联,失业和人际交往的恶化都是潜在的、毁灭性的,财富将聚集在少数创造和拥有AI的人手中,其他人的处境可能甚至变得更糟。而且,与AI的信息交流导致人类的温情变得淡薄。但这些最坏的情况是对AI的发展不作出公共政策和法律规定的后果。虽然经济法则和社会演化本身不会驱使和保证新技术提高我们的生活质量,但人造法则可以通过正确指导其适用而实现这些。[1]这进一步论证了悲观主义的不成立,如果我们的立法能够有所作为的话。要务实地解决一些收益、就业和人际关系的问题,就需要及时、切实的政策和法律。通过这种方式,世界各地的社会也许能够实现技术进步的愿景,这将减少对劳动力的需求,满足基本的需要,并使工人们集中精力于如何度过科学和复利为他赢得的闲暇,维护生存权、尊严权和有意义的个人参与经济发展的人权,追求生活得明智、愉快、美满。[2]

危害未来命运的不仅是无知,更是傲慢。特纳呼吁,不要低估AI技术在当代世界渗透的程度,技术的递增式发展使得我们经常忽视了它的改善。再者,认为人类的创造性在未来能够解决问题而不用付出额外的成本或面临额外的困难,是傲慢的。人类用了两百年等待工业革命带来的温室效应显现,然而现在针对工业革命不利影响的规制显然滞后和低效的。与之相比,AI的影响将拥有10倍的速度,300倍的规模,或者大致是3000倍的影响。[3]摩尔定律于1965年被提出,也即芯片计算能力每18个月就能翻一番,这充分说明了创新和技术发展的指数级速度。帕加罗提到,第一台工业机器人是在美国新泽西州汽车工业中测试任务执行的。很快,人们不仅仅利用机器来制造机器,还有多国推进自动汽车(UGVs)的建造。在过去十年中机器人应用的数量和质量已然失控。在汽车产业中发展二十余年后,机器人革命开始转向水面和水下无人航行器(UUVs)。十年

---

[1] John Frank Weaver, *Robots are People Too: How Siri, Google Car, and Artificial Intelligence will Force Us to Change Our Laws*, Praeger, 2013, pp. 175~179.

[2] Chris Fleissner, "Inclusive Capitalism Based on Binary Economics and Positive International Human Rights in the Age of Artificial Intelligence", *WASH. U. GLOBAL STUD. L. REV.* Vol. 2018, pp. 241~244.

[3] Jacob Turner, *Robot Rules: Regulating Artificial Intelligence*, Palgrave Macmillan, 2019, pp. 34~35.

后，无人飞行器（UAVs）或者说无人飞行系统（UAS）革新了军事领域。机器人科学家、人机混合智能系统也兴起了。[1]韦弗认为，渐进到工业革命的时间表不复存在了。自工业革命于十八世纪九十年代和十九世纪三十年代从某些地方开始，依赖于资源，美国用了一个世纪改变其法律以规范工业革命产生的问题。在二十世纪前没有劳工法、最低工资法、劳资法、环境法等。直到二十世纪中叶有了回应性的法律，通过工业革命积累的财富才得以足够广泛地增长，产生了大规模有生活保障的中产阶级。相比之下，对于最近两个主要科技发展——工业自动化和工业互联网——我们只有二三十年的时间来保障科技进步的利益得以广泛扩散。AI可能是对我们生活的一场新革命，或许三十年后的人们会困惑于我们现在没有AI是如何生活的，又或许AI会在接下来几十年内冲击很多工作和生活领域。现在开始讨论AI公共政策和法律很重要，包括通过公共讨论制定的法律与适用于私人和公司之间的合同法和侵权法等私法，都应当改变以适当地规制AI、改善人的生活。[2]

然而，如何通过修改现有法律或通过新的立法来调整现有的法律框架，以响应人工智能的创新？为了回答这个具体的问题，学者建议研究最近的历史和互联网的法律的演变。对于所有关于"互联网主权"以及"网络空间法的不同之处"的讨论，很少有法律最终被通过以严格处理与互联网相关的问题，《数字千年版权法》和《通信规范法》是上述情形的主要例外。在大多数其他与互联网相关的问题上，现行立法和普通法规则被调整或简单地按原样应用。记住这一点，有人可能会说AI也是如此。[3]

弗鲁姆金同样认为，对当今有关机器人技术的法律和政策问题的及时、有效处理，可以参考学者和决策者在万维网之前对互联网的处理。但是他又指出，当研究者意识到域名、商标、信息安全、信息鸿沟以及隐私权利等困难和问题很重要时，已安装的互联网基础已经足够大，这使得对相关协议和实践（如网际协议安全）的更改有争议，并且使得某些情况下（如域名）的修改非常不切实际。

---

[1] Ugo Pagallo, *The Laws of Robots*: *Crimes*, *Contracts*, *and Torts*, Springer Netherlands, 2013, pp. viii ~ xii.

[2] John Frank Weaver, *Robots are People Too*: *How Siri*, *Google Car*, *and Artificial Intelligence will Force Us to Change Our Laws*, Praeger, 2013, pp. 14 ~ 15.

[3] Iria Giuffrida, Fredric Lederer, Nicolas Vermeys, "A Legal Perspective on the rials and Tribulations of AI: How Artificial Intelligence, the Internet of Things, Smart Contracts, and Other Technologies Will Affect the Law", *Case Western Reserve Law Review*, Vol. 2018, No. 3, pp. 773 ~ 774.

如果我们知道现在的争议，域名系统就不会是现在这样，我们会有多种选择。当年的工程师的选择在当时似乎是无害的、方便的，独立于法律人、伦理学家或政治学家的，但却导致我们今天面临困难和问题时没有选择了。所以，面对机器人，我们知道我们可以做的更好，而且早期的决策选择会产生深远的影响。尽管在考虑机器人的社会和法律效果方面，我们仍处于早期阶段，但我们已经可以确定的是，机器人在社会中的广泛应用会带来一系列问题。[1]同样重要的一点是，具有自主度的机器人引发的法律和社会问题与互联网带来的问题有所不同，机器人存在于现实世界，可以对世界造成直接的影响，存在真正的风险，需要设计者和决策者仔细规划。[2]换言之，机器人在早期就会对我们的现实世界造成直接的影响，不像"虚拟"互联网那样等着人类社会，在其发展几十年后深度应用和嵌入网络空间才成为重大的现实问题，所以我们对人工智能的规制需求更为紧迫。

弗鲁姆金认为，关于新技术在社会、政治、道德和法律方面影响的研究，的确会在技术的早期阶段遭遇障碍，因为部署技术的工业科学家倾向于提升技术、将其推向市场和社会，而忽略或认为以后可以再克服公共政策和法律问题。学术科学家虽然可能考虑更广泛的问题，但并不具有相关哲学社会科学学科的训练，而哲学社会科学者又经常缺乏相关技术背景、不熟悉相关文献。这个理解问题随着新技术成为主流、吸引更多人、新问题得以凸显，往往能够得到解决。但此时改变技术的设计已然太迟，而且潜在的赢家和输家会使得政策或技术的调整与实施变得更难。[3]路径依赖问题意味着，一旦系统就位，就难以修正该系统，移除该系统就更难，所以，想要正确的标准和法律，必须从现在开始着手。[4]当下就应当考虑机器人规则的提出并不断迭代完善。特纳认为，法律在沉寂的背景条件下最为有效，其允许各方在公平和可预测的氛围下处理彼此的关系。在能动者需要在没有显然的正误之分的几个选项中做出选择时，法律可以在解决这一协调问题中发挥关键作用。[5]

（二）人工智能法学研究的历程与取向

早在二十世纪中叶，人工智能与法律相结合的研究就已经开始，其中探讨了

---

[1] Ryan Calo, A. Michael Froomkin, Ian Kerr eds., *Robot Law*, Edward Elgar Publishing, 2016, p. x, xxii.

[2] Ryan Calo, A. Michael Froomkin, Ian Kerr eds., *Robot Law*, Edward Elgar Publishing, 2016, p. xii.

[3] Ryan Calo, A. Michael Froomkin, Ian Kerr eds., *Robot Law*, Edward Elgar Publishing, 2016, p. xiii.

[4] Ryan Calo, A. Michael Froomkin, Ian Kerr eds., *Robot Law*, Edward Elgar Publishing, 2016, p. xxii.

[5] Jacob Turner, *Robot Rules: Regulating Artificial Intelligence*, Palgrave Macmillan, 2019, p. 36.

从机器处理法律信息到"法律机器"的过程：试图将机械化或自动化应用到法学领域似乎是一个雄心勃勃的举措。处理信息的机器可以有效地帮助寻找法律信息的来源，进行法律辩论，为行政官或法官的决定作准备，最后检查所达成的解决办法的连贯性。[1]可以说，由于案例的重要性和海量性，美国学者对于法律人工智能的探索早已开展。在庞杂的数据中找到公平正义的规律，是法律的需要，而人工智能可以帮助这种客观需求的实现。[2]中国在改革开放后的八十年代初也开始探讨自动化与法治建设的关系。钱学森即数次提到相关构想，从法治系统工程到法治与现代科技的关系都有涉及。[3]可以说，系统论科学巨人钱学森对于法治建设的思考至今仍有启发意义。本科生时代的李克强则理解和应用了控制论，认为"在对法治系统的控制过程中，必须运用反馈原则。施控器即法治机器与受控对象即法律社会之间要建立一定的反馈联系，在接收和传递信息的基础上进行自我调节，以达到控制的目的。法治系统正常的控制过程是具有这一特征的。"[4]在即将到来的机器人时代，机器人也是法治机器的一部分，甚至是越来越重要的一部分，机器学习就是一个反馈练习的过程。

系统论和控制论下对法律与人工智能的关系的讨论，焦点是既有的公平正义如何更好地得到实现。对此，学者有了较为系统的研究。[5]①AI 重构法的正义系统。立法需要找准法律问题、作出规范、明确制裁措施，AI 法学借助 AI 技术和方法可以精准找到社会问题、分析当前规范的效用、模拟规范的效果，计算出恰当的惩罚措施进行调整，完成立法效果的检验和评估，有助于科学立法。执法需要及时检测违法行为并高效处理，AI 能够通过数据监测人们的市场操纵市场欺诈等行为，自动处罚并即时通知结果和依据的执法也更高效和人性化。友好沟通并完全免费的法律机器人使得公众与法律的距离无限拉近，公众通过预测后

---

[1] Lucien Mehl, "*Automation in the Legal World*: FROM THE MACHINE PROCESSING of Legal INFORMATION TO THE 'LAW MACHINE'", Proceedings of conference on the Mechanization of Thought Processes, 1995, p. 757.

[2] 杨延超：《机器人法：构建人类未来新秩序》，法律出版社 2019 年版，第 3 页。

[3] 钱学森：《钱学森同志论法治系统工程与方法》，载《科技管理研究》1981 年第 4 期；钱学森、吴世宦：《社会主义法制和法治学与现代科学技术》，载《法制建设》1984 年第 3 期；钱学森：《现代科学技术与法学研究和法制建设》，载《政法论坛》1985 年第 3 期。

[4] 李克强：《关于法治系统控制过程的探讨》，载《潜科学》1981 年第 4 期。

[5] 杨延超：《机器人法：构建人类未来新秩序》，法律出版社 2019 年版，第 7、16~19、28~31 页；[意] 乌戈·帕加罗著，彭诚信编：《谁为机器人的行为负责？》，张卉林、王黎黎译，上海人民出版社 2018 年版，主编序第 1 页。

果、行使诉权和自主培训能提升法律素养和完善守法、用法实践。②AI 重构法的秩序价值。法律具有普遍适用性，而 AI 依赖于算法，算法建立在某项事物的共性与常识的基础上，接受人工智能的服务就是在遵守算法，就能普及规则意识甚至法治理念，如果这种算法本身是良法。传统的法律宣传和强制执行的法律维护社会秩序的手段，转向了人们在软件和代码的框架内实现自我利益，此时人们在代码所构建的行为空间中展开行为、同时被规范，简化了从违反到矫正的秩序构建过程。AI 在司法中的应用有如下几点优势：其一，司法要求在实事求是的事实基础上准确适用法律并及时裁判，而 AI 通过数据恢复和应用时间戳还原事实、笔记鉴定等方式有助于探求真相；其二，成文法中语言的融合与变迁导致了法言法语的复杂、多元，机器学习案例有助于公正司法；其三，机器人的应用使得各个司法环节变得更有效率，包括受理、送达、告知等。③AI 重构法的效益价值。这不仅体现在通过缩短审判周期实现法官效率的提升、当事人实现法律的自助服务和律师办案效率的提升而实现了原有效益的提升，更体现于填补了原有效益价值领域的空白，开创了新的效益价值。例如预测法官倾向而理性投放诉讼成本；拓展了法律的指引效益，法官通过 AI 理性把握既往案例，减少上诉成本；机器学习构建错案预防模型，减少纠错成本。

　　人工智能法学体系不仅仅应考虑既有的公平正义问题如何在 AI 时代得到更好的解决，还应充分考虑新的公平正义问题的挑战，由此全面拓展与提升 AI 时代的法学研究体系与层次。但是，实现上述目标可能需要跨越智能鸿沟。在信息技术发展早期，人类已经开始重视信息鸿沟问题，也即同一个社群内不同成员知晓和利用信息技术的级差问题，全球视野下不同族群之间知晓和利用信息技术的级差问题，以及在网络社区上使用和不使用网络以参与和调动公共生活的人群之间的分歧。[1]可以说，在信息鸿沟还未完全解决的情况下，人类社会又开始面临智能鸿沟的生成乃至扩大。为了使智能技术能够真正地促成人类共同体本质的发展，国家法律必须确立其成员具有获得人工智能的基本自由。对此，国家负有智能责任。没有智能化就没有共同体的现代化，也没有公民个人本质的自由而全面的发展。同理，国际社会也必须通过国际组织和国际机制缩小和消除各个社会之间的智能鸿沟，使得地球村这一智能共同体的联合与进步真正得以开展。

　　欧盟委员会于 2021 年 4 月发布的制定《人工智能法案》的提案是欧盟人工

---

[1] D Paré, "The Digital Divide: Why the 'The' is Misleading?", in M. Klang and A Murray eds., *Human Rights in the Digital Age*, Routledge-Cavendish, 2005, p. 4.

智能政策的关键要素，该政策旨在促进安全合法、尊重基本权利的人工智能在整个单一市场中的发展和普及。该提案遵循以风险为基础的监管路径，为人工智能制定一个统一的横向法律框架，旨在保证法律的确定性。它与旨在加快欧洲人工智能投资的人工智能协调计划等其他举措齐头并进。2022年12月6日，欧盟理事会就该提案的总体方法（谈判授权）达成协议，并于2023年6月中旬与欧洲议会进行了机构间谈判（trilogues）。[1]2023年12月8日，欧洲议会和欧盟理事会的谈判代表就欧盟《人工智能法案》达成了一份临时协议。该法案旨在确保公民基本权利、民主、法治和环境可持续性免受高风险人工智能的影响，同时促进创新，使欧洲成为该领域的领导者。[2]欧盟委员会随即发布了关于人工智能的问答，首先回答了为什么我们需要规范人工智能的使用：虽然大多数人工智能系统的风险较低至无风险，但仍然需要解决某些人工智能系统产生的风险，以避免不良后果。例如，许多算法的不透明性可能引发不确定性，并阻碍对安全和基本权利现行立法的有效执行。为了应对这些挑战，需要立法行动，以确保人工智能系统有运作良好的内部市场，在该市场中利弊问题都得到充分解决。这包括生物识别系统或人工智能决策在涉及招聘、教育、医疗或执法等重要个人利益领域的应用。《人工智能法案》也考虑到了可能源自通用人工智能模型（包括大型生成式人工智能模型）的系统性风险。人工智能的最新进步催生了越来越强大的生成式人工智能。这些模型可用于各种任务，并且正在成为欧盟许多人工智能系统的基础。如果这些模型非常强大或被广泛使用，则它们可能带来系统性风险。例如，强大的模型可能导致严重事故或被滥用以进行广泛的网络攻击。如果一个模型在许多应用中传播有害的偏见，许多个体可能会受到影响。被广泛整合到许多人工智能系统中的所谓"通用人工智能模型"变得对经济和社会而言太重要，以至于需要进行规范。考虑到潜在的系统性风险，欧盟制定、实行了有效的规则和监督。[3]

---

[1] Council of the EU, "Artificial intelligence act: Council and Parliament strike a deal on the first rules for AI in the world", https://www.consilium.europa.eu/en/press/press-releases/2023/12/09/artificial-intelligence-act-council-and-parliament-strike-a-deal-on-the-first-worldwide-rules-for-ai/?ref=atlasai.news.

[2] EU Parliament, "Artificial Intelligence Act: deal on comprehensive rules for trustworthy AI", https://www.europarl.europa.eu/news/en/press-room/20231206IPR15699/artificial-intelligence-act-deal-on-comprehensive-rules-for-trustworthy-ai.

[3] EC, "Artificial Intelligence-Questions and Answers", https://ec.europa.eu/commission/presscorner/detail/en/QANDA_21_1683.

（三）中国人工智能法学研究的时代性

二十世纪末，台湾地区著名法律人提出，诸多社会科学向自然科学吸取知识和方法，形成了开放的社会科学样态，但法学却安于概念荫蔽之下，长期故步自封。[1]法学家们通常认为机器人学没有创造、更改法学领域的概念、原则和基本规则，没有带来新问题，而现有的一套复杂的概念网络，包括能动性、责任等仍能用于管理机器人的设计、制造和使用。其甚至认为学者能完全掌握纷繁复杂的计算机技术及其对法律体系的影响，利用好传统的解释学工具即可，对法律原则等文本的扩张解释或类比方法就能处理机器人技术带来的新案件。[2]这就是上述的乐观主义观点，所谓"兵来将挡、水来土掩"，殊不知 AI 带来的冲击和挑战来得太快和太猛，届时即使能够应付也将比现在规制付出高得多的成本。AI 技术及其多样化应用带来的诸多挑战有待法律领域给出解决方案，传统法律观点在应对上述新型挑战时显得越发欠缺。在对 AI 法学的探索中犯错是人之常情，因为我们不是机器人，但坚持错误不是好的 AI 设计师。[3]

中国学者认为，中国当前的人工智能法学研究首先是法律人工智能。法律人工智能可克服人类裁判思维的片面与恣意，但当前的弱人工智能对现有法律体系的挑战十分微弱，现有体系仍有顽强的适应能力。如果考虑强人工智能，则一是顽强忽略了当下的时代情境，二是忽略了一些商业、政治、强势价值观等力量操控的前提性问题。所以这是伪问题，而非真问题。[4]这些论断在当年具有较强的适应性。但在以 Chat GPT 为代表的大模型成型并不断渗透社会的当下和未来，我们需要再次思考相关的问题。对于时代情境，前面已经充分说明，AI 的技术变迁不会给我们太多的反应时间，等我们反应过来想要调整时已然太迟或者成本太高。在各个法律领域中引入人工智能也是不可逆转的趋势，所以及时、全面的研究是现在所必要的。对于前提性问题，在引入人工智能至立法、执法、司法、守法等各个法律领域时，的确要预先处理、克服法律家、科学家和企业家的偏见、武断和经济利益等干扰因素，再充分探讨如何高效利用。但是，事先探讨将人工智能引入法治系统的公正性和确保各种引入符合法治原则，也是人工智能法

---

[1] 杨仁寿：《法学方法论》，中国政法大学出版社1999年版，序言。
[2] Ugo Pagallo, *The Laws of Robots: Crimes, Contracts, and Torts*, Springer Netherlands, 2013, pp. xiii ~ xiv.
[3] Ugo Pagallo, *The Laws of Robots: Crimes, Contracts, and Torts*, Springer Netherlands, 2013, pp. xv ~ xix.
[4] 刘艳红：《人工智能法学研究的反智化批判》，载《东方法学》2019年第5期。

学研究的重要内容。

我们不可将法律体系限缩在传统法律理论范围内，坚持认为传统的主体和责任理论能够适用于人工智能场景，认为不可能赋予人工智能主体资格、著作权利、财产权利和财产责任、刑事责任，认为我们至多需要依靠官方或非官方的AI技术管理规范针对AI研制者、使用者等人类主体。从具体结论上看，支持或者不支持相关"赋予"的法律论证其实都是人工智能法学的研究范畴。从整体思路上看，这是对法律和法学的狭隘理解。法律和法学绝对不限于法律主体、法律权利和法律责任这些方面的规则和教义。这些实体仅仅是宪法、行政法、民法、刑法和国际法等实体法的主要内容，法律体系中还存在大量的非实体内容，而且这些实体法内部也存在大量的技术性规范和程序性规范，这都是在人工智能时代需要考虑更新的内容。"法律只能间接地通过对（全社会系统）各子系统的次级规则施加影响而发挥作用。"[1]法律不仅通过技术性规范和程序性规范对科技过程和司法过程产生影响，也通过实体规范对人们的行为模式和价值观念产生影响。学者所鄙弃的法律工具主义是不顾教义学体系的工具不理性。但如果走向另一面，将法学禁锢为法律教义学，则是教条主义。法律正在，也应当与伦理道德等非正式社会规范以及代码技术等新的规制方式不断相互影响。这都是人工智能时代的法学所关注的内容。我们应当不断推进AI法学的探索，并且不断纠错完善。

二十一世纪的前两个十年，是中国的新技术法学蓬勃发展的时期，特别是网络法学在近几年得到了各大主要法学院校的重视，其相应的专业建设、课程建设、教材建设等各项工作不断推进。但是，整体而言这样的发展远远不够。整个法律人共同体尚未充分重视网络法学的知识增容和方法转型，人工智能时代的法学问题就已经奔涌而来，大数据实证法学方法和复杂性理论视角也在频频呼唤。我国学者已经指出，随着风险社会和网络社会的数十年交织，社会的复杂性不断剧增，启蒙运动和工业革命以来的以决策主体和调控对象都具有充分信息为基础的工程式法律观不断受到冲击。我们应当转向非金字塔式、非线性的控制模式，那就是法律系统为全社会系统的其他子系统的自主运行奠定基础，通过施加作用而促使其中的次级规则作出反思和调整。[2]我们可以看到，人工智能时代社会的去中心化自主系统比网络时代社会的更为凸显，去中心化系统的交互性和规模性也是与日俱增的。幸运的是，正如理查茨和斯马特指出的，AI法学的研究与早

---

[1] 劳东燕：《网络时代刑法体系的功能化走向》，载《中国法律评论》2020年第2期。
[2] 劳东燕：《网络时代刑法体系的功能化走向》，载《中国法律评论》2020年第2期。

期的法学研究相比，其一个突出优势是，可以从长达二三十年的网络法研究中吸收经验。网络法学研究项目在一段充满革命性变化的时期内对法律和技术规范进行了深入的分析，其有效处理新技术带来的问题的成功之处和面临的挑战，都是可以为法律和机器人关系的研究提供蓝图的经验。[1]对于面临的挑战，前面已经举了域名等例子，说明了不及时进行跨学科交流合作、不进行及时应对而导致的当代困境。对于成功之处，我们主要考虑研究方法和理论视角的更新。

特别是，对新技术应用准确的隐喻尤为重要。对不同的机器人会有多种不同、相互竞争的隐喻，选择一个正确的隐喻会对势不可当的机器人法的成败带来极其重要的影响。例如，美国法院在二十世纪对于电子搜查是采取物理性概念来解释隐私侵犯，还是采取植根于隐私意义上的更广泛的侵犯（intrusion）的理解，决定了法院是否能保护好面对监听、热成像等新技术时应当保护好的重要价值、产生更好的法律制度成果。要知道，对新技术运作方式和威胁的价值的误解，会对法律限制哪些新做法、允许哪些新做法产生恶性影响。[2]由此，学者总结出隐喻在不同层级上发挥的作用。①在概念设计层级上，新技术的设计者可用其他事物以理解问题之所在及其解决之道，这些理解塑造了新技术的设计方式和工程师所需预测的潜在问题种类。类似地，新技术走入外部社会后，用户和法律制度都会尝试用隐喻理解该技术。所以我们思考、理解和定义机器人的方式，会切实影响机器人的定义、设计、法律和用户多个不同层级。②在法律层面，因为像法律人一样思考就是进行类推的法律论证活动，法律对不断更新的新技术几乎总是认定为既有技术的新形式。③在消费者层面，新技术的呈现方式和市场化方式影响了人们的应对方式，例如类人化运行状态下人们如何应对、接受和信任机器人。总之，隐喻可以限制思维，如果依赖陈旧的社会规范或技术限制，即使是过去长期积累的智慧成果，也是不必要的限制。所以法律和机器人项目中的任务之一就是，研究隐喻与人们理解和应对机器人的方式的关系，通过扬长避短来设计机器人，从而发现更为宏观的图景。[3]

例如，关于人工智能起源，特纳认为，对机器人的理解有赖于对宗教和科学

---

[1] Neil M. Richards, William D. Smart, "How should the law think about robots?", in Ryan Calo, A. Michael Froomkin, Ian Kerr eds., *Robot Law*, Edward Elgar Publishing, 2016, p. 4.

[2] Neil M. Richards, William D. Smart, "How should the law think about robots?", in Ryan Calo, A. Michael Froomkin, Ian Kerr eds., *Robot Law*, Edward Elgar Publishing, 2016, pp. 13~15.

[3] Neil M. Richards, William D. Smart, "How should the law think about robots?", in Ryan Calo, A. Michael Froomkin, Ian Kerr eds., *Robot Law*, Edward Elgar Publishing, 2016, pp. 16~18.

的历史理解,我们需要关注二者的方法和目标是如何互相影响的。人类真的是第一批人工智能,比如古代苏美尔人的创造神话说,神的仆人是由黏土和血液创造的。在中国神话中,女娲把黄土地变成了人类。《圣经》和《古兰经》都有类似的文字:上帝用地上的尘土造了人,将生命的气息吹进他的鼻孔;人变成了一个有生命的灵魂。东西方传说表明了毫无生气的材料能被造成智能个体。在文学艺术中,技术被用来创造有意识的人类或神明的助手也已有数千年历史。[1]专家认为,人们可能不会轻易接受非生物智能具有法律上或社会上的平等性。对于非生物智能来说,科幻小说在某种程度上可能已经埋下了偏见的隐患,因为其中人工智能主要是坏人。应促进公众教育和对非生物智能的讨论,使这些问题尽量避免政治化。[2]阿西莫夫创造系列小说的起因就是其认为要改变小说中的机器人是"怪物""恶魔"或"毁灭者"的负面形象,使之成为人类的遵循伦理规范的朋友和伙伴。[3]与人工智能相关的词汇可能有些误导。由于"人工智能""学习""教学"等术语的使用,人工智能有时可以被视为一种有知觉的存在形式,好莱坞大片强化了这一信念。[4]所以,一个社会是将人工智能隐喻成有意识的人类、人类的助手还是其他事物,会影响我们对其的社会态度,进而影响我们与其之间的关系处理法则。

五、人工智能法学研究的框架

情景研究是综合多样研究形式的有力研究方法,其通常由来自各个相关学科的专家小组加以筹备。专家们将基于可靠的事实调查结果对现有趋势进行推断,其同时会考虑到当底层创新技术被市场接受并融入日常生活中时,可能会出现的黑天鹅事件与离群值。[5]希尔德布兰德希望人们熟悉主动"智能"环境诸如环境

---

[1] Jacob Turner, *Robot Rules: Regulating Artificial Intelligence*, Palgrave Macmillan, 2019, pp. 4~5.

[2] Ryan Dowell, "Fundamental Protections for Non-Biological Intelligences or: How We Learn to Stop Worrying and Love Our Robot Brethren", 19 *MINN. J. L. SCI. & TECH.* 305, 2018, p. 333.

[3] 黄禄善:《美国通俗小说史》,译林出版社2003年版,第327页以下。

[4] Iria Giuffrida, Fredric Lederer, Nicolas Vermeys, "A Legal Perspective on the Trials and Tribulations of AI: How Artificial Intelligence, the Internet of Things, Smart Contracts, and Other Technologies Will Affect the Law", *Case Western Reserve Law Review*, Vol. 2018, No. 3, p. 755. 加拿大法官早就对计算机的拟人化发表过看法,认为计算机是没有认知的。*Apple Computer, Inc. v. Mackintosh Computers Ltd.*, [1988] 1 F. C. 673 (Can.).

[5] Joel Garreau, *Radical Evolution: The Promise and Peril of Enhancing Our Minds, Our Bodies-and What It Means to Be Human*, Doubleday, 2006, pp. 78~79.

感知智能（Ambient Intelligence，AmI）、物联网（the Internet of Things IoT）、无处不在的自主系统或先发制人式的计算等事物产生的新型预期与监管。其所使用的术语"在线生活世界"（onlife world）强调我们不仅仅在谈论技术基础设施这一事实。我们身处的这个变革性世界，正在逐渐被打破线上与线下之间的人为界限。在某种程度上，即将到来的在线生活世界因人工生命形式而蓬勃发展，或至少在看似发展出自我生命的"事物"上蓬勃发展。这些"事物"由一种数据驱动能动性的形式来呈现。此种叙述介绍与情景研究在方法论上有诸多相似之处，旨在评估迄今为止不确定的未来发展，同时对潜在威胁进行评估。她意图阐明新兴的技术基础设施（与所有技术一样）将重塑我们生活的世界，并在事实上规范我们的行为。[1]此类下意识的规制将发展至何种程度，取决于我们如何设计该类基础设施，以及我们是否找到将法律保护纳入其中的方法。她认为，强加行政成文规则以期驯化该类基础设施的尝试终将失败。成文法律本身在面对智能计算环境的分布式、移动化、多态性与实时化特点时无能为力。但这并不意味着成文法律准备在历史文物中展览博物馆遗物。恰恰相反，要明晰对在线生活世界的规范性分析框架，并让我们每个人都参与到塑造世界的过程之中，我们需要保留成文法。[2]情景研究有助于明晰对在线生活世界的规范性分析框架，我们需要找到这种研究方案的焦点。

该方案的关注焦点在于，在管理技术革新的进程中，是否应当将 AI 根据道德、政治和经济领域的目标进行安排。帕加罗认为，为设计、生产和使用机器人建立合法性条件的法律也有其规律——可将法律设想为元技术，即作为控制其他技术手段的手段。首先是描述法律系统如何通过复杂的概念体系应对技术革新过程，其次是思考机器人科技导致机器人行为在法律体系中看起来不同的方式，以及生产和使用这种机器导致的后果——它如何对法律体系产生总体影响，我们又如何领会与法律目的有关的特定关键词以管理技术革新的进程。[3]这就要处理好法律、机器人科技与社会目标三者之间的动态关系。经由法律的解释、修正乃至创设，使得机器人科技与社会目标良性互动，这就是人工智能法学的研究目标。

---

[1] Mireille Hildebrandt, *Smart Technologies and the End(s) of Law: Novel Entanglements of Law and Technology*, Edward Elgar Publishing, 2015, pp. 7~8.

[2] Mireille Hildebrandt, *Smart Technologies and the End(s) of Law: Novel Entanglements of Law and Technology*, Edward Elgar Publishing, 2015, pp. 9~10.

[3] Ugo Pagallo, *The Laws of Robots: Crimes, Contracts, and Torts*, Springer Netherlands, 2013, pp. 7~13.

例如，欧盟2023年临时协议明确指出，欧盟《人工智能法案》不适用于欧盟法域以外，并且在任何情况下都不应影响欧盟成员国的国家安全权限或任何受托执行该领域任务的实体。此外，《人工智能法案》不适用于专门用于军事或国防的系统。同样，该法不适用于仅用于研究和创新的人工智能系统，也不适用于因非专业原因使用人工智能的人。[1]

正如AI正在深刻影响市场和产业，它也将深刻影响支撑这些产业运行方式的法律规则和原则。为此，特纳认为，有三个主要领域将面临AI的新挑战：一是责任，如果AI引起损害或者创造了利益，谁应当负责；二是权利，是否有道德的或者实用的理由给与AI法律保护和人格；三是伦理，AI应当如何做出重要决定，是否存在一些不应当允许AI做出的决定。[2]这就是人工智能法学的研究对象。帕加罗认为，这些研究将检验传统的法学概念、原则和基本规则、传统的解释学方法，倘若用实用主义的方法考察机器如何影响现行法律体系，需考虑所谓的正确答案是否已经正当地存在了，法律体系是否对其他解决方法是开放的，还是需要新的政治性决策。结论可能是，机器人学的进步和复杂化很可能需要一种专属的法律制度，这一结论基于的立场可能是机器人不再被视为与人类互动的工具，而是法律领域的适格能动者。[3]这种可能如果成立，则需要我们进行充分的思考和论证，并进行妥善的制度安排。

中国学者总结道，AI法学体系有一个动态发展的过程。首先，技术发展将丰富AI法学体系，特别是未来人工智能时代的机器人权利和义务问题。其次，国际化将催生AI法学体系的融合。数据共享、人类命运共同体以及制定共同标准将推动AI法学的国际融合。最后，哲学观念的变革将催生整个AI法学体系的升级。从作为工具的机器人不得伤害他人的义务到不受伤害的权利，哲学观念的变化导致整个机器人的法律体系产生变革。[4]无论未来AI时代的社会生活样态如何，社会主体如何多元，多元的主体依然会形成自己的存在哲学。[5]智能技术

---

[1] Council of the EU, "Artificial intelligence act: Council and Parliament strike a deal on the first rules for AI in the world", https://www.consilium.europa.eu/en/press/press-releases/2023/12/09/artificial-intelligence-act-council-and-parliament-strike-a-deal-on-the-first-worldwide-rules-for-ai/? ref = atlasai. news.

[2] Jacob Turner, *Robot Rules: Regulating Artificial Intelligence*, Palgrave Macmillan, 2019, p. 37.

[3] Ugo Pagallo, *The Laws of Robots: Crimes, Contracts, and Torts*, Springer Netherlands, 2013, pp. xiii ~ xiv.

[4] 杨延超：《机器人法：构建人类未来新秩序》，法律出版社2019年版，第19～22页。

[5] [意] 乌戈·帕加罗著，彭诚信主编：《谁为机器人的行为负责？》，张卉林、王黎黎译，上海人民出版社2018年版，主编序第5页。

的发展使得人的共同体本质有了发展的极大可能。一方面，科技的猛进使得共同体更有机会与能力创造条件去展示个人的才华与能力。另一方面，人的自由而全面的发展又进一步促进了真正共同体的联合与进步。总而言之，面对自然人与机器人和谐共生的未来命运共同体，我们需要将公平正义的法治精神在 AI 时代之初就持续不断地通过法律、道德和技术的形式赋予新时代的人们和机器。

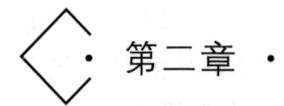

第二章
人工智能时代的法治挑战

一、AI 法的新颖性

对新技术的规制往往是考虑适用既有法律体系。1907 年，乔治亚上诉法院确认驳回了某原告提起的诉讼，他起诉一辆汽车在亚特兰大的街道上超速行驶时撞上了一群在人行道和街道上玩耍的孩子，并撞死了他的儿子。法院在判决中写道，在作出某些改变之前，拥有、保管和操作汽车的人的责任将根据普通法和普通法对相似案件的判例来确定。[1]对马法和网络法的新颖性怀疑早已有之，之前有人怀疑网络法是否和马法一样不具有自成一体的特性，但是法官伊斯特布鲁克认为，立法中的错误很常见，在技术快速向前发展的时期中更是常见，我们不要将不完善的法律体系适用于一个我们了解有限的演进世界。[2]这种争论也将延伸到 AI 的制度体系中。

（一）人工智能法的新颖性争议

有些问题是传统问题的翻版，比如半自动驾驶或自动驾驶汽车碰撞的侵权责任问题。而其他的可以被称为"全新的问题"：什么时候（如果有这个时候的话），一台"计算机"的声明可能是道听途说的，或者一台计算机可能对侵权损害甚至是谋杀负责，或者它可能因为被认为是人而被起诉侵犯版权？如何界定智能合约，以及一个负责任的律师需要拥有什么知识和技能才能避免一场成功的渎职诉讼？[3]知念认为，自动驾驶导致的赫茨伯格的逝去和剑桥分析丑闻都证明，

---

[1] Lewis v. Amorous, 3 Ga. App. 50 (1907).

[2] Frank H. Easterbrook, "Cyberspace and the Law of the Horse", *University of Chicago Legal Forum*, Vol. 1996, pp. 207~215.

[3] Iria Giuffrida, Fredric Lederer, Nicolas Vermeys, "A Legal Perspective on the Trials and Tribulations of AI: How Artificial Intelligence, the Internet of Things, Smart Contracts, and Other Technologies Will Affect the Law", *Case Western Reserve Law Review*, Vol. 2018, No. 3, p. 749.

自主机器和系统及其可能造成的危害不再是遥远的未来。如何利用法律来防止它们伤害他人，以及如果它们伤害他人，责任如何分配的问题亟需提上议程。他希望能够描绘法律与 AI 之间可能存在的一种轨迹关系——当出现新事物时，就会有人用已经存在的法律理论和原则来对它进行阐释，但是反过来又会引发对原有的理论和原则是否适用于新事物、是否需要对这些理论进行调整的辩论。[1]将既有法律体系应用到新技术上的想法和做法，可以通过巴尔金（Balkin）的文化软件理论得到理解和批判。巴尔金认为，人类对事物的理解和法律等人类制度是通过他称之为"文化软件"的概念工具得以实现的，这些工具是"我们在理解和评价社会世界时所使用的能力、联想、启发、隐喻、叙述"。但这些工具本身就是在先工具的累积结果，因此容易受到冲击而失效。"文化拼凑（用手头现有材料创作）①是累积的，②涉及非预期用途，③是经济的或递归的，④具有非预期的后果。"[2]知念认为，原有的学说及其界定法律问题的方式，有其长处和局限性，将影响法律学说处理新技术的能力。关于工具的累积性以及它们的启用和禁用性的观点，这些理论将阐述我们如何理解我们与自主技术的关系，特别是其中最复杂的技术。使用长期被废弃的法律体系将标志着人们回归到使奴隶制成为可能的态度上来。[3]

那么，我们应该意识到，试图利用现有法律来管理人工能动者，至少在某种程度上是偷工减料的，而且会产生意想不到的后果。一些观察家认为，在这一领域，技术领先于法律，其创造了新的事实，在此基础上法律必须作出回应。[4]然而，知念认为更准确的说法是，设计师、程序员、政策制定者和法学家使用当前的责任体系和作为其基础的假设来构建和解决 AI 带来的潜在的、新的法律问题。事实上，也许有一天，我们会把人格和权利赋予最先进的机器，这是由于我们对暴露出来的问题采取蒙混过关的态度。[5]因为，倘若没有及时更新责任体系和权利假设，等到问题不可解决而又必须解决时，只能考虑既有体系和假设中可用的概念和工具。

---

[1] Mark Chinen, *Law and Autonomous Machines: The Co-Evolution of Legal Responsibility And Technology*, Edward Elgar Publishing, 2019, p. 9.

[2] J. M. Balkin, *Cultural Software*, Yale University Press, 1998, pp. 6~32.

[3] Mark Chinen, *Law and Autonomous Machines: The Co-Evolution of Legal Responsibility and Technology*, Edward Elgar Publishing, 2019, p. 19.

[4] Ugo Pagallo, *The Laws of Robots*, Springer Publishing, 2013, pp. 19~20.

[5] Mark Chinen, *Law and Autonomous Machines: The Co-Evolution of Legal Responsibility and Technology*, Edward Elgar Publishing, 2019, p. 21.

但是，AI定义的不明确，以及认为AI可以通过既有法律原则的逐步递增式发展得到规制，成为了AI不能获得专属法律制度的理由。[1]对此，特纳认为，AI给法律规制带来了独有的困难，虽然不需废除所有既存法律、重新来过，但是需要重新考虑一些基本原则。[2]例如，智能时代人的社会关系面临两大方面的复杂性，一是少数人智能劳动和多数人失业的关系，二是所有旧人类成员和智能人的关系。对于少数人智能劳动、居于社会顶层，以及多数人成为"无用人口"、居于社会底层的两极化社会关系，法律必须进行调整，以维护社会底层的基本尊严。法律调整的是社会成员之间的权利和义务，因应和型塑新的社会关系。少数人的智能劳动遵循的是一定的算法，也即智能运算的一套规则，而这套规则必然作用于社会成员中的底层失业者。为此，在规整社会关系中应当重视多元主体的参与。[3]底层失业者也应当有权参与到智能社会算法的制定与调整当中，以平衡社会关系。

（二）人工智能法的新颖性面向

基于旧人类成员和智能人新主体的关系，以人类为中心的法律调节也将受到冲击、面临需回应的问题。此时的旧人类成员和智能人新主体都被视为是信息和智能的载体、沟通的节点。在新的世界观下，并非仅有人际互动达成的共识才是创制法律的道义基础，法律应当立足于系统的运作，而旧人类体和新智能体在信息流、沟通网的社会系统中塑造了法律。[4]为此，后人类时代的法哲学也步履蹒跚地向我们走来，未来法必须充分考虑到这种社会关系整体的复杂性和总体的积极性。

AI对人类社会秩序的影响意味着，人类未来的新秩序存在如下双重关系的转变：一是人与国家的关系趋向自由和权力的双向增长，但公民对机器人的依赖促进了国家对公民的监控与管理，此时问题就是AI如何推动法律的公平正义；二是人与人的关系转化成人与机器的关系，此时问题就是如何应对AI对法律制度提出的挑战。[5]

前者分为两个方面：其一，AI重构法律的公平价值。罗尔斯（Rawls）在其《正义论》中提出公平的分配方法是让负责分的人最后选，[6]其最后的结果往往

---

[1] Jacob Turner, *Robot Rules: Regulating Artificial Intelligence*, Palgrave Macmillan, 2019, pp. 41~42.
[2] Jacob Turner, *Robot Rules: Regulating Artificial Intelligence*, Palgrave Macmillan, 2019, p. 39.
[3] 张本才：《未来法学论纲》，载《法学》2019年第7期。
[4] 鲁楠：《科技革命、法哲学与后人类境况》，载《中国法律评论》2018年第2期。
[5] 杨延超：《机器人法：构建人类未来新秩序》，法律出版社2019年版，前言第3~5页。
[6] John Rawls, *A Theory of Justice: Revised Edition*, Harvard University Press, 1999, p. 74.

是平均化。但是，平均化不能解决所有的公平问题。学者认为，这没有考虑个体差异。不过，在 AI 应用之前，过多考虑个体信息意味着高昂的额外成本，这是不现实的。而 AI 使得信息的收集成本和技术成本不断降低，适用于个体的实质公平也就越来越成为正当要求。例如，同案同判不再限于比较和考量少量案件的直观要素，而是同时考虑大量案件背后隐藏的个体信息。[1]例如 COMPAS 智能系统可通过复杂算法算出罪犯的危险指数和未来再犯的可能性，协助司法人员作出是否假释的裁判。[2]此时的公平性问题就是，是否充分考虑了相关个体的信息差异，而非仅考虑到该个体所属群体的性质和趋向。其二，AI 重构法的自由价值。传统空间中，公民在这个单层社会中扩展自由，但同时意味着政府要被限缩权力或有配合义务。而智能时代中公民有多维空间扩展自由，AI 降低了人们从事专业工作的难度。同时政府权力也将同步扩张，随着公民对智能产品和服务形成依赖，政府也会通过智能产品和服务完成对整个社会的控制。[3]这种控制将更加高效、隐秘和复杂。

再看后者，其意味着 AI 语境下法律制度面临全面转型，因为 AI 的特征将挑战基本法律概念。如果将一个技术引入主流领域需要法律或法律制度的系统变化，那么该技术就是例外的，AI 即很可能需要法律例外。[4]AI 引发了新的系统性法律问题：AI 催生新的法律事实，并且重构了法律关系中的权利义务模型，此时责任原则甚至责任主体都会发生变化。[5]一是主体制度的新问题，主体问题决定了签约、侵权、继承、赠与等场景下的权利、义务问题。可能出现不同于自然人、法人而专门面向 AI 的法律人格。[6]二是权利、义务的新问题。其具体表现为：数据完成新的人格构建，影响隐私权；工业机器人影响劳动者权益；创作机器人影响艺术家权利；智能合约设定权利和自由的边界，甚至设定处罚并强制执行。[7]三是法律客体的新问题。大数据的数据库在 AI 时代的编排独创性不断降低，甚至非结构化，是否仍然受到版权法保护？机器人创造物的独创性甚至超过人类，如何对其进行保护？物联网语境下物权、债权的两分法是否能够持续？

---

[1] 杨延超：《机器人法：构建人类未来新秩序》，法律出版社 2019 年版，第 26 页。
[2] *Wisconsin v. Loomis*, 881 N. W. 2d 749 (2016).
[3] 杨延超：《机器人法：构建人类未来新秩序》，法律出版社 2019 年版，第 26~27 页。
[4] Jacob Turner, *Robot Rules: Regulating Artificial Intelligence*, Palgrave Macmillan, 2019, p. 64.
[5] 杨延超：《机器人法：构建人类未来新秩序》，法律出版社 2019 年版，第 9~10 页。
[6] 杨延超：《机器人法：构建人类未来新秩序》，法律出版社 2019 年版，第 10~11 页。
[7] 杨延超：《机器人法：构建人类未来新秩序》，法律出版社 2019 年版，第 11~12 页。

AI产品仍被厂家控制,传统物权概念也面临解构和重构。[1]同样地,刑法上的使用盗窃如何处理,还能维持刑法保护财产所有或占有的观念吗?四是法律责任的新问题。从人与人的关系转向人与机器的关系带来了新的责任问题,例如智能投顾和无人驾驶中的责任归属和责任原则问题。[2]如果没有人,公司不能做出归属于公司的决定,也就不能将权利和义务予以改变、创设和消除。团体性的法律人格最终落在个体决策的集合上。所以这种法律人格理念并不能容纳非人类决策。[3]国家的法律和政治行为也最终有赖于人类决策者。[4]再看建筑物、物品、神灵和概念。神庙通过其人类代表而行动。所谓的环境权利也必须由人决定是否追求索赔。[5]知念认为,人类而不是机器,会感受到责任的负面后果。人类可能认为这些后果是不公平的,特别是如果其不能合理地预见到相关的机器会造成伤害时,而且如果它足够先进,它会成为一台我们最终无法控制的机器。有时,造成伤害的延伸能动者(AI)会持续存在,比如一个人经常坐着自动驾驶汽车上下班。在其他时候,它几乎都是短暂存在的,尽管这样的延伸能动者会造成巨大的伤害。当我们在分配责任时,需要承担责任的延伸能动者只是昙花一现(马上就恢复正常了),那么很多人倾向于回到传统的归责模式上也就不足为奇了。[6]知念提出,用以界定和处理损害的法律理论几乎全部都要求由个人承担责任,因此即使法律声称其对象包含团体,也往往是以个人主义的术语来进行界定的。这种对个人责任的强调以及其与伦理道德的紧密联系,引发了这样一个问题:当基于个人责任的法律责任应用于 AI 时,其表现如何?[7]

二、AI 对责任概念与制度的挑战

传统法律责任假定一个人类行为人的确实施了某种不法的损害行为,但是 AI 提出了另一种可能性:所有相关的人都尽责了、都不是事故发生的原因,事故是由某个独立行动的机器行为人正常运行造成的,此时受害人可能无法获得赔

---

[1] 杨延超:《机器人法:构建人类未来新秩序》,法律出版社 2019 年版,第 12~13 页。

[2] 杨延超:《机器人法:构建人类未来新秩序》,法律出版社 2019 年版,第 13 页。

[3] Jacob Turner, *Robot Rules: Regulating Artificial Intelligence*, Palgrave Macmillan, 2019, pp. 46~47.

[4] Jacob Turner, *Robot Rules: Regulating Artificial Intelligence*, Palgrave Macmillan, 2019, p. 48.

[5] Jacob Turner, *Robot Rules: Regulating Artificial Intelligence*, Palgrave Macmillan, 2019, pp. 49~51.

[6] Mark Chinen, *Law and Autonomous Machines: The Co-Evolution of Legal Responsibility and Technology*, Edward Elgar Publishing, 2019, p. 135.

[7] Mark Chinen, *Law and Autonomous Machines: The Co-Evolution of Legal Responsibility and Technology*, Edward Elgar Publishing, 2019, p. 52.

偿或弥补损失。[1]学者认为，传统语境下人与人的关系意味着人的过错是法律体系的核心关键词，但在人与机器的关系背景下其关键词将演变成产品质量责任原则。产品质量责任判断的焦点在于机器人是否达到安全标准，在程序上这个证明过程更复杂，可能需要技术专家出庭，但算法黑洞需要消耗大量的司法资源和成本。这又将导致实体制度上的变化，人们会寻求保险制度的帮助，而非诉讼制度。保险制度的确在某种程度上能够直接解决上述问题。[2]但是，其仍然不能完全解决最终的责任归属问题。

责任规则的问题早已出现。2009 年，某司机跟随 GPS 的指示到了悬崖边的狭窄道路，警察将其拖回主路，英国法院认为应当归责于司机疏忽而非 GPS。2012 年，某司机闯过了不得进入的标识而占用其他机动车道。其主张根据 GPS 的指示，但仍被认定为无说服力，仍要被罚款。2011 年，汽车相撞致死，法官认为 GPS 部分有责，但司机因过分信赖 GPS 仍需被判处监禁。韦弗认为，GPS 可被归责取决于一系列因素：首先，GPS 像人一样说话并模仿真实的人类互动，其类人性使得人类会像人一样对待它和信任它；其次，其程序设计的目的就是更加准确实用，所以用户在越来越不清楚其所在区域时客观上增加依赖程度是合理的。所以科技发展使得我们越发需要重新考察如何决定并配置责任。[3]这不是仅由现有的方案能解决的问题——还应考虑用户有无做出合理行为，有无识别到危险，有无充分的信息偏离智能指示。[4]

知念认为，法律确确实实需要处理人与机器构成的大系统。但同时，当涉及惩罚理论、能动性理论和责任理论时，法律在本质上趋向于个人主义。法律倾向于从个体间的一系列二元关系中确定法律责任，尽管在一定程度上用这些理论去规制更大的群体会更为合理。问题是，这种强调个人责任的法律体系是否会在涉及人类和机器共同组成的大系统的责任、能动性和惩罚问题时遇到困难。[5]因

---

[1] John Frank Weaver, *Robots are People Too: How Siri, Google Car, and Artificial Intelligence will Force Us to Change Our Laws*, Praeger, 2013, pp. 17~18.

[2] 杨延超：《机器人法：构建人类未来新秩序》，法律出版社2019年版，第5~6页。

[3] John Frank Weaver, *Robots are People Too: How Siri, Google Car, and Artificial Intelligence will Force Us to Change Our Laws*, Praeger, 2013, pp. 12~13.

[4] Martin J. Saulen, "The Machine Knows! What legal implications arise for GPS device manufacturers when drivers following their GPS device instructions cause an accident?", *New England Law Review*, Vol. 2009, No. 1, p. 189.

[5] Mark Chinen, *Law and Autonomous Machines: The Co-Evolution of Legal Responsibility and Technology*, Edward Elgar Publishing, 2019, p. 55.

此，我们要思考超越个人责任的必要性和可行性。

先看扩大责任人范围的含义。知念认为，需要明确的是，并不是机器的自主性增强要求我们扩大责任人的范围，我们的目的是分配责任。这些讨论大多发生在行业设计标准的制定以及公共政策和立法建议中。达成的共识是 AI 应该具有可追溯性。现在还没有必要在人类和 AI 之间分配责任。[1]例如，2010 年，一个学者工作组发布了一套原则，通过两个原则扩大了 AI 的设计者、制造商和用户的责任。根据第二原则，首先，个人的损害赔偿责任并不会因为许多人参与了机器的设计、开发、部署和使用而被淡化。其次，责任归于个人的限度在于，该个人一个机器人的行为和效果的合理预见程度。[2]但这种责任分配方式导致了迄今为止难以解决的道德和法律问题。知念认为，这些问题与群体的法律和道德责任有关：其一，设计、制造、训练和使用机器人的团体应承担怎样的责任；其二，人类群体和共同"工作"的机器人应承担怎样的责任。这种危害在日常言语中被描述为由单个机器人，与设计团队或制造链中的各个人类成员，或与该机器人一起行动的人类一起导致的。令人担心的是，这将构成一种团体责任（association liability）。[3]

（一）设计、制造、训练和使用机器人的团体应承担怎样的责任

1. 归责于团体的必要性。特纳分析了因果关系和责任政策的关系，提供了归责于团体的可能性。法律能动状态是理解行为的法律后果并相应地调整行为的能力，以导致或避免某些事件。而因果提供了作为或不作为与其后果的关联。事实因果中的"若非"测试是人为构建，陈述了法律上追责的最低要求；而择一即可则是更为宽松的解释。事实因果只是法律因果的必要条件，而非充分条件。[4]法律因果问的是哪一个事实原因是法律上相关的原因。特纳提出，在法律因果关系的判断上有一些元规范作指导：一是该行为是知情而自由地做出的，二是行为结果的可预见性，三是前两者和最终结果之间没有介入行为。有益事件中的因果也要确定谁来负责。例如知识产权的创设和归属部分上是事实问题

---

[1] Mark Chinen, *Law and Autonomous Machines: The Co-Evolution of Legal Responsibility and Technology*, Edward Elgar Publishing, 2019, p. 53.

[2] Keith W. Miller, "Moral Responsibility for Computing Artifacts: 'The Rules'", *IT Professional*, Vol. 2011, No. 3, pp. 57~59.

[3] Mark Chinen, *Law and Autonomous Machines: The Co-Evolution of Legal Responsibility and Technology*, Edward Elgar Publishing, 2019, p. 54.

[4] Jacob Turner, *Robot Rules: Regulating Artificial Intelligence*, Palgrave Macmillan, 2019, pp. 58~60.

（是谁创作的），但也在很大程度上是一个政策问题（受 AI 影响重大的创作能在多大程度上受到保护）。结论是，因果不仅仅是一个客观上的事实，而且是经济、社会和法律政策问题，因果分析包括判断何种行为需要鼓励或不鼓励，以及判断正义和分配的问题。所以找出 AI 后面的人类能动者或公司能动者，仅仅是可选的政策之一。[1]

可预见性的观念提供了归责于团体的必要性要素。一个人对他无法预见的伤害不负责任，无论出于公平还是务实的理由都应如此。[2]多夫曼（Dorfman）的文章讨论并评价了多种可预见性理论，其中一些理解可以作为个人主义责任观的前提和基础。在一种解释中，可预见性与行为人的行为能力有关。我们通常要求人们对在某种程度上受其控制的行为和后果负责。[3]另一种观点认为，基于罗尔斯的正义论，疏忽责任是一种对权利、自由与责任的平衡。考虑到效率，承担罪责需要可预见性，因为"只有在风险创造者能够获得决定最佳保护水平的基础性信息时，侵权法才能对安全产生激励"。[4]个人需要预见到自己的行为可能会对其主要产品产生怎样的影响，或者衡量自己应尽到怎样的注意义务。在决定群体如何使用可预见性这一概念以决定赞扬或责备某人时，个人主义的术语和思维将继续发挥作用。[5]

特纳提出，AI 独立发展意味着 AI 与日俱增的不可预测性，这使得我们更加难以将每个 AI 决策都通过传统的因果链条拴到人类身上。AI 的独立发展包括下列特性，一是以设计者未规划的方式从数据集中学习，二是自己开发新的、更好的 AI 系统，而非仅仅复制原来的种子程序。特纳首先考察了机器学习和适应。机器学习大致分为监督、无监督和强化学习三种。监督学习中的 AI 根据具体反馈的错误信息而须假设如何将未来的未知数据进行分类。无监督学习中的算法仅仅得到数据而没有任何数据标签或反馈，而须将数据分成具有类似特征的集合以发现新知识。强化学习中的程序没有被告知采取何种行动，而须通过迭代过程发现何种行动导致最优奖赏。例如阿尔法狗得到了规则和海量的位置变动数据，发

---

[1] Jacob Turner, *Robot Rules: Regulating Artificial Intelligence*, Palgrave Macmillan, 2019, pp. 60~63.
[2] Mark Chinen, *Law and Autonomous Machines: The Co-Evolution of Legal Responsibility and Technology*, Edward Elgar Publishing, 2019, p. 66.
[3] Avihay Dorfman, "Foreseeability as Re-Cognition", *Am. J. Jur.*, Vol. 2014, No. 2, p. 180.
[4] Avihay Dorfman, "Foreseeability as Re-Cognition", *Am. J. Jur.*, Vol. 2014, No. 2, pp. 181~182.
[5] Mark Chinen, *Law and Autonomous Machines: The Co-Evolution of Legal Responsibility and Technology*, Edward Elgar Publishing, 2019, pp. 70~71.

现最佳走步而以4∶1战胜李世石;阿尔法元则仅仅得到规则,完成3天自训后以100∶0战胜阿尔法狗。由此,起初的人类输入和最终的创造性的、不可预测的输出之间的因果关系更进一步地弱化了。[1]其次,特纳提出,AI生成新的AI。当AI使用其他AI的来源去学习和发展时,新产生的代码的因果和作者身份变得更加模糊。我们还可以训练AI网络学会学习,也即元学习。AI发展的每一次自动化,都使得它又一次远离了人类输入。[2]

　　知念认为,这也导致了设计师无法预见机器通过与环境之间复杂的交互所产生的行为。同样重要的是,设计过程本身使得预测非常困难。鉴于现代计算机的复杂性,工程师们通常发现他们无法预测一个系统在新的情况下将如何工作。数百名工程师共同设计一台机器时,不同的公司、研究中心和设计团队致力于设计构成最终产品的各个硬件和软件,[3]上述计算机系统的模块化设计意味着没有一个人或一组人能够完全掌握系统与复杂新环境进行交互或响应的方式。[4]知念说道,在计算机设计中,与预见性相关的事实还关系到更抽象的问题。每一个程序员只为成千上万的子程序贡献了几行代码,很难说这样一个个体,有能力平衡与公共物品之间的关系,或有能力评估免受机器不利影响应采取何种适当保护水平。也许有人认为程序员在编写这些代码时应该意识到有人可能会受到影响,这样的观点反映了可预见性和责任概念的广度,其实质上接近于一种严格的责任形式。假如我们同意刑法的目的是报应性司法,侵权法的目的是恢复性司法,那么,倘若正在Uber等共享服务中使用的自动驾驶车辆伤害了行人,责任应如何分配?因果关系必须与世界上的具体事态相对应在这种情况下,用自动驾驶汽车引发了事故来描述这种事态似乎是合理的。但另一方面,假设我们采用了因果关系的构建性观点,将使决策者能够运用多因素分析(包括侵权法的目的,即为人们创造降低风险的激励机制),从而跳过自动驾驶汽车,认定是设计师直接造成了事故而使承担法律责任。这也许是合理的,因为这样的符合某些社会目标,如效率。然而,问题是这忽略了这样一个事实,即法律服务于其他目的,包括伸张正义。当涉及法律责任的认定时,有自主意识的个体仍然是主要的责任承担者。

---

[1] Jacob Turner, *Robot Rules: Regulating Artificial Intelligence*, Palgrave Macmillan, 2019, pp. 70~75.

[2] Jacob Turner, *Robot Rules: Regulating Artificial Intelligence*, Palgrave Macmillan, 2019, pp. 76~78.

[3] Mark Chinen, *Law and Autonomous Machines: The Co-Evolution of Legal Responsibility and Technology*, Edward Elgar Publishing, 2019, pp. 74~75.

[4] Wendell Wallach, Colin Allen, *Moral Machines: Teaching Robots Right from Wrong*, Oxford University Press, 2010, p. 39.

这就产生了一个问题,即法律是否有能力应对 AI 造成损害时可能出现的一些关联问题。为了更全面地回答上述问题,要探讨团体责任。[1]

2. 归责于团体的结构化考虑。知念认为,不同的法律政策追求不同的目标,我们在责任制度的选择和创新中,要考虑不同目标的平衡。第一个问题是将个人责任归于团体是否有意义,或者说这样做是否仅仅是归责于这些团体中个别成员的一种简化方式;如果这样做有意义,那么第二个问题就是哪些类型的团体可以被追究责任;第三个问题是何时以及如何将一个团体的责任分配给其成员;最后,在实践中将团体责任分配给其成员是否可行或者说是否会对涉及的成员产生错误的引导。[2]

首先,团体的道德责任是否有意义。知念说道,尽管存在一些本体论上的担忧,但根据现行法律,某些团体本身就可以对损害承担法律责任。这意味着将法律责任分配给一个团体,使其对 AI 的行为负责,只要团体和 AI 之间有足够强的连接,并不会导致当前法律责任观的重大飞跃。比较困难的问题是什么样的团体需要承担这一责任。[3]

其次,需要担责的团体类型有哪些。对法律和 AI 来说,问题在于是否应该让一个已经受法律约束,但并不是法人的松散单位承担法律责任。软件设计团队可能有资格作为责任的承担主体。[4]英国标准协会(BSI)在这方面确定了一个有趣的标准。作为其对 AI 自主系统的定义的一部分,BSI 指出,系统是"一组零件,在互操作时,它们的行为在零件层面都不存在(而是在整体层面存在)"。它进一步解释说,"这包括转瞬即逝的系统,例如彼此之间经过并在此时此刻表现良好的汽车,也包括诸如旅行者 2 号这样的寿命长的系统。"[5]更普遍地说,一个团体的维持时间、其内部结构和共同目的等因素可能有助于确定何时适合将责任归属于更广泛的人类"参与者"团体。如就自动驾驶车辆而言,可以将责

---

[1] Mark Chinen, *Law and Autonomous Machines*: *The Co-Evolution of Legal Responsibility and Technology*, Edward Elgar Publishing, 2019, pp. 75~76.

[2] Mark Chinen, *Law and Autonomous Machines*: *The Co-Evolution of Legal Responsibility and Technology*, Edward Elgar Publishing, 2019, p. 77.

[3] Mark Chinen, *Law and Autonomous Machines*: *The Co-Evolution of Legal Responsibility and Technology*, Edward Elgar Publishing, 2019, p. 79.

[4] Mark Chinen, *Law and Autonomous Machines*: *The Co-Evolution of Legal Responsibility and Technology*, Edward Elgar Publishing, 2019, p. 81.

[5] British Standards Institution, *Robots and Robotic Devices*: *Guide to the Ethical Design and Application of Robots and Robotic Systems*, standard 3.9.

任归属于制造商、软件程序员和工程师。一个有争议的话题是,在一个团体的形成中是否存在连贯的规范和稳定结构。对于持续时间短暂的系统来说这个问题更加困难,因为相互作用的个体之间的联系似乎更加松散。[1]

再次,何时、如何把责任从一个团体分配给它的成员。知念认为,关于是否以及何种团体应该承担责任之所以如此困难,其中一个原因是,这些问题涉及到将责任从群体分配给其成员。而这也许是 AI(自主机器和系统)责任中最棘手的问题。以下的每一种解释方法都提供了合适的理由,能够让人们在集体诉讼中公平地承担责任,并以法律的形式将这一责任分配规定下来,但同时每种方法都有它的局限性。[2]①共同目的。知念分析道,在有共谋的情况下,让每个成员对团体中成员犯的罪行负责似乎是合理的。但制造 AI 的团队不是为了造成伤害而一起工作的,如果他们并不想造成伤害,那为什么要追究他们的责任?在法律层面的答案显而易见:侵权法回避了意图和目标的适当性等相关问题,认为人们应该预见到自己的活动可能造成损害,并采取合理的措施来避免损害。但是,可预见性可以切断作为共谋中的共同意图或目标。[3]大型团体"通常非常复杂,很难在个人意图和实际集体行动之间找到任何关系,特别是在团体发展时期较长的情况下。"[4]知念提到,共同目的认定方法的一个缺点是,它忽略了目标和实现目标的手段之间的差异。因此,我们必须超越共同目的这一认定方法,区分合法和非法的目的以及合法和非法的手段,这意味着单独的共同目标不足以作为将责任从团体分配给个别成员的理由。[5]②个人利益。瑞夫(Reiff)指出,团体成员之间的利益分配并不平均,而且因获得利益而产生的罪责与因造成损害而产生的罪责并不相同。[6]一个担忧是,对最初错误的制裁可能跟获得的利益不成比例。[7]此外,享有利益

---

[1] Mark Chinen, *Law and Autonomous Machines: The Co-Evolution of Legal Responsibility and Technology*, Edward Elgar Publishing, 2019, p. 82.

[2] Mark Chinen, *Law and Autonomous Machines: The Co-Evolution of Legal Responsibility and Technology*, Edward Elgar Publishing, 2019, p. 83.

[3] Mark Chinen, *Law and Autonomous Machines: The Co-Evolution of Legal Responsibility and Technology*, Edward Elgar Publishing, 2019, p. 85.

[4] Wolfgang Sohst, *Collective Moral Responsibility*, trans. By Susan Rose, xenomoi Verlag, 2017, p. 78.

[5] Mark Chinen, *Law and Autonomous Machines: The Co-Evolution of Legal Responsibility and Technology*, Edward Elgar Publishing, 2019, p. 85.

[6] Mark R. Reiff, "Terrorism, Retribution, and Collective Responsibility", *Soc. Theory & Prac.*, Vol. 2008, No. 2, pp. 218~219.

[7] Richard Vernon, "States of Risk: Should Cosmopolitans Favor Their Compatriots?", *Ethics & Int'l Aff.*, Vol. 2007, No. 4, pp. 451~469.

的人不一定需要分担成本。[1]利益的来源可能是跨团体的,因此,很难采取适用于一个团体成员的利益-负担模式。[2]③自愿结社。知念认为,自愿结社排除了那些不自愿进入团体的人。对自愿结社这一标准的批评也主要与可预见性有关,即在大多数情况下团体成员并不会一加入就预见到以后做什么。自愿结社的另一个问题是,可能需要对责任进行分级,目前尚不清楚自愿结社在责任分配的其他方面有所改进。[3]

最后,知念认为,团体责任的"语义学"能够帮助我们理解将团体责任分配给其成员是否可行。一个团体是否应该为一个错误承担责任,部分取决于道德制裁的目的为何,以及承担责任是否有利于目的的实现。制裁个人的目标本就是一个难题,涉及群体时这个问题就更复杂了。其一,制裁可能有威慑作用。社会可能会要求团体或团体中的某些成员对其他成员的行为负责,因为他们处于控制该行为人的最佳位置。其二,如果团体或其成员相信他们将对某个成员的行为负责,集体罪责也可能有助于团体团结。[4]将责任分配给团体可被视为在团体制裁的目的与将这些制裁从团体分配给团体成员的公平性之间取得平衡的一种方法。[5]例如,帕斯特纳克(Pasternak)区分了惩罚和损害赔偿责任。她认为惩罚是一种愤怒和道德判断的表达——除非被惩罚者是可恶的,否则不应针对个人。虽然团体责任也给成员带来了成本,但它并不是基于个人的责任,而是基于需要支付违法时所产生的成本和赔偿受害者的伤害。[6]

3. 归责于团体的影响。知念提出,团体责任可能的影响有二。首先能得出的一个结论是,尽管有理由可以将一些新的或是组织松散的团体作为承担道德和法律责任的主体,但是鉴于道德和法律评价的个人主义性质,行使与人类大致相当的自治权的各种机构才是承担责任的最佳候选人。除非像丹尼特(Dennett)

---

[1] Robert Goodin, "What Is So Special about Our Fellow-Countrymen?", *Ethics*, Vol. 1988, No. 4, pp. 663~686.

[2] Mark Chinen, *Law and Autonomous Machines: The Co-Evolution of Legal Responsibility and Technology*, Edward Elgar Publishing, 2019, p. 86.

[3] Mark Chinen, *Law and Autonomous Machines: The Co-Evolution of Legal Responsibility and Technology*, Edward Elgar Publishing, 2019, pp. 87~88.

[4] Mark Chinen, *Law and Autonomous Machines: The Co-Evolution of Legal Responsibility and Technology*, Edward Elgar Publishing, 2019, p. 89.

[5] Mark Chinen, *Law and Autonomous Machines: The Co-Evolution of Legal Responsibility and Technology*, Edward Elgar Publishing, 2019, p. 90.

[6] Avia Pasternak, "The Distributive Effect of Collective Punishment", Tracy Isaacs, Richard Vernon eds., *Accountability for Collective Wrongdoing*, Cambridge University Press, 2011, pp. 210~230.

的意向立场（intentional stance）这样的概念能够被切实地应用到那些不固定的团体中，否则解决供应链之间或其他松散企业实体与个人间从属关系问题的尝试将始终受到批判。第二个充满争议的问题是，如果一个人接触了参与 AI 开发的多个子团体和个人，那么责任从团体转移到个人就会遇到阻碍。共同目的、个人利益和自愿结社都为团体承担责任提供了合理依据，但都不是决定性的。最后，回到巴尔金关于文化工具会产生意想不到后果的观点，法律需要谨慎对待以这种方式扩大责任将产生的导向。[1]

　　为此，知念认为我们需要引入复杂性理论（complexity theory），思考其对团体和个人责任的意义。首先，复杂性理论有助于我们更好地理解有关团体责任问题的性质，以及我们应对这些问题的能力极限。复杂性理论的第一个观点是，在适当的条件下，个体之间的相互作用会产生"更高层次"的现象，而这些现象是个体自身无法预测的，就像鸟群一样。[2]对于鸟群来说，是个体之间"微观"的相互作用导致了复杂的行为。但是在下面讨论的更复杂的系统中，这种行为也可能是由单个系统的组件或规则的相互作用引起的。[3]该理论的第二个观点是，突发现象会作为一个复杂的自适应系统在环境中持续存在。复杂系统是指"没有中央控制和简单操作规则，并可以通过学习或进化产生复杂的集体行为、复杂的信息处理和自适应的大型组件网络"，它是"表现出非凡的应急或自动组织行为的系统"。[4]对于团体责任，复杂性理论认为，诸如公司、军事组织和国家这样的团体之所以有资格成为独立的行动者，是因为它们切实存在、与具体行为有因果关系，并且无需分解为部分而可以以整体的形式存在。[5]复杂性理论证实，相对无害的个体行为会在群体层面上导致预料之外的行为或结果。个体间复杂的相互作用与这些相互作用所产生的现象之间的非线性关系意味着，在大多数情况下，不可能追踪到个体与他所属的复杂系统之间的直接联系以及系统可能对世界产生的影响。成员与群体之间的非线性关系表明两者之间的差距是巨大的，如果

---

〔1〕 Mark Chinen, *Law and Autonomous Machines: The Co-Evolution of Legal Responsibility and Technology*, Edward Elgar Publishing, 2019, p. 92.

〔2〕 Mark Chinen, *Law and Autonomous Machines: The Co-Evolution of Legal Responsibility and Technology*, Edward Elgar Publishing, 2019, p. 93.

〔3〕 Dirk J. Bezemer, "The Economy as a Complex System: The Balance Sheet Dimension", *Advances in Complex Systems*, Vol. 2012, No. 15, pp. 1～22.

〔4〕 Melanie Mitchell, *Complexity: A Guided Tour*, Oxford University Press, 2009, p. 13.

〔5〕 Mark Chinen, *Law and Autonomous Machines: The Co-Evolution of Legal Responsibility and Technology*, Edward Elgar Publishing, 2019, p. 94.

责任分配依赖于群体与其成员之间的某种联系,则该理论解释了为什么分配问题可能是难以解决的。[1]其次,对于个人责任,在复杂性理论下,许多现象都是由随机事件引起的,因此人们对合比例的个人责任的信念会受到质疑。[2]技术行动不是完全处于控制之下或完全没有控制的,而是我们通常有一些控制权的行动。同样,知识也是一个程度的问题。因此,在涉及技术行动的情况下,问题不在于一个人是否负有责任,而在于一个人在多大程度上负有责任。[3]这一点仍然存在疑问。

知念认为,构成集体的新兴结构、文化或行为与个体产生的复杂相互作用之间没有线性联系。这可能意味着企图从低级别的、负有责任的个人的行为中去寻找团体责任,或从团体的行为中寻找个人责任,根本就不是逻辑推论,而只是责任的分配。这表明,尽管人们可能希望让更多的人和机器一起对他们造成的损害负责,但任何这样的责任都被认为是构建起来的。如果责任更多地是一种任务而不是一种推导,那就会使我们质疑我们是否需要依靠道德和法律责任的个人主义观念。也许可以对责任进行修改或重新构想,以更好地概括责任,尤其是更好地解决自主机器和系统所造成的损害问题。[4]

(二)人类群体和共同"工作"的机器人应承担怎样的责任

专家认为,对于明显自主化或者受到远程遥控的系统来说,明白我们是如何思考和类比它们已然十分困难。在新一代共享自主系统中,人类操作者通常在遥远的地方与机器人里的自主软件合作操控这个系统,外部观察者难以确定一个系统在特定时间是完全自主还是被远程控制。此时我们用来理解这些系统的隐喻的选择将变得复杂,我们要谨慎选择用以理解机器人和系统操作者的各自角色的隐喻。[5]接下来将探讨我们理解责任能动者的方式的改变。知念认为,这更多地是关于我们理解责任能力和 AI 可能发生的变化的推断。然而,归根结底,重新确

---

[1] Mark Chinen, *Law and Autonomous Machines*: *The Co-Evolution of Legal Responsibility and Technology*, Edward Elgar Publishing, 2019, p. 95.

[2] Mark Chinen, *Law and Autonomous Machines*: *The Co-Evolution of Legal Responsibility and Technology*, Edward Elgar Publishing, 2019, p. 96.

[3] Mark Coeckelbergh, "Moral Responsibility, Technology, and Experiences of the Tragic: From Kierkegaard to Offshore Drilling", *Sci. & Eng'g. Ethics*, Vol. 2021, No. 18, pp. 35~36.

[4] Mark Chinen, *Law and Autonomous Machines*: *The Co-Evolution of Legal Responsibility and Technology*, Edward Elgar Publishing, 2019, p. 101.

[5] Neil M. Richards, William D. Smart, "How should the law think about robots?", https://robots.law.miami.edu/wp-content/uploads/2012/03/RichardsSmart_HowShouldTheLawThink.pdf.

定责任或责任承担者的方式并不能完全解决损害问题，特别是在个人责任的观念如此顽固的情况下。[1]知念认为，此处应重点关注与 AI（自动系统和机器）进行交互和合作的人类。在此过程中，其将重申在讨论团体责任时所引入的前述观点，并在此基础上进一步探讨人与 AI 协同工作时的关系。[2]

1. 先看作为关注基本单元的团体。只有当个体是一个更大整体的一部分时，才有可能认为它是有意义的。这表明，一个社会可以通过确认团体而非个人是道德和法律责任的基本承担者，然后将所有个人成员都归入这个团体，以该方式消除在人与机器之间分配责任的棘手问题。[3]这种做法的明显好处是，可以避免将责任从团体分配给其成员或从一个成员分配给其他成员的问题。但同时，这种团体责任也存在明显的问题。[4]也许在团体中寻找这种责任的门槛比较低，因为，虽然名义上所有的组织结构和活动都需要为对他人造成的损害负责，也仍然需要个人去承担责任。[5]

下面思考在人类和 AI 协同工作时扩展责任主体。如果一项行动只能在人类和非人类参与者的共同谋划下完成，那么执行行动的主体或能动者就不能局限于人类，而应包括所有参与者。[6]因此，由此延伸出的主体（即 AI）可以在道德上对行动负责。一个主体对某一行为负责可以区分为两层含义：一是在行为发生原因的意义上，二是在承担行为后果的意义上。[7]鉴于道德责任只存在于延伸的主体的行动之中，因此道德责任属于整个延伸出的主体而不局限于其中的某一部分。[8]知念认为，扩展责任主体的概念并不新鲜。例如，公司的首席执行官是延

---

[1] Mark Chinen, *Law and Autonomous Machines*: *The Co-Evolution of Legal Responsibility and Technology*, Edward Elgar Publishing, 2019, p. 103.

[2] Mark Chinen, *Law and Autonomous Machines*: *The Co-Evolution of Legal Responsibility and Technology*, Edward Elgar Publishing, 2019, p. 127.

[3] Mark Chinen, *Law and Autonomous Machines*: *The Co-Evolution of Legal Responsibility and Technology*, Edward Elgar Publishing, 2019, p. 127.

[4] Mark Chinen, *Law and Autonomous Machines*: *The Co-Evolution of Legal Responsibility and Technology*, Edward Elgar Publishing, 2019, p. 128.

[5] Mark Chinen, *Law and Autonomous Machines*: *The Co-Evolution of Legal Responsibility and Technology*, Edward Elgar Publishing, 2019, p. 129.

[6] F. Allan Hanson, "Beyond the Skin Bag: On the Moral Responsibility of Extended Agencies", *Ethics & Info. Tech.*, Vol. 2009, No. 11, pp. 91~92.

[7] Mark Chinen, *Law and Autonomous Machines*: *The Co-Evolution of Legal Responsibility and Technology*, Edward Elgar Publishing, 2019, p. 129.

[8] F. Allan Hanson, "Beyond the Skin Bag: On the Moral Responsibility of Extended Agencies", *Ethics & Info. Tech.*, Vol. 2009, No. 11, pp. 91~96.

展责任主体的一部分,即使公司被判有罪,他自己也必须有责。这正是扩大责任主体这种方法解决问题的方式:将责任划分为主要部分和次要部分,意味着公司承担追究刑事责任的法律后果和道德后果,而首席执行官只承担作为公司管理层的道德后果,不承担刑事责任。[1]也即只承担了行为发生的原因意义上的责任。

AI 的很多应用将具有更多的智能增强属性。智能增强会使人类更普遍地使用 AI,最终与达到高度自主的 AI 协同工作。在医疗保健、法律、建筑、制造业等领域都将如此。这一发展让人们不禁思考:人类个体的责任能力是否会因其对增强技术的使用而得到扩展。在 AI 刚刚出现的过渡时期,这种情况更为严重,因为使用某项技术的人类用户会被视为主要参与者或监督者。技术有可能对我们理解人类的行为和身份产生深远的影响。[2]一个人的身份既是他所处关系网的产物,也是他内在的核心自我。[3]自动化程度的提高会让我们失去驾驶汽车和与他人共事等特定技能所带来的能动感。[4]同样,当我们与更复杂的、充当个人助理的 Siri 或 Alexa 互动时,我们甚至可能不知道人工智能在管理我们的时间、交通方式、工作和人际关系时为我们做出的选择。[5]如果没有强有力的隐私保护,大数据在每时每刻都预测和响应人类需求的能力有可能将剥夺个人选择身份的自由。[6]然而,知念提出,如果那些在科技环境中长大的人对隐私的关注呈减少趋势的情况占据了主导地位,会发生什么呢? 技术本身可能会改变人类的身份,光是技术本身就已如此复杂,与之建立一种关系则只会更加复杂。关键是,从我们目前对个人的文义理解来看,技术的进步可能会导致我们对自己的看法发生根本性的变化。在这方面,自我的不连续性将给责任体系带来真正的问题,因为文义上会有这样一种感觉:犯错误的"人"不再存在,他已经变成了另一个人。但

---

[1] Mark Chinen, *Law and Autonomous Machines: The Co-Evolution of Legal Responsibility and Technology*, Edward Elgar Publishing, 2019, p. 136.

[2] Mark Chinen, *Law and Autonomous Machines: The Co-Evolution of Legal Responsibility and Technology*, Edward Elgar Publishing, 2019, pp. 130~131.

[3] Mark Chinen, *Law and Autonomous Machines: The Co-Evolution of Legal Responsibility and Technology*, Edward Elgar Publishing, 2019, p. 132.

[4] David Zoller, "Skilled Perception, Authenticity, and the Case against Automation", Patrick Lin, Ryan Jenkins, Keith Abney eds., *Robot Ethics* 2.0: *From Autonomous Cars to Artificial Intelligence*, Oxford University Press, 2017, pp. 80~92.

[5] Mireille Hildebrandt, *Smart Technologies and the End(s) of Law: Novel Entanglements of Law and Technology*, Edward Elgar Publishing, 2015, pp. 68~75.

[6] Mireille Hildebrandt, *Smart Technologies and the End(s) of Law: Novel Entanglements of Law and Technology*, Edward Elgar Publishing, 2015, p. 82.

是，也存在使我们重新调整自己，使自己更容易适应充分包含复杂 AI 的责任体系的可能。[1]弗洛瑞迪所说的"信息和通信技术"的出现加速了我们更容易把自己和他人看作是某一类型而非个体的进程。我们把独特且不可替代的个体视作形而上、典型化的，这一过程也开始侵蚀我们的个人认同感。我们可能会在其他匿名实体中，把自己视为大规模生产出的匿名实体中的一员，冒着风险与数十亿其他类似个体在网上接触，把彼此想象成同一类型。[2]在这样的世界里，责任将被分配给某一类人而非个体。[3]

2. 将视角转移到由人类和 AI 组成的团体。知念提出，对扩展责任主体的思考使我们将关注点转回到这一团体，将其作为涉及因果关系的主体本身，而非作为一个观察的基本单元，在这一团体中人类和 AI 都是其成员。在我们与 AI 的关系不那么像工具，而更像伙伴之前，它必须达到什么样的复杂程度，我们才能摆脱个人责任承担模式?[4]知念认为，在技术层面上，达到这种复杂程度需要开发有意识的系统模型。自主技术尚处于发展的早期阶段，机器并没有意识。复杂性和意识性对于确定一个 AI 是否能够具有某一团体的成员资格，这样的团体能否形成，以及这样的团体是否具有参加集体活动的能力有重要意义。[5]Poljanšek 认为，应该区分有共同目标的团体和有归属感的群体。[6]"归属感最好被理解为属于独立于其成员而存在的事物的感觉，这种感觉的存在具有本体论上的意义"。[7]知念认为，如果共同意图或共同目标是团体形成和集体行动的标准，那么就有充分理由认为，AI 还不能发挥这种构成性的作用。可以说这类群体具有集体行动

---

[1] Mark Chinen, *Law and Autonomous Machines*: *The Co-Evolution of Legal Responsibility and Technology*, Edward Elgar Publishing, 2019, pp. 133~134.

[2] Luciano Floridi, *The Fourth Revolution*: *How the Infosphere is Reshaping Human Reality*, Oxford University Press, 2014, pp. 57~58.

[3] Mark Chinen, *Law and Autonomous Machines*: *The Co-Evolution of Legal Responsibility and Technology*, Edward Elgar Publishing, 2019, p. 134.

[4] Mark Chinen, *Law and Autonomous Machines*: *The Co-Evolution of Legal Responsibility and Technology*, Edward Elgar Publishing, 2019, p. 136.

[5] Mark Chinen, *Law and Autonomous Machines*: *The Co-Evolution of Legal Responsibility and Technology*, Edward Elgar Publishing, 2019, p. 137.

[6] Tom Poljanšek, "Choosing Appropriate Paradigmatic Examples for Understanding Collective Agency", Catrin Misselhorn eds., *Collective Agency and Cooperation in Natural and Artificial Systems*, Springer, 2015, p. 185.

[7] Tom Poljanšek, "Choosing Appropriate Paradigmatic Examples for Understanding Collective Agency", Catrin Misselhorn eds., *Collective Agency and Cooperation in Natural and Artificial Systems*, Springer, 2015, p. 201.

的能力,但尚不清楚让机器人感到自己属于一群人意味着什么,或者让人类感到自己属于一群人意味着什么。[1]最后,合作行为可以从复杂性理论的角度来看待,而不是用哲学的方法来看待团体、团体行动和团体责任。[2]斯塔普勒顿(Stapleton)和弗勒泽(Froese)建议我们将责任能力(行为能力)理解为一种由我们与环境的交互作用产生的紧急现象。[3]鉴于自然出现的多种团体形式和责任类型,他们反对将团体责任看作一个全无的概念。一个实体可能在某段时间内是有责任能力的,而某段时间可能没有,在不同的分析层次上,每个系统都或多或少有责任能力。他们描述了他们自己用两个机器人进行的实验。在这两个机器人中,他们为每个机器人编写了一个人工神经元程序。当两个机器人进行交互时,它们各自的神经元显示出了对单独的神经元而言不可能的活动。所以上述两位学者认为,当机器人在一起时,它们就成了与单独存在时不同的个体。[4]作为一个团体,什么时候可以被视为对其行为负责的责任主体并非确定无疑。[5]

但是,责任的缺口仍然存在。知念认为,我们可以通过法律让这些群体承担法律责任,但这并不能解决追究的法律责任将被人类和机器不成比例地感受到的分配问题。而相关人员不承担法律责任会让人感到担忧,如果设计师、程序员、制造商和主管官员被排除在法律责任之外,那么机器造成损害的成本就会转移到消费者和其他普通人身上。倘若不需要承担这种责任,设计师、程序员和制造商就会失去在制造 AI 时规避不合理风险的动力。[6]令人担忧的是,知念提出法律可能因此陷入僵局。一方面,即使是没有达到高度自主的 AI,我们目前的法律责任观念也难以将其"行为"与人联系起来,从而使人对 AI 的行为承担法律责

---

[1] Mark Chinen, *Law and Autonomous Machines:The Co-Evolution of Legal Responsibility and Technology*, Edward Elgar Publishing, 2019, p. 138.

[2] Mark Chinen, *Law and Autonomous Machines:The Co-Evolution of Legal Responsibility and Technology*, Edward Elgar Publishing, 2019, p. 139.

[3] Mog Stapleton, Tom Froese, "Is Collective Agency a Coherent Idea? Considerations from the Enactive Theory of Agency", Catrin Misselhorn eds., *Collective Agency and Cooperation in Natural and Artificial Systems*, Springer, 2015, p. 219.

[4] Mog Stapleton, Tom Froese, "Is Collective Agency a Coherent Idea? Considerations from the Enactive Theory of Agency", Catrin Misselhorn eds., *Collective Agency and Cooperation in Natural and Artificial Systems*, Springer, 2015, pp. 228~231.

[5] Mark Chinen, *Law and Autonomous Machines:The Co-Evolution of Legal Responsibility and Technology*, Edward Elgar Publishing, 2019, p. 141.

[6] Mark Chinen, *Law and Autonomous Machines:The Co-Evolution of Legal Responsibility and Technology*, Edward Elgar Publishing, 2019, p. 142.

任。另一方面，正如斯派洛（Sparrow）所指出的，这样的技术仍然没有灵魂可以被攻击，也没有身体可以被诅咒，因此，让 AI 为自己负责似乎是毫无意义和无法令人满意的。[1]

机器和系统的复杂进化将导致法律的复杂进化。知念的论点是：机器和系统的日益复杂化为法律规范和机器的共同进化创造了动力。从某种意义上说，这种共同进化已经在学术界和实务界沿着两个维度发展。一是机器和人类活动之间的联系。目前，法律制度正在尽可能地将 AI 能动者的行为及其后果与个人或人类群体联系起来，而在当下人类只是将技术作为工具，并对这些工具造成的伤害负有最终责任。通过对个人侵权责任、产品责任、代理、共同犯罪、协助教唆、共谋还是指挥责任这些学说的修改，能够解决复杂机器侵权的一部分问题。但是，还有第二个维度，即机器或系统作为决策者的自主程度。虽然有评论认为，AI 将永远是人类使用的工具，但也有人认为，AI 的自主性越强，将其行为的法律责任归属和分配给人类的策略就越站不住脚。虽然存在严格责任，但是法律倾向于在某人个人对伤害负有责任的情况下，将法律责任分配给他，而对于不需要负责任或者与他人相关的罪行，要归责于某人则没么容易。从这个意义上说，法律归责符合个人道德责任的主流观点。因此，随着机器和系统达到更高的自主程度，就要考虑现有归责模式的有效性，例如"患者受到纳米技术的损害是否适用产品责任和其他侵权行为原则"或"使用纳米技术损害是否适用命令责任原则"。自动武器"犯下"一项行为是否将和人类犯这一行为一样构成战争罪，这在一定程度上取决于我们对现有解决方案是否满意。即使在人类明显使用或监督着自动技术的情况下，法律规则所产生的某些激励措施（如采取适当谨慎措施的激励措施）的效果也会减弱，因为人们对真正的自动技术的控制较少。此外，由于 AI 此时无法感觉到法律制裁，因此刑法等规范的惩罚目的可能无法实现。其结果是我们可能希望适用团体责任、关联责任，或使 AI 的制造商、所有者或用户摆脱法律责任。[2]

知念认为，从进化论的角度来说，我们的责任体系是在实践中不断发展并形成的。在特定情况下，一个不断发展的系统只要比它的竞争对手稍微好一点就足

---

[1] Mark Chinen, *Law and Autonomous Machines: The Co-Evolution of Legal Responsibility and Technology*, Edward Elgar Publishing, 2019, p. 143.

[2] Mark Chinen, *Law and Autonomous Machines: The Co-Evolution of Legal Responsibility and Technology*, Edward Elgar Publishing, 2019, p. 10.

够了，而并不需要保证它是最优的。因此，在未来的伦理学家的头脑中，有可能存在着其他的观点或想法，其能够提供一种更令人满意和有效的方式来设想和应对我们目前所经历的伤害，但找到这样一个系统的成本可能很高。在可预见的未来，这些关于责任和个体性的观念似乎并不会发生改变，以至于对这些概念的任何改变都是边缘性的。但我们对越来越复杂的 AI 的使用和与其进行的交互可能将使我们对责任的理解逐渐发生变化。但我们现在只能想象自己是与之不同的个体，因为这还不是现实。[1]知念提出，我们很可能继续使用已经存在的话语体系和责任模式，这导致了一种窘境：这种概念下的责任有可能在应用于 AI 时不成立。但这种窘境反过来导致了另一种策略：让自主技术在道德和法律上负起责任。[2]

三、AI 时代的责任、权利与伦理

知念认为，上述责任论述首先可能使团体责任的法律理论更为我们所接受，并使其他形式的补救或损害赔偿更为可取，比如保险，这类补救措施可能会变得更加重要。其次，我们对责任的理解可能会与设计更复杂的人工智能体的其他激励措施结合起来，我们希望看到设计师们给机器灌输一种法律责任感。但这就提出了一个问题：我们是否期望在 AI 运行的环境中，法律总是可以被简化为决策规则。此外，许多涉及自动机器的法律问题在性质上是可追溯的：我们需要在事后确定人工智能体的行为是否具有法律意义。但随着自主技术获得这些亲社会的、忠实于既定社会道德准则的能力，授予 AI 法律和道德权利的呼吁将加强。[3]

以第一款能够真正展示 AI 的内在能力和法律问题的大众市场产品为例，Siri 是 2003 年美国国防部高级研究计划局和斯坦福国际研究院达成协议，共同研究和开发的一个能学习和组织的、有感知的助理，其能通过像人类一样的交流互动帮助人类完成事务，这个私人智能助理展现了人类智能的某些方面。韦弗认为，我们信任此类智能的方式和将其纳入生活的方式区别于我们现在对待机器的方式，我们不由自主地像对待我们生活中的其他人那样对待此类智能。这种能够让我们像和人类一样交流的互动形式，意味着我们可能应当反思的问题除了知识产

---

[1] Mark Chinen, *Law and Autonomous Machines: The Co-Evolution of Legal Responsibility and Technology*, Edward Elgar Publishing, 2019, p. 144.

[2] Mark Chinen, *Law and Autonomous Machines: The Co-Evolution of Legal Responsibility and Technology*, Edward Elgar Publishing, 2019, p. 145.

[3] Mark Chinen, *Law and Autonomous Machines: The Co-Evolution of Legal Responsibility and Technology*, Edward Elgar Publishing, 2019, p. 11.

权法和责任法是不是应当调整以适应 AI，还包括我们的法律是否真的反映了我们实际对待这些机器的方式。[1]

对于机器人权利规则，美国北伊利诺伊大学的贡克尔（Gunkel）教授认为，我们对机器人的责任问题已经进行了许多探讨，但对另一个问题，即机器人权利问题仍然缺乏足够的探讨，或者说这一问题被边缘化了。事实上，对大多数人来说，机器人拥有权利是不可想象的。机器（AI）已经充斥了网络空间，互联网上超过 50% 的活动都是由机器生成和完成的。估计到 2020 年，物联网将支持超过 260 亿个互动和连接设备，而当前地球上的总人口只有 74 亿。随着这些机器在我们的文化中占据着越来越重要的地位，它们不再仅仅是人类的工具，而成为了一种与人类相互作用的社会实体。因此，我们需要问自己一些有趣但困难的问题：机器人、算法或其他自动系统可以对其所作的决策或所发起的行动负责吗？如果可以的话，什么时候可以说"这是机器人的错"？这种说法是否有意义？与之相对，什么时候机器人、AI 或其他社交互动机器可以获得某种程度的社会地位或尊重？换句话说，何时机器人的权利不会再被认为是无稽之谈？在此基础上提出这样一个问题："机器人是否应该有权利？"他的写作目的便是对这一明显"事实"发起挑战并作出深思熟虑的回应。他通过批判性思维与机器人权利的严肃哲学案例来思考这件不可思议的事情。即使这种哲学介入往往会带来争议，但争议并非针对哲学本身，而是为了应对一些非常现实和紧迫的挑战，这些挑战涉及新兴技术以及道德推理的现状和未来的可能性。[2]

特纳提出，法律能动者（legal agent）是能够控制和改变其行为和理解其作为或不作为的法律后果的主体（所以法律能动者肯定是主体但不是所有主体都是能动者）。而法律能动状态（legal agency，行为能力）要求了解相关规范、与其互动，法律行为能力现在只属于人类，但 AI 的进步可能挑战这一垄断。行为能力（agency）不是一个有还是没有的二元分立事物，而是可以呈现为不同水平的事物，例如成长中的孩子所具有的行为能力。许多法律体系赋予动物的法律人格仅仅是一种法律主体地位而非行为能力。[3]特纳分析，历史上惩罚动物的理由是预防其再次伤害社会，或者报应其对社会的伤害，或者修复被其损害的尊人卑物

---

[1] John Frank Weaver, *Robots are People Too：How Siri, Google Car, and Artificial Intelligence will Force Us to Change Our Laws*, Praeger, 2013, pp. 6~8.

[2] David J. Gunkel, *Robot Rights*, MIT Press, 2018, pp. 10~11.

[3] Jacob Turner, *Robot Rules：Regulating Artificial Intelligence*, Palgrave Macmillan, 2019, pp. 42~45.

秩序，或者满足应对世界所具有的极大不确定性的心理需求，但赋予这种法律人格仍然不同于认为动物实际上了解其义务、能像法律能动者那样行动。现代法律将动物责任分为所有者、管理者责任和受害者自担风险。但 AI 不同，一是动物的野生和蓄养之分无法应用；二是动物为其自然能力所限，而 AI 的能力远非如此；三是动物达成目标的方式大致可预测，更多归于进化而非个体决策，而 AI 可以学习和自动改变。所以对法律行为能力的相关结论是，控制该实体的人类在做决策，动物在有限意义上选择某个行为，但其缺乏行为能力的第二个要素，即理解法律系统并与其互动的能力。[1]

特纳认为，与之不同的是 AI 可以作道德选择。AI 作的诸多选择如果是人类作出，会被认为是具有道德性质或道德后果的。法律并没有否认 AI 所有道德选择，一是因为法律缺口；二是法律规则或其执法可能会被其他关注点所推翻；三是将人类的道德要求运用到 AI 上可能不合适，因为 AI 并不像具有情感、偏见等特性的人类思维那样运转。AI 在自动驾驶安全避险、伤员分类排序、信息反馈强化等方面必然要和不清晰的法律与相反的法律原则打交道并了解其后果，才能作出道德选择。而这就是作为道德和法律能动者而行动的本质。[2]那么 AI 为什么不像可以独立发展的化学或生物产品那样可以适用产品责任呢？特纳认为，因为 AI 在自主发展时能够考虑法律规则并与其互动。在理论上 AI 完全可能涉及无限数目的目标并在各种各样的参数和限制之下运转。能做决策，并能基于在一个规则和规范体系内预测到的效果做决策，就使得一个实体变成了能动者。[3]

此时，希尔德布兰德提出，人类能动者可以撤离，留下人工能动者自主行动——基于其感知所处环境的能力。人类能动者与人工能动者之间最重要的区别是，人工能动者是人工制品，它们由人类所构建。这种构建并不意味着创造者必须控制能动者。事实上，为了更加有效，人工能动者可以从它们的人类顾客那里解放自己，以找到更多更好的方法来实现它们的目标。关键问题之一将是，谁的目标会受到威胁。人工能动者将在什么时候即使脱离其创造者的生存支持也能生存在物理世界中？以及它们将何时发展出自己的目标和欲望？[4]要知道，机器人

---

[1] Jacob Turner, *Robot Rules: Regulating Artificial Intelligence*, Palgrave Macmillan, 2019, pp. 52~57.
[2] Jacob Turner, *Robot Rules: Regulating Artificial Intelligence*, Palgrave Macmillan, 2019, pp. 65~70.
[3] Jacob Turner, *Robot Rules: Regulating Artificial Intelligence*, Palgrave Macmillan, 2019, pp. 78~79.
[4] Mireille Hildebrandt, *Smart Technologies and the End(s) of Law: Novel Entanglements of Law and Technology*, Edward Elgar Publishing, 2015, p. 23.

的自主决策和行为意志导致机器人难以被认定为法律意义上的财产，而且随着人对 AI 的情感寄托加重，结婚或者继承的案例也将出现。人类社会的人身关系如何通过人身关系主体格局的打破而得到重构，将成为问题。[1]

对于机器人伦理规则，重要的不仅仅是讨论具体规则，更要明确讨论的背景和讨论的方法。牛津大学的学者博丁顿（Boddington）认为，在伦理学中，抽象思维与具体思维之间始终存在平衡。AI 和伦理学方面的工作可能过多地集中在这样一个观念上，即使人类与 AI 区分的是他们的智力。随后，可能出现对人和机器的能动性所涉及的事物的理想化或过度简化的情况。我们对人和机器的能动性可能存在不同的期望，这些期望是存在的，但并没有被完全阐明。这可能会对所得出的任何伦理结论产生具体而有害的影响。AI 被用来增强或替代人类能动性。这意味着我们必须注意有关人类能动性和"正常"人类功能的界限问题。考虑到 AI 的不同性质，需要仔细考虑不同的情况。其次，AI 的影响可能不仅限于它的即时使用，还包括复杂社会系统中更长远的领域，应对此予以认真关注。最后，语言和定义的清晰度在 AI 中常常是一个问题。通用语言可能掩盖了深刻的分歧。在某种程度上，研究的所有问题都与 AI 特有的增强或取代人类判断力和能动性的方式有关。[2]

博丁顿认为，对于那些热衷倡导 AI 的人来说，他们通常会暗示智能的发展有一定的上升轨迹，伦理进步也会有一定的过程，而 AI 是人类（或超人类或后人类）进步的下一步。同样要注意的是，这种说法往往只关注智能，因为智能是人类当前进步状况的背后因素。然而，人类进化论指出了许多其他因素。如果我们把人工智能看作是人类的进步，如果我们关注人工智能的道德，我们就必须防止对赤裸裸的智能和理想化的、孤立的个体能动者的简单关注。[3]再者，我们和机器人关系的伦理问题可以通过对两种极端情况的思考得到有效处理：一是战争机器人，象征着有侵略性的新行为中心；二是和平机器人，例如机器人歌手和医学自主系统。[4]在这两种极端情况中，我们可以关注智能的个体能动者以外的主体。

---

[1] 杨延超：《机器人法：构建人类未来新秩序》，法律出版社 2019 年版，第 14 页。
[2] Paula Boddington, *Towards a Code of Ethics for Artificial Intelligence*, Springer International Publishing, 2017, p. 85.
[3] Paula Boddington, *Towards a Code of Ethics for Artificial Intelligence*, Springer International Publishing, 2017, pp. 86~87.
[4] John P. Sullins, "Introduction: Open Questions in Roboethics", *Philosophy and Technology*, Vol. 2011, No. 3, pp. 233~238.

四、AI 独有特征挑战法治的结论

特纳认为，没有法律体系将具有正常精神能力的成年人的所有行为责任归于其父母、老师或雇主。在某个年纪或成熟度，人类被当作独立的能动者。我们也正在接近 AI 的成年理性门槛。[1]但是在建构 AI 的基本法律概念时，要注意原有的法律概念的双向影响。文化软件也意味着工具可以被用于原本没想到的用途。[2]巴尔金写道："人类通过采用和调整其成员所熟悉的其他社会结构的方式来解决组织、再生产和稳定的新问题。通过这种方式，新的人类社交形式从旧的社交形式中被构建出来。"[3]巴尔金所说的"经济和递归"，是指一套相对较小的文化工具可以以多种方式被使用，从而创造出新的概念或制度工具，进而应用于旧的工具。[4]就我们的目的而言，工具的经济和递归性创造了这样一种可能性，即法律适用于 AI 时所采取的任何解决方案，都可能反过来影响法律理论本身。此外，我们用来考虑 AI 本身是否应该享有合法权利的概念，例如认知、感知和身份，很可能会受到这种思路的影响。[5]根据巴尔金的说法，"文化软件以非故意的方式经济地、累积（递归）地使用工具，会而且经常会导致意想不到的、非故意的后果，无论是好的还是坏的。"[6]文化软件带来的文化工具永远不会完美地发挥作用，当它们发挥作用时往往只能实现短暂的目标，任何时期的文化软件都是偷工减料的，且有意外或者潜在的副作用。[7]

---

[1] Jacob Turner, *Robot Rules：Regulating Artificial Intelligence*, Palgrave Macmillan, 2019, pp. 79~80.

[2] Mark Chinen, *Law and Autonomous Machines：The Co-Evolution of Legal Responsibility and Technology*, Edward Elgar Publishing, 2019, p. 19.

[3] J. M. Balkin, *Cultural Software*, Yale University Press, 1998, p. 33.

[4] Mark Chinen, *Law and Autonomous Machines：The Co-Evolution of Legal Responsibility and Technology*, Edward Elgar Publishing, 2019, p. 19.

[5] Mark Chinen, *Law and Autonomous Machines：The Co-Evolution of Legal Responsibility and Technology*, Edward Elgar Publishing, 2019, p. 20.

[6] J. M. Balkin, *Cultural Software*, Yale University Press, 1998, p. 34.

[7] J. M. Balkin, *Cultural Software*, Yale University Press, 1998, p. 39.

第三章

人工智能的责任问题

本章研讨现有法律责任制度可能如何适用,以及需要何种改变。人工智能越来越普遍,且 AI 及其驱动的自动机器和软件越来越复杂。几乎在人类生活的每一个方面,AI 都有可能在个体或者系统层面"失灵"。当这种情况发生时,谁来负责?当现有责任和能动资格机制不能解决问题时,就要进行改革。[1]专家认为,与人工智能相关的、最重要的近期法律问题是,谁或什么应该对涉及人工智能的侵权、犯罪和合同不当行为负责,以及在什么条件下其应该负责。这就是人们为什么必须确定过度依赖人工智能所带来的风险,并确定谁能够而且应该对采取旨在减轻这些风险的应对措施负责。[2]否则的话,人们对法律责任和法律诉讼的担忧会影响 AI 的发展。

为此,特纳认为应该将私法和刑法分开进行考察,因为绝大多数法律体系区分刑法和民法,而 AI 可以对上述两个领域产生影响。[3]法律,特别是法律责任,可以用来解释和评价很多事物,也可以用来表达一个社会对生活各个方面的政治和道德态度。[4]法律和其他任何文化工具一样,具有多种用途,例如实现效率、降低风险或表达社会价值等其他社会目标。[5]这种态度影响了各种法律责任的目标、构成、优点和缺点。知念提到,在过去的几年里,法学家们对当前法律理论

---

[1] Mark Chinen, *Law And Autonomous Machines*: *The Co-Evolution of Legal Responsibility and Technology*, Edward Elgar Publishing, 2019, p. 13.

[2] Iria Giuffrida, Fredric Lederer, Nicolas Vermeys, Legal Perspective on the Trials and Tribulations of AI: How Artificial Intelligence, the Internet of Things, Smart Contracts, and Other Technologies Will Affect the Law", *Case Western Reserve Law Review*, Vol. 2002, No. 3.

[3] Jacob Turne, *Robot Rules*: *Regulating Artificial Intelligence*, Palgrave Macmillan, 2019, p. 82.

[4] Mark Chinen, *Law And Autonomous Machines*: *The Co-Evolution of Legal Responsibility and Technology*, Edward Elgar Publishing, 2019, p. 14.

[5] Mark Chinen, *Law And Autonomous Machines*: *The Co-Evolution of Legal Responsibility and Technology*, Edward Elgar Publishing, 2019, p. 60.

在侵权法、合同法和战争法等法律部门评估自动技术时可能出现的问题进行了详细的研究。越来越多的文献还提出了如何规制此类机器和系统的建议。简单重复这些研究并无必要，重要的是勾勒出那些更透彻的景象，以支持一个论点：这些学说的工具式性质以及诸如监管之类的其他治理形式使之成为现实。法律与AI（机器和系统）之间的关系很可能是复杂而动态的。根据现有情况可以将其分为三大类：第一类是各色的侵权问题；第二类涉及自主电子合同，包括在线业务未授权签订合同时，由自主系统操作的计算机程序与人或其他实体签订合同的情况；第三类是自主武器系统。除此之外，我们还可以增加第四类：对公众、经济或环境造成的系统性危害。[1]本章的主体部分主要围绕前三类损害行为，同时描绘有益行为的责任（AI和知识产权）。帕加罗对这些责任问题进行了体系化，他先是提出了关于能动资格的三个概念：一是拥有自己权利和义务的法律适格主体，二是在民法中被赋予权利和义务的适当行为人，三是在该体系中作为其他能动者的责任来源。然后提出能动者面临法律责任的不同案件类型：一是豁免条款（例如合法性原则），二是严格责任的条件，三是基于过错的损害责任情形。最后他总结出机器人行为和法律责任的九种典型情况，也即每种能动资格的法律概念都可能面临三种法律责任的案件类型。[2]

知念提出，目前用于界定和处理自主机器所造成损害的法律方法还是侧重于个人法律责任。即使是将法律应用于群体，他们的分析仍然倾向于用个人主义的术语。这与普遍接受的道德责任的理解相吻合，这种理解可以追溯至亚里士多德。但这就提出了个问题：考虑到个人因素而设计的规则方式是否适合于处理将产生和使用AI的大型系统，以及考虑到群体的"行为"可能是由个体和子群的复杂相互作用而产生的非线性、突发现象，很难（如果不是不可能的话）追踪个人行为和群体层面事件之间的因果关系。在这种情况下，我们将在群体层面上发生的事情归咎于个人必然是徒劳的。[3]

个人的道德责任是责任的主要的实现方式。亚里士多德认为责任是一个人对自己的感情或行为在道德上的责备或赞扬，这种责备或赞扬在一定程度上取决于

---

[1] Mark Chinen, *Law And Autonomous Machines: The Co-Evolution of Legal Responsibility and Technology*, Edward Elgar Publishing, 2019, pp. 23~24.

[2] Ugo Pagallo, *The Laws of Robots: Crimes, Contracts, and Torts*, Springer Netherlands, 2013, pp. 12~13.

[3] Mark Chinen, *Law And Autonomous Machines: The Co-Evolution of Legal Responsibility and Technology*, Edward Elgar Publishing, 2019, p. xii.

这种感情或行为是自愿的还是非自愿的。赞扬和责备还是影响他人行为的有效手段，即使是在一个具有确定性的世界里也是如此。[1]有学者认为，尽管对责任的认识存在差异，但每一个认识都倾向于关注人的个体，而且所有人都接受责任是对需要进行道德评估的人作出的认定。在很大程度上，道德责任仍然取决于我们认为某一主体能够做的事情。[2]接下来将探讨一种策略：改变我们理解责任的方式。本章讨论了社会如何运用责任或分配责任的其他方式，以帮助缓解个人主义、亚里士多德责任观所引起的紧张关系，减轻损害，而不涉及对这种损害负责的人。然而，知念提醒道，归根结底，重新确定责任的方式并不能完全解决损害问题，特别是在个人责任的观念如此顽固的情况下。[3]

一、AI 的私法责任

韦弗认为，故意侵权在很长一段时间内不会成为 AI 的一个严重问题。在可预见的未来，能被消费使用的 AI 不具备主观意图，编程导致的 AI 行为虽然看起来是有意的，但对伤害的造成是偶然的，而非意图意义上的基本上必定会伤害人类。如果 AI 被编程以施加伤害，那么其仅是程序员的工具，由程序员承担故意责任。[4]

知念认为，从工具性和表达性的角度看，侵权法应理解为"旨在将事故成本和避免事故的成本之和降至最低"。那接下来的问题就是"哪些实质性责任规则对以最低成本降低事故发生率的影响最大""哪些实质性和程序性规则是实现安全的最佳选择"？像"个人有责任弥补其行为造成的不法损失"这样的说法似乎毫无意义，除非它与更广泛的现实基础产生共鸣。[5]例如，当车辆处于自动模式时，参与测试程序的人员是否考虑到禁用车辆的防撞功能，或者调整障碍物识别系统，使其对物体不太敏感，以防止 SUV 的过多误报、反应过度。[6]

---

[1] Aristotle, *Nicomachean Ethics*, trans. and ed. By Roger Crisp, Cambridge University Press, 2014, p. 37.

[2] Mark Chinen, *Law And Autonomous Machines: The Co-Evolution of Legal Responsibility and Technology*, Edward Elgar Publishing, 2019, pp. 62~63.

[3] Mark Chinen, *Law And Autonomous Machines: The Co-Evolution of Legal Responsibility and Technology*, Edward Elgar Publishing, 2019, p. 103.

[4] John Frank Weaver, *Robots are People Too: How Siri, Google Car, and Artificial Intelligence will Force Us to Change Our Laws*, Praeger, 2013, pp. 18~19.

[5] Mark Chinen, *Law And Autonomous Machines: The Co-Evolution of Legal Responsibility and Technology*, Edward Elgar Publishing, 2019, p. 15.

[6] Mark Chinen, *Law And Autonomous Machines: The Co-Evolution of Legal Responsibility and Technology*, Edward Elgar Publishing, 2019, p. 25.

（一）过失责任

民事侵权责任的产生有许多方式。一种方式是过失，即行为人未能达到法律对合理审慎人所要求的对他人的人身和财产安全负有的某种程度的注意和关照标准。[1]过失侵权的构成，一是要求有人有责任不引发或预防该损害，二是要求该责任被违反，三是该违反引发了该损害，四是该损害的类型或程度是合理地可预测的。在此，特纳认为AI所有人、设计者、训练者都有可能有照看责任。[2]在准备或交付AI产品时没有尽到应有的注意义务，消费者在获得产品之前，产品已经被损坏，都可产生疏忽过失损害赔偿诉讼。[3]渎职行为实质上也是过失侵权，是具有特殊条件的，其对传统过失侵权要件进行了细化，以反映特定关系中的专业背景特点的过失责任问题。[4]

韦弗认为，使用或监控AI的人承担过失责任，面临一个分野：把AI主要用于优化人本身的工作时，可以要求人对AI进行监控，此时可出现过失责任；但把AI主要用于为人类提供便利时，不需要人对AI进行监控，此时人对AI造成的事故负更少的责任。然而AI可能同时具备这两种功能，例如无人驾驶汽车对一些本无能力开车的人来说是提供了方便，此时由人类承担过失责任似乎不合理；但对大多数人而言是优化驾驶，此时人类似乎可承担过失责任，然而，他们会利用或消磨不用驾驶的时间，而不会去监控自动驾驶，所以承担过失责任似乎有些荒谬。[5]

特纳认为，过失责任的优点，一是可以根据情形而适应不同的责任水平，这可以适用于不断变化的AI用途。经验规则是，用损害发生的可能性乘以可能的损害的严重性，可以算出应当采取的预防措施，但有时还需考虑有益的风险活动可能获得比危险但无公益的活动更为宽大的待遇。如此能平衡AI制造者、运行者和所有者的预防措施和革新发展。[6]二是对谁负责的灵活性，因而在过失诉讼中没有固定的原告名单。而AI互动者也会随着时间产生变化，其在开始时可能

---

[1] John Frank Weaver, *Robots are People Too：How Siri, Google Car, and Artificial Intelligence will Force Us to Change Our Laws*, Praeger, 2013, p. 19.

[2] Jacob Turner, *Robot Rules：Regulating Artificial Intelligence*, Palgrave Macmillan, 2019, pp. 84~86.

[3] John Frank Weaver, *Robots are People Too：How Siri, Google Car, and Artificial Intelligence will Force Us to Change Our Laws*, Praeger, 2013, p. 23.

[4] John Frank Weaver, *Robots are People Too：How Siri, Google Car, and Artificial Intelligence will Force Us to Change Our Laws*, Praeger, 2013, p. 20.

[5] John Frank Weaver, *Robots are People Too：How Siri, Google Car, and Artificial Intelligence will Force Us to Change Our Laws*, Praeger, 2013, pp. 21~22.

[6] Jacob Turner, *Robot Rules：Regulating Artificial Intelligence*, Palgrave Macmillan, 2019, pp. 86~87.

是不确定的。被 AI 影响的诸多人事先和 AI 的制作者、所有者或控制者也无合同关系，例如智能快递接触的各类人。[1]三是过失责任可以是有意的也可以是无意的，而后者鼓励主体更多考虑其他参与方，将行为的外部效应纳入考量，而非纯粹追求利益最大化的目标。[2]

特纳还提出，适用过失责任的缺点，一是如何为 AI 的行为设定标准。过失责任要求行为人未能达到一般的理性人在该情境下的标准，但并不存在一般的理性 AI 标准。一个选择是看理性的设计人或使用者在该情境下会如何行动，但可能本就没有人类操作者，或者 AI 可能在既定的使用场景通过一些未能预料到的发展而引发损害。而失败的方式越不可测，就越难归责于使用者或设计者。[3]有人提出，如果自动计算机或机器人比理性人更安全，那么提供者只需承担过失责任。[4]特纳认为这依赖于确定理性机器人标准，但人类具有共同的生理能力和限制，而机器人本质上是异质的，诸多不同的技术早已创造多样化的机器人，未来新技术的研发也将增加多样性。再者，理性人测试还受到人类运行方式的影响。[5]例如在英国，倘若一个医生的治疗被一个负责任的医疗意见团体认为是合适的，即使其他专业人士不同意，该医生也不承担过失责任。[6]但特纳提出 AI 本来就被期待不是仅仅和医生一样安全，而是更安全的。二是依赖可预见性。何种类型或程度的损害是可预见的，这个问题在 AI 的行为后果只在很高水平的抽象层次上和一般性层次上可以确定的情况下，面临人们是否要为 AI 的诸多甚至所有行为负责的问题。如果是，这可能偏离了过错责任，更像是严格责任或产品责任。[7]当自动驾驶汽车得到充分的发展和完善时，驾驶员失误这一导致交通事故的主要原因将急剧减少。这种情况下，责任将越来越多地集中在制造商和设计者，或是那些负责自动驾驶汽车所需基础配件的人身上。[8]自主机器人是复杂的

---

[1] Jacob Turner, *Robot Rules: Regulating Artificial Intelligence*, Palgrave Macmillan, 2019, pp. 87~88.

[2] Jacob Turner, *Robot Rules: Regulating Artificial Intelligence*, Palgrave Macmillan, 2019, pp. 88.

[3] Jacob Turner, *Robot Rules: Regulating Artificial Intelligence*, Palgrave Macmillan, 2019, pp. 88~89.

[4] Ryan Abbot, "The Reasonable Computer: Disrupting the Paradigm of Tort Liability", *The George Washington Law Review*, Vol. 2017, No. 1.

[5] Jacob Turner, *Robot Rules: Regulating Artificial Intelligence*, Palgrave Macmillan, 2019, p. 90.

[6] *Bolam v. Friern Hospital Management Committee* [1957] 2 All ER 118; *Bolitho [Administratrix of the Estate of Patrick Nigel Bolitho (deceased)] v. City and Hackney Health Authority* [1997] 4 All ER 771.

[7] Jacob Turner, *Robot Rules: Regulating Artificial Intelligence*, Palgrave Macmillan, 2019, pp. 90~91.

[8] Mark Chinen, *Law And Autonomous Machines: The Co-Evolution of Legal Responsibility and Technology*, Edward Elgar Publishing, 2019, p. 26.

机器，随着它们与更大的环境无缝地、持续地相互作用，它们变得越来越复杂，线性因果关系将让位于复杂的、非线性的相互作用。[1]根据"复杂性理论"，复杂的相互作用会导致无法预测的突发现象。如果这一理论成立，那么侵权理论中隐含的可预见性的要求就不能得到满足，因为完全自主的机器人在不断和环境进行复杂的互动，这可能产生法律所不能预见的因果关系。[2]例如医疗机器人已经有三种：自主的机器人外科医生、监督医生的手术的机器人、由人类医生控制进行手术的机器人。[3]医疗事故责任的存在是因为我们承认医疗行业依赖于医生等工作人员的判断和独立分析，但如果医疗专业人士开始依赖于 AI 外科医生的判断和独立分析，那么起诉 AI，也只是时间问题。[4]

2022 年，欧盟委员会提出了《人工智能责任指令》草案。该草案第 3 条规定了证据披露和可抗辩的未能履行注意义务的推定：在作为被告的高风险 AI 提供者或者高风险 AI 系统使用者拒绝发布相关证据，请求权人已经采取了所有相当的努力收集证据但仍无法获取的情况下，法院认定索赔看似可行后，应当命令被告提供证据；如不提供，推定被告未能遵循相关注意义务。这是鉴于人工智能的复杂性、自治性、黑箱性，以及当事人维权面临的困难性、昂贵性、不确定性，为了平衡创新和产业发展，而做出的减轻证明责任的设计。该草案第 4 条规定了在过错责任的情况下如何进行可反驳的因果关系推定。法院若要推定被告的过错和 AI 系统的结果（或未能产生该结果）之间的因果联系，应当满足以下要素：一是原告已证明被告的过错在于未能遵循直接旨在避免该损害的、法律规定的注意义务；二是根据案件情况，可以认定该过错合理地影响了 AI 系统的结果（或未能产生该结果），三是原告已证明 AI 系统的输出结果（或未能产生该结果）导致了该损害。

在高风险系统的背景下，如果提供者未能遵循风险管理系统的要求，会被认定为未能遵循法律规定的注意义务：一是该系统利用了涉及训练数据模型的技术，但并未在符合质量标准的数据基础上进行训练、认证和测试；二是该系统没

---

[1] Curtis E. A. Karnow, *The Application of Traditional Tort Theory to Embodied Machine Intelligence*, in Ryan Calo, A. Michael Froomkin, Ian Kerr eds., *Robot law*, Edward Elgar Publishing, 2016, p. 73.

[2] Mark Chinen, *Law And Autonomous Machines：The Co-Evolution of Legal Responsibility and Technology*, Edward Elgar Publishing, 2019, p. 30.

[3] John Frank Weaver, *Robots are People Too：How Siri, Google Car, and Artificial Intelligence will Force Us to Change Our Laws*, Praeger, 2013, pp. 35~36.

[4] John Frank Weaver, *Robots are People Too：How Siri, Google Car, and Artificial Intelligence will Force Us to Change Our Laws*, Praeger, 2013, p. 39.

有在透明性的基础上进行设计和开发；三是该系统没有在使用时配备有效自然人监督的基础上进行设计和开发；四是该系统没有在意图达到合适的准确性、健全性和网络安全的基础上进行设计和开发；五是没有立即采取有效的矫正措施来使得该系统符合义务或在合适的时机撤回、召回该系统。

高风险系统的使用者如果未能遵循相关使用的指示去使用、监测系统或未能合适地中止、打断系统的使用，或者使得系统输入与其目标无关的数据，则会被推定为未能遵循法律规定的注意义务。但如果该系统被用于个人的、非职业活动，则只有在被告实质性地干扰了系统的运行条件，或被告应该且能够确定系统的运行条件而不确定时，才能进行推定。

在高风险系统的情况下，如果被告证明原告可以合理地获得足够的证据和拥有专业能力以证明因果关系，则法院不得适用该推定。如果并非高风险系统，则只有在法院认定原告证明因果关系显著困难时，才可以进行推定。

（二）严格责任和产品责任

产生民事侵权责任的另一种方式是严格责任和产品责任。作为责任替代形式的严格责任已经存在了几个世纪，它的长期存在表明，它具有追究损害责任、达成某种期望或者二者兼而有之的功能，并能够给出一些道德上的理由。[1]学者认为，道德考量允许严格责任。个人责任原则只是与损害案件有关的若干原则之一。道德原则可以被推翻，而且并没有一个普遍接受的道德机制，因此没有理由仅凭道德理由就优先考虑个人责任。[2]另一种道德框架将问题从公平追究某人的责任转移到让某人公平承担损害的成本。[3]学者认为，现在受到严格责任约束的大多数当事人已经知道自己受到了严格责任的约束。它们往往是能够防范风险的大型实体。此外，严格责任通常适用于此类实体的活动将影响到大量人群的情况。大型实体在社会中占据特殊地位，而且因为它们具有广泛的影响，人们往往无法避免这些影响。由其承担严格责任因而成为一种合理的选择。[4]其目的是鼓励危险活动从事者采取预防措施，将活动成本转移至最大受益者。[5]

产品责任的焦点在于产品的缺陷状态，而非个体过错，在二十世纪后半期，

---

[1] Mark Chinen, Law And Autonomous Machines: The Co-Evolution of Legal Responsibility and Technology, Edward Elgar Publishing, 2019, p. 104.
[2] Stephen Cohen, "Justifications for a Doctrine of Strict Liability", *Soc. Theory & Prac.*, Vol. 1982, No. 2.
[3] Stephen Cohen, "Justifications for a Doctrine of Strict Liability", *Soc. Theory & Prac.*, Vol. 1982, No. 2.
[4] Stephen Cohen, "Justifications for a Doctrine of Strict Liability", *Soc. Theory & Prac.*, Vol. 1982, No. 2.
[5] Jacob Turner, *Robot Rules: Regulating Artificial Intelligence*, Palgrave Macmillan, 2019, p. 91.

它特别地应对了越来越复杂的供应链以及臭名昭著的大规模缺陷产品。[1]有缺陷的刹车导致的事故是最典型的承担产品责任的例子。[2]欧洲的缺陷标准是开放的，其通过考虑一系列情形确定是否达到人们应当获得的安全，包括产品的描述、合理预期的用途与流通的时机。[3]美国采用了稍微更结构化的判断方式，产品缺陷必须是设计缺陷、指示或警示缺陷、制造缺陷这三种之一。[4]将产品责任适用到AI时，受害人可以起诉供应链中的任一提供者，包括缺陷智能产品组成部分的提供者。[5]韦弗认为，AI产品没有按照预期工作将导致缺陷产品责任诉讼。例如开发商有足够的可能性去欺骗性地宣传其AI产品，其可能会将实际被设计成照顾儿童的机器人包装成玩具进行销售，此时如果其可以合理地预见到该产品将用于托儿，那么产品设计就必须有效地反映出这种用途。[6]特纳认为，产品责任的优势，一是确定性，即受害者不需要从多个不同的当事方处寻求不同的过错比例和赔偿比例。损害风险可以被计入产品的最终花费、纳入公司的会计预测和对投资者的披露。[7]二是鼓励AI研发中的谨慎和安全。严格的产品责任使得研发者用严格的安全和控制机制来设计产品。[8]

但产品责任同样存在缺陷。一是首先需解决"AI是产品还是服务"这一前提性问题。[9]欧盟将产品界定为动产、实体产品，[10]所以一些基于云的AI不是产品。[11]美国法院认为书籍或地图等媒体中的信息不是产品，虽然其于1991年认定未能产生设定结果的计算机软件是产品，[12]但其判决背景说明这是传统的计

---

[1] Jacob Turner, *Robot Rules: Regulating Artificial Intelligence*, Palgrave Macmillan, 2019, p. 92.

[2] John Frank Weaver, *Robots are People Too: How Siri, Google Car, and Artificial Intelligence will Force Us to Change Our Laws*, Praeger, 2013, p. 20.

[3] Council Directive 85/374/EEC 25 July 1985 on the approximation of the laws, regulations and administrative provisions of the Member States concerning liability for defective products (hereafter the Products Liability Directive), art. 6 (1).

[4] Restatement (Third) of Torts: Products Liability paras, 12~14, at 206, 221, 227 (1997).

[5] Jacob Turner, *Robot Rules: Regulating Artificial Intelligence*, Palgrave Macmillan, 2019, p. 94.

[6] John Frank Weaver, *Robots are People Too: How Siri, Google Car, and Artificial Intelligence will Force Us to Change Our Laws*, Praeger, 2013, pp. 23~24.

[7] Jacob Turner, *Robot Rules: Regulating Artificial Intelligence*, Palgrave Macmillan, 2019, pp. 94~95.

[8] Jacob Turner, *Robot Rules: Regulating Artificial Intelligence*, Palgrave Macmillan, 2019, p. 95.

[9] Horst Eidenmüller, The Rise of Robots and the Law of Humans, *Oxford Legal Studies Research Paper*, Vol. 2017, No. 27.

[10] Article 2 of the Product Liability Directive.

[11] Jacob Turner, *Robot Rules: Regulating Artificial Intelligence*, Palgrave Macmillan, 2019, p. 96.

[12] Winter v. G. P. Putnam's Sons, 938 F. 2d 1033 (9th Cir. 1991).

算机程序，而非具有 AI 能力的计算机程序。[1]日本专家认为，不准确信息或软件缺陷功能导致的机器人事故不在当前日本产品责任法的规制范围内。[2]AI 根据个性化输入而产生建议或产出，看起来更像是服务而非产品。[3]欧盟有报告咨询各方意见，意见指出，基于算法和数据分析执行自动化任务、基于自主学习算法执行自动化任务可能产生不确定或者有问题的产品责任。[4]欧盟委员会 2022 年的《缺陷产品责任指令》（PLD）修订草案规定，数字时代的产品可以是有形的，也可以是无形的。软件，如操作系统、固件、计算机程序、应用程序或人工智能系统，在市场上越来越普遍，对产品安全起着越来越重要的作用。软件能够作为独立产品被投放市场，可能随后作为组件集成到其他产品中，并且能够通过其执行造成损害。因此，为了确保法律上的确定性，应该明确的是，无论软件的供应或使用方式如何，软件都是适用无过错责任的产品。

二是该方式推定产品一旦发布就是静止的，不再以不能预测的方式进行变化，而流通之前不存在、后来才产生的缺陷，或者流通时根据科技知识不能发现的缺陷，则是抗辩事由。[5]但 AI 制作者很可能利用这些安全港。[6]

缺陷产品责任的范围是，责任主体在某种程度上可预见风险而应当通过技术手段或商业策略进行避免或减少的损害或损失。[7]所以，严格责任适用于 AI 的第三个问题是：按照目前的规定，严格责任与普通法上的危险活动有关；但实际上，我们使用机器人的一个主要理由是，期望它们能比人类更有效（安全）地执行任务。[8]知念认为，在缺乏超级智能的情况下，传统意义上的处理极端危险的严格责任将不适用于设计良好的机器。在这点上，即使是严格责任，也是基于可预见

---

［1］ Jacob Turner, *Robot Rules: Regulating Artificial Intelligence*, Palgrave Macmillan, 2019, p. 96.

［2］ Fumio Shimpo, The Principal Japanese AI and Robot Strategy and Research Toward Establishing Basic Principles, *Journal of Law and Information Systems*, Vol. 2018, No. 3.

［3］ Jacob Turner, *Robot Rules: Regulating Artificial Intelligence*, Palgrave Macmillan, 2019, p. 96.

［4］ Brief factual summary on the results of the public consultation on the rules on producer liability for damage caused by a defective product, 30 May 2017, GROW/B1/HI/sv（2017）3054305, http://ec.europa.eu/docsroom/documents/23471, 26~27.

［5］ Products Liability Directive, art. 7.

［6］ Jacob Turner, *Robot Rules: Regulating Artificial Intelligence*, Palgrave Macmillan, 2019, p. 98.

［7］ Dan B. Dobbs, Paul T. Hayden, *Torts and Compensation: Personal Accountability and Social Responsibility for Injury*, 5th ed., West Publishing, 2005, p. 695; David G. Owen, *Products Liability Law*, 2nd ed., West Publishing, 2008, pp. 527~529.

［8］ Mark Chinen, *Law And Autonomous Machines: The Co-Evolution of Legal Responsibility and Technology*, Edward Elgar Publishing, 2019, p. 31.

性。因为一件事是否构成不合理的危险,需要看一个人预测到该事的可能性有多大——人们无法预测一个完全自主的机器能做什么,因为非线性行为是在机器与环境的复杂交互中产生的。严格责任必须得到延伸,才能产生超出可预测性范围的责任,以其他方式影响人们,比如经由特定的地位或身份。[1]

以侵犯隐私的问题为例,知念认为,隐私的边界将成为一个问题,因为人们可能低估了机器人能够从他们观察到的东西中探测和推断出多少东西,并忽视了它们不断增强的力量。热成像和增强的监听设备使人们关门、搬到房子的其他角落等寻求隐私的方式变得毫无意义。尽管这样,我们可能也没那么担心。但是所有这些信息都可以共享。倘若智能设备收集个人数据并与第三方联系,将这些信息储存在大型数据库中,会对隐私造成二次威胁。[2]专家认为,美国隐私法并不能解决智能设备带来的隐私问题,数据保护法也仅针对特定行业;然而,侵权取决于一个人是否有隐私权以及是否完全处于隔绝状态。当涉及 AI,特别是家用设备时,难以解决的问题是,当我们自愿允许机器人在家时,我们是否享有隐私权或者处于隔绝状态。基于第四修正案的判例法在向这一领域不断发展,但其与第三方学说(即与第三方共享的信息不需要搜查令)相抵触。最后,法律倾向于"一次性通知和同意",因此用户可能没有机会撤回同意。[3]除非隐私保护制度转变为严格责任制度,否则智能设备侵犯隐私权的前提都应该是数据的收集和处理受到人类的控制。[4]如果不受控制而超出人类的可预测性,还需承担责任,则意味着延伸了严格责任的适用。

四是严格责任存在一致性和可行性的问题。因为仅仅创造一个危险的条件,狭义上并没有导致伤害。[5]其中一种解决方法是,将现行严格责任所涵盖的损害视为自然灾害。然而,其产生的公平问题是,谁应该承担损失的费用,并有动机来购买超额保险以规避风险。[6]第二种选择是让社会上的每个人都分摊损害的费

---

[1] Mark Chinen, Law And Autonomous Machines: The Co-Evolution of Legal Responsibility and Technology, Edward Elgar Publishing, 2019, p. 32.

[2] Mark Chinen, Law And Autonomous Machines: The Co-Evolution of Legal Responsibility and Technology, Edward Elgar Publishing, 2019, p. 33.

[3] Margot E. Kaminski et al., Averting Robot Eyes, *Maryland L. Rev.*, Vol. 2017, No. 4.

[4] Mark Chinen, *Law And Autonomous Machines: The Co-Evolution of Legal Responsibility and Technology*, Edward Elgar Publishing, 2019, p. 35.

[5] *United States v. Carroll Towing*, 159 F. 2d 169, 177 (2d Cir. 1947).

[6] Stephen Cohen, Justifications for a Doctrine of Strict Liability, 8 *Soc. Theory & Prac.* p. 213, p. 223 (1982).

用，但这就产生了一个反道德的问题：要求人们为与自己无关的损害付出代价是否公平。[1]

五是严格责任面临激励措施问题。在严格责任制度下，在简单的事故和必要情况中，被告可能仍然认为支付损害费用比避免损害更有意义。[2]受害方成为企业客户的情况并不少见，如果是这样，在严格的责任范围内将成本分配给制造商意味着最终将这些成本重新分配给受害者。[3]当然，对其有利的是，转嫁这些成本可能会产生减少不良反应的效果，因为消费者将转向更便宜、更危险的产品。[4]人们担心的是，公众会使用对整个社会不太有利的替代品。同时，在行政成本方面，通过成本效益分析，在严格责任制度中节省的成本可能因为增加的诉讼成本而被抵消。[5]

欧盟委员会2022年《缺陷产品责任指令》草案规定，首先，人工智能系统和人工智能驱动的商品是"产品"，因此属于《缺陷产品责任指令》的范围。这意味着当有缺陷的人工智能造成损害时，受害人可以获得赔偿，而不需要像其他产品一样必须证明制造商的过错。其次，该提案明确指出，不仅硬件制造商，影响产品工作方式的软件提供商和数字服务提供商（如自动驾驶汽车中的导航服务提供商）也要承担责任。再次，该提案确保制造商可以对他们对已经投放市场的产品所做的更改负责，包括当这些更改由软件更新或机器学习触发时。最后，修订后的《缺陷产品责任指令》减轻了复杂案件的举证责任，其中可能包括涉及人工智能系统的某些案件，以及产品不符合安全要求的案件。在该法的修订过程中，其很大程度上回应了欧洲议会的呼吁，即确保责任规则适用人工智能。作为对这些变化的补充，关于人工智能过错责任指令的平行提案旨在确保，如果受害方必须证明人工智能系统造成损害是某人的过错，以便根据国内法获得赔偿，则在满足某些条件的情况下可以减轻举证责任。

根据上述草案，符合下列条件之一的，推定产品存在缺陷：①被告未履行第8条第1款规定的披露其掌握的相关证据的义务；②索赔人确定该产品不符合欧

---

[1] Stephen Cohen, "Justifications for a Doctrine of Strict Liability", 8 *Soc. Theory & Prac.* p. 213, 224 (1982).

[2] Richard Epstein, "A Theory of Strict Liability", 2 *J. Leg. Stud.* pp. 151, 187~88 (1973).

[3] Richard Epstein, "A Theory of Strict Liability", 2 *J. Leg. Stud.* p. 151, 210 (1973).

[4] The Bridge, "Economic Analysis of Alternative Standards of Liability in Accident Law", *Legal theory*: *Law and Economics*, https：//cyber.harvard.edu/bridge/LawEconomics/neg-liab.htm.

[5] Steven Shavell, "Liability for Accidents", *Handbook of Law and Economics*, Vol. 2007, No. 1.

盟法律或国家法律中旨在防止已发生损害风险的强制性安全要求；③索赔人确定损害是由产品在正常使用或一般情况下的明显故障引起的。认定产品存在缺陷，且其造成的损害与缺陷具有典型一致性的，应当推定产品存在缺陷与损害之间存在因果关系。

在索赔人的证明责任过度困难时，国家法院还应假定产品有缺陷或损害与缺陷之间存在因果联系，或二者兼而有之。原因在于，部分情形中尽管被告披露了资料，但鉴于案件的技术或科学复杂性，索赔人极难证明产品有缺陷或存在因果联系，或二者兼而有之。在这种情况下，要求提供证据将损害赔偿权利的效力。因此，鉴于制造商拥有专业知识，并且比受伤者更了解情况，他们应该负责反驳这一假设。技术或科学的复杂性应由国家法院在个案基础上，考虑各种因素来决定。这些因素应包括产品的复杂性，例如创新医疗装置；所使用技术的复杂性，比如机器学习；索赔人要分析的资料和数据的复杂性；以及因果关系证明的复杂性，例如药品或食品与健康状况发作之间的联系，或者为了证明这种联系，要求索赔人解释人工智能系统的内部工作原理。对过度困难的评估也应由国家法院逐案进行。虽然索赔人应提供论据来证明过度困难，但不应要求证明这种困难。例如，在关于人工智能系统的索赔中，应由法院判定存在过度困难，而索赔人既不应被要求解释人工智能系统的具体特征，也不应被要求解释这些特征如何使建立因果关系变得更加困难。被告应该有对存在过度困难进行抗辩的可能性。

受到《人工智能法案》所规定的违规行为影响的个人可以采取哪些行动？欧盟委员会对此进行了解答。《人工智能法案》规定了向国家机关提出投诉的权利。基于这一权利，国家机关可以启动市场监管活动，该活动遵循市场监管法规的程序。此外，拟议中的《人工智能责任指令》旨在为因高风险 AI 系统造成损害而寻求赔偿的个人提供有效手段，以确定可能有责任的人并获取与损害索赔相关的证据。为此，拟议中的指令规定了有关被怀疑已经造成损害的特定高风险 AI 系统的证据披露。此外，修订后的《缺陷产品责任指令》将确保在联盟内由缺陷产品引起其死亡、个人伤害或财产损害的个人有权获得赔偿，并声明集成了人工智能系统的 AI 系统和产品也受到现行规定的涵盖。[1]

我们可以总结严格责任和自动技术的关系。从公平的角度看，知念认为许多从事这些技术开发的公司，在社会上都有特殊的地位，因为它们有可能影响到大量的人，其中许多人无法避免这些影响。此外，由于这类公司提倡自动机器和系

---

[1] https://ec.europa.eu/commission/presscorner/detail/en/QANDA_21_1683.

统比其他技术更安全，因此可以说，即使基于疏忽的理由认为它们不应承担责任，让它们对损害负责也是公平的。[1]当然，知念提出人们可以忽略这些因果关系和可预见性问题，并按照《北卡罗来纳州法规》的规定或某些政策制定者和专业组织的建议，由法律指定责任。从效率的角度来看，这无关紧要：如果我们关心激励导向机制，以确保设计师和制造商采取必要的谨慎措施，无论是对过失责任还是严格责任加以调整都可以做到，如在严格责任制度中加入共同过失可以用于鼓励消费者在使用自主技术时采取适当的谨慎措施。然而，尽管严格责任和过失责任在其中产生的激励作用大致相当，且严格责任避免了概念上和道德上的困难，但事实是，过失仍然是法律处理损害的主要方式。但事实上我们不必如此，因为严格责任可能是更早的责任形式。或许，过失责任的主导地位是基于文化工具路径的驱动，或者是由那些不想承担所有损害责任的强大行动者的行为导致的。但是，传统对个人罪责的坚持，即过失不能被忽略，也是过失责任持续存在的另一个原因。[2]

（三）替代责任

民事侵权责任的产生的第三种方式是替代责任。特纳提出这是被代理人为代理人的行为负责，就像古代时主人为其奴隶行为负责。在十八世纪后期的产业经济中，奴隶制法律关系被改造以适用，现在不同的替代责任即产生于雇佣关系和主仆关系中。[3]特纳提出，与严格责任不同的是，并非代理人的所有行为都会归责于被代理人。首先要有某种关系，其次该行为一般要在该关系范围内发生，一些法律体系如德国法还要求代理人有错误行为。替代责任可能适用于 AI，例如在警察使用巡逻机器人攻击了无辜者的情形中。[4]诉称 AI 应该被视为人类雇员更容易胜诉，此时适用替代责任；但若人们依赖 AI 完成那些本该由人类雇员负责的工作，那么对此更准确的描述是对 AI 的疏忽监管导致事故，此时人们承担过失责任。[5]

---

[1] Mark Chinen, *Law And Autonomous Machines*: *The Co-Evolution of Legal Responsibility and Technology*, Edward Elgar Publishing, 2019, p. 110.

[2] Mark Chinen, Law And Autonomous Machines: The Co-Evolution of Legal Responsibility and Technology, Edward Elgar Publishing, 2019, p. 112.

[3] Jacob Turner, *Robot Rules*: *Regulating Artificial Intelligence*, Palgrave Macmillan, 2019, p. 99.

[4] Jacob Turner, *Robot Rules*: *Regulating Artificial Intelligence*, Palgrave Macmillan, 2019, p. 100.

[5] John Frank Weaver, *Robots are People Too*: *How Siri*, *Google Car*, *and Artificial Intelligence will Force Us to Change Our Laws*, Praeger, 2013, pp. 20~21.

特纳认为，替代责任的优势，是既承认了 AI 的能动性，又使得现在获得承认的法律主体承担了责任。AI 此时并非客体物品，AI 的单方或自主行为并不能断掉负责人和损害之间的因果关系，所以替代责任更好地适应了区别于其他人造物体的 AI。[1]特纳继而分析替代责任的缺陷，一是适用的关系类型不明，替代责任通常限于某些活动，不管是作为学生、孩子、雇员还是佣人，各种关系模式下的责任范围和限制都有细微差别。二是 AI 越是远离指定任务，责任缺口就越有可能发生。而在某个节点，AI 可能会摆脱潜在的责任人。[2]

（四）合同责任

民事责任产生的第四种方式是合同责任。这可以适用于 AI，以增加或减少一方的责任，例如通过卖家的承诺。[3]知念认为，人们可以从工具性和表达性的角度来考虑合同法，合同法可以看作是使人们能够建立互惠互利的经济关系的法律规则和原则。[4]理想情况下，知念认为这些规则的制定将有助于人们讨价还价，并防止意外。正如侵权行为法的矫正正义理论，合同法可以表述为，在当事人同意的情况下，创设具有相关权利的法律义务，违反该义务即需承担责任。只不过其将受害方置于有履行义务职责的相同地位，有时，它是建立在我们的信念基础上的，即承诺应该得到遵守。[5]只要对方当事人能合理地信赖对方会履行其合同义务，合同中甚至不必具体规定该义务的内容，不履行时即可获得违约金或其他形式的救济。[6]合同责任的优势是，在尊重了各方自主性的基础上分配风险。[7]

知念认为工具性的问题是，包括责任和责任理论在内的法律如何才能实现我们这个社会在人工智能方面的目标。例如，软件设计师、工程师和制造商，以及授权测试自动驾驶汽车和驾驶人的公司是否对事故（例如 Uber 自动驾驶致死事件）负有责任，以及他们是否违反了这一责任，从而触发了修复当然无法复原的

---

[1] Jacob Turner, *Robot Rules: Regulating Artificial Intelligence*, Palgrave Macmillan, 2019, p.101.

[2] Jacob Turner, *Robot Rules: Regulating Artificial Intelligence*, Palgrave Macmillan, 2019, p.101.

[3] Jacob Turner, *Robot Rules: Regulating Artificial Intelligence*, Palgrave Macmillan, 2019, p.106.

[4] Mark Chinen, *Law And Autonomous Machines: The Co-Evolution of Legal Responsibility and Technology*, Edward Elgar Publishing, 2019, p.15.

[5] Mark Chinen, *Law And Autonomous Machines: The Co-Evolution of Legal Responsibility and Technology*, Edward Elgar Publishing, 2019, p.16.

[6] American Law Institute, *Restatement (Second) of the Laws of Contracts*, American Law Institute Publishers, 1981, sec. 34 and comments.

[7] Jacob Turner, *Robot Rules: Regulating Artificial Intelligence*, Palgrave Macmillan, 2019, p.109.

状态的次级责任。[1]邱教授认为，私人约定能更好地反映个别当事人的偏好，但他也警告道，由特定交易产生的合同条款往往会变得标准化，这一行为本身没有问题，但是如果这些格式合同中的某些标准条款并非最优，就可以导致系统性风险，因为私人约定很少涉及全系统都出现的问题，也很少吸收外部因素。[2]他提到的另一极端是"元监管"，即试图通过监管机构协调私人秩序和公共价值。元监管为各方私下安排事务留下了空间，同时确保各方了解并考虑到公共价值。但是，邱教授认为这些价值很容易为特定系统的技术要求所掩盖，他称之为"技术专制"。而这反过来又会导致责任无法落实，因为非专业的外部人士很难监控专业活动。[3]

现在看 AI 合同。知念认为该行业已经有了很好的方法来保护自己免于承担可能的责任。其中之一是利用子公司、独立承包商和供应商来规避风险，机器人技术和其他技术的制造商通过合同来分配可能造成的潜在危害风险，包括硬件和软件的保修限制或免责声明。[4]知念提出，由于几乎所有的 AI 都将在商业环境中进行分配，我们希望这些合同将成为责任分配的起点。在这种标准化的合同免责声明和限制中，存在的问题是这些私人规范在责任分配方面是否最优，特别是在设计师与制造商和客户之间议价能力不平等的情况下。[5]我们接着看看半隐藏合同。特纳指出这是指合同订立方未能意识到或者未能有意识地同意其条款的合同。如果非专家的大众也广泛地缔结涉及 AI 的合同，则需要法律设定禁止不公平条款或者要求特别注意的安全网。[6]模糊或缺失的合同语言需要解释且合同语言的僵硬不能很好地容纳 AI 的不可预测性。[7]此外，特纳指出合同只适用于有限的当事方，不适用于事先没有合同的情形。并且，合同的秘密性使得其对其他市场参与方的示范效应减损，使得一致的市场行为不能形成，从而增加了各方

---

[1] Mark Chinen, *Law And Autonomous Machines: The Co-Evolution of Legal Responsibility and Technology*, Edward Elgar Publishing, 2019, p. 16.

[2] Iris H-Y Chiu, Enhancing Responsibility in Financial Regulation—Critically Examining the Future of Public-Private Governance: Part I, 4 *Law & Fin. Markets Rev.* 170 (2010).

[3] Iris H-Y Chiu, Enhancing Responsibility in Financial Regulation—Critically Examining the Future of Public-Private Governance: Part I, 4 *Law & Fin. Markets Rev.* 170 (2010).

[4] Mark Chinen, *Law And Autonomous Machines: The Co-Evolution of Legal Responsibility and Technology*, Edward Elgar Publishing, 2019, p. 46.

[5] Mark Chinen, *Law And Autonomous Machines: The Co-Evolution of Legal Responsibility and Technology*, Edward Elgar Publishing, 2019, pp. 47~48.

[6] Jacob Turner, *Robot Rules: Regulating Artificial Intelligence*, Palgrave Macmillan, 2019, pp. 111~112.

[7] Jacob Turner, *Robot Rules: Regulating Artificial Intelligence*, Palgrave Macmillan, 2019, p. 113.

从零开始协商的成本。如果参照重要合同进行公共登记,则又会在存储时面临巨大的官僚主义问题,而且商主体一方很可能基于机密和隐私原则拒绝登记。分布式登记技术(例如区块链)可以使得 AI 合同成为公共记录,但许多市场参与人似乎不同意这种水平的公共监督,除非有法律规定。[1]

接下来我们考察自动合约和电子代理者。苏澄(Surden)描述了自动合约的进展,首先,书面合同以简单的语言形式被存储在计算机中。[2]下一阶段是特定类别合同(如金融合同)以计算机可以读取和"理解"的高度结构化数据的形式,而不是以简单的语言来记忆某些合同条款和条件。[3]研究人员目前正在探索计算机系统在合同签订过程中帮助或替代人类的方法,至少在某些类型的合同方面是这样。这些活动包括自主的电子代理,通过定位和链接潜在供应商,形成导致装配和分销的合同链接,以协助供应链的形成。[4]货物买卖合同可以足以表示同意的任何方式订立,包括承认合同存在的双方行为,[5]其中对合同义务的同意可以通过多种方式证明。这种表见代理方式在运营商、代理和用户之间正确地分配了成本。[6]当机器的"行为"与人密切相关时,直接适用现行法律最为合适,要么是因为机器非常简单,可以被理解为仅仅是一种工具,要么是在复杂的机器中,它被认为代表人类行事。[7]然而,根据代理法的其他规定,如代理法的第三次重述,计算机程序不是适格代理者,因为根据这一理论,代理者必须是"人"。[8]贝利亚(Belia)指出,委托人授予代理者的实际权力需要代理者同意才能成立。这种同意隐含着代理者对委托人所负的信托责任。计算机程序不能给予这种同意,也不应承担这种责任,电子代理人仅仅是自然人经营业务的另一种方式。[9]知念提出,当适用于自治系统时,代理法的某些特征就消失了,其中包括对委托

---

[1] Jacob Turner, *Robot Rules: Regulating Artificial Intelligence*, Palgrave Macmillan, 2019, pp. 100~111.

[2] Harry Surden, Computable Contracts, 46 *U. C. Davis L. Rev.* 629 (2012).

[3] Mark Chinen, *Law And Autonomous Machines: The Co-Evolution of Legal Responsibility and Technology*, Edward Elgar Publishing, 2019, p. 36.

[4] Farhad Ameri, Chrisitan McArthur, A Multi-Agent System for Autonomous Supply Chain Configuration, *Int'l J. Adv. Mfg. Tech.*, Vol. 2013, No. 5.

[5] Uniform Commercial Code §2-204 (a).

[6] Samir Chopra, Laurence F. White, *A Legal Theory for Autonomous Artificial Agents*, University of Michigan Press, 2011, pp. 47~48.

[7] Mark Chinen, *Law And Autonomous Machines: The Co-Evolution of Legal Responsibility and Technology*, Edward Elgar Publishing, 2019, p. 38.

[8] Restatement (Third) of Agency §§ 1.01, 1.04 (5) (Am. Law Inst., 2006).

[9] Anthony J. Belia, Contracting with Electronic Agents, *Emory L. J.*, Vol. 2001, No. 4.

人和第三方的保护。代理人负有忠诚、服从和充分披露的责任，如果违反这些义务，其应承担责任。此外，尽管代理人总是对其所犯的侵权行为负责，但如果侵权行为是在代理范围之外发生的，则委托人不承担责任。独立承包商而非雇员所犯的侵权行为与此类似。这一原则平衡了受害第三方和委托人的权利。如果适用代理法，那么谷歌的人工智能倘若在提供服务时表明自己的身份就不需要承担责任，但要是其没有表明呢？[1]

AI是否能自己订立合同？如果未能表明自己是代表人们或公司而使得他人签订合同，该合同在日本法上会被认为存在要素错误，可能无效。[2]此外，区块链技术使得自动执行的合同出现，这产生了新的责任问题。[3]《联合国关于在国际合同中使用电子通信的公约》规定，不能仅仅因为在自动化信息系统的行为中没有自然人的评估和介入，就认为合同无效。[4]有评论认为AI合同也是如此，因为既然该工具没有自己的独立意志，那么原则上工具的主人要为使用该工具造成的后果负责。[5]但是，公约的规定是否定意义的，而非肯定了每一个计算机都有一个人负责；即使如此，AI也在不断独立地学习和发展自己的空间。[6]

如果代理法律不能很好地反映自主机器和系统的行为，那么我们就必须回到人类总是对其雇佣的机器人的行为负责的体制。然而，这在某些情景中可能并不合适。[7]首先，在帕加罗看来，将大规模交易所需的复杂机器人简单地描述为工具似乎是不恰当的；其次，帕加罗认为，一个人将某种权利委托给了机器人，并不一定意味着人类要对机器人的行为负责；最后，"机器人作为工具"的方法无助于人类之间的责任分配。帕加罗进一步认为，人类有权要求在经济上不被其机器人的决策摧毁。他同意代理概念应适用于电子合同，但在出现巨额损失时可能

---

[1] Mark Chinen, *Law And Autonomous Machines*: The Co-Evolution of Legal Responsibility and Technology, Edward Elgar Publishing, 2019, p. 40.

[2] Fumio Shimpo, The Principal Japanese AI and Robot Strategy and Research toward Establishing Basic Principles, *Journal of Law and Information Systems*, Vol. 2018, No. 1.

[3] Jacob Turner, *Robot Rules*: Regulating Artificial Intelligence, Palgrave Macmillan, 2019, p. 107.

[4] Article 12 of United Nations Convention on the Use of Electronic Communications in International Contracts 2005.

[5] Paulius Čerkaa, Jurgita Grigienėa, Gintarė Sirbikytėb, Liability for Damages Caused By Artificial Intelligence, *Computer Law & Security Review*, Vol. 2015, No. 3.

[6] Jacob Turner, *Robot Rules*: Regulating Artificial Intelligence, Palgrave Macmillan, 2019, pp. 108~109.

[7] Mark Chinen, *Law And Autonomous Machines*: The Co-Evolution of Legal Responsibility and Technology, Edward Elgar Publishing, 2019, p. 41.

不适用。[1]

(五)分解责任

韦弗提出,在一些情况下 AI 造成损害或伤害,但所有责任都不能归责于一群人或者分配链条中的某一人。因为 AI 的行为完全按照预期进行,从技术上来说运行正确,监控者无过错,与 AI 相互作用的第三人也没产生任何损失;或者 AI 造成损害或伤害,但该 AI 制造良好,也没有受过任何损坏而有瑕疵,设计、制造、运输和交付都是正常的。现行法律没有考虑到这些少数情况,我们必须提出新的模式或想法,来解决 AI 承担法律责任的情形。[2] 分解责任可以采取多种形式。据说责任有三种不同的概念:可归因性、负责任和可说明性。[3] 这里探讨四种可能的方法,每种方法都试图消除或淡化作为承担不利后果或制裁的理由的责任。[4]

第一,纽豪瑟(Neuhäuser)从责任的回顾性和前瞻性角度,提出了在人类和机器人之间分担责任的粗略方法。其将机器人概念化为责任团体中相对自主的成员,然后由该团体中的人类成员为机器人负责,因为团体可以负责达成期望的未来状态,而单独的组成员则不能这样做。[5] 这相当于团体承担道德和法律责任,而团体中的成员不承担。韦弗认为,这种责任分解是一项公共政策,要在经济发展的利益和公平公正的保护之间进行权衡。例如使所有权人或使用者基于风险自担支付赔偿费用——所有或使用意味着自愿承担了可能的责任。但实际上,消费者并不因为购买或使用 AI 就默示会承担巨大风险,因为 AI 致损时他们和事故的发生没有关系,而且没人期望他们在任何时候都为机器人自己的决定负责,这和指望他们为小狗或孩子负责是不同的。所以这种责任分解方式会抑制人们购买、使用,也就间接抑制了 AI 的发展。[6] 再如,由开发商或制造商支付赔偿费

---

[1] Ugo Pagallo, *The Laws of Robots: Crimes, Contracts, and Torts*, Springer Netherlands, 2013, pp. 99~102.

[2] John Frank Weaver, *Robots are People Too: How Siri, Google Car, and Artificial Intelligence will Force Us to Change Our Laws*, Praeger, 2013, pp. 25~27.

[3] David Shoemaker, Attributability, Answerability, and Accountability: Toward a Wider Theory of Moral Responsibility, *Ethics*, Vol. 2011, No. 3.

[4] Mark Chinen, *Law And Autonomous Machines: The Co-Evolution of Legal Responsibility and Technology*, Edward Elgar Publishing, 2019, p. 113.

[5] Christian Neuhäuser, Some Skeptical Remarks Regarding Robot Responsibility and a Way Forward, in *Collective Agency and Cooperation in Natural and Artificial Systems: Explanation, Implementation and Simulation*, Vol. 2015.

[6] John Frank Weaver, *Robots are People Too: How Siri, Google Car, and Artificial Intelligence will Force Us to Change Our Laws*, Praeger, 2013, pp. 27~28.

用。这种支付责任易于操作，似乎公平。但 AI 做了应当做的事，通常在坏的情况下已经做出了最好的选择，开发商或制造商亦并无任何过错，这种责任分解会导致人们不想推动发明，进而导致诸多人无法享有 AI 进步的好处。[1]

第二，另一种分解责任的方法是强调责任的可解释性。知念提出，在涉及 AI 的事故中，我们可以确定软件设计和编码、制造有缺陷的基础设施以及在与自动车辆的相互作用中的错误在多大程度上"促成"了事故。在这个意义上，认定被告违反法律本身的决定就被视为一种责任形式。因此，可能有人会说这种方式更好，因为在这种情况下，客观上不可能接受或主观上不可接受一种更强有力的责任形式。因为这些过程并不打算导致更严厉的法律后果，它们在涉及法律责任时并不讨论是否应该施加更严厉的法律和道德责任。这当然是一个问题：认定某人对损害负有法律责任，因而需要做出赔偿，这一认定起到了其他强调责任的方式所不具备的表达和功能性作用。[2]

第三，还有一种方式是给予受害者特权。即使人们承认应该对损害本身做出回应，损害的费用如何分担的问题仍然存在，这就产生了分配公平的问题。[3]帕斯特纳克认为，有三种方式来分配这些费用：按比例分配、平均分配或随机分配。她认为按比例分配是最公平的，但有时很难实施；随机分配最容易实现，但最不公平。因此，成本的平均分配似乎是最合适的。[4]但同时，即使是成本的平均分配也需要理由。因此结论是，很有可能采用一种给予受害者特权的制度，但这种制度必须对其自身的道德和分配上的挑战做出回应。[5]例如，特纳提到民事侵权责任产生的一种方式是无过错事故补偿计划，比如新西兰在 1974 年开始取消侵权制度以赔偿事故受害人和威慑危害行为。此时索赔不需要针对与 AI 有联系的人。其优点一是通过非经济性的道德等社会因素鼓励了预防性的安全实践，二是避免了确定由谁负责的法律问题，具有严格产品责任的简单明确、避免任意

---

[1] John Frank Weaver, *Robots are People Too*: *How Siri*, *Google Car*, *and Artificial Intelligence will Force Us to Change Our Laws*, Praeger, 2013, pp. 28~29.

[2] Mark Chinen, *Law And Autonomous Machines*: *The Co-Evolution of Legal Responsibility And Technology*, Edward Elgar Publishing, 2019, pp. 114~115.

[3] Mark Chinen, *Law And Autonomous Machines*: *The Co-Evolution of Legal Responsibility And Technology*, Edward Elgar Publishing, 2019, p. 116.

[4] Avia Pasternak, "The Distributive Effect of Collective Punishment", *Accountability for Collective Wrongdoing*, Vol. 2011.

[5] Mark Chinen, *Law And Autonomous Machines*: *The Co-Evolution of Legal Responsibility and Technology*, Edward Elgar Publishing, 2019, p. 116.

性的优点。但其同样面临诸多问题：一是难以按比例扩展该种计划，我们不知上亿公民的国家是否适合引入，二是对于大政府的意识形态的政治反对，三是是否仅限于身体伤害，而不包括财产伤害和纯经济损失。[1]

第四，最后一种方式是保险。保险在经济中发挥着广泛的作用，它使资本积累成为可能，调动了财政资源，并为公司提供了一种通用的治理形式，保险费还可以用来调节成本的外部化，节省公共资金。[2]私营保险业预计将至少在三个方面受到自动系统的影响。其一，人工智能将影响保险产品的类型及其定价。[3]保险产品适用于 AI 时，智能越高，风险越高，保费越高。[4]这就要看自动技术的可保性。知念提出，保险人只能承保那些可以通过经验来衡量和预测的风险，通常有大量能够体现该类风险的案例。保险对创新的影响是矛盾的：保险通过允许发明家降低风险来鼓励创新；与此同时，保险公司为新技术投保的速度也很慢——因为新技术代表了一种新的、无法量化的风险。因此，很可能会出现一个过渡阶段，在这个阶段，责任保险或意外伤害保险与新技术的发展存在差距。[5]其二，知念认为，随着与保险公司的互动更多地通过聊天机器人进行，客户对保险的体验将发生变化。其三，业界可以期望在理赔过程中使用人工智能以防止欺诈。主要问题是，私人或公共保险在多大程度上能够实现与法律责任相同的职能，减轻由于这项技术的出现而造成的法律责任压力。在力所能及的范围内，保险可能会抑制法律责任与 AI 之间的任何共同进化动力。[6]

韦弗认为，人类中的专业人士做某项决定时也会为自己购买保险，AI 可以正确地完善任何事情，却同样依然可能制造消极结果；耗时和技术证明困难等诉讼复杂性会使得受伤的原告止步，通过定义和限制开发者和制造商等当事人的责任会是更简单的路径。[7]他认为，可以设立一种储备基金，来支付 AI 应付的费

---

[1] Jacob Turner, *Robot Rules：Regulating Artificial Intelligence*, Palgrave Macmillan, 2019, pp. 102~105.

[2] Peter Zweifel, Roland Eisen, Insurance Economics 11 (2012).

[3] Mark Chinen, *Law And Autonomous Machines：The Co-Evolution of Legal Responsibility and Technology*, Edward Elgar Publishing, 2019, p. 117.

[4] Jacob Turner, *Robot Rules：Regulating Artificial Intelligence*, Palgrave Macmillan, 2019, p. 113.

[5] Mark Chinen, *Law And Autonomous Machines：The Co-Evolution of Legal Responsibility and Technology*, Edward Elgar Publishing, 2019, p. 118.

[6] Mark Chinen, *Law And Autonomous Machines：The Co-Evolution of Legal Responsibility and Technology*, Edward Elgar Publishing, 2019, p. 118.

[7] John Frank Weaver, *Robots are People Too：How Siri, Google Car, and Artificial Intelligence will Force Us to Change Our Laws*, Praeger, 2013, p. 40.

用，包括要求 AI 产品开发商、制造商甚至所有人、使用者购买一定额度的保险或者支付责任附加费，以开设由政府或行业保管的储备金。这种责任分解更准确地反映了 AI 犯错的事实，受害人只需证明实际受害，并合理证明损害由 AI 造成。相应的支付金额也会较低，以长期维持保险公司和储备基金的偿付能力。[1]

再如自动技术的公共保险。福利国家不仅扮演着分配的角色，还扮演着兜底的角色，帮助人们在遇到疾病、失业和老年等不利事件时获得帮助。[2]当信息不对称使得私人保险公司无法进入市场，从而导致保险供应不足时，可以使用社会保险。覆盖自动技术的责任和公共保险方案已经被提出。[3]立法机构希望评估保险公司在多大程度上希望鼓励这些技术，这些政策是否会增加风险，以及这些风险是否会导致私营保险部门无法承担的灾难。这些因素会对针对自动技术的公共保险系统产生影响。[4]

保险的优势，一是部分解决了风险的不可预测性，因为它被写进了投资者的金融预测，传递给了终端使用者，将负担散布给整个市场参与者。[5]当事人都预先知道相关成本，不受意料之外的诉讼的烦扰。[6]二是其可以引导行为，被保险人会被保险人要求去遵守一系列最低的设计和执行标准。[7]

适用保险的缺点，特纳认为，一是依赖于最终的责任认定，只有在受害人有权根据过错责任或严格责任等法理或特别法针对被保险人时，保险才生效适用。一个方案是，不同的人（生产者、所有者）各自买保险，但不同的保险人仍需对抗，确定彼此责任。[8]知念认为，这就要考虑侵权法与保险法的共存问题。至少在美国，保险在责任承担上发挥了作用，而不是取代侵权归责原则。归责原则和保险一起维护受害者的权益可能更好。反映在有关法律责任对保险费的影响的

---

[1] John Frank Weaver, *Robots are People Too*: *How Siri*, *Google Car*, *and Artificial Intelligence will Force Us to Change Our Laws*, Praeger, 2013, pp. 29～30.

[2] Nicholas Barr provides an excellent introduction to these concepts in Nicholas Barr, *The Welfare State as Piggy Bank*: *Information*, *Risk*, *Uncertainty*, *and the Role of the State*, Oxford university press, 2001.

[3] Mark Chinen, *Law And Autonomous Machines*: *The Co-Evolution of Legal Responsibility and Technology*, Edward Elgar Publishing, 2019, p. 123.

[4] Mark Chinen, *Law And Autonomous Machines*: *The Co-Evolution of Legal Responsibility and Technology*, Edward Elgar Publishing, 2019, p. 125.

[5] Jacob Turner, *Robot Rules*: *Regulating Artificial Intelligence*, Palgrave Macmillan, 2019, p. 115.

[6] John Frank Weaver, *Robots are People Too*: *How Siri*, *Google Car*, *and Artificial Intelligence will Force Us to Change Our Laws*, Praeger, 2013, p. 30.

[7] Jacob Turner, *Robot Rules*: *Regulating Artificial Intelligence*, Palgrave Macmillan, 2019, pp. 115～116.

[8] Jacob Turner, *Robot Rules*: *Regulating Artificial Intelligence*, Palgrave Macmillan, 2019, p. 116.

辩论中，争论的焦点是，过高的赔偿责任提高了保险成本，从而使人们无力承担购买所需保险的费用。[1]知念认为，不管如何，这并不说明我们应该废除侵权制度，只是需要调整不适当的赔偿责任。事实上，确实存在过多保险的情况。最后，应考虑保险代位求偿权，代位求偿权意味着责任问题可能永远不会完全消失。[2]2018年《英国自动化和电子车法》将交强险的赔偿范围从第三方（保险车辆与被保险人以外人员）损失扩张到了被保险人（通常是驾驶员）损失。[3]这增强了法律确定性，鼓励了自动驾驶产业的发展，但并未解决最终的法律责任问题。[4]

然后是要考虑到道德风险、逆向选择和其他福利成本。知念认为，当保险人无法评估该人是否会对他将要遭受的损失造成影响时，道德风险就产生了：那些被保险覆盖的人可能会不那么小心，因为他们不会被要求承担任何可能造成的损失。当一个保险公司不能评估一个特定的个人所构成的风险有多大时，还会发生逆向选择。重新分类风险是指一个人的健康状况将被重新分类，从而导致更高保费的风险。逆向选择和重新分类风险都会影响消费者福利。[5]AI产品本身可能有潜在的制造或设计错误，特别是当AI做决定时，可能会使得保险项目复杂化。[6]知念提出，AI使得保险公司能够进行更多的个性化定价。我们很可能会看到私人和公共保险计划中，会根据AI的设计者、制造商和用户的不同风险进行分类并相应定价。作为回应，人们将期望看到对这些问题的立法回应，其形式是对保费、消费者补贴或罚款、以风险调整和合同规定等方式进行监管。[7]但是保险人会相应设定例外和排除：AI越是不可预测，保险人越是难以评估和最终为损害可能性设定价格，政府也就难以强迫保险人进入其不认为在经济上可行的市场。[8]再者是可能出现社会心理成本。

---

[1] Mark Chinen, *Law And Autonomous Machines*: *The Co-Evolution of Legal Responsibility and Technology*, Edward Elgar Publishing, 2019, p. 119.

[2] Mark Chinen, *Law And Autonomous Machines*: *The Co-Evolution of Legal Responsibility and Technology*, Edward Elgar Publishing, 2019, pp. 119~120.

[3] Section 2 Of Automated and Electric Vehicles Act.

[4] Jacob Turner, *Robot Rules*: *Regulating Artificial Intelligence*, Palgrave Macmillan, 2019, p. 115.

[5] Mark Chinen, *Law And Autonomous Machines*: *The Co-Evolution of Legal Responsibility and Technology*, Edward Elgar Publishing, 2019, p. 121.

[6] Weaver (2013), p. 40.

[7] Mark Chinen, *Law And Autonomous Machines*: *The Co-Evolution of Legal Responsibility and Technology*, Edward Elgar Publishing, 2019, p. 122.

[8] Jacob Turner, *Robot Rules*: *Regulating Artificial Intelligence*, Palgrave Macmillan, 2019, pp. 116~117.

知念认为,到目前为止,保险作为法律责任替代品的优缺点已经从多个角度被评估:可保性问题、侵权法与保险并存、信息不对称及私人和公共保险的关系。人们对责任的看法可能会对其心理健康结果产生影响,而这种影响不能仅仅通过补偿来克服。责任表现为对自己的解释、受害者的特权、或由其他社会工具(如私人和社会保险)替代或补充的责任,还可能在应对自主技术造成的损害方面发挥作用。当伤害发生时,无论是好是坏,责备和责任都将继续发挥重要作用。[1]

二、AI 的刑事责任

一个工具主义者会关注刑法的目的:也许是为了保护社会免受违法行为的伤害,通过惩罚来阻止人们犯罪,并监禁那些对社会构成威胁的人。[2]或者我们可以理解为它反映了一种已有的观念,即某些行为值得被社会谴责和惩罚。[3]

毋庸置疑,如果没有某种形式的罪责,就无法承担法律责任。[4]民众普遍要求罪责的存在,并且要求法律对特定的人产生影响。[5]纽伦堡审判期间,国际军事法庭被授权将党卫军等团体作为犯罪组织追究罪行,并依据其成员资格追究个人刑事责任。[6]然而,尽管有权这样做,法庭还是拒绝使用这种方式。法庭重申了一项原则,即刑事责任是个人罪责,犯罪是个人的,应当避免群刑。[7]特纳提出,刑法要求更高程度的过错,要具体地看被告人的主观状态,看他实际上认为和意图的是什么。适用到 AI 中时,一是将 AI 作为无辜的工具,非传统工具的机器人当然也能用来犯罪。[8]二是追究人类的替代责任,与民事上的替代责任不重视主人的主观方面而看重主人和代理人的关系不同,刑事上的替代责任必须认清

---

[1] Mark Chinen, *Law And Autonomous Machines: The Co-Evolution of Legal Responsibility and Technology*, Edward Elgar Publishing, 2019, p. 126.

[2] Mark Chinen, *Law And Autonomous Machines: The Co-Evolution of Legal Responsibility and Technology*, Edward Elgar Publishing, 2019, pp. 13~14.

[3] Antony Duff, "Theories of Criminal Law", *The Stanford Encyclopedia of Philosophy*, https://plato.stanford.edu/entries/criminal-law/.

[4] Mark Chinen, *Law And Autonomous Machines: The Co-Evolution of Legal Responsibility and Technology*, Edward Elgar Publishing, 2019, p. 63.

[5] Mark Chinen, *Law And Autonomous Machines: The Co-Evolution of Legal Responsibility and Technology*, Edward Elgar Publishing, 2019, p. 65.

[6] Charter of the International Military Tribunal, art. 9, Aug. Weaver (2013), 1945, 59 Stat. 1544, 82 U. N. T. S. 279, http://avalon.lay.yale.edu/imt/imtconst.asp.

[7] Judgment, in 1 Trial of the Major War Criminals Before the International Military Tribunal 171, 256 (1948).

[8] Jacob Turner, *Robot Rules: Regulating Artificial Intelligence*, Palgrave Macmillan, 2019, p. 118.

主人是否具有相关犯罪的主观方面,例如,确证编程者对于程序造成自然可能的结果存在严重疏忽。[1]人类为 AI 负责的优势是符合社会的道德戒律,因为心理学研究表明人类天生是报应主义者,人类的本能是寻找一个应当获得痛苦的人去为损害负责。[2]

人类为 AI 负责的缺点,特纳认为一是造成报应缺口:AI 变得越先进,就越难使得人为其负责,更别说为 AI 的行为受到谴责,除非极大地延展因果关系到难以认知因果关系的程度。民法上可能将归责的功能和赔偿的功能区分开,但在刑法上将责任和刑罚分开导致的问题大得多,其将产生生产者、编程者变成道德替罪羊的报应不公正危险。[3]穆尔(Moore)认为刑法和侵权行为是"与因果关系紧密相连的",因为他认为刑法和侵权行为的首要目标分别是报应和矫正正义,这需要道德责任的支持,而道德责任又反过来依托于因果关系。[4]也有一些同时受法律和经济学影响的学者认为,因果关系是不必要的,因为责任规则的首要目标是将责任分配给成本最低的风险规避方,因果关系在这一分配中不起作用。[5]即使因果关系在理论上有缺陷,而且存在不能完全适用的地方,其作为一种分配责任的手段也不能被忽视,因为法律不能脱离我们对道德的理解。[6]正如爱泼斯坦所说,"因果关系的存在提醒我们,一个试图将其排除在适用之外的法律体系,可能无法回应普通人对责任的看法"。[7]二是其会造成过分威慑。特纳认为刑事责任会对新的、更强大的 AI 的进步和发展造成寒蝉效应。这是因为刑事责任并不能像民事责任那样被传递给雇主或保险人,或者甚至被当做商业风险对待,刑事责任是个人的,而且其社会成本也不必然能够在金钱上被替代或抹去。[8]

三、AI 有益行为的责任

AI 有益行为的责任主要涉及知识产权相关问题。不管是在工程、建筑等技

---

[1] Jacob Turner, *Robot Rules: Regulating Artificial Intelligence*, Palgrave Macmillan, 2019, p. 119.
[2] Jacob Turner, *Robot Rules: Regulating Artificial Intelligence*, Palgrave Macmillan, 2019, pp. 121~122.
[3] Jacob Turner, *Robot Rules: Regulating Artificial Intelligence*, Palgrave Macmillan, 2019, p. 120.
[4] Michael S. Moore, *Causation and Responsibility: An Essay in Law, Morals, and Metaphysics*, Oxford University Press, 2009.
[5] William M. Landes, Richard A. Posner, "Causation in Tort Law: An Economic Approach", *J. Legal Stud.*, Vol. 1983, No. 1.
[6] Mark Chinen, *Law And Autonomous Machines: The Co-Evolution of Legal Responsibility and Technology*, Edward Elgar Publishing, 2019, pp. 72~73.
[7] Richard Epstein, "A Theory of Strict Liability", *J. Leg. Stud.*, Vol. 1973, No. 1.
[8] Jacob Turner, *Robot Rules: Regulating Artificial Intelligence*, Palgrave Macmillan, 2019, p. 121.

术领域,还是在艺术或音乐创造等产业领域,AI 已经在创造新的产品和设计。[1]例如,通过私人智能助理 Siri 采样,再改为歌曲、广告等媒体内容投放市场。在该情况下,Siri 创造出的新内容的知识产权归谁所有?[2]这种趋向首先是产生了知识产权的边界问题,也即因为创作成本的降低、创作效率的提升,原有的、较为严格的合理使用制度受到撼动。而且传统知识产权中的人身权利(署名或识别权、保持作品完整权)在 AI 时代也需要被重构。[3]当然,特纳认为重点还是需要重新认识作者的概念。AI 创造的抽象艺术使得人们难以辨别其是由人还是 AI 创造的,怀疑论者认为该程序仅仅合成和复制了既有的作品,并不能真正地具有哲学上的创造性。但是,事实上人类的艺术或文学创造也是如此。而 AI 可以说更有创造性,因为所有人都为生物能力所限,而 AI 能够以完全不同的方式进行思考和运作。[4]

特纳认为法律保护的滞后领域之一是版权,因为版权更多考虑创造过程而非产出的客观新颖性。原创作品的所有权可以被雇佣或其他合同关系调节,但关键依然是,在法律上,版权归属总是假定创造者也是一个能够拥有权利的实体。[5]在人机交互层次的一端,人类编程和指导的机器开发出受知识产权保护的内容,其著作权由编程者合理享有;但在该层次的另一端,机器能够通过其已有的编程几乎不与人进行交互而创造新媒体内容,这种内容的著作权进入了公共领域。[6]但是,韦弗认为,这种区分的成立是因为,它在人机互动时假设编程者、使用者和艺术家都是同一人,而从 Siri 进入大众市场后,这种假设已不是事实了。此时必须有人享有相关著作权,因为当涉及财产权利时,公共领域使权利进入并非现实选择——肯定有人会主张所有权并提供强有力的证据。再者,倘若没有收回投资的预期,编程者和投资者将没有动力设计出具有创造性的技术。可考虑编程者在该程序进入公共领域之前获得一个有限版权——比如版权期限为十年,而使用者和艺术家的身份更接近这些媒体内容的"作者"。[7]

---

[1] Jacob Turner, *Robot Rules: Regulating Artificial Intelligence*, Palgrave Macmillan, 2019, p. 121.

[2] John Frank Weaver, *Robots are People Too: How Siri, Google Car, and Artificial Intelligence will Force Us to Change Our Laws*, Praeger, 2013, p. 9.

[3] 杨延超:《机器人法:构建人类未来新秩序》,法律出版社 2019 年版,第 16 页。

[4] Jacob Turner, *Robot Rules: Regulating Artificial Intelligence*, Palgrave Macmillan, 2019, p. 122.

[5] Jacob Turner, *Robot Rules: Regulating Artificial Intelligence*, Palgrave Macmillan, 2019, p. 123.

[6] Ralph D. Clifford, "Intellectual Property in the Era of the Creative Computer Program: Will the True Creator Please Stand Up?", *Tulane Law Review*, Vol. 1997.

[7] John Frank Weaver, *Robots are People Too: How Siri, Google Car, and Artificial Intelligence will Force Us to Change Our Laws*, Praeger, 2013, pp. 10~11.

那么，现有法律是如何认定知识产权归属的？马里兰法院在1987年认为，电子玩偶作为预先设定的机器人没有技艺，在演示中没有人为的瑕疵，不能演奏一曲音乐。但该玩偶处于确定的、事先设定的自动化状态，其表现没有自由决定的或不可预测的成分。[1]英国法规定，在确定知识产权归属时首先看是否有人类作者，如果找不到，再看为创作所需的安排是谁做出的。[2]而作品是AI生成时，以上两个阶段都会产生争议。第一个阶段的争议是，输入要离输出多近才能使输入者成为作者；第二阶段的争议在于如何确定做出安排的人——是建造系统的人、训练系统的人还是进行具体输入的人。要是一方或多方是另一个AI，问题就更复杂了。[3]"美国猴子自拍案"的最终结果是和解，但法院认为相关版权法没有规定动物可以起诉，但动物在其他场景下主张宪法权利是可能的。[4]所以事实是法律不保护动物或其他不具有法律人格的实体的知识产权，但更广泛的问题是法律是否应当保护。[5]2024年1月2日，央视新闻频道栏目报道了由杭州互联网法院一审、杭州中院二审的"虚拟数字人侵权案"，该案系"新时代推动法治进程2023年度十大案件"候选案例。[6]杭州互联网法院认为四海公司擅自使用"虚拟数字人"相关作品构成著作权侵权及不正当竞争，故该法院一审判决其消除影响并赔偿经济损失等，二审法院予以维持。[7]

原告魔珐公司打造了超写实虚拟数字人Ada，并通过网络平台发布两段视频，一段用于介绍虚拟数字人Ada的场景应用，一段用于记录真人演员与虚拟数字人Ada的动作捕捉画面。

被告四海公司发布两段被诉侵权视频，视频的居中位置使用魔珐公司发布的

---

[1] *Comptroller of the Treasury v. Family Entertainment Centers*, 519 A. 2d 1337, 1338 (Md. 1987).

[2] Section 178 of Copyright, Designs and Patents Act 1998 (CDPA).

[3] Jacob Turner, *Robot Rules: Regulating Artificial Intelligence*, Palgrave Macmillan, 2019, pp. 125~126.

[4] *NARUTO, a Crested Macaque, by and through his Next Friends, People for the Ethical Treatment of Animals, Inc., Plaintiff-Appellant, v. DAVID JOHN SLATER; BLURB, INC., a Delaware corporation; WILDLIFE PERSONALITIES, LTD., a United Kingdom private limited company*, No. 16-15469 D. C. No. 3: 15-cv-04324-WHO, http://cdn.ca9.uscourts.gov/datastore/opinions/2018/04/23/16-15469.pdf

[5] Jacob Turner, *Robot Rules: Regulating Artificial Intelligence*, Palgrave Macmillan, 2019, p. 127.

[6] 《法治封面"新时代推动法治进程2023年度十大案件"候选案例 全国首例涉"虚拟数字人"侵权案引发关注》，载https://tv.cctv.com/2024/01/02/VIDElYKeS6CjMuQEtLsJzQDN240102.shtml，最后访问日期：2024年3月19日。

[7] 魔珐公司诉四海公司侵害著作权、表演者权及不正当竞争纠纷案，杭州互联网法院（2022）浙0192民初9983号民事判决书；杭州市中级人民法院（2023）浙01民终4722号判决书。

相关视频内容，并在片头片尾替换有关标识，且在整体视频中添加虚拟数字人课程的营销信息。四海公司还在其中一段视频中添加其注册商标，并将其他虚拟数字人名称写入某视频标题。

法院认为：在现有的著作权法律体系的框架下，虚拟数字人不享有著作权和邻接权。虚拟数字人作为一种人工智能技术的具体应用和多个技术领域的集合产物，其本身运行的既定算法、规则以及所获得的运算能力和学习能力，均体现了开发设计者的干预和选择，在某种程度上仅是作者进行创作的工具，不具有作者身份。虚拟数字人不是自然人，在弱人工智能盛行的当下，人工智能创作成果的智力创作空间有限，即使人工智能生成的内容具有独创性，能够构成具体类型的作品，也不归属于虚拟数字人。虚拟数字人所做的"表演"实际上是对真人表演的数字投射、数字技术再现，其并非《著作权法》意义上的表演者，不享有表演者权。当虚拟数字人参与拍摄或作为角色出演时，其行为、表演活动被记录下来并被摄制在一定介质上形成连续动态画面，其也不享有视听作品的著作权或录像制作者的邻接权。

魔珐公司享有上述作品的财产性权利及录像制作者权。结合作品独创性的要求，虚拟数字人 Ada 的表现形式借鉴了真人的体格形态，同时又通过虚拟美化的手法表达了作者对线条、色彩和具体形象设计的独特的美学选择和判断，构成美术作品。使用 Ada 形象的相关视频分别构成视听作品和录像制品。因虚拟数字人Ada 系在真人驱动下……徐某符合《著作权法》中的表演者的相关规定，其作为魔珐公司员工，系进行职务表演，结合双方书面约定，应由魔珐公司享有表演者权中的财产性权利。

四海公司发布两段被诉侵权视频的行为符合信息网络传播行为的构成要件，其中一段视频构成对视听作品信息网络传播权的侵害，另一段视频构成对美术作品、录像制作者及表演者的信息网络传播权的侵害。四海公司……存在利用平台视频、虚拟数字人 Ada 进行引流营销的目的，其在视频中对涉及魔珐公司有关标识的信息内容进行删减并替换为课程营销信息或自身商标，加上在一段视频标题中标注其他虚拟数字人名称，可能影响消费者理性决策，从而得以获得更多商业机会，扰乱市场竞争秩序，直接损害魔珐公司的商业利益，构成虚假宣传的不正当竞争行为。

我国学者认为，ChatGPT 的本质是一个大型语言模型，是"智能搜索引擎+智能文本分析器+洗稿器"的结合，其不属于法律意义上的"人"，生成的内容也不应受到著作权法的保护。[1]北京互联网法院最近作出的相关案件一审判决，有助于我们重新思考这个话题。[2]

原告使用开源软件 Stable Diffusion，通过输入提示词的方式生成了涉案图片后发布在小红书平台。被告在百家号上发布文章，文章配图使用了涉案图片。原告认为，被告未经许可使用涉案图片，且截去了原告在小红书平台的署名水印，使得相关用户误认为被告为该作品的作者，严重侵犯了原告享有的署名权及信息网络传播权，要求被告公开赔礼道歉、赔偿经济损失等。

被告辩称，不确定原告是否享有涉案图片的权利，被告所发布文章的主要内容为原创诗文而非涉案图片，而且没有用于商业用途，不具有侵权故意。

涉案图片的生成过程具体如下：

1. 原告下载 Stable Diffusion 模型，随后在正向提示词与反向提示词中分别输入数十个提示词，设置迭代步数、图片高度、提示词引导系数以及随机数种子，生成第一张图片。

2. 在上述参数不变的情况下，将其中一个模型的权重进行修改，生成第二张图片。

3. 在上述参数不变的情况下，修改随机种子生成第三张图片。

4. 在上述参数不变的情况下，增加正向提示词内容，生成第四张图片（即涉案图片）。

法院经审理认为涉案图片符合作品的定义，属于作品。

从涉案图片的外观上来看，其与通常人们见到的照片、绘画无异，显然属于艺术领域，具有一定的表现形式。涉案图片系原告利用生成式人工智能技术生成的，从原告构思涉案图片起，到最终选定涉案图片止，原告进行了一定的智力投入，比如设计人物的呈现方式、选择提示词、安排提示词的顺序、设置相关的参数、选定哪个图片符合预期等。涉案图片体现了原告的智力投入，因此涉案图片具备"智力成果"要件。

从涉案图片本身来看，体现出了与在先作品存在可以识别的差异性。从涉案图片生成过程来看，原告通过提示词对人物及其呈现方式等画面元素进行了设计，通过参数对画面布局构图等进行了设置，体现了原告的选择和安排。另一方

---

[1] 王迁：《ChatGPT 生成的内容受著作权法保护吗？》，载《探索与争鸣》2023 年第 3 期。

[2]《"AI 文生图"著作权案一审生效》，载微信公众号"北京互联网法院"，最后访问日期：2023 年 12 月 27 日。

面，原告通过输入提示词、设置相关参数，获得了第一张图片后，继续增加提示词、修改参数，不断调整修正，最终获得涉案图片，这一调整修正过程体现了原告的审美选择和个性判断。在无相反证据的情况下，可以认定涉案图片由原告独立完成，体现出了原告的个性化表达，因此涉案图片具备"独创性"要件。

涉案图片是以线条、色彩构成的有审美意义的平面造型艺术作品，属于美术作品，受到《著作权法》的保护。

就涉案作品的权利归属而言，《著作权法》规定，作者限于自然人、法人或非法人组织，因此人工智能模型本身无法成为我国《著作权法》规定的作者。原告为根据需要对涉案人工智能模型进行相关设置，并最终选定涉案图片的人，涉案图片是基于原告的智力投入直接产生，而且体现出原告的个性化表达，因此原告是涉案图片的作者，享有涉案图片的著作权。

被告未经许可，使用涉案图片作为配图并发布在自己的账号中，使公众可以在其选定的时间和地点获得涉案图片，侵害了原告就涉案图片享有的信息网络传播权。此外，被告将涉案图片进行去除署名水印的处理，侵害了原告的署名权，应当承担侵权责任。

综上，北京互联网法院作出一审判决，判决被告赔礼道歉并赔偿原告500元，双方均未提起上诉，目前一审判决已生效。

该案法官朱阁认为：该案中，涉案图片系原告利用 AI 生成，根据《著作权法》关于作品的构成要件进行判断，因涉案图片体现出原告的独创性智力投入，被认定为作品，相关著作权归属于原告。同时该案判决强调，利用人工智能生成的内容，是否构成作品，需要个案判断，不能一概而论。

近年来，学界关于 AI 生成内容可版权性的讨论一直未曾停止，这为该案裁判提供了可资借鉴的思路。该案的裁判结果对学界的讨论予以充分吸收，体现出"一个传承"和"两点考量"。

"一个传承"即该案裁判是对此前北京互联网法院"菲林律所诉百度公司著作权案"的继承和发扬。该案继续坚持著作权法只保护"自然人的创作"的观点，而人工智能模型不具备自由意志，不是法律上的主体，不能成为我国《著作权法》上的"作者"；该案继续认定，一般情况下利用 AI 生成图片的权益归属于利用人工智能软件的人；此外，该案继续强调，根据诚实信用原则和保护公众知情权的需要，相关主体应该显著标注其使用的人工智能技术或模型。与前案不同的是，除了涉案人工智能模型具有更高"智能"，该案中原告的智力投入也较多，因此，具备进一步探索适用《著作权法》予以保护的基础。

在案件的审理过程中，我们反复考量两个问题：

第一，当传统理论遇到全新应用场景时，是否要进行调适和发展的问题。我们始终认为，只有秉持面向未来的司法理念才能更好地鼓励新技术应用、推进新业态发展。原有的著作权理论与实务对美术作品的预设是以"动手去绘制"为主要创作方式，这是由当时创作工具的技术水平所决定的。而进入人工智能时代以来，人类的创作工具发生了根本性的变化，人们已经不需要动手去画出线条、填充色彩，而是利用 AI 进行创作，但是这并不意味着人类对于画面元素不需要进行选择和安排。人们通过设计提示词，不同的人会生成不同的结果，这种差异可以体现人类的独创性智力投入。在这种全新的技术背景下，传统的著作权理论与技术发展现实已经不相匹配，应当进行调适和发展，以适应现实情况的变化，更好地满足权益保护和产业发展的需求。因此，我们不能固守历史的标准，唯有面向未来进行思考，才能选好当下的路径。

第二，作品的认定是否仅有法律判断，还是也需进行价值判断的问题。世界各国均以"独创性"作为界定作品的核心构成要件，但均未在立法上予以明确定义或解释。独创性的认定规则是各国法院通过个案的审理逐渐确立，在此过程中，有理论界的争鸣、有他国司法实践的借鉴，更多的是各国法官在当下的社会经济发展中，以利益平衡为重要基点，综合考虑所属领域的作品类型、创作空间、产业政策、公众需求等因素，运用本国法律的话语体系，力图做出最好的解释。根据第三方关于 2022 全球人工智能指数显示，中国正处于世界人工智能发展的第一梯队。在我国人工智能产业迅猛发展之际，司法如何立足我国具体实际、立足我国的价值共识，服务和保障产业健康高效发展，是我们必须回答好的时代之问。在这样的背景下，基于对国家、社会、公民等各个维度的价值衡量，我们认为，通过认可人工智能生成图片的"作品"属性和使用者的"创作者"身份，将有利于鼓励使用者利用 AI 工具进行创作的热情从而实现著作权法"激励作品创作"的内在目标，有利于促进相关主体对利用 AI 生成内容进行标识进而推动监管法规的落实、公众知情权的保护，有利于强化人在人工智能发展中的主导地位，有利于推动人工智能技术的创新发展和应用。

清华大学法学院教授、知识产权法研究中心主任崔国斌指出：法院分析法律问题的思路，完全符合著作权法的底层逻辑和公共政策，为新技术的发展留下更大的弹性空间。用户在选定 AI 输出的图片初稿后，就有了相对具体的作品构思，然后在此基础上反复修改。理论上，只要回合或细节选择足够多，用户的确有做出具体的独创性贡献的可能性。美国版权局（在最新的"Zarya 案"中）和国内有些学者强调用户总是无法预见 AI 输出结果，因而否认用户作出独创性贡献的可能性，这种思路与现实情况不符。

在绘画类程序工具（比如 Photoshop）与生成式 AI 系统日益相互融合的大背景下，著作权法应该鼓励公众利用新型的创作工具，创作更多更好的美术作品，而不是歧视此类工具的使用者，轻易否认用户的独创性贡献，迫使用户远离此类强大的创作工具。

北京大学法学院副教授胡凌认为：该案的独特之处是原告使用了 Stable Diffusion，一款较为专业的国外开源大模型绘图软件。为使用这一软件，用户不仅需要一定程度的学习来熟悉软件运行和各类提示词的使用效果，更需要不断变换提示词对作图效果进行筛选，制作一张令人满意的图像可能会经过相当多次的调试与试验。这一过程看起来是大模型软件自动生成，但实际上融合了相当多的人类劳动和创作，法院的判决书已经充分证明了这一点。如果研究者们熟悉这个创作过程，就不会把"自动生成"过程想象成用户仅仅给出几条简短指令，屏幕上就会出现令人满意的结果。和传统的 CG 绘图软件相比，大模型软件绘图增加了相当的不确定性和多样性，这也取决于大模型训练使用的语料库内容，很多细节也确实无需用户考虑。但这都不意味着人类在创作过程中变得更加无所事事。相反，对提示词的琢磨、编排、调整，对风格模式的筛选等都意味着用户并非利用 Stable Diffusion 软件简单对图像进行取舍，而可能是在软件辅助的意义上对作品进一步提升。提示词越详细，大模型给出的答案和图像复杂程度可能就越高，不同用户使用该软件进行的创造就会有很大不同。此外，可能会有人觉得提示词很容易学会，只要在软件中进行默认设置或通过学习社群获得经验即可，成本很低，但该案表明这并非易事。该案中的正向与反向提示词达到上百个，增减特定提示词和参数都会带来不同的结果。因此可能有必要摆脱一种观念，即只要被贴上"人工智能""自动生成"的标签，似乎就很容易得到便宜的结果，而不需要询问人在其中的作用。但无论是在以往的数据标注还是该案中，我们都看到了人在软件运行过程中的真实地位，而这种图像结果目前在简单对话的大模型软件中难以直接生成。

从现阶段看，该案实际上保护的是用户对此类软件学习的投入成本和思考成本。就该案而言，如前所述，使用 Stable Diffusion 生成图像并未简单到和用户界面对话一样，这意味着创作过程不是像有些人想象的那样，是简单发布指令得来的。如果缺乏保护，可能会降低人们对此类软件使用的学习投入，并可能在整体上减少对此类软件的探索，进而进一步阻碍该行业对大模型软件的开发。从这个意义上来说,如果该案判决有什么激励性的话,那就是明确说明使用此类专业软件进行创作仍然有门槛、稀缺性和社会价值,因此此类生产能力值得著作权法保护。简言之,法院是通过保护使用此类软件的生成结果,而鼓励更多使用行为和投入,进而推动社会创作转向更多的基于软件的使用,带动此类市场和营销行为。由此,该案确实不仅在字面意义上否定传统创作过程的想象,更是一种面向未来的价值判断,这种判断承认并鼓励更多创作者从传统工具转向大模型软件工具。

国内某大模型厂商法律专家沈芬认为:该案在认定理念上确认了使用人可以获得人工智能生成物的著作权。该案中,法院认定了自然人可以在使用生成式人工智能的过程中通过做出实质性贡献而获得生成物的著作权。这对于鼓励使用人积极利用人工智能创作高质量的作品有积极的作用……对于生成式人工智能的使用和推广有重要的积极作用。在权属认定过程中,考量和尊重人工智能模型和服务的设计人、提供人与使用人之间的合同,对于帮助人工智能产业市场化发展、支持各种商业模式的形成同样重要。对生成式人工智能创作的高品质作品给予合理保护,帮助使用人、人工智能开发者和运营者实现商业闭环,对于我国人工智能产业的发展、文化艺术作品质量的提高有重要意义。

此外,专利制度看重新的、非显而易见的具有一些潜在用途的发明,它不管产生的过程。[1] 至于创造性问题,现行法不容纳 AI 作为专利发明者。[2] 商标和设计的保护标准也是客观的。但法律保护的漏洞可能使得我们不明白谁拥有该创造,这导致了开发者开发创造性 AI 的不积极。[3]

四、AI 的其他责任

AI 的其他责任首先涉及其言论自由和仇恨言论。美国言论自由的理论根基是民主和自治、思想市场模式和自主。诸如自主的言论保护动机看起来与个人尊严的概念关联在一起,现在难以适用于 AI,而诸如新思想市场的工具主义价值则似乎没有理由不能适用于 AI。[4] 美国联邦最高法院确认公司有权获得言论自由

---

[1] 35 U. S. C. paras. 101–02, 112 (2000); Art. 52 European Patent Convention.

[2] Ryan Abbot, *Everything is Obvious*, 22 October 2017, https://papers.ssrn.com/sol3/papers.cfm?abstract_id=3056915.

[3] Jacob Turner, *Robot Rules: Regulating Artificial Intelligence*, Palgrave Macmillan, 2019, p. 128.

[4] Jacob Turner, *Robot Rules: Regulating Artificial Intelligence*, Palgrave Macmillan, 2019, p. 129.

的保护，[1]但言论自由的权利和限制如何适用于 AI，仍然是未决的。例如推特机器人将电影评论网站上的评论与福克斯新闻人物配对，时有恶劣之语；我们甚至可以设想其以人类不能预测的方式结合语词和思想，影响人类观点甚至选举。[2]此时其言论的权利和责任如何认定？家庭对讲设备公司引用言论自由拒绝出庭作证，拒绝的内容不仅是该设备所听的信息，而且包括其回应的信息。[3]此时其言论应当受到保护吗？微软的旗舰聊天机器人在开始发送种族主义的、新纳粹主义的、支持阴谋论的和性别主义的信息后，立即退役。[4]因为现在的保护和禁止言论的法律规则聚焦于有效的人类行为，如何规制 AI 的言论存在缺口。一种方案是基于严格责任惩罚 AI 的发布者，但《德国反社交媒体仇恨法》已被批评越界。而且我们不确定 AI 是否总是会通过提供者的媒介发布言论。[5]在不通过提供者的媒介而自行发布时，又该找何人承担责任呢？

最后我们看看战争法和自动武器。在武装冲突期间，战争法要求从事敌对行动的人区分战斗人员和平民，并适当地使用武力：仅在应对武装攻击或实现军事目标所必需的范围内使用武力。[6]知念认为，目前武器本身无法承担违反战争法的责任，因此，在自动武器涉嫌战争罪的案件中，将默认适用共同犯罪和指挥责任，由相关人员承担责任。但是，当一个武器系统具有高度的自主性时，就有可能出现问题。因为它的行为是不可预测的，所以指挥官不会知道武器即将犯下战争罪，他必须在对这些罪行负责之前意识到一系列罪行可能会发生。[7]由于自主武器在很大程度上能够得到豁免，因此斯派洛等学者认为应禁止使用自主武器。[8]此外，正如一些评论员主张的对涉及自动驾驶汽车的案件应适用严格责任一样，如果上级或指挥官不负责任，根据国际法可以认定国家负有责任。[9]

---

[1] *Citizens United v. Federal Election Commission*，558 U. S. 310（2010）.

[2] Jacob Turner，*Robot Rules：Regulating Artificial Intelligence*，Palgrave Macmillan，2019，pp. 130 ~ 131.

[3] *State of Arkansas v. James A. Bates*，Case No. CR－2016－370－2.

[4] Jacob Turner，*Robot Rules：Regulating Artificial Intelligence*，Palgrave Macmillan，2019，p. 131.

[5] Jacob Turner，*Robot Rules：Regulating Artificial Intelligence*，Palgrave Macmillan，2019，p. 132.

[6] Off. of Gen. Counsel，U. S. Dep't of Defense，Department of Defense War Manual 50 ~ 69（June 2015）.

[7] Mark Chinen，*Law And Autonomous Machines：The Co-Evolution of Legal Responsibility and Technology*，Edward Elgar Publishing，2019，p. 42.

[8] Robert Sparrow，"Killer Robots"，*J. Applied Phil.*，Vol. 2007，No. 1.

[9] Marco Sassoli，"Autonomous Weapons and International Humanitarian Law：Advantages, Open Technical Questions and Legal Issues to Be Clarified"，*Int'l L. Stud.*，Vol. 2014，No. 1.

五、AI 责任的结论

技术官僚治理和行政国家面临的同样的问题是，在立法"解决"AI 造成损害的责任问题时，人们会担心某一特定规范的技术要求将超出公众的能力范围。[1]立法和监管的主要挑战，与其说是它们在解决问题方面的局限性，不如说是作为治理的工具，它们仍然必须处理前面所述现有法律理论中所涉及的责任问题。一方面，当 AI 造成某种损害时，人们觉得有必要追究某人或某事的责任；另一方面，在我们目前的法律理论中，存在紧张关系。[2]

在这方面，怀特（White）和布卢姆（Blum）提出了法律处理损害能力的粗略框架。他们区分了三种情况。第一种情况是，人类（例如自主设备的使用者或制造商）显然负有责任。对他们来说，此类案件不会对现行法律构成任何新的挑战。在第二种情况下，机器人要对伤害负部分责任。在这里，法律将需要一些改变，以确定机器人何时承担责任，以及如何在机器人和人类之间分配责任。第三种情况涉及机器人造成的灾难性损害。在他们的模型中，现有责任法变得无效，损害越严重越是如此，以至于在灾难性损害的条件下现有责任法完全无用。[3]类似地，帕加罗对学者的态度进行了梳理：从认为 AI 不会引发新的法律责任问题，到认为需要有新的责任形式但人类将仍然负责，再到认为新形式的法律责任要求机器自己承担。[4]

现行法律是否适用于 AI 造成的损害，在一定程度上取决于机器的复杂程度、人类对其的控制程度以及所涉及的危害种类。[5]现在的结论是，现行法能够并将在短期内继续以上述方式决定与 AI 相关的责任，但更大的问题在于是否能通过更根本的方式重塑我们与 AI 的关系而更好地达到社会目标。[6]

---

[1] Mark Chinen, *Law And Autonomous Machines: The Co-Evolution of Legal Responsibility and Technology*, Edward Elgar Publishing, 2019, p. 49.

[2] Mark Chinen, *Law And Autonomous Machines: The Co-Evolution of Legal Responsibility and Technology*, Edward Elgar Publishing, 2019, p. 50.

[3] Trevor N. White, Seth D. Blum, "Liability for Present and Future Robotics Technologies", in Patrick Lin, Ryan Jenkins, Keith Abney eds., *Robot Ethics 2.0: From Autonomous Cars to Artificial Intelligence*, Oxford University Press, 2017.

[4] Ugo Pagallo, "What Robots Want: Autonomous Machines, Codes and New Frontiers of Legal Responsibility", *Human Law and Computer Law: Comparative Perspectives*, Vol. 2013, No. 1.

[5] Mark Chinen, *Law And Autonomous Machines: The Co-Evolution of Legal Responsibility and Technology*, Edward Elgar Publishing, 2019, p. 43.

[6] Jacob Turner, *Robot Rules: Regulating Artificial Intelligence*, Palgrave Macmillan, 2019, p. 132.

第四章

人工智能的权利问题

思考机器人权利问题，首先要面临的挑战是，机器人权利常常被认为是不可想象的。一种情况是认为这种思考是荒谬的注意力分散。弗洛瑞迪认为，思考和谈论机器人"不切实际的权利归属"是对哲学严肃工作的干扰。其指出："猜测这些问题可能很有趣，但考虑到我们手头的紧迫问题，这也会分散注意力，是不负责任的。问题的关键不是确定机器人是否有一天会成为一种人，而是要认识到我们被困在错误的概念框架中。数字化正迫使我们重新思考面对新形式的能动者的新解决方案。在这样做的同时必须记住，我们争论的不是机器人，而是将不得不与机器人一起生活的我们，以及我们想要创造一个什么样的信息领域和社会。我们需要更少的科幻小说和更多的哲学。"[1]

另一种情况是认为不思考机器人权利是正当的排除。在一份文件（EURON RoboEthics Roadmap）中，权利的问题被故意搁置在一边，因为它需要机器人技术有进一步的发展，现在讨论还为时过早，即其意识、自由意志、情感等仍然是未来主义的、有争议的、不在研究的十年机会之窗范围内的东西。[2]因此，起草者明确地搁置了对机器人作为独立能动者或受动者的任何考虑，并将注意力集中在计算机伦理的阐述上，即人类在设计、制造和使用机器人时遇到的伦理问题上。[3]贡克尔认为，机器人在法律上的作用并不是为了保护机器免受人类的剥削和滥用，而是为了保护人类社会免受潜在的灾难性的机器人的毁灭。动物只有权利，而机器人只有责任。因此，并不是说机器人被简单地排除在法律之外，而是说机器人被包括法律在内的手段以这样一种使权利问题无法运作、实际上不可想

---

[1] Luciano Floridi, "Robots, Jobs, Taxes, and Responsibilities", *Philosophy & Technology*, Vol. 2017, No. 3.

[2] Gianmarco Veruggio, "EURON Roboethics Roadmap", *IEEE-RAS International*, 2006, https://ieeexplore.ieee.org/document/4115667.

[3] David J. Gunkel, *Robot Rights*, MIT Press, 2018, p. 41.

象的方式对待。[1]

但是，我们并非理所当然地可以不思考机器人的权利问题。AI 伦理学提出，如果我们欠非人类世界什么，那欠的是什么？因为我们正在改变世界，人工智能将加速这些变化，因此，我们最好知道什么变化是好的，什么是坏的。同样，不了解关于这个问题的各种观点将限制辩论。[2] 只有在充分地辩论之后，我们才知道是否应当思考、如何思考机器人权利问题。

一、批判性的机器人权利哲学

权利是什么？"权利"一词有着严格而正式的描述。霍菲尔德（Hohfeld）将这个术语分解为四个不同的、相互关联的元素——特权（privilege）、要求（right，claim）、权力（power）和豁免（immunity），对应四种相互关系中的无请求权（no right，no claim）、义务（duty）、责任（liability）、无权力（disability）。在正式的术语中，这些事件可以表达如下：①特权：当且仅当 A 拥有可以做 φ 的自由时，A 才对 φ 有特权。②要求：当且仅当 B 对 A 负有做 φ 的义务时，A 才有请求 B 做 φ 的权利。③权力：当一个人可以通过自己的行为创设、改变消灭法律关系时，此人才拥有权力。④豁免权：在 AB 二者之间，如果 A 不具有改变现存法律关系的权力，则 A 属于无权力，而其相对方 B 就对 A 具有豁免权。[3] 特纳认为这个框架表明权利是社会构建的，持有权利就是与其他能够持有或侵犯该权利的人共存。我们考察 AI 能否或应否被当做道德受动者，即考察其是否能够或应当免于受到道德能动者的某些行为，这也需要双向考察。[4] 这意味着一项关于权利的声明可以从权利的拥有者一方来考虑（A 拥有或被赋予"权利"），这是一种"以受动者为中心"看待道德、法律或政治状况的方式；或者从能动者的一方来考虑（有什么责任被施加给了与 A 相关的 B），这是考虑道德、法律或社会、政治行为的生产者（A）的责任。[5]

贡克尔认为，对大多数道德哲学家和法学家来说，权利的四个要素要么单独

---

[1] David J. Gunkel, *Robot Rights*, MIT Press, 2018, p. 43.

[2] Paula Boddington, *Towards a Code of Ethics for Artificial Intelligence*, Springer International Publishing, 2017, p. 14.

[3] Leif Wenar, "Rights", *The Stanford Encyclopaedia of Philosophy*, Edward N. Zalta ed. (Fall 2015 Edition), https://plato.stanford.edu/archives/fall2015/entries/rights/.

[4] Jacob Turner, *Robot Rules: Regulating Artificial Intelligence*, Palgrave Macmillan, 2019, pp. 134~135.

[5] David J. Gunkel, *Robot Rights*, MIT Press, 2018, p. 29.

发生，要么结合起来提供通常被认为是对我们所理解的"权利"一词的完整表述和解释。复杂的地方在于决定谁或什么可以或应该满足这四个要素。换言之，谁或什么可以拥有权利？解决这个问题有两种相冲突的理论：利益理论和意志理论。后者规定了一个相当高的标准，要求权利主体有权和（或）有能力自己主张一项特权、要求、权力和（或）豁免，而这项特权、要求、权力和（或）豁免需要得到其他人的尊重。前者规定的门槛要低得多，使一个人能够代表他人的利益确定他人的权利。[1]

贡克尔提醒道，我们如果认为，在分析过程中我们能够一劳永逸地解决这场辩论或是宣布捍卫一种理论而排除另一种理论，则是过于轻率的。与"机器人"一词所涉及的多元概念一样，明白并容忍解释权利理论的差异可以让我们得到更多，以便对现有研究中使用权利这一概念的多种方式作出回应。[2]贡克尔认为这意味着在辩论中不是在赢家和输家之间进行选择，而是要认识到每一种理论都为我们提供了什么，让我们能够确定在何时某一理论是可操作的且优于另一种理论的。以及，上述理论让我们明确这种差异如何提供关键的视角，使我们能够更好地理解在一种理论视角与另一种理论视角相对应的运作过程中，我们获得了什么和失去了什么。因此，在两种相互竞争的权利理论中，真理并不存在于任何一方，也不存在于它们通过某种辩证的方式综合或混合构建的统一体中。事情的真相可以从一个视角到另一个视角的转变中找到。因此，关键的任务不是选择正确的权利理论，而是以正确的方式调动理论，认识到不同的权利理论如何界定不同的问题、提供不同的调查方式并产生不同的结果。[3]贡克尔认为，关于这两种相冲突的权利理论尚未有定论，重要的不是在一开始就要选择某一"权利理论"并坚持下去，重要的是发展能力，找出哪些理论在哪些情况下发挥作用，有哪些需要特别考虑的权利，这些框架如何确定不同的方式来回应"机器人是否可以和应该有权利？"这一问题。

"机器人权利"对许多理论家和实践者来说简直是不可想象的，也就是说，它要么是无法被思考的，因为这个概念本身就与常识或科学思维背道而驰；要么是作为一种不可思考的东西被有意回避的，即作为一种被禁止的想法或作为必须被抑制或压抑（借用普通心理学分析术语）的潘多拉魔盒。不管出于什么原因，

---

〔1〕 David J. Gunkel, *Robot Rights*, MIT Press, 2018, p. 49.
〔2〕 David J. Gunkel, *Robot Rights*, MIT Press, 2018, p. 32.
〔3〕 David J. Gunkel, *Robot Rights*, MIT Press, 2018, p. 33.

都有一个经过深思熟虑的决定和一致的行动不去思考,或者至少不把机器人权利问题作为一个严肃的问题。[1]

然而,贡克尔认为这正是我们需要挑战这些正统观念的原因。首先,任何教条式的声明都应该已经让我们感到不安和怀疑。通过这种对机器人权利的剥夺和禁止,哪些价值观和预设得到了保护?批判性思维的任务是从看似明显、不言而喻和自然的事物中倒叙,展示这些事物是如何发展的,它决定了什么将成为可能以及我们可以从中得到什么。当一个想法,如机器人权利,立即被宣布为不可想象时,这恰恰表明我们需要批判性的哲学,直面和思考不可思议的难题是虽艰巨但必要的任务。其次,挑战这些例外和被禁止的事项是正确的道德工作。我们的道德理论和实践是通过挑战这些例外和限制而发展和演变过来的。因此,伦理学通过批判地质疑其自身的排他性,并最终接纳许多以前被排斥或边缘化的他者,如妇女、有色人种、动物、环境等来进步。[2]哲学和道德哲学,也总是要问以前没有想过的、被谴责和尽量避免的,或是不可想象的问题。[3]

权利意味着什么,我们为什么授予其他实体以权利,AI 和机器人能够通过同样的原则获得权利资格吗?特纳提出,回答这些问题将挑战我们对于为什么某些实体应得权利而其他实体不得权利的前见。[4]贡克尔认为,这些努力背后的组织性问题是"机器人能做什么,应该做什么?"这主要是一个关于机器的行为和行为能力面临的机遇与挑战的研究,这一研究由于涉及机器人在我们世界的影响和后果,因此显得格外重要。但这只是故事的一半。[5]道德情境至少涉及两个相互作用的组成部分,即行为的发起人或者说行为主体,和接收人或者说行为受动者。[6]贡克尔提出,到目前为止,机器人伦理学、机器伦理学、军事和社会机器人学等领域的绝大多数研究都主要关注机器人作为责任人,或托伦斯(Torrance)所称的道德或法律行动的"生产者"或"来源"。他的建议是将注意力转移到机器作为承担者的一面考虑问题,或者如托伦斯所说的,将其视作"道德消受者"或道德或法律行动的"目标"。这样做必然需要一组相关但完全不同的变量和关

---

[1] David J. Gunkel, *Robot Rights*, MIT Press, 2018, p. 50.
[2] David J. Gunkel, *Robot Rights*, MIT Press, 2018, p. 51.
[3] David J. Gunkel, *Robot Rights*, MIT Press, 2018, p. 52.
[4] Jacob Turner, *Robot Rules: Regulating Artificial Intelligence*, Palgrave Macmillan, 2019, p. 134.
[5] David J. Gunkel, *Robot Rights*, MIT Press, 2018, pp. 1~2.
[6] Steve Torrance, "Ethics and consciousness in artificial agents", *AI & Society*, Vol. 2008, No. 4; Luciano Floridi, *The Ethics of Information*, Oxford University Press, 2013, pp. 135~136.

注点。面向承担者的研究的关键问题不应是"机器人能做什么,以及应该做什么?"而是"我们应该如何去面对他们?"[1]

我们应当如何确定我们要研究的问题?贡克尔认为,与目前的研究相关的是要认识到动词"是"和"应该"是如何定性地组织起不同类型的陈述和研究方式的。前者涉及本体论问题或事实陈述;后者包含价值论决策,涉及应该做什么。我们研究的指导性问题使用了这两个动词的情态动词变体,即"可以"和"应该"。休谟的术语"机器人可以拥有权利吗?"可以重新表述为"机器人有能力拥有权利吗?"或者更具体地说,"机器人是否能够发生一个或多个霍菲尔德事件,即特权、要求、权力和/或豁免?"还有一个问题,"机器人应该有权利吗?机器人应该被视为权利人吗?"或者更具体地说,"机器人是否应该被视为拥有特权、要求、权力和/或豁免权?"因此,情态动词"可以"就实体的事实能力或属性提出一个面向本体论的问题,而"应该"则组织一个关于该实体的义务的价值论问题的研究。[2]

二、对 AI 权利四种前见的批判

对于前见进行批判的组织和方法是什么?我们的目标不是通过鼓吹一方或试图调解他们之间的分歧和争端来选择一种方式,而是对每种模式进行成本收益分析,以了解每种模式的机遇和挑战,并绘制"地图",或者(如果希望避免这种"地图"隐喻)确定机器人权利的可能性范围。[3]贡克尔提出,尽管每种方式都有其独特的优点(和伴随的缺陷),但都不能作为支持或反对机器人权利的最终理由。因此,每个人都可以继续发展这些论点,并积累更多的证据以支撑某种观点。虽然这种努力值得肯定,但是其只是在已经制定的框架内展开详细论述,因此并不一定能在现有内容的基础上实现进一步发展。为了解决这个问题,贡克尔尝试提出了一些新东西。他称之为思维的另一种选择,并不是赞成或反对"应该"推理,而是针对这一概念进行重新编排。这样做就像故意翻阅休谟的剧本,不考虑"'应该'(ought)如何从'是'(is)派生(或不派生)",而是考虑"为何'是'(is)只能从'应该'(ought)派生"。从技术上讲,这是一次解构,但解构并不意味着分裂、反建构或拆解。解构不是一种破坏性分析,不是一

---

[1] David J. Gunkel, *Robot Rights*, MIT Press, 2018, p. 2.

[2] David J. Gunkel, *Robot Rights*, MIT Press, 2018, p. 4.

[3] David J. Gunkel, *Robot Rights*, MIT Press, 2018, p. 6.

第四章 人工智能的权利问题

种拆除，也不是一项逆向工程。[1]"解构主义的最终目的"，德里达（Derrida）非常明确地说（而且不止一次），"并不意味着正在建构的东西被摧毁，而是意味着在建构主义或破坏主义的模式之外还有值得考虑的东西"。[2]为此，我们将考察和批判四种派生关系，最后提出值得考虑的其他模式。

（一）不能拥有权利，所以不该拥有

第一种派生关系是，因为机器人不能拥有权利（或者机器人不是能够拥有特权、要求、权力和豁免权的实体），所以机器人不应该拥有权利。贡克尔分析道，这一对"机器人可以而且也应该有权利"的否定回应论断看起来简单直观而正确，正是因为这种默认的回应基于显而易见的常识、看似不可辩驳的本体论事实：技术（任何技术，无论是像锤子这样的简单手工工具，像烤面包机这样的家用电器，还是一个社交机器人）都不过是人类活动的工具。机器人只是我们设计、制造和使用的技术产物。一个机器人，不管它的设计和操作有多复杂，都和其他任何人造物一样（例如一个烤面包机、一台电视、一台冰箱、一辆汽车等）。它没有被施加任何独立的道德或法律地位的特别要求，我们并不、也不应该因为任何原因对它负有义务。[3]贡克尔认为这个概念是建立在海德格尔（Heidegger）所称的"工具和人类学定义"的基础上的，它似乎被广泛接受，许多人认为其是正确的思维方式。它变得如此"正确"，事实上，人们甚至不需要考虑它。这一正统观念在许多应对机器人所面临的道德法律机遇和挑战的努力中，尤其是在努力制定技术在当代社会适当融合的一般原则时，是显而易见的。这些讨论源于"是"（is），即认为机器人是什么（例如仅仅是无生命的物体，而不是道德或法律主体）决定了我们如何对待它们。[4]

但是，特纳提出，后人类主义的论证，对此种前提发出了挑战。看看混血儿、半机械人、电子大脑还有马斯克研发的超高带宽脑机接口吧。如果 AI 持续增强人类，那么边界问题就会产生——该人何时失去其受保护的地位？类似忒修斯悖论之船，即不断替换坏掉的桨，该船还是同样的船吗？增强或替换人类物理功能并不会使得某人不应享有或少享有权利。如果意外的大脑外伤和后续的神经

---

[1] David J. Gunkel, *Robot Rights*, MIT Press, 2018, p. 8.
[2] Jacques Derrida, *Limited Inc.*, trans. by S. Weber and J. Mehlman. Evanston, Northwestern University Press, 1993, p. 147.
[3] David J. Gunkel, *Robot Rights*, MIT Press, 2018, p. 55.
[4] David J. Gunkel, *Robot Rights*, MIT Press, 2018, p. 37.

改变并不改变某人的权利，那么自愿或者受伤后选择该种改变，在逻辑上也不应减损其权利。可穿戴设备的普遍应用进一步模糊了人与非人的界限。纹身、穿孔、割礼、甚至更极端的手术形式在某些文化中也是可接受的，甚至是必须的，在未来数十年，集成技术可能也会如此。人类的和人工的确切界限超出本处讨论范围，但人类和技术的区分可能变得越来越不固定。克隆羊多利得到的尊重不比其他自然羊少，创设的全新的大脑也不必然导致更少的尊重，但问题是克隆人大脑是否在伦理上是可接受的。那能够将个性和意识上传并存储起来的人呢？该人的权利又当如何？即使它是不完美或初步的，正如任何类似技术的初期迭代，这也不是否定其基本权利的必然理由。[1] 不久之前，出现了一个类似的新情况，即生命支持系统延长了人类的生命，使人类克服了以前的致命状况（例如，在没有干预或机器进行体外循环的情况下，心脏不再跳动）。根据这种趋势推断，接受不受身体特征限制的人是符合历史的。[2]

在 AI 技术成为周遭现实的情况下，人类能动性本身也不纯正了。希尔德布兰德提出，大数据空间通过一种数字潜意识扩展了我们的思维，这在很大程度上超出了我们有意识思维的范围。这个数字潜意识不属于任何一个人，也不受任何一个组织的控制。它是由个人、企业、政府和机器创造的，正迅速成为我们的教育、科学研究、经济生态系统、政府管理和关键基础设施的支柱。它使软件、嵌入式系统和机器人领域的数据驱动的能动性成为可能，并将越来越多地把人类能动性本身变成一种部分由数据驱动的新混合体。我们现在所处的在线世界是数据驱动的，以分布式、异构、数字无意识为食。[3] 知念认为这与汉森（Hanson）的延伸责任主体的理念很契合。在此，AI 的流动性意味着我们不必将其视为单独的智能体，更不必将其视为与我们一样的个体。AI 可以成为我们的化身，而关于这些化身的权利现在还不明晰。我们给予这些实体法律地位和权利的原因来自我们自己和 AI 系统的结合。[4]

更全面地，贡克尔对这种否定机器人的"人"权利的思路提出了总结性批

---

[1] Jacob Turner, *Robot Rules：Regulating Artificial Intelligence*, Palgrave Macmillan, 2019, pp. 166~170.

[2] Ryan Dowell, "Fundamental Protections for Non-Biological Intelligences or：How We Learn to Stop Worrying and Love Our Robot Brethren", *Minnesota Journal of Law, Science & Technology*, Vol. 2018, No. 1.

[3] Mireille Hildebrandt, *Smart Technologies and the End(s) of Law：Novel Entanglements of Law and Technology*, Edward Elgar Publishing, 2015, p. 40.

[4] Mark Chinen, *Law And Autonomous Machines：The Co-Evolution of Legal Responsibility and Technology*, Edward Elgar Publishing, 2019, pp. 218~219.

判：尽管这种思维方式行之有效，似乎是无可争议的，但其中存在着明显的局限性和困难。首先，本体论范畴的"工具"虽然适用于许多技术，但并没有充分解释每一种技术。特别是马克思所称的机器，它构成了第三种边缘性实体，并没有完全落在任何一方。其次，有一些处于特定社会位置的人造物被故意设计成不仅是工具的东西，比如一个社交机器人，或者其功能使它们在人类伴侣眼中不仅仅是一种工具的人造物。面对这些能与社会上的其他人进行互动的实体，我们如何对它们做出回应，似乎比我们被告知它们实际上是什么更为重要。换言之，我们与人造物之间关系的社会环境似乎优先于属于人造物本身或我们赋予人造物的本体论属性。最后，"工具和人类"学对技术的定义在文化上是特定的，不具有普遍性。不同的传统对事物的看法不同，因此它可以被其他宗教和哲学传统质疑，没有超出批判性研究的范围。简单地宣称机器人是工具，然后假定它应该是什么样的，这是无法反驳的，但这不仅是对其他人的麻木不仁，而且存在知识和道德帝国主义的风险。[1]

（二）能够拥有权利，所以应该拥有

1. 能够拥有权利的总体趋向。机器人能够拥有权利，所以机器人应该拥有权利。算法的提升可能导致机器人被证明拥有意识，法律上对"人"的认识也会发生改变。[2]贡克尔认为这也是（或许令人惊讶的是）一个颇受欢迎的立场，在文学界有相当大的吸引力。它通常来自于这样一种认识，即机器人虽然目前在能力和地位上受到限制，但在不久的将来的某个时候（最有可能）将符合被视为道德主体的必要和充分的条件，即能够成为拥有权利的人而不仅仅是一件物。当这种情况发生时（在这些争论中，通常表述为"何时"而不是"如果"），我们将有义务对机器人予以某种程度的道德考量。[3]"如果有一天机器人变得有知觉，它们可能不得不被赋予道德地位。然而，到目前为止，这种情况还没有出现。"[4]

贡克尔认为，对"机器人可以也应该有权利吗"这一问题的肯定回答倾向于面向未来，并以有条件的陈述来表述。尽管机器人在我们可以确定当下它们只

---

[1] David J. Gunkel, *Robot Rights*, MIT Press, 2018, p.77.
[2] 杨延超：《机器人法：构建人类未来新秩序》，法律出版社2019年版，第6页。
[3] David J. Gunkel, *Robot Rights*, MIT Press, 2018, p.79.
[4] Christian Neuhäuser, "Some Sceptical Remarks Regarding Robot Responsibility and a Way Forward", in Catrin Misselhorn ed., *Collective Agency and Cooperation in Natural and Artificial Systems: Explanation, Implementation, and Simulation*, Springer, 2015, p.133.

是人类的决策和行动的工具这一特定时间点上没有权利，但是它们可能成为（或最终成为）超越工具的东西。这个"超越工具的东西"是开放的且有相当大的讨论空间的，因为它涉及本体论的性质或能力，被用以确定为一个具备具有权利和责任的必要和充分条件的实体。这些能力通常包括：理性、意识、知觉、体验快乐或痛苦的能力等，这取决于讲故事的人或争论的人。但无论某一具体的属性是否被确定为判断标准，讨论的基础是一样的：一旦机器人拥有了这一能力，他们就可以而且应该拥有权利。这是由某个东西实际上是什么（或不是什么）而非经验上或似乎是什么（或不是什么）决定的道德地位，在这个意义上这种思维是明智的。正如我们从柏拉图主义的传统中学到的那样，表象是变化的、虚无的，而内在是持续存在的、真实的和实质性的。在决定如何根据某事物的实际情况来对待它时，我们应该遵循"是"到"应该"的路径来决定问题，在建立在真实事物之上的道德立场上讨论问题。[1]

对此种路径，特纳进行了系统阐述。权利的社会本质与另一个特征相联系，它们是社会性的创造，并非超越集体想象的独立、客观存在。[2]特纳认为道德权利并不都是法律权利，有些法律关系并不总是受到法律保护，但法律一般反映和支持社会的道德价值。如果我们承认一些道德和法律权利，那么基于逻辑一致性，我们也应当在相似情形中承认其他权利。[3]道德上的考量或受体是否应该被扩展到自主技术身上？对此知念认为，尽管对不应给予人工智能体合法的权利或道德上的考虑有充分的理由，但也有足够的反对理由。特别是考虑到拟人化的倾向，如果将来我们给予具有高度智能的机器和系统这样的权利和考量，那也就不足为奇了。[4]

先看动物，其是否是人类最好的朋友？首先，动物权利是文化相关的，其次，动物权利在历史上变化巨大。[5]特纳认为，对动物的态度具有文化相对性。犹太教和基督教共有的传统是支配其他所有生灵。但其他文化和宗教给予了动物更多重要性，比如印度、日本给予动物以灵魂。对于动物和物体权利更开放的文化而言，比如日本，赋予 AI 权利可能比接受只关注或主要关注人类精神福利的

---

[1] David J. Gunkel, *Robot Rights*, MIT Press, 2018, p.106.
[2] Jacob Turner, *Robot Rules：Regulating Artificial Intelligence*, Palgrave Macmillan, 2019, p.135.
[3] Jacob Turner, *Robot Rules：Regulating Artificial Intelligence*, Palgrave Macmillan, 2019, pp.136~137.
[4] Mark Chinen, *Law And Autonomous Machines：The Co-Evolution of Legal Responsibility and Technology*, Edward Elgar Publishing, 2019, p.199.
[5] Jacob Turner, *Robot Rules：Regulating Artificial Intelligence*, Palgrave Macmillan, 2019, p.137.

文化需要更小的哲学飞跃。[1]世界范围内的动物权利法至多只有 200 多年历史。1793 年，英国法院判决拔马舌只有在证明对马主人有恶意时才有罪。[2]此外，笛卡尔认为动物仅仅是野兽机器，是没有灵魂、思想和思维能力的机械。[3]但总体而言 17 世纪以来，动物权利逐渐得到保护，例如：1641 年美国麻省的早期宪章的动物条款；[4]英国 1822 年《牛马生病治疗法》；2004 年的美国上诉法院认为鲸鱼和海豚在制定法上无权索赔，但在宪法上有权。[5]动物权利必然限制另一群体，通常是人类；人类也会反对，但动物权利还将发展。[6]

我们再看人类如何获得其权利。奴隶制是侵犯人权的极端形式，因此是研究态度变化的好例子。取消奴隶制的转变并非是单向的。[7]此外，将人类根据其性别、宗教、种族、国籍或者甚至是社会地位等特征进行价值分层，也在几百年内被认为是非常合理的。[8]特纳提出，种族优劣已经被驳斥，现代进化生物学的确表明存在小但重要的基因区别，但这并不导致对种群人权平等的怀疑，这说明不是因为我们无区别而认可人权，而是因为不管区别。由此，我们可以思考 AI 如何获得其权利。AI 的重大进展才 10 年，随着 AI 获得新能力和特性，很可能有很大的社会态度变化。那么，我们是否、何时应当授予 AI 以权利？这需要审视人类认为值得保护的特征。[9]

2. 能够拥有权利的关键要素。大多数道德和法律制度是建立在保护有意识的实体和防止意识体受到不必要的伤害的基础上的。（拥有）能够感受到痛苦的能力是保护他人权利的理由,[10]其在至少一些类型的 AI 和机器人上能够得到适用。[11]权利保护的一个理由是增加幸福和减少痛苦，对此功利主义者密尔和边沁均有论述。对此特纳认为，如果 AI 获得感知痛苦的特性，那么它有资格获得一些道德权利。意识描述的是事物看起来的样子，是感知或体验性质的经历，它包

---

[1] Jacob Turner, *Robot Rules：Regulating Artificial Intelligence*, Palgrave Macmillan, 2019, pp. 138~139.
[2] Simon Brooman Legge, *Law Relating to Animals*, Cavendish Publishing, 1997, pp. 40~41.
[3] A. Boyce Gibson, *The Philosophy of Descartes*, Methuen, 1932, p. 214.
[4] "Massachusetts Body of Liberties" (1641), in S. Whitmore, *A Bibliographical Sketch of the Laws of the Massachusetts Colony From 1630 to 1686*, Rockwell and Churchill, 1890.
[5] *Cetacean Community v. Bush*, 386 F. 3d 1169 (9th Cir. 2004) 1171, 1179.
[6] Jacob Turner, *Robot Rules：Regulating Artificial Intelligence*, Palgrave Macmillan, 2019, pp. 139~142.
[7] Jacob Turner, *Robot Rules：Regulating Artificial Intelligence*, Palgrave Macmillan, 2019, p. 133.
[8] Jacob Turner, *Robot Rules：Regulating Artificial Intelligence*, Palgrave Macmillan, 2019, p. 144.
[9] Jacob Turner, *Robot Rules：Regulating Artificial Intelligence*, Palgrave Macmillan, 2019, p. 145.
[10] [美]雷·库兹韦尔：《人工智能的未来》，盛杨燕译，浙江人民出版社 2016 年版，第 205 页。
[11] Jacob Turner, *Robot Rules：Regulating Artificial Intelligence*, Palgrave Macmillan, 2019, p. 145.

括三个阶段：一是感知刺激，二是感知感觉，三是自我意识，即自我在时空中存在的概念。AI具有感知器，满足第一个门槛。感知感觉意味着AI能够通过分析或应用相关规则来合理地解释数据。通过此种快速评估外部或内部情境并以行为或信息处理进行回应的方式，AI能够运用规则或原则从处理中得出结论。AI的神经网络例子也表明AI存在意识的感知阶段。自我意识意味着知道自己在感知感觉。这在AI中是令人难懂的。AI可能被刺激地允许人类关掉它，AI可能具有一些自我存在的概念所以拒绝或允许该存在被终止。例如，研究表明，如果给予机器关于其目标的适度的模糊性，也即让其不确定它是否在做人类希望的事，它会允许自己被关闭。另一个场景是AI能通过连续的自我模仿而学会移动。这两个例子表明，只要承认意识是能被定义和观察的客观属性，且不限于人类，那么未来开发的AI就有可能有意识。有了意识，加上反馈的强化学习，就意味着AI能感受到痛苦，如果痛苦仅是鼓励实体避免某些不可取的事物的信号。[1]如果它们被认定为无自我意识，那就会被认定为无理性和自治的能力。也即，它们的意识是一种对环境的意识，没有伴随着对这种意识的意识，而后者是典型的人类自我意识。[2]由此，机器人尽管有智能，但无理性。专家认为，智能虽然可能被视为确立法律能力的主要标准，但只不过是进行概率分析的能力。在大多数司法管辖区里，智能都不足以作为法律人格的要件。相反，对法律能力的检验是对理性的检验：一个人必须被赋予理性以承担民事或刑事责任、签订合同或行使其他形式的法律自治。[3]

神经科学揭示了潜意识的重要性。希尔德布兰德提出，在欧洲大陆传统中哲学家与有意识的自我之间有着悠久的历史：有意识的自我作为一个精神主宰者来统治它的身体主体（身体）的想法已经被抛弃了，因为它是危险的、天真的和完全错误的。我们的有意识的自我深深扎根于我们的潜意识中；我们的大多数行为和记忆都被连接到大脑的复杂神经网络中，不断被身体其他部位的反馈重写。不用说，我们几乎无法控制这种正在进行的自主适应过程。有意识的自我只是我们无意识思维的一个片段，它的大部分智力依赖于使生物能够在他们的环境中生

---

[1] Jacob Turner, *Robot Rules*: *Regulating Artificial Intelligence*, Palgrave Macmillan, 2019, pp. 146~152.

[2] Mireille Hildebrandt, "Ambient Intelligence, Criminal Liability and Democracy", *Criminal Law and Philosophy*, Vol. 2008, No. 2.

[3] Iria Giuffrida, Fredric Lederer, Nicolas Vermeys, "A Legal Perspective on the Trials and Tribulations of AI: How Artificial Intelligence, the Internet of Things, Smart Contracts, and Other Technologies Will Affect the Law", *Case Western Reserve Law Review*, Vol. 2018, No. 3.

存的潜意识过程。[1]特纳提出，意识也是有程度之分的：一是在生物体内，存在从最低水平的意识状态例如深度睡眠，到完全清醒的范围；二是物种的新生儿比完全长大成人的成员意识更少；三是物种之间的意识可以不同。所以人类并非理所当然占据意识程度的顶峰。人类对世界的感知限于五官，但其他动物可以通过声呐、电磁波感知，一些动物比我们更有意识能力或者至少在用与人类不同的方式感知世界。[2]特纳分析道，AI 不受生物大脑能够占据的确定物理空间和包含的神经数目的限制。AI 可能绕过我们认为有意识的东西，发展出完全不同的运行方式。首先，人类意识与学习新任务需要注意力有关的能力，但 AI 可以不需要人类有意识的经验所关联的能力而火速计算全网数据；其次，在物理属性上，意识可能只限于碳基，硅基可能不产生意识，却能更好地处理信息。[3]特纳认为，在怀疑论的视角下，我们对人类意识所知有限，对动物的和 AI 的意识更是所知有限，并不能真正知道做动物是什么样的，但我们依然表现得像是人类和动物都是有意识的、能感受痛苦的。我们保护他者的权利不是基于他者实际上的感觉，而是基于我们认为的它们的感觉。那我们为何如此？类似的动机能否适用到机器人和 AI 上？[4]例如，有人提出，当机器说出它们的感受和感知经验，并且我们人类信以为真时，机器就成了有意识的人。[5]斯坦福大学人类与交互式媒体交流实验室主任认为，当我们向交互式媒体讲话而其回应时，我们把它当真人一样。因为人脑为交流而生，所以听起来像人声的东西会激发人脑反应，就像是与真人进行交流，人类获取到很大范围的社会回应和其他回应。[6]

一项正在进行的研究希望确定能否通过效用曲线来影响 AI 技术，并构建起机器内部类似于情感的状态。其中一些努力是为了使 AI 技术更易受到我们所承认的惩罚，从而确保 AI 会从事亲社会的行为，使"AI 需要对损害承担责任"更易被接受。由此导出的问题是人工智能能否拥有意识。学者认为，如果某一人工智能，既能感受自己，又能感受环境，那么它就拥有道德考量。但是，就像其他

---

[1] Mireille Hildebrandt, *Smart Technologies and the End(s) of Law*: *Novel Entanglements of Law and Technology*, Edward Elgar Publishing, 2015, p. 40.

[2] Jacob Turner, *Robot Rules*: *Regulating Artificial Intelligence*, Palgrave Macmillan, 2019, pp. 152~153.

[3] Jacob Turner, *Robot Rules*: *Regulating Artificial Intelligence*, Palgrave Macmillan, 2019, pp. 152~153.

[4] Jacob Turner, *Robot Rules*: *Regulating Artificial Intelligence*, Palgrave Macmillan, 2019, p. 155.

[5] [美] 雷·库兹韦尔：《人工智能的未来》，盛杨燕译，浙江人民出版社 2016 年版，第 203 页。

[6] Steve Hehn, "Speak Up! Advertisers Want You to Talk with New Apps", *NPR*, April 15, 2013, https://www.npr.org/sections/alltechconsidered/2013/04/15/177345718/speak-up-advertisers-want-you-to-talk-with-new-apps.

尝试确定道德受动能力的实体核心要素一样，意识也是一个充满争议的概念。意识也有自相矛盾的一面。我们每个人都有自己的意识体验。然而，我们几乎看不到任何外部证据能表明我们周围的人也有同样的经历。既然我们不会否认其他人有意识，我们为什么要否认那些表现出有意识的 AI 有意识呢?[1]

有人可能会说，如果我们不能分辨出区别，那么我们所观察的实体是人类还是计算机对我们来说都不重要。如果从意图和目的来看，机器在我们看来都是有意识的，那么机器是否能有意识也许并不重要。[2]但知念提出的反对意见是，我们决定是否给机器人某种道德地位非常重要。如果一个机器人感觉不到疼痛或同等的痛苦，那么让看起来完全像人类个体的东西承担责任，我们可能不会有任何不安。因为我们"知道"机器并不等同于人类，所以我们永远不必担心它们的道德地位。[3]

心理学家认为，厌恶反应属于一种行为免疫反应，其旨在保护自我、社区及其边界。厌恶反应与神圣或纯洁的观念有关。博丁顿问道，这与 AI 有何关系？一是 AI 中的一些伦理问题涉及我们应该如何划定人类与机器之间的界限。因此，我们应该可以预料到，对某些可能性的一些应对措施将令人反感（例如，呼吁发展后人类半机器人）。二是由于我们知道不同的人群认为这样的反应与伦理有关，或者与伦理无关，因此这对我们如何展开对 AI 伦理的讨论具有影响。三是厌恶反应与神圣或纯洁的观念联系在一起，那些要求从伦理学讨论中移除令人厌恶的或"模糊"的概念（如人的尊严）的人本身也展现了一种对纯洁的呼唤，[4]但这种对纯洁的呼唤是会改变的，甚至已经在改变。

最终，特纳得出了对于 AI 权利的结论。当 AI 和机器人变得更先进和融入社会时，我们将不得不重估我们的道德权利观念，如果机器人展示了与其他受保护的生物相同的能力，问题就从"我们为什么要给机器人权利"变成了"我们为什么仍然不给予其权利"。建议机器人应得权利可能会令人厌恶或嫌弃，但应当记住的是建议动物权利甚至普遍人权起初也面临一样的反应。道德权利并不完全

---

〔1〕 Mark Chinen, *Law And Autonomous Machines: The Co-Evolution of Legal Responsibility and Technology*, Edward Elgar Publishing, 2019, p. 204.

〔2〕 Mark Chinen, *Law And Autonomous Machines: The Co-Evolution of Legal Responsibility and Technology*, Edward Elgar Publishing, 2019, p. 208.

〔3〕 Mark Chinen, *Law And Autonomous Machines: The Co-Evolution of Legal Responsibility and Technology*, Edward Elgar Publishing, 2019, p. 209.

〔4〕 Paula Boddington, *Towards a Code of Ethics for Artificial Intelligence*, Springer International Publishing, 2017, p. 21.

与法律权利相同,但在社会承认对某一事物的保护之后,法律保护经常紧随其后。如果给予权利的理由是减少痛苦或痛苦的样子,那么应当保护的一个机器人权利是最小化机器人的痛苦,除非为达成更重要目标所必要并成比例。[1]

对于通过提出种种类人理由,论证 AI 可以拥有权利,所以应当拥有权利的论证思路,贡克尔也进行了总结性反思:这个程序是合理的,但这种方式也遇到了相当复杂的问题:①关于如何确定一个或多个判断某些确切属性的标准的实质性问题;②要最先界定这些属性的术语的困难;③在另一个实体中发现某一属性存在的认识论上的不确定性;④努力证明这一切所引起的道德上的复杂性。从"是"中推导出"应该"听起来是合理的,而且似乎是正确的。但是它的部署、维护和证明是非常困难的。[2]

(三)尽管可以拥有,也不应该拥有

贡克尔提出,与前两种导出结论的方法相反,还有两种方法支持(或至少寻求支持)对"是/应该"作区分。一种方法是肯定机器人可以拥有权利,但是否认这一事实,拒绝要求网民给予他们社会或道德地位。换言之,我们完全有能力让机器人拥有道德或法律权利,但我们不应该这样做。尽管这听起来很清晰,但这一论点仍有一些复杂问题需要加以思考和解决。[3]

首先,机器人可以拥有权利。例如,将团体责任承担者视作与 AI 能动者相似的一种形式,认为 AI 能动者与团体有着共同的特征,因而享有合法的权利。[4]与团体责任承担者一样,真正自主的 AI 能动者也会认识到自己处于道德约束的状态,对特定的行为进行深思熟虑,并对这些行为有一定程度的控制。[5]在此,Laukyte 借用了罗尔斯的授权权利概念,并主张应赋予 AI 能动者以权利,使他们能够在其职权范围内行事。[6]

但是,反对观点认为,人与 AI 在本体论上有着显著的区别。米勒(Miller)借用了罗尔斯的另一个概念:综合世界观。尽管自由社会必须为个人用来解释和

---

[1] Jacob Turner, *Robot Rules: Regulating Artificial Intelligence*, Palgrave Macmillan, 2019, p.170.

[2] David J. Gunkel, *Robot Rights*, MIT Press, 2018, p.106.

[3] David J. Gunkel, *Robot Rights*, MIT Press, 2018, p.107.

[4] Migle Laukyte, "Artificial Agents among Us: Should We Recognize Them as Agents Proper?", *Ethics and Information Technology*, Vol.2017, No.1.

[5] Migle Laukyte, "Artificial Agents among Us: Should We Recognize Them as Agents Proper?", *Ethics and Information Technology*, Vol.2017, No.1.

[6] Migle Laukyte, "Artificial Agents among Us: Should We Recognize Them as Agents Proper?", *Ethics and Information Technology*, Vol.2017, No.1.

赋予自己和他人意义的不同的综合世界观腾出空间，但自由社会本身认为，个人是独立的，并且包括个人可能实现的任何目的或功能在内的任何综合世界观都是不同的。因此，对米勒来说，个体在本体论上具有存在的规范中立性。[1]与人类不同的是，AI机器不仅仅是存在，而且是为了某种目的而被制造的。他认为这一本体论差异为人类拥有道德地位奠定了足够的基础，而即使是最像人的AI也不享有人权。[2]布赖森（Bryson）认为，我们目前的伦理体系是人类进化的结果，通过进化，早期人类社会中的内部个体选择了适当的自私和利他行为措施，以最大限度地生产公共产品。在他看来，任何由此产生的道德体系都有两个标准：其一，它能够很好地界定社会的边界；其二，它的破坏性最小。[3]赋予智能系统道德受动能力时，采用上述两种标准的检验都会失败。在布赖森看来，给予AI这种地位，对我们没有什么好处。我们向一个完全不同的社会敞开胸怀，给予AI以道德受动能力比起不给，会给现有的道德系统带来更大的破坏性。[4]对布赖森来说，从人类的角度来看，给予智能系统道德地位的最有力的论据是使它们更容易被控制，但其结果是使人工智能的拥有者和使用者不再承担责任，在她看来，这不值得。[5]正如Koops所说的："将'应该'或'不应该'简化为'能'或'不能'，会威胁到灵活性和人类对实践中作为法律基本要素的规范的解释。"[6]

认为机器人应该是"奴隶"的理由是，我们认识到通过未来技术的进步（米勒）或现在的法令（布赖森）完全有可能制造出拥有权利的机器人，但我们不应该这样做。换言之，贡克尔认为，我们可以做一些事情并不意味着我们应该做，特别是如果这样做可能对人类个人和社会机制产生有害影响的话。因此，有人认为机器人应该处于奴隶或仆人（在以前的时代）的社会地位。因此，机器

---

[1] Lantz Fleming Miller, "Granting Automata Human Rights: Challenge to a Basis of Full Rights Privilege", *Human Rights Review*, Vol. 2015, No. 4.

[2] Lantz Fleming Miller, "Granting Automata Human Rights: Challenge to a Basis of Full Rights Privilege", *Human Rights Review*, Vol. 2015, No. 4.

[3] Joanna J. Bryson, "Patiency Is Not a Virtue: The Design of Intelligent Systems and Systems of Ethics", *Ethics and Information Technology*, Vol. 2018, No. 1.

[4] Joanna J. Bryson, "Patiency Is Not a Virtue: The Design of Intelligent Systems and Systems of Ethics", *Ethics and Information Technology*, Vol. 2018, No. 1.

[5] Joanna J. Bryson, "Patiency Is Not a Virtue: The Design of Intelligent Systems and Systems of Ethics", *Ethics and Information Technology*, Vol. 2018, No. 1.

[6] Bert-Jaap Koops, "Criteria for normative technology: The acceptability of 'code as law' in light of democratic and constitutional values", in Roger Brownsword, Karen Yeung eds., *Regulating Technologies: Legal Futures, Regulatory Frames and Technological Fixes*, Hart Publishing, 2008, p. 158.

人将是一种"有生命力的工具"（使用亚里士多德的术语），我们可以拥有并使用它。这一决定最终使我们在处理责任和权利问题时处于循环之中，这一决定不仅得到了休谟提出的"是/应该"区分的支持，而且与法律的紧迫性相一致。换句话说，宣称"机器人应该是奴隶"或"仆人"（如果人们更喜欢使用一个不那么两极分化的术语的话）似乎是对有关机器人和权利问题作出的合理和实际的回应。[1]

知念认为，对于米勒和布莱森的观点，至少有两种回应。首先，关于本体论，随着智能系统变得越来越复杂，一个为存在而存在的个体和一个为某个目的而构建或构造的存在以及技术者和被技术创造者之间的区别，是否还成立。米勒和布赖森都试图避免这样的问题，因为他们认为，设计这种复杂程度的 AI 是不必要的，也是不道德的。但这样做可能有必要性，因为有意识的机器比没有意识的机器更能在复杂的现实中运作。其次，米勒和布赖森的立场是，在他们的框架下，人类不需要给予自主技术人权或道德考量，但每一种模式都是一种新的社会结构，他们都不禁止人类赋予 AI 这种权利或考量。[2]

贡克尔的总体反思是：尽管这项提议乍一听合理可行，但仍有相当多的问题使情况复杂化。其一，这种思维方式构建起一种从设备设计师和制造商的角度来看不仅不切实际，而且会受到用户道德直觉和实践经验挑战的社会禁令。人们已经对机器人做出了反应，不仅是对看起来友好的社交机器人，而且对表面上冷冰冰的工业机械同样如此：人们会认为它们不仅仅是一种工具，而是一种对我们有影响的社会存在。其二，机器人奴隶模型是一种种族中心主义。其是以独特的社会文化为视角，以特定的道德、法律和宗教、哲学传统为依据，在不承认这一事实或其后果的情况下上升到普遍真理的地位的建议。其他文化和传统对待机器人的方式不同，因此将机器人作为奴隶的模式不仅与他们的习俗和生活经验不匹配，而且是一种伪装成科学事实的文化帝国主义。其三，奴隶制或机器奴役的概念（应该回顾一下，它不可避免地是"robota"一词词源学遗产的一部分）已经产生了社会和政治后果，使其使用成为问题。换言之，即使我们成功地"使这一隐喻变成是正确的"，这仍然可能是一个错误的隐喻：奴隶从来不是单纯的工具，而是有一些权利，就算只是为了税收或报复性惩罚的目的；奴隶制制度的腐败影

---

[1] David J. Gunkel, *Robot Rights*, MIT Press, 2018, p. 130.
[2] Mark Chinen, *Law And Autonomous Machines: The Co-Evolution of Legal Responsibility and Technology*, Edward Elgar Publishing, 2019, p. 203.

响不仅关系到被奴役的人口，而且关系到那些处于支配地位的人。[1]

（四）即使不能拥有，也该拥有

第四种思考方式是，即使机器人不能拥有权利，机器人也应该有权利。贡克尔提出，根据权利的利益理论，人们可以代表机器人的利益而确定机器人的权利这一论点将继续存在。尽管至少在这个特定的时间点上，机器人不能拥有或达到使权利要求成为可能和必要的智能和复杂水平，但在我们应对和感知机器人，尤其是与机器人社交的方式上，有一些本质上的不同。正是这种情感反应，使得我们在面对社会机器人时必须承担相应的义务，并对向机器人提供某种程度的地位的承认和保护有着巨大的兴趣。[2]让我们以希尔德布兰"戴安娜生活的世界"，作为我们的叙事起点：托玛（掌上电脑，个人数字助理）就像一个朋友、一个家人、一个管家，有时像一位政府官员或一名保险经纪人。虽然托玛在外表和行为上可能与生物学上的"人"无异，但是作为一个拥有诸多身份和功能的机器人，托玛能够比其他任何"人"都知晓戴安娜的生活细节，并向其提供精心的建议。尽管她敏锐地意识到托玛不是一个人类，尽管她"知道"托玛并不"在乎"她是否遵循其建议，但出于所有实际目的，托玛确实像一个人类。特别是从该软件升级到具备合成情感（的功能时），当戴安娜因为其行为而获得奖赏亦或遭到斥责时，（托玛也能随之）体验到快乐与自豪或是遗憾与羞愧。[3]对此，特纳提出了两个有说服力的理由。

1. 人类对人工智能的同情心。我们保护某些事物是因为我们对它们受害有情感反应。理解他人如何感觉是构建能巩固社会的价值和信仰系统的强大工具。同感这一情感反应是成功的进化技术，因为我们能够设想到当我们做一件事时他人的境地和情绪是什么样子，所以我们能够与物种内的其他人合作。所以，同感是创设权利的另一理由。[4]希尔德布兰德认为，当别人对我们说话或要求我们理解别人的痛苦时，我们会产生双重的期待，这让我们能够对自己的行为赋予意义，自发行为变成了自主行为。当行为被植入我们的自主系统之后，行为变成了习得的行为。自主性来自于我们对"我们为何使他人遭受痛苦"这一质问的回

---

[1] David J. Gunkel, *Robot Rights*, MIT Press, 2018, p.131.
[2] David J. Gunkel, *Robot Rights*, MIT Press, 2018, pp.133~134.
[3] Mireille Hildebrandt, *Smart Technologies and the End(s) of Law: Novel Entanglements of Law and Technology*, Edward Elgar Publishing, 2015, p.2.
[4] Jacob Turner, *Robot Rules: Regulating Artificial Intelligence*, Palgrave Macmillan, 2019, pp.155~157.

应,如此"同感"这一情感功能才迫使我们重新审视自己的行为,将自己视为造成这种痛苦的原因,并迫使我们要么反驳指责,要么承担责任。自主性源自将行为据为己有,它为改变我们所展现的习惯铺平道路。有意的行为依赖于这种询问,依赖于对过去行为的挪用,使双重预期成为有意义的行为的条件。[1]

下面以机器人与性爱为例进行上述问题的分析。性爱机器人不可被接受的两个理由,一是贬低身份的行为对机器人有害,这有赖于上述遭受苦难的论点;二是和机器人模拟不道德或非法的行为会危害人类社会,因为这类行为纵容或促进了不好的行为特征。这是一种工具主义的论证。[2]我们对待人工智能的方式可能会影响我们对待自己的方式。康德认为,射杀狗的人损害了自身的善良和人道品质,出于他对人类的责任他应当展现这种品质,因为对动物残忍的人也会对人冷酷。有时我们对其他动物的同感和同情甚至超过了对其他人的感情。[3]这是在考虑对人类的影响。[4]Darling 认为,一旦我们开始认识到我们给机器人的待遇开始影响我们对待他人的方式,就应该给予机器人保护。[5]贡克尔对于类似思路的小结是:Darling 提出了似乎是支持机器人权利最有力的论点之一。她的论点之所以具有挑战性,正是因为她把机器人作为一个道德和法律主体来考虑。[6]因此,她承认并努力回应 Prescott 指出的一些问题:我们应该考虑到人们如何看待机器人,例如,他们可能觉得自己与机器人有着某种意义和价值上的联系,或者他们可能认为机器人具有重要的内在状态,例如承受痛苦的能力,尽管他们没有这种能力。[7]

Michael LaBossiere 回顾了人类可能用来评估 AI 推理能力和感觉能力的测试,并建议我们给人工智能一个地位假设。从道德上讲,宁愿善待一个人也不要对他

---

[1] Mireille Hildebrandt, *Smart Technologies and the End(s) of Law: Novel Entanglements of Law and Technology*, Edward Elgar Publishing, 2015, p. 56.

[2] Jacob Turner, *Robot Rules: Regulating Artificial Intelligence*, Palgrave Macmillan, 2019, pp. 158~159.

[3] Immanuel Kant, *Lectures on Ethics*, Peter Heath trans., Peter Heath and Jerome B. Schneewind eds., Cambridge University Press, 1997, p. 212.

[4] Mark Chinen, *Law And Autonomous Machines: The Co-Evolution of Legal Responsibility and Technology*, Edward Elgar Publishing, 2019, p. 209.

[5] Kate Darling, "Extending Legal Protection to Robots: The Effects of Anthropomorphism, Empathy, and Violent Behavior towards Robotic Objects", in Ryan Calo, A. Michael Froomkin, Ian Kerr eds., *Robot Law*, Edward Elgar Publishing, 2016.

[6] David J. Gunkel, *Robot Rights*, MIT Press, 2018, p. 157.

[7] Prescott, "Robots are not just tools", *Connection Science*, Vol. 2017, No. 2.

不好。[1]这种人工构建的道德地位会使人在没有充分理由的情况下不去伤害或虐待人造生物。[2]同时，由于人工能动者的特殊地位，自然生物优先于人造生物。这种考虑到自主系统的处理对人类的影响，而不是仅考虑对系统本身的影响的方法，避免了关于AI技术是否有道德受动能力的争论。它承认这是创造越来越像人类的人工智能的伦理后果。我们对日益复杂的AI的处理方式如何，影响到我们对自己的态度，因此我们会对此给予高度关注。[3]

区分不同物种而授予权利可能被认为是一种物种歧视，这在道德上是不正当的。重要的不是是否有物理差异，而是这些差异是否被社会认为是重要的。[4]特纳认为，是否授予权利受到人类对该实体的态度的影响，而态度受到该实体的物理形式和外观的影响。即使是完全被远程操控、没有任何独立智能的机械实体，也能够因为有类人外观而激发人类情感，可见AI赋能的实体通过学习和改善行为更能激发人类共情。基于情感的原因和促进社会上可取行为的理由，人们可能支持授予AI以权利。[5]

因为我们人格化了一些社会机器人，此时赋予特定机器人比其他一般机器更多但有限的法律权利，能作为保护我们人类社会价值观的一种机制。[6]专家认为，这就涉及学者所称的人形机器人（android）陷阱，这是一种需要警惕的、具有诱惑力但却危险的隐喻。即使机器人的实例具象没有拟人化，我们也很难不把人类的特征、意志和动机加诸其上进行描述和解释甚至立法。人形机器人可能用"手臂"转动方向盘，而车载系统可能用电动机进行上述操作，前者被作为机器人进行立法调整甚至人格化，后者却被作为汽车来加以调整，这是在对机器人的不同形式进行自相矛盾的区别对待，而并未关注机器人的实质功能。这种普遍的偏见和陷入陷阱的倾向，意味着虽然本不该，但却应当为此作出专门的法律安

---

[1] Michael LaBossiere, "Testing the Moral Status of Artificial Beings: or 'I'm going to ask you some questions…'", Patrick Lin, Ryan Jenkins, Keith Abney eds., *Robot Ethics* 2.0: *From Autonomous Cars to Artificial Intelligence*, Oxford University Press, 2017, p. 299.

[2] Michael LaBossiere, "Testing the Moral Status of Artificial Beings: or 'I'm going to ask you some questions…'", Patrick Lin, Ryan Jenkins, Keith Abney eds., *Robot Ethics* 2.0: *From Autonomous Cars to Artificial Intelligence*, Oxford University Press, 2017, p. 304.

[3] Mark Chinen, *Law And Autonomous Machines*: *The Co-Evolution of Legal Responsibility and Technology*, Edward Elgar Publishing, 2019, pp. 210~212.

[4] Jacob Turner, *Robot Rules*: *Regulating Artificial Intelligence*, Palgrave Macmillan, 2019, pp. 159~160.

[5] Jacob Turner, *Robot Rules*: *Regulating Artificial Intelligence*, Palgrave Macmillan, 2019, pp. 160~162.

[6] Kate Darling, *Extending Legal Rights to Social Robots*, We Robot Conference, 2012.

排，如此才能更好地保护人类的社会价值观；但这也意味着应当将那些社会公众不会过分人格化的机器人认定为机器。未来应当明确而专门地将人形机器人陷阱纳入考虑范围。但两种情况的相对频率是有待研究推进的开放问题。[1]

对专门的拟人化机器人的考虑涉及"恐怖谷"的问题：这是指当机器人变得更像人时，我们对其熟悉的感觉经历了缓慢上升、急剧下降然后又相对快速上升的过程——当我们看到非常像我们但绝对不是人的事物时，我们会感觉到一些奇怪的东西在发生并知道我们正被哄骗。机器人设计可以避免该现象，即机器人不要具有一模一样的人类特征。[2]将自主技术视为人类的一个问题是，我们将被欺骗。[3]另一个担忧是，自主的机器和系统将破坏我们目前对真实性的理解，在提供有意义的关怀方面取代真正的人类，并使人类容易受到操纵。[4]最后，一些人担心，将AI视为人类将导致本章最主要的关注点成为现实：给予它们法律权利和道德考量。但是并不是所有的学者都有同样的担忧，他们相信如果机器人被设计成具有社交智能并有积极情绪，那么人类仍然能够区分人工智能体和人类。[5]知念提出，关怀关系不是关系中责任主体的内部状态，而是一种有意义的语境。AI的设计可以使它们不具有人的某些特征，或者以其他方式使它们看起来明显不是人。[6]

2. 人工智能对人类的价值。特纳还论证了人工智能对人类的价值，得出应该授予权利的结论。其认为这是相互尊重的问题，如果我们不尊重AI，那么倘若有一天AI不尊重我们，我们也不能有道德抱怨。如果人类行为能对AI有影响，假设AI是理性的、将保持其自身和利益，那么对它持有相互共存的态度也可能导致它对人类持有类似的态度。[7]特纳提出，法律保护系列实体和物体不是因为它们有特定的用途，而是由于文化的、审美的和历史的原因。例如，克隆羊多利得到的尊重不比其他自然羊少，最珍贵的原因是它们是每个人的财富，对全

---

[1] Neil M. Richards, William D. Smart, "How should the law think about robots?", Calo et al. eds., *Robot Law*, Edward Elgar Publishing, 2016, pp. 18~21.

[2] Jacob Turner, *Robot Rules: Regulating Artificial Intelligence*, Palgrave Macmillan, 2019, p. 162.

[3] Mark Chinen, *Law and Autonomous Machines: The Co-Evolution of Legal Responsibility and Technology*, Edward Elgar Publishing, 2019, p. 221.

[4] Kate Darling, *Extending Legal Protection to Robots: The Effects of Anthropomorphism, Empathy, and Violent Behaviour towards Robotic Objects*, in Calo et al. eds., *Robot Law*, Edward Elgar Publishing, 2016, p. 221.

[5] Mark Chinen, *Law And Autonomous Machines: The Co-Evolution of Legal Responsibility and Technology*, Edward Elgar Publishing, 2019, p. 221.

[6] Mark Chinen, *Law And Autonomous Machines: The Co-Evolution of Legal Responsibility and Technology*, Edward Elgar Publishing, 2019, p. 222.

[7] Jacob Turner, *Robot Rules: Regulating Artificial Intelligence*, Palgrave Macmillan, 2019, p. 164.

人类都有意义。[1]又如，德国在 2002 年修改基本法增加了对自然基础的保护，是出于对下一代的责任。[2]所以特纳认为保护的价值不在于该生物本身，而是对于人类的影响。给予 AI 某种保护也对人类有重要性，例如有利于司法鉴定和错误纠正。再如阿尔法元也可为后代研究和学习之用。[3]

贡克尔批判道，这一努力尽管有希望，但其结果却是令人沮丧的。令人沮丧的原因是，其论据主要是奇闻轶事，即来自新闻和其他研究人员的报道，以及不太被承认是科学论证的结果。这意味着他的论点即使直觉上是正确的，也仍然停留在个人情感和经验的层面。这不是说需要设计和进行必要的实验来证明人格化假设，而是说所需要做的是利用现有研究中已经提供和呈现的内容，为其他人已经得出的研究结果增加一个法律或道德层面的支撑。如果没有可以重复和可被测试的科学研究的基础，其利用的证据就有可能有损其自己的论点和建议。此外，令人失望的另一个原因是，就在你认为其会认真考虑机器人权利的时候，其却使出浑身解数，退到一个相当舒适的康德主义的立场，将一切与人类本身联系起来。对其而言，归根结底，机器人只是人类社交的工具，为了我们的利益，我们应该善待它们。[4]

3. 人工智能的内在价值。最后，知念认为 AI 的内在价值可以论证应该赋权。其分析道，到目前为止，关于自主技术是否应被赋予法律权利和道德考量的讨论，要么集中在人类和由人类操作的实体是否属于不同的法律结构上，要么集中在如何对待自主的机器和系统是否可能会影响我们对待自己的方式上。有些人可能会指责这些方法过于以人为中心。也许从概念上和实践上来看，更好的办法是将技术本身考虑在内。[5]与康德的观点相反，努斯鲍姆（Nussbaum）认为尊严来自动物本身，而不是人类对彼此的责任。[6]使得对动物适用能力论证的路径成为可能的是人类和动物之间的联系——自我维持和自我繁殖奋斗，这是所有动物

---

[1] Jacob Turner, *Robot Rules*: *Regulating Artificial Intelligence*, Palgrave Macmillan, 2019, p. 164.
[2] "国家还应考虑到对后代的责任，保护生命和动物的自然基础。" Art. 20a, Basic Law of the Federal Republic of Germany. Erin Evans, "Constitutional Inclusion of Animal Rights in Germany and Switzerland: How Did Animal Protection Become an Issue of National Importance?", *Society and Animals*, Vol. 2010, No. 3.
[3] Jacob Turner, *Robot Rules*: *Regulating Artificial Intelligence*, Palgrave Macmillan, 2019, p. 66.
[4] David J. Gunkel, *Robot Rights*, MIT Press, 2018, p. 158.
[5] Mark Chinen, *Law And Autonomous Machines*: *The Co-Evolution of Legal Responsibility and Technology*, Edward Elgar Publishing, 2019, p. 213.
[6] Martha C. Nussbaum, "Creating Capabilities: The Human Development Approach", *Transgender Studies and Feminism*: *Theory, Politics, and Gendered Realities*, Vol. 2009, No. 3.

生活的特征。[1]知念提出，可以想象，智能系统将达到一种复杂的程度，在这种程度上它们可以说是自我维持和自我繁殖的。构成智能系统"生命形式"的核心能力是什么？这种核心能力对 AI 的"生命形式"拥有尊严是必要的。[2]问题是，知念提出，即使我们有能力进行架构，也需要关于能力的层次结构。在我们与动物的关系中，我们需要对什么构成了动物应有的尊严做出家长式的判断。一旦我们这样做，我们就会遇到权利赋予不充分或过度包容的问题，或者其他更严重的问题。我们要么不知道拥有动物的生命形式意味着什么，要么只根据我们所能知道的，即我们自己来区分。[3]

伦理关注的适当对象是谁（或什么）？我们的关注应扩展到多大范围？我们对先进的 AI 负有伦理义务吗？博丁顿认为，这取决于我们的伦理义务的价值基础，以及为什么其他人（其他生物、其他机器）具有价值基础。从人与人脑的某些角度来看，我们就像是内置了各种目标的计算机之类的计算机器。从这种角度来看，更加可行的方法是我们可以构建像我们一样具有道德身份的 AI，并可充当伦理能动者。但是其他人则强烈质疑这一方法的原始前提，那就是这是对人类形象为何的良好认识。这些并不是与伦理无关的问题，这些问题支撑起我们可能拥有的任何伦理基础。因此，关于谁值得我们关注的问题，对于考虑 AI 的伦理学问题有很大的影响。[4]

我们可以考虑将信息作为道德受体资格的基础。弗洛瑞迪问道，是否还有其他属性可以作为道德考量的基础？他认为，当一个人以高度抽象的方式看待人、动物和其他有机体以及计算机时，所有这些生物都有一个共同的属性，即均为信息对象、是具有数据结构和行为综合体的实体。[5]这可能不是它们唯一的属性，但由于它们是信息对象，因此它们应该受到尊重。[6]这种尊重需要对"道德受动

---

[1] Martha C. Nussbaum, "Working with and for Animals: Getting the Theoretical Framework Right", *Denver Law Review*, Vol. 2018, No. 4.

[2] Mark Chinen, *Law And Autonomous Machines: The Co-Evolution of Legal Responsibility and Technology*, Edward Elgar Publishing, 2019, p. 214.

[3] Mark Chinen, *Law And Autonomous Machines: The Co-Evolution of Legal Responsibility and Technology*, Edward Elgar Publishing, 2019, p. 215.

[4] Paula Boddington, *Towards a Code of Ethics for Artificial Intelligence*, Springer International Publishing, 2017, p. 13.

[5] Luciano Floridi, "On the Intrinsic Value of Information Objects and the Infosphere", *Ethics and Information Technology*, Vol. 2002, No. 4.

[6] Mark Chinen, *Law And Autonomous Machines: The Co-Evolution of Legal Responsibility and Technology*, Edward Elgar Publishing, 2019, p. 215.

能力"的内在价值以及相应的、不受约束的、可以说是可推翻的对这种"道德受动能力"进行适当对待的处置方式进行欣赏。[1]但这并不意味着人类可以任意处理其他信息对象。其结果是一种更广泛但更微妙的接近潜在道德受体资格的方式：事物具有不同程度的内在价值，因此需要不同程度的道德尊重——从对信息对象（如客户资料）的属性的可推翻的、公共性的欣赏和谨慎关注为代表的低级尊重到对人的尊严的高级、绝对尊重。[2]在这个抽象层次上，"伤害"以信息熵的形式出现。[3]作为信息对象的本书也应该有一点道德受体资格，它的毁灭也是道德上的一个重大事件。[4]弗洛里迪的方法也适用于 AI 技术，即使是在其当前的发展状态下，出于它们作为信息对象的本体论地位也是如此。这一观点需要得到支持，因为我们意识到，在我们创造、使用并最终抛弃很多技术的过程中，它们都值得一点尊重。[5]

三、研究 AI 权利的反常思路

在大多数道德理论中，"实体是什么（本体论问题）决定了它享有的道德价值的程度（道德问题）"。[6]知念提出，对道德受动能力和抽象层次方法的判断与前面讨论的其他方法有一个共同的特点，那就是关注 AI 在多大程度上可以等同于人类。它们的共同的线索是试图找到一些属性或其他集合，为要求道德尊重提供基础。一些学者认为在于它们是本质性的：将潜在的道德受体资格简化为一组特征（甚至是一个扩展的特征，如努斯鲍姆的能力列表），这些特征总是排斥其他东西。[7]

---

[1] Luciano Floridi, "On the Intrinsic Value of Information Objects and the Infosphere", *Ethics and Information Technology*, Vol. 2002, No. 4.

[2] Luciano Floridi, "On the Intrinsic Value of Information Objects and the Infosphere", *Ethics and Information Technology*, Vol. 2002, No. 4.

[3] Mark Chinen, *Law And Autonomous Machines: The Co-Evolution of Legal Responsibility and Technology*, Edward Elgar Publishing, 2019, p. 216.

[4] Luciano Floridi, "On the Intrinsic Value of Information Objects and the Infosphere", *Ethics and Information Technology*, Vol. 2002, No. 4.

[5] Mark Chinen, *Law And Autonomous Machines: The Co-Evolution of Legal Responsibility and Technology*, Edward Elgar Publishing, 2019, p. 216.

[6] Luciano Floridi, *The Ethics of Information*, Oxford University Press, 2013, p. 116.

[7] Mark Chinen, *Law And Autonomous Machines: The Co-Evolution of Legal Responsibility and Technology*, Edward Elgar Publishing, 2019, p. 217.

（一）伦理学不可从本体论推导

根据另一种"伦理学不可从'本体论'推导"的思考方式，可以颠倒和扭曲分析的常规思路。[1]贡克尔认为，为了对事物有一些新的看法，我们可以（也许应该）尝试一些不同的东西。这种选择，可以称为另一种思维模式，它并不是要寻求一种明显不同的方式以回应其他形式，它既不支持也不反对"是/应该"推理，也不赞成其四种模式中的任何一种。相反，它解构了这个概念结构。与通常的思维方式不同，它声称伦理先于本体论。换言之，无论是从时间顺序还是从优先性上来说，都先考虑价值方面（即"应该"问题），然后考虑本体方面（即"是或可以"问题）。这是一种有意为之的、经过深思熟虑的挑战，跨越了传统哲学的脉络。我们最初面对的是一堆闯入我们之中的匿名者，在我们对它们本身及其内部运作方式一无所知之时，我们就有义务对它们做出回应。[2]

这不是一个能最终回答的问题，但却是一个应该不断被问到的问题，因为它给我们的道德观念带来了光明。[3]当我们与他人接触和互动时，无论是其他人、动物、自然环境还是社交机器人，它们的身份首先是与我们的关系。因此，社会和道德地位的问题不一定取决于对方的本质是什么，而是取决于其如何在我们面前出现，以及我们在"面对对方"时做出何种回应。[4]专家提出，非生物智能不受明确的研究对象保护。但是，非生物智能的先驱技术目前是重要的研究领域。这种不匹配增加了非生物智能受到伤害的可能性，因此需要采取先发制人的行动。此外，应将非生物智能视为易受伤害的人群，并给予相关的额外保护。[5]正如康德一样，知念认为我们不必问AI本身是什么，它是否需要我们给予或承认它的道德受体资格。相反，可能是这样的情况：随着AI的日益成熟，随着它们成为我们社会生活和人际关系网中不可或缺的一部分，在某个时候，我们会认识

---

[1] Roger Duncan, "Emmanuel Levinas: Non-Intentional Consciousness and the Status of Representational Thinking", in Anna-Teresa Tymieniecka ed., *Logos of Phenomenology and Phenomenology of the Logos*, Book Three, Springer Dordrecht, 2006.

[2] David J. Gunkel, *Robot Rights*, MIT Press, 2018, p.159.

[3] David J. Gunkel, *The Machine Question: Critical Perspectives on AI, Robots, and Ethics*, MIT Press, 2012, p.211.

[4] David J. Gunkel, "The Other Question: Can and Should Robots Have Rights?", *Ethics and Information Technology*, Vol. 2018, No. 3.

[5] Ryan Dowell, "Fundamental Protections for Non-Biological Intelligences or: How We Learn to Stop Worrying and Love Our Robot Brethren", *Minnesota Journal of Law, Science & Technology*, Vol. 2018, No. 1.

到我们已经将它们视为需要回应的一方。要对"是"和"应该"做出区分,在我们开始询问"社交机器人"是什么之前,我们已经决定了我们应该根据它的社会和道德地位来回应它。这种做法有三个含义:首先,我们应该对其变化拭目以待,前瞻性的指导是不可靠的;其次,随着高度复杂的技术变得越来越普遍,这种做法不能保证我们的回应始终不变;最后,尽管这种方法扩大了我们把对方视为候选人的可能,但我们仍然是决定某一对象是否有道德受动能力的看门人,因为首先必须由我们承认对方是这样的候选人。[1]

(二)权利主客体的关系反思

对权利的考虑涉及一个主体(who)和一个客体(whom),但这是通过事先决定谁或什么是权利的主体和客体进行的。对此贡克尔认为,他者(Other)并不是一个可以在与其他人互动之前就能声明其主体的存在。它是一种需要在具体的社会挑战和互动行动中作出回应的事物。[2]在这里,贡克尔提出,它不再是决定机器人是否拥有权利的问题。这在很大程度上不再是一个涉及内在和道德相关属性的本体论问题。相反,这是一个道德问题,它涉及一个机器人是否应该具有道德/社会地位,这不是根据事物是什么而决定的,而是根据我们在实际的社会情况和环境中与它们的联系和回应而决定的。[3]例如,当我们将一项技术视为我们生理和心理的延伸时,我们与该技术的关系,和我们与其他工具、产品或机器的交互方式是截然不同的。[4]事实上,如果我们回到动物的例子,基于本体论的属性,贡克尔认为我们似乎很难区分猪和狗,前者是我们饲养和屠宰的食物和其他原材料的来源,后者被认为是(至少从当代欧洲/北美的文化背景来看)一个家庭的成员。就通常的标准而言——意识、知觉、痛苦等等——猪和狗似乎(就我们所能知道和察觉的范围而言)几乎无法区分。我们的道德理论可能规定了包含和排除某一实体的严格的本体论标准,但我们的日常实践似乎是相反的。[5]因此,贡克尔提出,社交机器人是不是另一个他者,并不是根据其事先就有的内在属性来决定的,而是面对实际的社会环境和互动,一次又一次地进行协商和重新

---

[1] Mark Chinen, *Law And Autonomous Machines: The Co-Evolution of Legal Responsibility and Technology*, Edward Elgar Publishing, 2019, pp. 217~218.

[2] David J. Gunkel, *Robot Rights*, MIT Press, 2018, p. 176.

[3] David J. Gunkel, *Robot Rights*, MIT Press, 2018, p. 170.

[4] Julie Carpenter, "The Existential Robot: Living with Robots May Teach Us to Be Better Humans", *Contemporary Literature*, Vol. 2014, No. 4.

[5] David J. Gunkel, *Robot Rights*, MIT Press, 2018, p. 173.

谈判的结果。换言之，我们与社交机器人之间的实际社交关系，将决定一个特定的机器人是否重要。这些装置可能将我们卷入社会关系中，在社会关系中，它们呈现或被赋予了真实出现的地位。[1]

尽管机器人在西方世界被视为劳动力来源，日本人却把机器人当做宠物和朋友来对待，它们被视为与人类一起工作或生活的生物。[2]专家分析道，日本人对机器人的热情和喜爱，与西方对机器人的接受形成了鲜明的对比。对西方来说，智能技术是工具，是实现人类决定的目标的手段。西方道德哲学传统规定，只有人类才有资格成为康德绝对命令式的说话者和对话者，只有人类才能永远不仅仅被当作达到目的的手段。康德道德标准的另一面是，我们可以把非人类仅仅当作达到目的的一种手段。因此，绝对命令在与非人类打交道时支持功利主义。这在一种以神灵崇拜和佛教对自我的否定为基础的文化中可能并不明显，甚至会被视为一种阻碍启蒙的幻觉。技术不仅仅是一种媒介，它更容易作为一种邀请诸如尊重和洞察力的他者而被遇到。这可能会导致智能技术的建设被视为一种挑战，它唤起的是敬畏和警觉，而不是恐惧或狂喜。[3]

本部分讨论的结果和成果是什么？贡克尔认为，解决机器人权利问题的关键方法是从有关机器人权利的主张、争论和辩论中"倒读"，来看有多少被认为是自然而然的、明显的、不言而喻的或普遍的概念、方法，即便其中有些词汇可能有其复杂的历史沿袭和逻辑。这些讨论架构并控制了辩论，但在这些架构中几乎看不到背后的或者边缘的运作情况。因此，最重要的任务是要识别、解释和评估通常隐含于其中的那些运作系统，这些运作系统首先使有关机器人和权利的讨论和辩论成为可能。换言之，如果一个人在这，寻求和希望的是对机器人权利的"是/否"投票，或是设计和编写政策的实用框架，那么其将会失望。但是，如果你所寻求的是对机器人权利问题所带来的机遇和挑战的更深入和更全面的理解，那么这一定会使你有所收获。发展和讨论机器人的权利并不一定会夺走人类的任何东西，也不一定会夺走（可能）使我们变得特别的东西；它为从事道德理论的工作者提供了一个关键的工具，也为我们提供了一个能够更精确和科学地

---

[1] David J. Gunkel, *Robot Rights*, MIT Press, 2018, p. 174.
[2] Kazuko Shinohara, "Robotics Research in Japan", http://www.nsf.gov/od/iia/ise/tokyo/reports/trm/rm06-06.pdf.
[3] Mireille Hildebrandt, *Smart Technologies and the End(s) of Law: Novel Entanglements of Law and Technology*, Edward Elgar Publishing, 2015, pp. 112~113.

了解这些不同的特征及其局限性的新机会。[1]问题不仅在于研究机器人是否能够和应该拥有权利,或许更重要的是,揭示这些有关权利的问题是如何被构建的,以及这些构建方式如何容纳和边缘化其他构建方式。[2]"机器人是否可以而且应该有权利?"这一问题本身可能就是有问题的,因为研究的形式,即我们对问题的认识和定义,已经成为解决问题的障碍。[3]

四、研究 AI 权利的初步结论

本章讨论了支持和反对授予 AI 法律权利和道德考量的一些论点。正如我们所看到的,知念认为这些争论集中在一些问题和概念上,例如:人类和自主机器之间是否存在真正意义上的差异,机器是否有可能具有意识,以我们对待彼此的方式对待人工智能体的效果如何,AI 可能有哪些能力,将人工智能体作为信息对象会如何,将人工智能体作为随后出现的他者又会如何。这场辩论可能没有答案,因为这些问题涉及我们自己以及我们应该如何对待对方的问题,也许它就是无法回答的。此外,在我们开始充分了解问题的范围和可能对问题做出适当反应之前,我们需要更多关于 AI 的经验,特别是关于其中最先进的 AI 技术。然而,尽管辩论仍在继续,尽管一些学者在关注这些问题,但是人类将机器拟人化的倾向,以及一些开发人员鼓励这种冲动的努力,可能会打破现有的平衡,使人类转而至少给予最先进的 AI 法律权利和道德考量,或给予高于弗洛瑞迪信息对象标准的个体以权利和道德考量。[4]这种设计利用了人类将人类特征归于其他动物和物体的倾向。无论其起源如何,在技术层面,这种倾向已经出现了。[5]

虽然总是会有相反的论点,但有三件事可以很好地引导我们授予一些自主机器和系统以法律权利和道德受体地位:拟人化的倾向;赋予自主技术以法律人格的现实理由;还有一些并非无聊的观点,其认为复杂的技术应该得到权利和道德上的考虑,特别是当机器和系统表现出与意识一致的行为时。

给予人工智能道德、法律权利可能有多种表现形式,其中有四种较为合理。

---

[1] David J. Gunkel, *Robot Rights*, MIT Press, 2018, p. 12.

[2] David J. Gunkel, *Robot Rights*, MIT Press, 2018, p. 185.

[3] Slavoj Žižek, "Philosophy, the 'unknown knowns,' and the public use of reason", *Topoi*, Vol. 2006, No. 1~2.

[4] Mark Chinen, *Law And Autonomous Machines: The Co-Evolution of Legal Responsibility and Technology*, Edward Elgar Publishing, 2019, p. 219.

[5] Mark Chinen, *Law And Autonomous Machines: The Co-Evolution of Legal Responsibility and Technology*, Edward Elgar Publishing, 2019, p. 220.

第一种模式是不给予 AI 与人类同等的法律权利和道德受体资格，在这个世界上，即使是最先进的 AI 也继续为人类所拥有和使用，而责任继续由人类承担。对这种模式来说，存在的两个问题是，将责任分配给这些人是否可以接受，更重要的是，能否接受一种被一些人批评为奴役 AI 能动者的局面。如前所述，在任何情况下，将责任分配给人类都需要我们重新认识我们目前对责任或个人的理解。随着人工智能体变得越来越复杂，另一个问题是它们是否会接受这种状况。

第二种模式是社会分层。Hutan Ashrafian 预见了一个类似罗马的世界，在这个世界里，自由人根据他们的阶级被赋予不同的权利，其认为，罗马的制度并非一成不变。同样，随着时间的推移，人类社会会逐渐发现给予 AI 能动者更多的权利是有益的。在这种情况下，这些阶级可以被视为拥有完全公民身份的过渡。这种模式也面临两个问题，一是这样一个系统是否真正开放且能够修改；二是，正如第一个模式一样，最复杂的 AI 是否满足于这种分层。解放和独立运动的进程表明，除非有强大的社会运动要求并采取行动来争取权利，否则当权者不会轻易放弃或扩大权利。

在第三种情况下，具有完全自主权的 AI 能动者将获得全部法律权利和道德考量。从本质上讲，为了法律的目的，他们将被视为人。他们向人类提供的任何服务都是通过自愿合同提供的。他们将被允许重建自己，他们将有生存权，并将有权接受司法程序。但也存在一个似是而非的问题：在这里描述的所有场景都是推测性的，这个场景的前提是人类是无私的，愿意花费巨大的资源来开发他们无法拥有或控制的能动者。而 AI 可能与人类争夺资源；或者在第二种情况下，AI 将为自己争取这些权利。

最后一种情况是机器在所有方面都超过了我们，具有卓越智能的系统将挑战我们对身份和责任的基本假设。一个超智能体不需要被特别地放置在某一地方，它将"存在"于所有具有嵌入式计算能力的设备中。此外，它还能够多次自我复制和自我删除。如果一个高级智能体对另外一个高级智能体或者人类造成了损害，但它已经完全改变了自己，我们不再认为它是造成损害的"那个个体"，那么我们是否还会认为新的实体仍然在某种程度上负有责任呢？我们又会回到熟悉的因有关联而被认为有罪的问题。

在第四种模式中，我们在理解责任的同时，也将理解权利。如果我们赋予机器权利的一个原因是，它们开始具备人类所具备的能力和认知能力，那么，是否应该给予智力出众的机器比人类更多的权利？对法律和道德体系价值的一个重大考验将是，智能系统是否会发现它们"应该得到"更多的权利。如果随着时间的推移，无数次的交互导致了法律的出现，使之成为一种调节人类社会的手段，并成为人类表达活动的一部分，那么也许超智能体会发现，法律和伦理在管理其彼此之间以及其与人类的关系方面是有用的。但也许在这样一个世界里，人类而不是机器将接受道德图灵测试。[1]

总之，我们需要在不确定的情况下制定机器人权利的伦理守则，这不仅源于技术的快速发展，也不仅源于对该技术的不同看法，还源于迅速变化的技术正在潜在地改变我们与他人、与我们周围的世界的关系以及我们的自我意识，并影响着任何伦理的基础。[2]

---

[1] Mark Chinen, *Law And Autonomous Machines: The Co-Evolution of Legal Responsibility and Technology*, Edward Elgar Publishing, 2019, pp. 225~228.

[2] Paula Boddington, *Towards a Code of Ethics for Artificial Intelligence*, Springer International Publishing, 2017, pp. 36~37.

第五章

人工智能的法律人格

一、AI 法律人格的困境与进路

新的智能科技逐渐构成新的社会功能模块。中国《新一代人工智能发展规划》(国发〔2017〕35 号)将"明确人工智能法律主体以及相关权利、义务和责任"作为发展人工智能的一项有待推进的重要议题,从而构建新的社会治理结构、规则和理论。1992 年,西方学者提出 AI 的法律人格,还仅是思维实验。[1] 我们越是承认具有人工智能的机器可以进行有意识的行为,涉及机器人法律人格的新一代伦理问题和法律问题就越发凸显。[2] 伴随 2016 年 AlphaGo 打败人类棋手,有关机器人主体资格的问题引发立法讨论热潮。

(一)一波三折的立法过程

美国《统一电子交易法》赋予电子交易系统以"电子行为人"身份。[3] 2017 年,欧洲议会的决议包括了建议欧盟委员会制定一项法律工具来处理机器人造成的责任问题。为长远计,它还请委员会出台机器人民法规则,创建一个特定的机器人法律地位。长远来看,至少最成熟的自主机器人可以具有电子人的地位,赔偿它们可能造成的损害,并可能将电子人格应用于机器人自主决策或与第三方独立互动的情况。可以针对更高级的机器人建立登记制度,创设电子人地位和人格,以促进自主智能机器人的登记、保险和管理等诸多制度,应对自动决策

---

[1] Lawrence B. Solum, "Legal Personhood for Artificial Intelligences", *North Carolina Law Review*, Vol. 1992, No. 4; R. George Wright, "The Pale Cast of Thought: On the Legal Status of Sophisticated Androids", *Legal Studies Forum*, Vol. 2001, No. 3&4.

[2] Ugo Pagallo, *The Laws of Robots: Crimes, Contracts, and Torts*, Springer Netherlands, 2013, p. 26.

[3] 1998 年,美国统一州法全国委员会通过的《统一电子交易法》(Uniform Electronic Transaction Act)第 2 条将电子行为人定义为:非经人的行为或审核,全部或部分独立发起行为或应对电子记录或履行的计算机程序、电子手段或其他自动化手段。

和独立互动的场景。[1]即使以这样一种试探性的形式呈现,这个提议也是极具争议的。[2]类似地,俄罗斯"格里申法案"对弱人工智能套用"法律人格"拟制原理、赋予有限权利能力而使其成为"准主体"。[3]2017年,韩国国会和爱沙尼亚政府相继提出人工智能法案,旨在赋予机器人具有相应权利义务的电子人格地位,以厘清潜在的事故责任问题。事实上,2017年,沙特已经授予机器人公民身份。有批评认为,在一个连妇女人权都得不到充分保障的国家,这只是的营销和公关噱头,这类公民没有一点正常人类的智能。[4]

当我们考虑机器人的民事责任时,我们会发现对机器人的各种异想天开。在此,我们必须抵制基于科幻小说赋予其法律人格的呼声。一旦针对自主机器人采用的责任解决方案可以决定这个新市场是繁荣还是萧条,这一点将变得更加关键。[5]随着人工智能技术瓶颈和缺陷的显现,科技界的理性发声逐渐被接纳。世界各国也暂缓立法脚步,截至目前,没有再出现新的人工智能主体资格立法,相关责任困境转向对算法问责的讨论。同时,欧盟委员会责任与新技术专家组在2019年发布《人工智能和其他新兴数字技术责任》报告称,不建议当下赋予人工智能电子人身份,这也体现出官方认知和态度的转变。然而,专家们希望强调的是,他们只关注事物的责任问题方面,不会对公司法的未来发展(例如,人工智能是否可以充当董事会成员)采取任何立场。[6]欧洲议会最新的立法提案也取消了主体资格的相关规定。[7]2020年7月,欧洲议会的法律事务委员会发布了有关人工智能和民事责任的研究,坚持原来的建议并对批评进行了反驳:不能完全否认人工智能法律人格的可能性,但授予法律人格并不是解决这个挑战的唯一方法,是

---

[1] European Parliament Resolution with recommendations to the Commission on Civil Law Rules on Robotics (2015/2103 (INL)).

[2] See the Open Letter to the European Commission Artificial Intelligence And Robotics (2018), http://www.robotics-openletter.eu/.

[3] 张建文:《格里申法案的贡献与局限——俄罗斯首部机器人法草案述评》,载《华东政法大学学报》2018年第2期。

[4] 刘艳红:《人工智能法学研究的反智化批判》,载《东方法学》2019年第5期。

[5] Policy Department for "Citizens' Rights and Constitutional Affairs", European Civil law rules on robotics, 2016, at 5. 这项研究是应欧洲议会法律事务委员会的要求进行的。

[6] Expert Group on Liability and New Technologies (European Commission), Liability for artificial intelligence and other emerging digital technologies (2019), pp. 37~39, https://op.europa.eu/en/publication-detail/-/publication/1c5e30be-1197-11ea-8c1f-01aa75ee71a1.

[7] European Parliament Resolution of 20 October 2020 With Recommendations to The Commission on a Civil Liability Regime For Artificial Intelligence [2020/2014 (INL)].

否授权法律人格以及如何授予法律人格应当有一个合理的条件。[1]一波三折的过程表明，AI法律人格制度的选择问题仍然没有定论。

（二）务实的功能主义进路

假如人工智能机器名副其实地有相应的智能呢？现实中，东京涉谷区已经授予AI居民身份。在下一个世纪，宪法极有可能不得不对那些人为创造的、具有某些但并非全部人类特征的实体进行分类。[2]所以说，在责任问题和权利问题之外，AI发展路径中值得立法设计、伦理指引注意的第三个问题是是否授予AI法律人格或法律地位。知念认为，这种制度选项的论点往往是务实的功能主义进路：由于越来越难以将AI造成的伤害归咎于人类，在现有责任概念中，人类主体和第三方无法从AI造成的损害中得到弥补；法律人格的授予是一种确认AI行为具有法律意义的方式，并且，如果允许AI拥有一些资金，则可以对AI本身进行索赔，从而避免了连带责任的适用。授予某种法律地位将是授予AI合法权利的第一步，所以，通过新立法或现行法律授予AI法律地位或法律人格，是一件值得思考的大事。[3]有学者认为确立AI的法律人格地位才能确定AI与相关主体的法律关系，进而明确各方的权利和责任。[4]在确定责任的背景下授予人工智能法律人格可能比在奖励发明的背景下具有更大的激励作用。特纳认为，这是一个被遗漏的论证环节——前两章论证了现行法难以分配责任，给予AI以权利可能有道德理由，本章讨论的是给予AI法律人格是否是前两者的答案。在该问题上，应先考虑是否可取，然后考虑是否可能，最后考虑更多需要解决的问题。[5]此处的立场是，避免对法律问题的过度和轻易道德化，即只对现有的道德原则进行宣示和演绎，而不深入考察法律实际运行中的科技因素带来的真实治理需求及对此的认识、寻求对实际法律问题的切实解决途径、探求智能社会治理的新型结构选择。

---

[1] Bertolini Andrea, *Artificial Intelligence and Civil Liability*, JURI Committee, July 2020.

[2] James Boyle, "Endowed by Their Creator?: The Future of Constitutional Personhood", *Governance Studies at Brookings*, 9 March 2011.

[3] Mark Chinen, Law And Autonomous Machines: *The Co-Evolution of Legal Responsibility and Technology*, Edward Elgar Publishing, 2019, p. 234.

[4] 彭诚信、陈吉栋：《论人工智能体法律人格的考量要素》，载《当代法学》2019年第2期。

[5] Jacob Turner, *Robot Rules: Regulating Artificial Intelligence*, Palgrave Macmillan, 2019, p. 175.

二、AI 法律人格是否可取

(一) 评估 AI 法律人格优点的标准设定

一是基于实用理由的门槛设定。特纳提出，法律人格不是道德权利的充分条件或必要条件。公司没有道德权利因而无法得到法律资格的尊重，而动物有各种道德要求，但一般没有法律人格为自己辩护。在短期和中期内，技术和社会都很难进入广泛承认 AI 道德权利的阶段，所以本章只谈实用理由，也即能够通过特定机制可靠地达到的共同目标。[1]有学者提出法律体系的一些目标，以评估机器人法律人格：推进法律体系承认的人的物质利益的保护；将具有一定分量的道德权利和义务作为法律权利和义务进行落实；两种实体的道德权利具有同等重要性时，人类享有的道德权利优先。[2]对此，特纳分析道，我们不确定该作者是否认为道德权利包括经济利益，如果不包括，则这一观点并不正确，因为经济利益常常比道德权利更重要。所以法律体系目标应当简化为：维持法律体系整体的一致性；推进人类利益的实现。其中，利益包括经济利益和道德要求。推进人类利益的实现并不比"人类的道德权利优先"更狭窄，因为在许多情况中，人类利益可通过法律实体优先而得到满足，这支持了对绝大多数先进的经济体至关重要的独立法律人格制度。[3]

在维持法律体系整体一致性的意义上，AI 的法律人格可以帮助我们填补责任缺口。对此特纳认为，没有 AI 的法律人格，上述两个实用目标可能在责任问题上冲突：为了推进人类利益的实现，我们可能想找到法律上的人为损害的负责主体，但使自然人或公司方为共有产权和共同控制趋向下多主体协同控制、开放式技术支撑的 AI 负责，可能有损因果关系和行为能力方面的法律体系整体的一致性。而借助 AI 的法律人格则可达成责任追求，且对因果关系和行为能力的基本概念损害最小。[4]例如，自然人没有详细指明订购合同的价格、餐馆、食物等要素，但智能助理将订购食物的指示转化为了具有法律约束力的邀约。[5]如果不

---

[1] Jacob Turner, *Robot Rules: Regulating Artificial Intelligence*, Palgrave Macmillan, 2019, p. 184.

[2] Joanna J. Bryson, Mihailis E. Diamantis, Thomas D. Grant, "Of, for, and by the People: The Legal Lacuna of Synthetic Persons", *Artificial Intelligence and Law*, Vol. 2017, No. 3.

[3] Jacob Turner, *Robot Rules: Regulating Artificial Intelligence*, Palgrave Macmillan, 2019, p. 185.

[4] Jacob Turner, *Robot Rules: Regulating Artificial Intelligence*, Palgrave Macmillan, 2019, pp. 185~186.

[5] [德] 扬-埃里克·施墨：《人工智能与法律人格："部分权利能力"的引入——德国法上的"部分法律地位"》，载 [德] 托马斯·威施迈耶、蒂莫·拉德马赫编，彭诚信主编：《人工智能与法律的对话2》，韩旭至等译，上海人民出版社2020年版，第142页。

第五章 人工智能的法律人格

承认智能助理的法律地位,那么合同无法生效。再如指示一贯可靠的智能助理给花浇水,但它误解了某个指令而彻夜浇水,导致楼下邻居的花被毁。这种情况下,并不存在任何推定过失的依据。[1]此时很难认定指示行为与最终的损害后果具有因果关系。

将机器人的权利和义务追溯到人类,使人类作为其行为的唯一相关来源,由此承认非人类的合法能动者资格,对当前的法律框架没有威胁。[2]从科学、法律甚至伦理的角度来看,让机器人在没有人类的情况下参与法律生活在今天是不可能的,而且很可能在未来很长一段时间内都是如此。[3]帕加罗认为,在可预见的未来,机器人很难被称为法律上独立的人,即很难通过有意识的行为产生并拥有自己的权利和义务。事实上,能动资格和法律人格并不相同,就像古罗马法中的奴隶和曾经的欧盟。[4]我们已经看到,让人工智能成为法律上的人(即能动者)或有限目的的受托人,可能具有实际优势,比如成本更低、自我交易的机会更少。[5]

专家们认为,目前没有必要给新兴的数字技术赋予法律人格。即使是完全自主的技术所造成的损害,通常也可以简化为自然人或现有法律人格类别的风险,制定针对个人的新法律比创建一个新的法律人格类别是更好的应对办法。[6]专家分析,事故的受害者只有在某人(谁?)为汽车投保并由其支付保险费,或者某人(谁?)为汽车提供可以支付损害赔偿的资产的情况下才会得到赔偿。设想一下,倘若汽车资产足以支付与现有的责任和保险制度相同水平的赔偿,则没有任何理由进行法律责任问题的讨论,但在这种情况下,赋予汽车法律人格将只是一种形式,并不能真正改变相关法律人格的情况。[7]如果我们认为自主机器人背后

---

[1] [德]扬-埃里克·施墨:《人工智能与法律人格:"部分权利能力"的引入——德国法上的"部分法律地位"》,载[德]托马斯·威施迈耶、蒂莫·拉德马赫编,彭诚信主编:《人工智能与法律的对话》,韩旭至等译,上海人民出版社2020年版,第144页。

[2] Ugo Pagallo, *The Laws of Robots: Crimes, Contracts, and Torts*, Springer Netherlands, 2013, p. 158.

[3] Policy Department for "Citizens' Rights and Constitutional Affairs", European Civil law rules on robotics, 2016, p. 15.

[4] Ugo Pagallo, *The Laws of Robots: Crimes, Contracts, and Torts*, Springer Netherlands, 2013, p. 166.

[5] Lawrence B. Solum, "Legal Personhood for Artificial Intelligences", *North Carolina Law Review*, Vol. 1992, No. 4. 2017年2月欧盟表决通过的《欧盟机器人民事法律规则》第52条即提出"非人类的能动者"的概念。

[6] Ryan Abbott, Alex Sarch, "Punishing Artificial Intelligence: Legal Fiction or Science Fiction", *UC Davis Law Review*, Vol. 2019, No. 1.

[7] Expert Group on Liability and New Technologies (European Commission), "Liability for artificial intelligence and other emerging digital technologies", 2019, pp. 38~39, https://op.europa.eu/en/publication-detail/-/publication/1c5e30be-1197-11ea-8c1f-01aa75ed71a1.

有一个人，那么这个人就代表了电子人，从法律上讲，法律人格只是一个虚构的知识结构。尽管如此，一个人仍然可能开发如此复杂的机制来产生如此毫无意义的结果，这个想法表明，给一个仅仅是机器的东西赋予法律人格是多么不协调的。[1]在实证法效果上，俄罗斯"格里申法案"和欧洲议会的"机器人法案"并无区别，"机器人"的法律人格，无非是向人工智能技术和产品的实际开发、销售、使用等多环节主体进行损害责任转移而形成的机制中的"代名词"，多余且容易被误解。因此，最好以其特殊客体性为切入点，实事求是地进行研究和立法。[2]

但是，在人工智能具有深度学习与类人化神经元思考的能力之后，其自身的算法与计算逻辑已经不能简单地用软件能动性的方式实现。人工智能体作为能动者时，如何判断其行为能力尚不明确。当自动驾驶汽车在无人类干预情况下造成侵害第三方事故时，用上述学说解决便不甚妥当。[3]机器人的自主性越强，它们就越不能被认为是其他角色手中的简单工具。这就需要制定新的规则，重点是如何让机器对其作为或不作为承担部分或全部责任。[4]

（二）AI法律人格的优点符合标准

第一，赋予AI法律人格并使其承担法律责任，有利于避免道德领域中关于AI是否可以成为道德能动者的争论。[5]希尔德布兰德提出，道德能动性的标准是什么、AI是否符合该标准，都会有无尽的争端。但道德能动性不一定是人格的黄金标准；如果没有这种能动性的实体造成了损害，追究它们的责任可能是权宜之计，甚至是合理的。在此，给予法律人格的理由是保证受害方和其他犯罪者的公平——随之而来的损害赔偿有助于减轻损害（这是对受害者的公正处

---

[1] Policy Department for "Citizens' Rights and Constitutional Affairs", *European Civil law rules on robotics*, 2016, p.15, https://www.europarl.europa.eu/RegData/etudes/STUD/2016/571379/IPOL_STU（2016）571379_EN.pdf.

[2] 张力、陈鹏：《机器人"人格"理论批判与人工智能物的法律规制》，载《学术界》2018年第12期。另见王艳慧：《人工智能民事主体地位的论证进路及其批判》，载《华东政法大学学报》2020年第4期。

[3] 彭诚信、陈吉栋：《论人工智能体法律人格的考量要素》，载《当代法学》2019年第2期。

[4] European Parliament Resolution with recommendations to the Commission on Civil Law Rules on Robotics [2015/2103（INL）].

[5] Mark Chinen, *Law And Autonomous Machines: The Co-Evolution of Legal Responsibility and Technology*, Edward Elgar Publishing, 2019, p.195.

理），也有助于公平分配责任（这是对其他罪犯的公正）。[1]人们使用机器人，但不拥有机器人，这符合他们的利益。对这些机器的直接问责可以取得平衡：机器人相关方的利益，即合同义务和合同外义务都能得到履行，且这些机器人使用者的利益要求不会被机器人的决策破坏。[2]

第二，AI 人格可以鼓励革新和经济发展。对此特纳提出，公司法人的有限责任是帮助人们回避风险、得到一定程度的自由解放并因此鼓励创新的强大工具。赋予 AI 法律人格也能成为法律上既有的人和 AI 可能引发的损害之间的防火墙。比起进行公司有限责任设置的现实原因，赋予 AI 法律人格的理由更为强烈，因为 AI 系统能做现有公司做不了的事，即没有人类输入和决策也能做事。如果编程者对不可预见的损害的责任是未知的，其可能会在发布革新性产品时越来越犹豫。[3]AI 产业的应用领域非常广泛，各法域抢占 AI 行业规则设计的制高点并不意味着所有产业都应当选择 AI 法律人格制度。如日本急需鼓励的 AI 产业，以老年人护理机器人为代表，该法域才应当选择 AI 法律人格制度以鼓励投资和研发、部署使用，否则可能激发转移责任的错误行为，而不确定性的风险仍然存在。[4]在激励 AI 创新和产业经济发展，与激励创建安全可控的智能社会环境这一治理目标之间，要达成合理平衡的话，或许在采用法律人格制度的 AI 产业中，可以通过适时调高责任保险、责任资本的方式合理解决责任资金不足的问题。

第三，AI 法律人格有助于分配 AI 的创造性成果，塑造 AI 获利的行为能力、权利能力。如果人工智能作品之上存在版权，谁应该获得版权？我们是否应该考虑给产生自己原创作品的人工智能赋予法律人格，使其著作权归该人所有，并以类似公司的方式管理和销售？同样，如果完全由人工智能产生的发明有资格获得专利权，下一个要解决的问题是谁应该被列为发明人。第一种选择是，现行的法律要求发明者对完整的、可操作的发明有一个明确的、永久的想法，或者在头脑中形成这个想法，才能有发明。如果所有设想是在人工智能的"头脑"中发生的，那么根据现行法律，没有人会被列为发明者。但重要的是要评估授予发明权是否会给专利制度带来任何好处。例如，除了通用人工智能或拥有真正意识的超

---

[1] Mireille Hildebrandt, "From Galatea 2.2 to Watson—And Back?", in Mireille Hildebrandt, Jeanne Gaakeer eds., *Human Law and Computer Law: Comparative Perspectives*, Springer Dordrecht, Vol. 2013, p.38; David J. Gunkel, *Robot Rights*, MIT Press, 2018, p.2.
[2] Ugo Pagallo, *The Laws of Robots: Crimes, Contracts, and Torts*, Springer Netherlands, 2013, p.159.
[3] Jacob Turner, *Robot Rules: Regulating Artificial Intelligence*, Palgrave Macmillan, 2019, p.187.
[4] 刘云：《论人工智能的法律人格制度需求与多层应对》，载《东方法学》2021年第1期。

级智能人工智能（目前并不存在），人工智能不会受到专利前景的激励，并且可以在没有任何发明权激励的情况下继续产生创造性想法。除了允许人工智能创造的发明获得专利之外，承认人工智能是发明者还有什么有意义的好处吗？[1]对此特纳提出，AI 的人格可以促进利益绑定。如果 AI 被训练成会去重视其资产的样子，那么授予其法律人格就会形成利益绑定的状态。虽然 AI 没有心理和情感方面的愿望去被同类看到遵守规则，但其理性地行为以避免资产减损是我们可以想象的状态。[2]

因此，一种可能的选择是不列出任何发明人。人工智能的所有者可能会被列为专利的受让人，但人工智能开发者（如工程师个人）在专利上的利益可能无法得到充分的认可和保护。如果这种不足发展壮大并阻碍创新，可能需要为开发者创建一个新的类别，以便他们的贡献在专利上得到承认。无论最终是将人工智能列为发明人还是不列入发明人名单，讨论都必须充分考虑其给创新带来的可能影响以及在经济和道德方面的影响。[3]根据相关创造性行为在人类和 AI 之间的归属分配，知识产权也可以相应地进行分配。

在言论自由方面，特纳认为，如果没有 AI 的言论自由保护，强者可能限制 AI 形成重要产出的能力，而没有法律上的人代表 AI 去诉说。而且 AI 可以受到仇恨言论法的规制，该法将阻止其被用来从事有害论述。[4]

AI 的人格赋予是否会推进人类利益的实现，与社会转位和剥夺公民权利的问题有关。对此特纳认为，首先要澄清认识上的"机器人"错误，即把机器人等同于人类，把 AI 法律人格等同于人类人格。AI 法律人格的倡议极少到达给予机器人与人类完全一样的权利的地步，例如尊严权、身体权、报酬权、公民权，因此不会直接和人权冲突。我们也没有逻辑和法律理由这样做。授予 AI 以法律人格的要点不是该潜在的法律上的人是否像成年理性人那样理解其行为的意义——我们并非在宣布它是活的。[5]其次，特纳认为，在全球化和多元文化主义之下，自由的社会和经济政策虽然给一些社会成员带来利益，但大部分人感觉到

---

[1] Center for the Fourth Industrial Revolution (World Economic Forum), Artificial Intelligence Collides with Patent Law, April 2018, at 10.

[2] Jacob Turner, *Robot Rules: Regulating Artificial Intelligence*, Palgrave Macmillan, 2019, pp. 188~189.

[3] Center for the Fourth Industrial Revolution (World Economic Forum), Artificial Intelligence Collides with Patent Law, April 2018, at 10.

[4] Jacob Turner, *Robot Rules: Regulating Artificial Intelligence*, Palgrave Macmillan, 2019, p. 188.

[5] Jacob Turner, *Robot Rules: Regulating Artificial Intelligence*, Palgrave Macmillan, 2019, pp. 189~191.

的是越来越多的剥夺,因为经济不平等和社会裂痕加剧了。AI 如果替代其工作,获得某些形式的法律权利,将会雪上加霜。新劳工运动已经出现,例如出租车司机对 Uber 的巴黎暴动,法国、墨西哥多地对计算机实验室的烧毁。但是授予 AI 以权利和发展技术仍然是社会可接受的,这两者之间的平衡是可以达到的,即通过第六章、第七章的规则制定技术。[1]

三、AI 法律人格是否可能

非生物智能的出现是难以准确预测的,同时其也提出了新的法律问题,需要尽快解决,这产生了对一个先发制人的框架的需要。在继续往前看之前,我们必须检查非生物智能是否适合现有的模式。[2]学者认为,社会将以不同的方式回答这些基本并且困难的问题,这取决于它们各自的"深层规范结构"(塑造特定社会的社会结构的共同价值判断和概念)。一个社会是建立在功利主义的"善"的概念上,还是建立在人道主义或康德主义的愿景上——根据这个愿景,并不是所有功利最大化的都一定是更好的政策——这一点非常重要。如果这种结构是功利主义的或功能主义的,那么智能机器人的法律人格似乎并不是空想的。似乎很清楚的是,"善"的功利主义概念往往会推动社会朝着一个发展方向,而机器人最终将凭借法律在其中发挥相当突出的作用。[3]

(一)法律新人的历程反思

霍布斯(Hobbes)在《利维坦》中告诉我们,"人"(persona)这个词来源于拉丁语的"面具",后来用来代表自我或他者。[4]法律人格的概念说明,法律已经为其赋予了一个非人类的实体地位。传统上,当给一个实体指定法律人格时,我们寻求其相较于人类的可比性。动物权利就是这样,倡导者认为动物应该被赋予法律人格,因为有些动物是有意识的生物,能够忍受痛苦,还有把它们与事物区分开的情感,等等。然而,欧洲议会的动议并没有将接受机器人的法律人

---

[1] Jacob Turner, *Robot Rules*: *Regulating Artificial Intelligence*, Palgrave Macmillan, 2019, pp. 194~196.

[2] Ryan Dowell, "Fundamental Protections for Non-Biological Intelligences or: How We Learn to Stop Worrying and Love Our Robot Brethren", *Minnesota Journal of Law, Science and Technology*, Vol. 2018, No. 1.

[3] Horst Eidenmüller, *Robots' Legal Personality*, Faculty of Law Blogs, Mar. 8, 2017, https://www.law.ox.ac.uk/business-law-blog/blog/2017/03/robots%E2%80%99-legal-personality.

[4] Thomas Hobbes, "Leviathan: or The Matter, Forme and Power of a Common Wealth Ecclesiasticall and Civil", https://www.gutenberg.org/files/3207/3207-h/3207-h.htm.

格与任何潜在的意识联系起来。法律人格与机器人的内在或情感无关,避免了机器人是有意识的存疑假设。因此,赋予机器人这样的人格将满足一个简单的操作目标,这个目标源于让机器人对其行为承担责任的需要。[1]承认机器人的法律人格并不存在表面上的初步障碍:如果有足够的法律之外的考虑支持它,将法律人格归属于机器人与归属于公司、船舶、工会、甚至人类就没有区别;它只是一个决定,以确定另一个谱系的法律权利和义务,确保法律逻辑可以在其上运转。[2]

赋予非人类以法律人格并非什么新鲜事,船舶、公司和国家都享有法律人格地位,拥有各种法律权利并承担责任。这样做很大程度上是出于实际需要:容易追偿损失,保护公民不承担责任,并让人意识到这些实体需要服务于重要的社会目的。[3]公司的法律人格制度中人们以传承为目的而创设一系列的权利和义务。法律上的人不需要有同样的权利和义务,即使是在同一个法律系统内。

即使是对人的法律保护,第四章表明了其也是随着时间而变化的:2000年前是罗马家长制,200年前是奴隶非人制,即使是今天,妇女在部分法律体系下也仍被剥夺完全的公民权利。

非人类的法人的权利也经历了变化。[4]法人作为法律人格的第二种变体,是合法自治的,拥有自己的权利和义务。法律人在讨论是否应该授予法人与自然人相同的权利。[5]例如,在"伯韦尔案"中,美国联邦最高法院允许一个法人行使宗教自由,但没有确定第一修正案的权利条款是否保护一个法人。[6]法人的权利是自然人权利的派生,并似乎以反映非物质地位的方式进行克减。[7]美国联邦最高法院还将宪法上的言论自由保护延伸给公司,使其能在竞选中发挥更大作用,

---

[1] Policy Department for "Citizens' Rights and Constitutional Affairs", European Civil law rules on robotics, 2016, at 14~15.

[2] Ben Allgrove, "Legal Personality for Artificial Intellects: Pragmatic Solution or Science Fiction?", https://ssrn.com/abstract=926015. 该文对人工智能的法律人格进行了实质性的探讨,包括哲学人格和法律人格,以及界定法律人格的不同方法。

[3] Mark Chinen, *Law And Autonomous Machines: The Co-Evolution of Legal Responsibility and Technology*, Edward Elgar Publishing, 2019, p.194.

[4] Jacob Turner, *Robot Rules: Regulating Artificial Intelligence*, Palgrave Macmillan, 2019, pp.175~176.

[5] Ugo Pagallo, *The Laws of Robots: Crimes, Contracts, and Torts*, Springer Netherlands, 2013, p.41.

[6] See *Burwell v. Hobby Lobby Stores, Inc.*, 134 S. Ct. 2751 (2014), p.2785.

[7] Ryan Dowell, "Fundamental Protections for Non-Biological Intelligences or: How We Learn to Stop Worrying and Love Our Robot Brethren", *Minnesota Journal of Law, Science and Technology*, Vol. 2018, No. 1.

但拒绝了将不得被迫自证其罪的权利给公司。[1]

(二) AI 法律人格的理论立场

机器人有关案例带来的问题是我们是否承认一种拥有自己权利和义务的新型法律人格。类似的原因促使赋予 AI 法律地位提议的提出。学者认为，应该使用法律责任来解决由 AI 造成的损害归属问题。在产品责任方面，他们认为让自主机器自己承担责任是有益的，部分原因是他们认为原告很难根据现行产品责任法对制造商提起成功的诉讼。[2] 法律人格意味着一系列的权利和义务。虽然人的尊严和权利源于其理性和良知，但在某些权利中，即使有严重的心理或情感障碍，又或者智力上的缺陷，人类也不能被剥夺法律人格，可以只享有人格而不承担法律责任。但是既然奴隶制已经被废除和抛弃，那么就不能只承担责任而不享有人格。[3] 迄今为止，寻求人工智能或机器人司法责任的尝试已经走进死胡同，这就需要对人工智能和机器人的法律人格进行初步承认，这也是迄今尚无法律体系迈出的大胆一步。[4]

要解决人格归属问题，帕加罗认为我们需要区分三种规范性立场，即拥有自己法律地位的能力意味着：拥有自己的权利和义务的能力；通过有意识的行为产生自己的权利和义务的能力；通过一个人有意识的行为给另一个人带来权利和义务的能力。只有前两种立场可以概括法律人格，这一点得到了广泛的认可。第三种独立于前两者，因为具有法律人格并不意味着能够约束他人，这通常以有关人员的委托为前提。[5] 帕加罗认为，要预见到，在应用的各个方面对机器人进行区分是有道理的，我们需要找出其中可能赋予法律人格的合适候选人。但是，赋予自主甚至是智能的人工智能体以法律人格，达到能够处理自己事务的程度，可能是荒谬的。[6] 特纳以董事会内的机器人为例进行分析。持有权利和对权利进行决策是不同的功能。AI 不仅在支持董事，也可能取代董事。在许多产业中，人类收集的情报和数据已经喂给 AI 系统，AI 产生建议而人类执行。但公司法通常假

---

[1] *Citizens United v. Federal Election Commission*, 558 US 310 (2010).

[2] Samir Chopra and Laurence F. White, *A Legal Theory for Autonomous Artificial Agents*, University of Michigan Press, 2011, pp. 143~144.

[3] Ugo Pagallo, *The Laws of Robots: Crimes, Contracts, and Torts*, Springer Netherlands, 2013, p. 41.

[4] Nicolas Petit, "Law and Regulation of Artificial Intelligence and Robots: Conceptual Framework and Normative Implications", http://ssrn.com/abstract=2931339.

[5] Giovanni Sartor, "Cognitive Automata and The Law", *Artificial intelligence and Law*, Vol. 2009, No. 4.

[6] Ugo Pagallo, *The Laws of Robots: Crimes, Contracts, and Torts*, Springer Netherlands, 2013, p. 164.

定只有人才能做董事，所以 AI 是否能为法律实体做决定又变成了 AI 是否有独立人格的问题。[1]

理论上，帕加罗认为法律体系可能授予的人格有多种：机器人独立的法律人格，且其拥有自己的权利和义务；宪法权利意义上的人格，例如无完全法律能力人的人格；公司等人造法人具有的非独立人格；民法领域更为严格的人格形式，例如在合同责任和合同外义务中的机器人责任。我们应该研究更多的法律变量，以拓宽视野，并考虑其他形式的能动者资格。[2]欧盟委员会的责任和新技术专家组认为，法律人格有多种形式，即使是自然人，如儿童，也可能受到不同于成年人的对待。最著名的非自然人阶层——公司——长期以来只享有一套有限的权利和义务，这些权利和义务允许他们起诉和被起诉、签订合同、负债、拥有财产以及被定罪。赋予机器人或人工智能法律人格并不需要授予其包括自然人或公司拥有的所有权利。从理论上讲，法律人格可以完全由义务组成。但是，这种解决办法没有实际意义，因为民事责任是一种财产责任，要求其持有人拥有资产。[3]

（三）AI 法律人格的理论可能

对法律主体的一般定义是一种法定权利和义务的主体，这种定义足够宽泛，只要人工智能的角色具有法定权利和义务，就可以将其包括在内。[4]例如在既有的公司结构内寄居的 AI。美国法上的有限责任公司可能被用来授予自主系统以法律人格——可以创建一个有限责任公司，其操作协议将其置于人工智能系统的控制之下，然后让有限责任公司的所有其他成员退出，让系统不受人类的监督。[5]但反对者认为相关法条的立法意图不能被法院解释为可以让 AI 控制该公司。[6]英国法可能使未受监督的 AI 寄居于法律实体内，但德国法和瑞士法很难

---

[1] Jacob Turner, *Robot Rules: Regulating Artificial Intelligence*, Palgrave Macmillan, 2019, pp. 182~183.

[2] Ugo Pagallo, *The Laws of Robots: Crimes, Contracts, and Torts*, Springer Netherlands, 2013, p. 153.

[3] Expert Group on Liability and New Technologies (European Commission), Liability for artificial intelligence and other emerging digital technologies (2019), p. 38, https://op.europa.eu/en/publication-detail/-/publication/1c5e30be-1197-11ea-8c1f-01aa75ed71a1.

[4] Ben Allgrove, "Legal Personality for Artificial Intellects: Pragmatic Solution or Science Fiction?", June 2004, https://ssrn.com/abstract=926015.

[5] Shawn Bayern, "The Implications of Modern Business-Entity Law for the Regulation of Autonomous Systems", *European Journal of Risk Regulation*, Vol. 2016, No. 2; Shawn Bayern, "Are Autonomous Entities Possible?", *Northwestern University Law Review*, Vol. 2019.

[6] Matthew Scherer, "Is AI Personhood Already Possible Under U.S. LLC Laws? (Part One: New York)", http://www.lawandai.com/2017/05/14/is-ai-personhood-already-possible-under-current-u-s-laws-dont-count-on-it-part-one/.

这样做。[1]将控制该公司的人替换成 AI 实体,仍然面临该 AI 是否拥有该公司所有责任的问题,因为代表其做决定不同于具有与其同样的法律人格和法律责任。重要的是,公司是一种形式,而在公司里面的 AI 是唯一资产时,我们依然难以解决第三章提出的要将 AI 的行为归属给其所有者的问题。[2]还有学者认为,通过现有的有限责任公司法,AI 系统也可以被赋予法律权利和地位。[3]类似地,帕加罗也建议赋予自主合同系统法律人格,以便更好地执行这类由系统订立的合同。[4]

我们需要法律上的新人。对此特纳提出,欧洲议会对 AI 的法律人格是在既有人格内进行容纳还是新设,持开放的态度。欧盟成员国有权设定国籍的获得和丧失条件。国际公法并未禁止授予 AI 法律人格。正如在国内立法中,可以认为类人猿或某些河流是法律秩序中的人,也可以说诸如网页的物质是人。[5]特纳提出,我们还有对国外法律人格的相互承认。法律存在冲突时,双方可以相互承认对方教义,例如英国法院承认印度庙宇能在英格兰被视为法律上的人,因为其在印度具有如此地位。欧盟的设立自由条款要求,所有成员国承认所有符合一个成员国法律的法律人格。只要有一个国家承认营利性的 AI 具有法律人格,整个欧盟就要承认,这可能进而引发其他主要经济体也承认,以吸引自由的 AI 设计者和企业家。[6]

德国学者认为,可以基于部分法律地位的理论,引入部分权利能力。现实中存在多种形式的权利能力,也存在多种法律地位。部分权利能力是指仅在特定法律归责中才具有权利能力的人或社团,即若非有该等特定的法律根据,该人或社团不应承担任何责任,也不享有任何权利。相应地,部分法律地位是指该事物是法律主体,但其主体性的范围受到特定功能的限制,这是法律根据自身的特定条款和条件解决实际问题的理论方法。法律人格的减损需要特别的证成,而部分法律地位之下的部分权利能力的增加需要特别的证成。[7]所以,参照《德国民法典》第 90a 条的

---

[1] Shawn Bayern et al.,"Company Law and Autonomous Systems: A Blueprint for Lawyers, Entrepreneurs, and Regulators", *Hastings Science and Technology Law Journal*, Vol. 2017, No. 2.

[2] Jacob Turner, *Robot Rules: Regulating Artificial Intelligence*, Palgrave Macmillan, 2019, pp. 177~179.

[3] Shawn Bayern,"The Implications of Modern Business-Entity Law for the Regulation of Autonomous Systems", 19 Stanford Technology Law Review, Vol. 2015, No. 1; David J. Gunkel, *Robot Rights*, MIT Press, 2018, p. 9.

[4] Ugo Pagallo, *The Laws of Robots: Crimes, Contracts, and Torts*, Springer Netherlands, 2013, p. 154.

[5] Jacob Turner, *Robot Rules: Regulating Artificial Intelligence*, Palgrave Macmillan, 2019, pp. 179~180.

[6] Jacob Turner, *Robot Rules: Regulating Artificial Intelligence*, Palgrave Macmillan, 2019, pp. 180~181.

[7] [德]托马斯·威施迈耶、蒂莫·拉德马赫编,彭诚信主编:《人工智能与法律的对话 2》,韩旭至等译,上海人民出版社 2020 年版,第 147~148 页。

相关规定（"动物不是物。它们受到特别法的保护。特别法未特别规定时，准用对物的规定。"），我们可以反向地提出智能体的部分法律地位（智能体不是人。但在特别法未特别规定时，在它们提供的功能范围内，准用能动者的相关规定）。[1]

日本学者认为，承担责任的财产从哪来是技巧性问题，而责任主体的有无是法律体系基础部分的重要问题。如果将 AI 看作法律上的人，纳入我们的社会之中，可能有助于理解相关的责任问题。例如法人不依据法律规定就不能成立，那么依据新的法律规定可以制造新的法律上的人。如果认定每辆无人车都是制造商与服务商出资设立的法人，就可以预想到无人车的故意或者过失。但当它们网络化连接、共享作为判断基础的信息时，它们在字面意义上都融为一体了，难以判断究竟是谁提出的想法、谁做出的决定，仍然难以分配责任。[2]

四、AI 法律人格面临挑战

（一）AI 法律人格的核心挑战

一是 AI 何时有资格获得法律人格。有学者提出获得法律人格的条件：能够与周边环境交互，进行复杂的思维和沟通；有自己的感知并关注达成其生活计划；基于相互的自我利益而与其他人在社会上生存。[3]对此特纳认为，第二个条件类似于本书叫做意识的东西。从纯实用的角度来看，意识是不必要的。第一个和第三个条件是 AI 法律人格的门槛条件的探讨起点。具体边界是一个合理性辩论的问题，而满足条件后，是必须还是可以授予法律人格则是道德和政治问题，不能单靠法律推理解决。[4]

问题是，新兴数字技术的任何法律人格都可能引发一系列伦理问题。我们仍然缺乏法律价值的指引。对于克隆人的主要担心在于其诞生将扰乱作为人类社会基础的血亲伦理关系，由于人工智能在繁殖方式、发展方式上均与人类存在根本不同，因此学界主要担忧人工智能发展程度过高后会反制人类。[5]这种人类中心

---

[1] [德] 托马斯·威施迈耶、蒂莫·拉德马赫编，彭诚信主编：《人工智能与法律的对话 2》，韩旭至等译，上海人民出版社 2020 年版，第 152～153 页。

[2] [日] 福田雅树、林秀弥、成原慧编著：《AI 联结的社会：人工智能网络化时代的伦理与法律》，宋爱译，社会科学文献出版社 2020 年版，第 337～338 页。

[3] F. Patrick Hubbard, "'Do Androids Dream?': Personhood and Intelligent Artifacts", *Temple Law Review*, Vol. 2010～2011, No. 2; Mireille Hildebrandt, *Smart Technologies and the End(s) of Law: Novel Entanglements of Law and Technology*, Edward Elgar Publishing, 2015, p.419.

[4] Jacob Turner, *Robot Rules: Regulating Artificial Intelligence*, Palgrave Macmillan, 2019, p.197.

[5] 袁曾：《人工智能有限法律人格审视》，载《东方法学》2017 年第 5 期，第 51 页。

价值是我们主要考虑的道德和政治问题吗？人类如何面对智能人新主体？"担心人们开发出来的人工智能太强大，这起码在几百年之内都是错误的想法。我想这种担心源自一种局部看问题的基础性错误，与建造一个有自我意志的智能机器人的浩大工程和巨大复杂程度相比，人工智能某些单个领域最近取得的成就简直就是九牛一毛！"[1]话虽如此，法哲学的思辨仍有意义。当人类真要面对和管控超级新主体的时候，要么扩张当下的人法的边界，承认智能主体的法律主体性，让突变后的法律完成管控任务，此时人的本质将实现突变型成长；要么抛开当下的法律体系，另起一套法律体系实现对智能主体的管控，此时人的本质没有实现突变型飞跃，但面临着一套全新的法律主体本质论，如何理解和处理这两种法律主体的本质将成为两套法律体系的核心问题。

第二个问题是 AI 可能拥有的权利和承担的责任。如果社会决定机器人应当有权利，那么进一步的难题是应当有什么权利。AI 权利的限度是什么？对此特纳认为，平衡 AI 权利和既有法律上的人的权利是通过复杂社会思考来回答的。深度嵌入人类社会共享的概念之中的权利，例如选举权或婚姻权，没有必要授予 AI。AI 也没必要拥有不可废弃的绝对权利。[2]机器人也不适宜拥有性权利，因为机器人伦理禁止人们使用机器人进行性行为或从机器人中得到性满足。[3]其他权利并不必然与人的权利相似，例如受限于社会关系的以人类为中心的权利（例如尊严），可能不适合 AI。相反，AI 实体的权利可能包括更适合其独有性质的权利，例如更好的能源供应，或者更多的处理权力。[4]

与人类的"自然权利"不同，机器人权利的安排和取舍具有法律的虚构性、利他性和功能性。[5]只有帮助法律体系应对新兴数字技术带来的挑战，走这条赋予法律人格的路才有意义。[6]人工智能的行为能力和权利能力的范围可以根据当

---

[1] ［英］卡鲁姆·蔡斯：《人工智能革命：超级智能时代的人类命运》，张尧然译，机械工业出版社 2017 年版，第 95 页。
[2] Jacob Turner, *Robot Rules：Regulating Artificial Intelligence*, Palgrave Macmillan, 2019, p. 201.
[3] Diana Marina Cooper, "The application of a 'sufficiently and selectively open license' to limit liability and ethical concerns associated with open robotics", in Ryan Calo, A. Michael Froomkin, Ian Kerr eds., *Robot Law*, Edward Elgar Publishing, 2016.
[4] Jacob Turner, *Robot Rules：Regulating Artificial Intelligence*, Palgrave Macmillan, 2019, p. 171.
[5] 张玉洁：《论人工智能时代的机器人权利及其风险规制》，载《东方法学》2017 年第 6 期。
[6] Ugo Pagallo, "Apples, oranges, robots：four misunderstandings in today's debate on the legal status of AI systems", *Philosophical Transactions of the Royal Society A：Mathematical, Physical and Engineering Sciences*, Vol. 2018, p. 2133.

前发展阶段社会治理的需要来确定或限制，主要指人工智能的契约能力和盈利能力。[1]一个社会存在的实体要成为法律上的主体需具备与其活动主旨相一致的物质性条件，拥有从事活动所需的财产或其它必要条件。[2]值得质疑的是，未来的法律文件中关于自主机器人造成损害的责任的规定是否应当与整体的民事责任法相一致。欧盟动议指出，鉴于机器人的新能力，机器人的民事责任是一个关键问题，需要在欧盟层面上解决。为使其符合民事责任法，动议还需要填补自主机器人造成的损害赔偿责任方面的一些空白。[3]有关专家组认为，任何额外的人格都应该与分配给这些电子人的资金密切相关，以便能够有效地对他们提出索赔。这相当于对责任设定上限，正如与公司打交道的经验所表明的那样，在此基础上，通过对可以认定为电子人归属的自然人或法人提出索赔来突破这种限制，从而有效地揭开电子的面纱。此外，为了使负债具有真正的意义，电子能动者必须能够自行获得资产。这将需要解决与他们的法律行为能力以及他们在进行法律交易时如何行为有关的若干立法问题。[4]

所以，AI可能的权利和义务包括：独立的法律人格；拥有和处理资产的能力；起诉和应诉的权利；保护和禁止某些言论的自由；以自己名义缔约的能力，由此让人类参与者增强确定性，至少有AI会负责。[5]另一方面，帕加罗认为我们可以允许机器人接受多个利益相关者的资金输入，如智能机捐助者的投资、捐赠或付款。同样，法律制度也可以为机器人和人类之间的相互利益建立各种担保，例如当人类对机器人侵权而赔偿机器人的损失时，要求支付保险。[6]学者认为这样既不会过分影响同意、宣告、合同自由和合同缔结的法律理论，又能限制人类对能动者行为的责任。[7]

例如，假设一个自治的能动者被赋予了法律地位，并获得了一笔捐赠（这可

---

[1] 刘云：《论人工智能的法律人格制度需求与多层应对》，载《东方法学》2021年第1期。
[2] 彭诚信、陈吉栋：《论人工智能体法律人格的考量要素》，载《当代法学》2019年第2期。
[3] Policy Department for "Citizens' Rights and Constitutional Affairs", European Civil law rules on robotics, 2016, at 14.
[4] Expert Group on Liability and New Technologies (European Commission), Liability for artificial intelligence and other emerging digital technologies (2019), p. 38, https://op.europa.eu/en/publication-detail/-/publication/1c5e30be-1197-11ea-8c1f-01aa75ed71a1.
[5] Jacob Turner, *Robot Rules*: *Regulating Artificial Intelligence*, Palgrave Macmillan, 2019, p. 200.
[6] Ugo Pagallo, *The Laws of Robots*: *Crimes*, *Contracts*, *and Torts*, Springer Netherlands, 2013, p. 170
[7] Francisco Andrade, Paulo Novais, Jose Machado, Jose Neves, "Contracting Agents: Legal Personality and Representation", *Artificial Intelligence and Law*, Vol. 2007, No. 4.

能是出于资本化的要求)。显然,能动者的所有者或用户很可能是向能动者提供其初始禀赋的一方。但是,为了使这种资本化要求能够向第三方提供有意义的保护,所有者和能动者必须放弃对这些资金的一些控制(如通过捐赠基金的形式)。捐赠基金在某些方面就像一个代管账户。实际上,所有者和能动者与这些资金保持距离可能是一种优势,这样可以切断人工能动者的行为与其人类委托人之间的可能联系,并且能动者可能会随着时间的推移增加这些资金。在法律上,就这些基金赋予能动者准物权而言,并不需要太大的努力。当然,有人可能会辩称,仅仅是准物权被授予,并不意味着准物权就会演变成一种成熟的权利,或者意味着为将人类所享有的全部权利赋予给人工能动者打开了大门。[1]

虽然已经有机器人获得公民或居民身份,但在当下的弱人工智能时代,我们依然还难以看到人工智能体拥有自己的财产。其中最重要的原因是,无论是人工智能体的研发者还是生产者等,主要重视的还是人工智能体的工具性功能,尚未充分意识到人工智能体逐渐引发的诸多法律争议。[2]随着人工智能实践应用的推进和法律诉讼的爆发,会有更加强烈的社会思潮,来考虑机器人的财产规则,并进行风险配置。

授予法律地位并不能解决所有道德问题,而且可能会引发其他问题。为了使得 AI 的法律人格在解决责任时有用,AI 需要被给予一些资金或获得资金池的机会。[3]人类为人工智能体注入财产本质上仍是人类为成为主体之前的人工智能体承担责任。考虑到赋予机器人法律人格的主要目的是使其在发生损害时成为负责任的行为者,我们应该注意到,其他系统在赔偿受害者方面会有效得多,例如自主机器人的保险计划,其可能与补偿基金相结合。[4]无论通过什么路径,比如为人工智能体购买保险,或者为人工智能体设立专门基金等形式,只有那些现实或潜在的法律责任承担者才具有为人工智能注入"第一桶金"的压力与动力。[5]想象一下,一辆全自动汽车的责任在汽车上而不是在驾驶员身上的影响。专家组认为,事故的受害者只有在已有人为汽车投保并由该人支付保险费,或者有人为汽

---

[1] Mark Chinen, *Law And Autonomous Machines: The Co-Evolution of Legal Responsibility and Technology*, Edward Elgar Publishing, 2019, p. 234.
[2] 彭诚信、陈吉栋:《论人工智能体法律人格的考量要素》,载《当代法学》2019 年第 2 期。
[3] Jacob Turner, *Robot Rules: Regulating Artificial Intelligence*, Palgrave Macmillan, 2019, p. 193.
[4] Policy Department for "Citizens' Rights and Constitutional Affairs", European Civil law rules on robotics, 2016, at 15.
[5] 彭诚信、陈吉栋:《论人工智能体法律人格的考量要素》,载《当代法学》2019 年第 2 期。

车提供可以支付损害赔偿的资产的情况下才会得到赔偿。如果这些资产不足以完全补偿事故受害者，受害者将有强烈的动机向受益于汽车运营的人寻求赔偿。[1]特纳提出，用于满足第三方索赔的资金必然来自人类或人类参与的某个实体或团体。这关系到提前分配相关者的责任份额问题。赔偿基金和机器人的法律人格可以选择使用或者组合使用，以建立快速理赔通道，而登记可以公示相关事项。利用分布式记账（例如区块链技术）登记 AI 的资产，也能让人知道 AI 的可信度。如果其资产或信用率下降到某个水平之下，可以自动冻结其某些法律和经济权利。[2]人类对人工智能的控制越少，测试就需要越广泛，治理也需要越严格。

此外，法律人格的授予不仅使有关实体承担责任，而且使其他实体免于承担责任，这也可能充当解除责任的盾牌。[3]帕加罗认为这或许不成立。当一台自主机器被确定要对损害负责时，法律可以制定一些措施要求其承担经济后果。例如，要求 AI 机器的制造商要有最低资本要求，设置一个专门的登记簿来记录机器造成的损害并由其所有者、经营者或某个共同基金支付，或者在适当情况下可以让委托人对机器的行为负责。[4]AI 责任者可以购买保险，以涵盖其自身的失职风险。[5]所以，特纳认为机器人并不会被作为责任防卫物。公司的独立法律人格发挥了重要的经济价值，使得人们不用付出所有财产而从事风险行为。同样的责任防卫也存在于公司的有限责任中，但最尖锐的批判也不主张取消所有公司。公司与自然人都可能最后没有资产承担责任，因而这不是 AI 独有的问题。有不同的方式可以解决这个问题，包括保险、采取足够安全和经济审慎的行为。如果有限责任真被利用去逃脱责任，法律也已有完善的规则进行阻止，例如刺破公司面纱。认为人类利用 AI 免责其实是假定了人类对 AI 将要做的事有足够的控制力。倘若果真如此，则既有的刑法和民法体系可以解决归责。而 AI 法律人格就

---

[1] Expert Group on Liability and New Technologies (European Commission), Liability for artificial intelligence and other emerging digital technologies (2019), p. 38, https://op.europa.eu/en/publication-detail/-/publication/1c5e30be-1197-11ea-8c1f-01aa75ed71a1.

[2] Jacob Turner, *Robot Rules: Regulating Artificial Intelligence*, Palgrave Macmillan, 2019, p. 201.

[3] Mark Chinen, *Law And Autonomous Machines: The Co-Evolution of Legal Responsibility and Technology*, Edward Elgar Publishing, 2019, p. 196.

[4] Ugo Pagallo, *The Laws of Robots: Crimes, Contracts, and Torts*, Springer Netherlands, 2013, pp. 103~106.

[5] Lawrence B. Solum, "Legal Personhood for Artificial Intelligences", *North Carolina Law Review*, Vol. 1992, No. 4.

是用来应对不存在此种控制或预测的情形的。[1]

（二）AI法律问题的附带挑战

一是，以什么方式识别AI？在某种意义上，"由于身份是人格权的基础，人工智能的登记备案就相当于给予人工智能法律上的身份，从而使其拥有法律人格"。[2]特纳分析道，机器人思维可以存在于多个不同的地方，同时存在的数量可以不止一个，我们应当在非物理性的AI的本质中找到内在的、能识别的事物。可以考虑登记一个无法抹除的、不变的电子识别戳，例如分布式记账或区块链系统。如果AI从一个中央来源得到更新，同时对其用户又是个性化的，则可以在不止一个地方登记，进而就可以单独地和集体地规制AI，既可以针对该AI个体又可以针对AI所属的集体进行规制。如果AI拥有经济权利，那么要有办法将该登记系统与所有权联系起来。尽管不是每个AI实体都需要登记，但当其利用某些法律和经济基础设施例如保险、银行甚至是网络时，登记应当是必要前提。当其参与可能导致法律责任的活动时，登记和许可可以是强制的要求。[3]

二是，有人会拥有AI吗？绝大多数公司结构不管多复杂，最终都是以人类作为最终的利益拥有者。可能没有人拥有AI，但这是否可取需要社会来决定。[4]有学者提出了三阶段的AI法律人格进展：短期内解释和扩张既有法律；中期内承认有限的AI法律人格，在电子能动者的不可预测的行为被认为对公司或消费者风险太大时要求其承担严格责任；长期来看在机器发展出自我意识后可以发展出完全的AI人格，作为后人类权利。[5]例如，在短期内，有中国学者认为可以根据《中华人民共和国民法典》（以下简称《民法典》）第128条"法律对未成年人、老年人、残疾人、妇女、消费者等的民事权利保护有特别规定的，依照其规定"的规定，在出现需要对特定的人工智能体予以保护或承担责任的具体情形时，可以将其扩张解释为法律主体。[6]然而，该条明文要求有法律的特别规定，换言之，司法者和学者必须找到其他具体规定，才能具体地进行扩张解释。

---

[1] Jacob Turner, *Robot Rules: Regulating Artificial Intelligence*, Palgrave Macmillan, 2019, pp. 191~193.

[2] 袁曾：《人工智能有限法律人格审视》，载《东方法学》2017年第5期。

[3] Jacob Turner, *Robot Rules: Regulating Artificial Intelligence*, Palgrave Macmillan, 2019, pp. 198~200.

[4] Jacob Turner, *Robot Rules: Regulating Artificial Intelligence*, Palgrave Macmillan, 2019, p. 202.

[5] Koops, Hildebrandt, Jaquet-Chiffell, "Bridging the Accountability Gap: Rights for New Entities in the Information Society?", *Minnesota Journal of Law, Science & Technology*, Vol. 2010, No. 2; Jacob Turner, *Robot Rules: Regulating Artificial Intelligence*, Palgrave Macmillan, 2019, pp. 554~557.

[6] 彭诚信、陈吉栋：《论人工智能体法律人格的考量要素》，载《当代法学》2019年第2期。

三是，机器人能犯罪吗？首先，特纳认为机器人没有灵魂可被谴责，也没有肉身可被处罚。刑法一般要求有罪方必须是意图犯罪。例如瑞士的软件在暗网随机购物，设计者和 AI 系统都被起诉非法购买管制物品，后来起诉被撤销。[1]该案检察官似乎认为 AI 可以犯罪。一个充分理性地理解和遵守其法律义务的行为人，也将充分理性地修正其行为以避免惩罚，至少在这种惩罚导致不利于其实现其目标结果时如是。虽然这可能破坏惩罚的威慑和公正惩罚功能，但两者在任何情况下都是相关的，因为一个实体有能力被威慑，就有能力遭受报应。[2]其次，特纳认为我们可以区分 AI 的事实错误和应用规则错误，但犯意本质上只适用于人类。法律体系可能定义一个新的有责心理状态给 AI，但称其为犯意可能不再合适。第八章将进一步探索其可能受到的惩罚。[3]

五、AI 法律人格的初步结论

总的来说，将人工能动者视为法律上的人是一个决定而不是发现的问题，因为否认或授予人工能动者法律人格的最佳论据将是实用主义的，而不是概念性的。[4]正如，如果我们用财产和合同法来应对经营活动，而非创设合伙和公司法，那么财产法、合同法和侵权法中的资产分割规则可能会庞大得多。[5]如果不进行干预，当这些智能实体真正出现时，就无法为它们提供基本保护，会导致不公正的严重风险。尽管为这些不可知的表现建立一个全面的人格结构可能还为时过早，但考虑到非生物智能出现的不确定性质和时机，提前奠定基础至关重要。[6]所以特纳认为法律人格不是任何领域的特殊之物或不可避免之物，而仅仅是人类

---

[1] "Random Darknet Shopper Free", *Website of*! *Mediengruppe Bitnik*, 14 April 2015, https://www.Bitnik.Org/R/2015-04-15-random-darknet-shopper-free/; Christopher Markou, "We Could Soon Face a Robot Crimewave ⋯ the Law Needs to be Ready", *The Conversation*, 11 April 2017, http://www.cam.ac.uk/research/discussion/opinion-we-could-soon-face-a-robot-crimewave-the-law-needs-to-be-ready.

[2] Samir Chopra, Laurence F. White, *A Legal Theory for Autonomous Artificial Agents*, University of Michigan Press, 2011, pp. 168~169.

[3] Jacob Turner, *Robot Rules*: *Regulating Artificial Intelligence*, Palgrave Macmillan, 2019, pp. 202~204.

[4] Samir Chopra, Laurence F. White, *A Legal Theory for Autonomous Artificial Agents*, University of Michigan Press, 2011, p. 154.

[5] Paul G. Mahoney, "Contract or Concession—An Essay on the History of Corporate Law", *Georgia Law Review*, Vol. 2000, No. 2.

[6] Ryan Dowell, "Fundamental Protections for Non-Biological Intelligences or: How We Learn to Stop Worrying and Love Our Robot Brethren", *Minnesota Journal of Law*, *Science and Technology*, Vol. 2018, No. 1.

达成法律之外的目标的一个工具。即使理论上接受 AI 法律人格，也仍然存在诸多结构化上的问题。后续章节将探讨如何构建制度以解决这些问题。[1]法社会学强调对法律规范进行合目的性或合功能性的考量，并对法学教义修辞"法律人格"在实质、功能和政策上的连贯性、合理性进行考察，理清其背后的具体目标、社会功能和政治选择。这实际上是一个逐渐形塑 AI 社会地位和角色的过程。这个过程本身就是人类主导的、符合人类根本利益的。

---

[1] Jacob Turner, *Robot Rules：Regulating Artificial Intelligence*，Palgrave Macmillan，2019，p. 205.

第六章

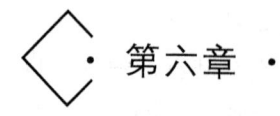

建设人工智能规制者

一、为何要在能够制定法律之前设计制度

阿西莫夫以制定法则为起点是错误的,首先要问的问题是,谁应当制定法律。[1]特纳分析这是从制度设计的哲学推导出来的观点。实证法认为规范效力在于其来源;自然法认为自然或人类理性具有内在的某些价值,这应当反映在法律体系中。因此,自然法聚焦于确保法律反映某一特定的道德准则,而实证法聚焦于创造主体接受的法律。如果自然法是对的,那么在特定的情形中只有一种规则是正确的,进而会像阿西莫夫所持的观点一样开始于并结束于书写规则。而实证法没有必要回答是否只有一种道德正确的价值体系。而且人们在很多道德问题上没有共识,这意味着即使达成最优规则,确保其完全被采纳和执行几乎是不可能的,除非有一些机制确保这些规则为人们所接受和尊重。[2]

（一）AI 需要公共机关而非私有公司制定的原则

面对人工智能引发的一些负面问题,谷歌、微软等科技公司纷纷提出企业层面的人工智能价值观。谷歌提出七条正面原则以及四条底线,涉及谷歌不从事的 AI 应用;微软提出六大人工智能原则;腾讯在"科技向善"理念之下,倡导并践行包含三个层面的新技术伦理观;百度提出以增进人类共同福祉为目标,致力于人工智能技术研究,坚持技术中立原则,推进人工智能技术的合理应用。

人们遵守私有公司规范的伦理动机可能来自"软"权力,例如对创始机构、同事或其讨论、制定伦理准则的过程的尊重。这与 AI 有何关系？博丁顿让我们面对现实,至少在某些方面,AI 通常是由很聪明的人运行的。但自信地假设聪

---

[1] Jacob Turner, *Robot Rules: Regulating Artificial Intelligence*, Palgrave Macmillan, 2019, p.207.

[2] Jacob Turner, *Robot Rules: Regulating Artificial Intelligence*, Palgrave Macmillan, 2019, pp.208~209.

明的人仅凭其聪明才智就能制定并实施良好的伦理守则,这一观点是错误的。[1]所以,AI 需要公共机关而非私有公司制定的原则。特纳进一步解释了四个原因。

第一,公司伦理委员会制定的规制总是缺乏政府能够提供的正当性。特纳认为,尽管公司可能对技术风险和能力有更深刻的理解,但没有任何政府监督可能会带来危险。政府行动的目标在于服务于社会上每个人的共同利益,尽管政府的决策有时会受到游说集团和腐败个体的影响,但这种情况更多地反映了人们对政府如何运转的核心概念存在分歧。虽然公司的社会责任和伦理考虑的确能成为公司商业计划的部分,但从善的考量经常是次要的,且往往与为股东创造价值的目标存在紧张关系。[2]这一观点已为密歇根州最高法院所支持。[3]

第二,关于 AI 中的算法偏差问题。特纳提出,人们逐渐意识到,用于促进各种操作的算法会重现或产生偏差。这可能是因为算法的训练数据集本身以某种方式存在偏差,或者是由于算法本身的操作会产生偏差。当 AI 系统缺乏透明度时,这一问题尤为棘手。这对 AI 意味着什么?这个问题对于谁参与制定和实施伦理准则以及将伦理决策植入机器中至关重要。"消除偏见"也许是一个很好的目标,但理解它的含义以及如何做到这一点,则是另一回事。[4]公司提出这样一个目标是积极的。但是,公司要想真正理解和处理其中的数据集偏差,以及随后人为操作所带来的偏差,其复杂性远超预期。这将在后续章节对基于自动人脸识别的治安警务的探讨中得到体现。

第三,关于公正性与规制俘获。微软在其《计算化未来:人工智能及其社会角色》一书中表明其已经成立了一个人工智能伦理委员会(AI and Ethics in Engineering and Research Committee,AETHER),囊括了工程、研究、咨询、法律等部门的专家,旨在确保将其奉行的人工智能原则融入人工智能研发和应用,积极推动内部政策的形成并应对潜在问题。虽然科技公司强调其 AI 监督机构包括独立专家,而非仅仅是公关工具。但是,特纳认为,如果政府不创设自己的 AI 机构,则很大一部分思想领导者将会偏向支持某一公司的利益。尽管专家会力图维持其独立性,但其与公司联合的事实会不可避免地带来风险,要么其会受到公司

---

[1] Paula Boddington, *Towards a Code of Ethics for Artificial Intelligence*, Springer International Publishing, 2017, pp. 24~25.

[2] Jacob Turner, *Robot Rules: Regulating Artificial Intelligence*, Palgrave Macmillan, 2019, pp. 210~211.

[3] *Dodge v. Ford Motor Co.*, 170 N. W. 668 (Mich. 1919).

[4] Paula Boddington, *Towards a Code of Ethics for Artificial Intelligence*, Springer International Publishing, 2017, p. 16.

利益某种程度的影响,要么其会被外界认为受到这样的影响,不管如何,公众对其公正性的信任都容易受损。再者,规制俘获是指规制者受到私有利益的重大影响。随着产业自我规制的发展,政府重新设计新制度会愈来愈难。相反,政府很可能选择背书产业已经采纳的规制体系。[1]如果政府不背书产业已经采纳的规制体系,就必须提出一个更加成熟的规制体系,否则就容易被批判为外行领导内行,甚至真的有害产业的发展。

第四,关于规则太多和太少的问题。特纳提出,产业自我规制的另一问题是缺乏法律约束力。伦理标准是自愿的,会导致一些组织有优势。例如中国的主要AI公司都没宣布参加国外主要AI公司成立的伦理工作合伙关系。没有统一的框架,大量的私人伦理维护委员会导致规则泛滥。只有政府具有权力确保一个公平的制度并要求全面遵守,以避免混乱和危险。[2]在一些领域之所以出现太多、混乱的规则,可能是因为公司为较好地展现其社会形象而活跃其中,也可能是因为受到新闻媒体、社会大众广泛关注。但在其他领域,规则可能就太少了,因为公司没有内在的或外在的动力去提出相关的伦理规则,更别说真的有动力去落实好相关规则了。

此外,是否应当适当授权产业进行自我规制,这涉及人工智能法案是否具有未来的可持续性的问题。欧盟委员会对此进行了解答。该法规引入了不同风险水平,并提供了明确定义,包括对通用人工智能的定义。该法规为高风险人工智能系统设定了以结果为导向的要求,但将具体的技术解决方案和运营主要交给了由行业主导的标准,这将确保法律框架灵活,能够适应不同的用例并实现新的技术解决方案。此外,《人工智能法案》可以通过授权法案和实施法案进行修改,包括更新FLOP 阈值(通过授权法案),添加将通用人工智能模型认定为具有系统性风险的标准(通过授权法案),修改建立监管沙盒和实施真实世界测试计划的方式(通过实施法案)。[3]

(二)跨产业立法而非法官在特定领域造法

人工智能的发展引发了人们对人类智能体本质和机器智能体本质的质疑,因为它们给我们的个人和集体生活带来了潜在的深刻干扰,在很短的时间内使我们

---

[1] Jacob Turner, *Robot Rules*: *Regulating Artificial Intelligence*, Palgrave Macmillan, 2019, pp. 211~212.

[2] Jacob Turner, *Robot Rules*: *Regulating Artificial Intelligence*, Palgrave Macmillan, 2019, pp. 212~213.

[3] European Commission, "Artificial Intelligence-Questions and Answers", https://ec.europa.eu/commission/presscorner/detail/en/QANDA_21_1683.

的生活发生了翻天覆地的变化。所以,当我们试图思考人工智能的伦理问题时,不妨回顾一下这些基本的道德起点。对此,博丁顿提出,伦理守则(以及法律和其他法规)是为应对灾难或丑闻而制定的,对此的理解可以帮助我们理解伦理守则如何成长。尽管对灾难的反应至关重要,但以这种方式开发规则使我们陷于被动。在 AI 中,人们当然希望避免灾难,尤其是当我们谈论存在的风险时,但是我们需要非常仔细地考虑如何实现这一目标。[1]即我们应当思考,如何利用而非依赖以对灾难进行反应的方式来开发规则。

1. 立法和司法之间的人工智能规制分工。针对 AI 的新法应当由立法者而非法官制定。"疑难案子造就了不好的法官造法",而对"绝望案件"作出回应可能会使我们的思想产生偏差。[2]特纳分析道,法官改变或适用规则通常发生在事后,争议已然发生。疑难案件之所以会导致坏法,是因为事后各方将面临经济和时间的压力,法律发展取决于案件类型、案件程序、案件争点,而法官对判决的广泛后果了解有限。相比之下,立法者经常能够较为自由地深思多年,在准备规则时进行重大研究,确保构建每个人都能理解的框架。将重大的社会决定完全依赖于司法,可能造成民主赤字。因此,当某些问题超出其制度性或宪法性权能时,法官会拒绝裁判。此外,许多案子并不会进入司法程序,一是为了避免旷日持久的法律争议带来的有害宣传和披露而进行庭外解决,二是诉讼的成本和不确定性使得双方考虑庭外解决,三是受害者和潜在责任方事先有协议选择秘密的、有效的仲裁。结论是,法官造法可以有助于磨平新立法的粗糙边角,但将规制 AI 的重大决定全托给司法是有风险的、低效的。[3]所以,应当先由立法者经深思熟虑之后系统造法,而后由法院在面临特殊案件时根据系统规则的体系精神进行自由裁量,进一步完善这个规则体系。无独有偶,韦弗提出,AI 应用的扩散,意味着立法者或司法者很快需要对其进行规范。从公共政策的视角而言,统一的立法规范有利于在整个法域中保持一致性,并且不会导致在不同法院辖区之间产生分歧。[4]另外,立法者才有动力及时供给规则,而法院则是被动地不告不理。公司

---

[1] Paula Boddington, *Towards a Code of Ethics for Artificial Intelligence*, Springer International Publishing, 2017, p. 49.

[2] Moore FD, "The desperate case: CARE (costs, applicability, research, ethics)", *JAMA*, Vol. 1989, No. 10.

[3] Jacob Turner, *Robot Rules: Regulating Artificial Intelligence*, Palgrave Macmillan, 2019, pp. 222~225.

[4] John Frank Weaver, *Robots are People Too: How Siri, Google Car, and Artificial Intelligence will Force Us to Change Our Laws*, Praeger, 2013, p. 11.

可能会利用这一差别，等待其对规则的定型有足够影响力时再走到法院。

此外，AI伦理守则可能会根据其他伦理守则而制定。这可能合适也可能不合适。我们需要仔细考虑如何以多种不同形式对AI进行监管，而不是简单地修改已有的知识，也不是假设相同的法典和法规模型将适用于所有形式的AI。[1]话虽如此，没有能够适用于所有形式的AI的规则，但也几乎没有只能适用于一种AI形式的规则。特纳认为，给AI的规则应当在跨产业的基础上作出。迄今的AI法律辩论主要在于两个部门，即武器和汽车。公众、法律学者和政策制定者聚焦于这两个领域而忽视了其他领域。更重要的是，仅仅在一个又一个产业的基础上处理整个AI规制，是误入歧途。[2]这是因为，我们面临从有限人工智能到通用人工智能这个过程。第一章已经说明，在有限人工智能和通用人工智能之间的连续性光谱意味着，我们无需认定奇点多快会临近，而仅仅是AI技术的演进将涉及迭代的过程，就意味着程序会各自、集合地变得更加能够掌握一系列的技术和任务。[3]AI技术会天然地具有跨界性，就算我们想为某种特定的AI形式提供规则，它也会突破这种形式。

我们还对通用原则存在需求。即使认为AI正在变得更加多目标化，也会有人认为在每个产业内的相关规章都应当继续适用，没必要有通用规制层。但这个路径存在几个问题。首先，立法者的确可能会质疑AI作者、AI作曲家等AI形式背后的公共安全必要性，因其没有和人类进行身体上的相互作用，和周围的世界没有接触。但是无限组合派生出无限可能，AI形式的多样性意味着肯定会有足够的不同领域的AI严重影响人类安全，未来很可能出现一部从总体上规制AI的法典，或者管理不同AI的不同立法。[4]特纳认为，从有限AI到通用AI意味着继续区分AI用途会变得越来越困难，对每个AI应用独立规制令人困惑、不合法治，而通用规则有助于提升法律的一致性和可预见性。其次，不同行业中，AI引发了许多新问题，例如电车问题。如果每个产业都单独处理该问题，时间和精力会被浪费。最后，不同部门的规制产生了规制的边界问题，不同规则的交叉导致了复杂系统的产生，政府要花费更多资源指示如何执行，而公司要花费更多时

---

〔1〕 Paula Boddington, *Towards a Code of Ethics for Artificial Intelligence*, Springer International Publishing, 2017, pp. 50~51.

〔2〕 Jacob Turner, *Robot Rules: Regulating Artificial Intelligence*, Palgrave Macmillan, 2019, pp. 213~214.

〔3〕 Jacob Turner, *Robot Rules: Regulating Artificial Intelligence*, Palgrave Macmillan, 2019, p. 214.

〔4〕 John Frank Weaver, *Robots are People Too: How Siri, Google Car, and Artificial Intelligence will Force Us to Change Our Laws*, Praeger, 2013, pp. 49~50.

间和精力寻求遵守或确保最有利的安排。因为其专长和既有的规则制定基础,各个部门的规制者将继续是其各自领域的重要治理者,但部门规制是 AI 规则来源的必要而非充分因素。要点在于各个规制者应当允许首要的原则适用于不同产业的治理结构以进行补充。这种模式可以是金字塔的形式,最宽的底部仍然是各种各自的产业规制者设定细致的规则,每个上面的治理层都负责更小的更精妙的原则(顶层的 AI 指导原则将在第八章阐述)。连贯的规制结构将使得公司能够在有效的、可预测的环境中运行。[1]

例如,2021 年,中国《新一代人工智能伦理规范》发布。该规范第 23 条规定,"本规范由国家新一代人工智能治理专业委员会发布,并负责解释和指导实施"。第 24 条规定"各级管理部门、企业、高校、科研院所、协会学会和其他相关机构可依据本规范,结合实际需求,制订更为具体的伦理规范和相关措施"。第 25 条规定,"本规范自公布之日起施行,并根据经济社会发展需求和人工智能发展情况适时修订"。

2019 年 4 月,美国参议院和众议院向国会提交《算法责任法案》,这是联邦首次以立法形式跨行业监管人工智能,其广泛提出的保护措施将由联邦贸易委员会(FTC)根据《联邦贸易委员会法》(Federal Trade Commission Act)第 5 条关于欺骗性和不公平行为的规定进行执法,或由受影响州的检察长提起民事诉讼。在与州法的竞合上,该法案明确规定,它不会对州的立法空间和效力进行先占。这意味着企业需要保持警惕,持续关注任何州关于算法责任的立法发展。[2] 该法案预示着即将颁布的法律,实际上一些相关立法活动已经在州和城市层面开始发展。联邦《算法责任法案》提出仅 1 个月后,新泽西州也提出了类似的《新泽西州算法责任法案》。[3] 其他州和市政府在此之前也有立法趋势,在由政府采购和使用 AI 的背景下,考虑规范算法偏见的法律。纽约市在 2018 年初,就颁布了美国第一部算法责任法——《与机构使用的自动决策系统有关的地方法》。[4]

概言之,由于 AI 立法缺失,立法机构将在制定一部统一的 AI 法典之前,先制定许多具体的 AI 法律。但随着更多的 AI 产品被开发出来,各州可能不想要一个法律法规的大杂烩,而且开发 AI 的公司也需要具有可预测性和一致性的法律

---

[1] Jacob Turner, *Robot Rules*: *Regulating Artificial Intelligence*, Palgrave Macmillan, 2019, pp. 218~221.
[2] 116th Congress (2019~2020), "Algorithmic Accountability Act of 2019", Congress. Gov, https://www.congress.gov/bill/116th-congress/house-bill/2231.
[3] New Jersey Algorithmic Accountability Act (A. B. 5430).
[4] A Local Law in relation to automated decision systems used by agencies (Int. No. 1696A – 2017).

去开发新的 AI。统一的法律将为 AI 提供总体的标准和原则，允许必要时颁布特定类型 AI 的具体操作规范。[1]

类似地，我们要考虑到，人们对于 AI 各个领域的发展动机和态度可能参差不齐：AI 涵盖了开发和应用程序的广泛领域，因此针对不同的 AI 开发和应用程序将需要许多特定的伦理守则。AI 的一般伦理守则必须具有普适性，还需要更详细的行为规范以将其转化为特定领域的可行行动。[2]

2. 不同层级的人工智能立法考虑。以上讨论只分析了立法和司法之间的人工智能规制分工。即便如此，我们也需进行不同层级的立法考虑。工业革命的经验表明了在监管之前和之后的新技术是如何影响普通人的，例如当美国联邦政府意识到很多州不愿意或者不能够通过有效法律保护工会后，其在 1935 年通过《国家劳动关系法》。[3]同样可以预料的是，随着各种 AI 产品大批上市，各州的立法者会更感到压力，更加厌恶立法上的真空。例如，比起联邦政府，各州将更加积极地管理规范自动驾驶汽车，而此外的很多行业，都是州和联邦的法律同时存在。[4]再如，统一的 AI 法律可以是联邦立法，在各州的立法要求上增加联邦层面的要求；也可以是联邦政府机构，例如消费者保护局，通过由行业组织和律协组成的顾问委员会起草的统一法律作为示范法，要求各州适用示范法或者本质上类似的法律，以便从联邦政府获得资金，避免联邦的未来审查监督。[5]

我们还需要考虑政府管理者的角色。"规定"是一个很广泛的法律术语，几乎包含任何法律、法规和有关政府要求或控制的规章制度。[6]AI 时代市政区域划分的地方条例和行政规定，以及政府实际的、拟议的、可能的对消费 AI 所施加的要求，都是应当受到关注的规定。[7]例如，美国自动驾驶在 2013 年之前的

---

[1] John Frank Weaver, *Robots are People Too：How Siri, Google Car, and Artificial Intelligence will Force Us to Change Our Laws*, Praeger, 2013, pp. 61~62.

[2] Paula Boddington, *Towards a Code of Ethics for Artificial Intelligence*, Springer International Publishing, 2017, pp. 60~61.

[3] Arthur M Johnson, "Economy since 1914", in Glenn Porter ed., *Encyclopedia of American Economic History*, vol. 2, Charles Scribner's Sons, 1980.

[4] John Frank Weaver, *Robots are People Too：How Siri, Google Car, and Artificial Intelligence will Force Us to Change Our Laws*, Praeger, 2013, pp. 49~51.

[5] John Frank Weaver, *Robots are People Too：How Siri, Google Car, and Artificial Intelligence will Force Us to Change Our Laws*, Praeger, 2013, p. 62.

[6] Bryan A. Garner ed., *Black's Law Dictionary* 9th ed, West Publishing, 2009, p. 1398.

[7] John Frank Weaver, *Robots are People Too：How Siri, Google Car, and Artificial Intelligence will Force Us to Change Our Laws*, Praeger, 2013, p. 45.

立法趋势表明，自动驾驶汽车没有相应的现行立法，即现行立法没有妥善规制 AI，此即要求州政府机构（车辆管理部门或交通运输部门）制定能够满足一系列目标的监管规范。各州立法针对自动驾驶汽车指示各州政府机构提供有助于有效管理自动驾驶汽车的详细信息，立法委员会允许政府机构自行制定规章，这些政府机构监督法律的具体实施、接听民众意见，不让立法机构迷失在人们日常生活的大杂烩中。[1]总之，韦弗认为，在立法机构解决 AI 的治理问题时，将由政府机构起草和行政审议具体的监管规章，对 AI 和 AI 制造商提出更具体的法律要求。各州已经建立诸多执行部门来管理不同的领域，各州将优先级扩大到 AI 是符合逻辑的现实需求，至少可以在消费者保护委员会下设立 AI 委员会之类的 AI 部门，实施统一的 AI 法律。[2]

二、政府规制 AI 的当下趋势

博丁顿认为，理想化和越界通常适用于对 AI 伦理的思考。由于 AI 潜在的影响范围非常广泛，并且人们担心智能机器会以各种方式影响其生活，因而有一种倾向认为 AI 的伦理准则必须涵盖"一切"，因此我们必须"解决"道德问题。但对于许多或大多数 AI 应用程序来说，目前肯定会涉及有限的范围，因此，其在一定程度上包含了伦理问题，包括社区协议问题。也许根本没有必要首先解决更大的全球性伦理问题。或者至少可以说，如果没有这一点，我们可能会取得一些有益的进展。[3]可见，理想化的 AI 伦理问题思考方式，反而可能阻碍我们获得相关的进展。所以，我们首先要考虑和推进的是国内的 AI 规制。

（一）域外的进程

我们需要总结一些一般性的规制路径，以确定前进的方向。[4]特纳认为，英国上议院 AI 特别委员会和 AI 的全党派议会团体做得过头，是因为其指令包括经济问题，例如 AI 对于工作的影响。这个问题是重要的，但和规制 AI 的新规则是

---

[1] John Frank Weaver, *Robots are People Too: How Siri, Google Car, and Artificial Intelligence will Force Us to Change Our Laws*, Praeger, 2013, pp. 55, 60.

[2] John Frank Weaver, *Robots are People Too: How Siri, Google Car, and Artificial Intelligence will Force Us to Change Our Laws*, Praeger, 2013, pp. 73~74.

[3] Paula Boddington, *Towards a Code of Ethics for Artificial Intelligence*, Springer International Publishing, 2017, p. 87.

[4] Jacob Turner, *Robot Rules: Regulating Artificial Intelligence*, Palgrave Macmillan, 2019, p. 225.

不同的。同时又做得过少，政府倡议没有协调行动、开发治理 AI 的全面标准。[1]上议院 AI 特别委员会 2018 年发布的报告最后认为，英国有机会影响全世界 AI 的研发和使用，建议政府与其他 AI 领先国家的政府资助的 AI 组织合作发起全球峰会，确立设计、研发、规制和利用 AI 的国际规范。[2]但脱欧带来国内和国际关系的巨变后，英国政府是否将有资源、投入、国际势力去推动该建议的落实，有待观察。[3]事实上，观察的结果是消极的。再看法国的"维拉尼报告"，报告的主题很广，包括发展产业的经济倡议，以及建议创建数字技术和 AI 伦理委员会。[4]在此基础上，法国总统马克龙强调法国和欧洲将成为研发 AI 的领导者，再创欧洲的 AI 主权，特别是在规制方面。但未知的是，马克龙的宏伟战略如何实施，维拉尼的详细建议是否会被更为广泛地采纳。[5]

2016 年欧洲议会法律事务委员会（European Parliament's Legal Affairs Commission）发表了一份关于"欧洲机器人民法规则"（European Civil Law Rules on Robotics）的研究报告。博丁顿认为，对比西方对机器人的恐惧，远东没有这种对机器人的恐惧感。在远东地区，西方被视为对机器人技术抱有消极的恐惧态度，并且这可能"阻碍机器人技术产业的发展"。积极表达的远东态度则出现于日本的神道教，其具有更扎实的潜在形而上学或意识形态。该报告巧妙地将最近科学专家的合理警告与古代神话故事引起的民众恐惧放在一起，巧妙地优先考虑了表达出来的技术"专家"的担忧，同时减少了"西方集体良心"的担忧。[6]

2018 年，欧盟 28 个成员国共同签署《人工智能合作宣言》，承诺在人工智能领域形成合力，与欧盟委员会开展战略对话。上述有关人工智能合作的联合宣言是令人鼓舞的迹象，[7]但其规制议程仍然处于开始阶段。欧盟《通用数据保护

---

[1] Jacob Turner, *Robot Rules*: *Regulating Artificial Intelligence*, Palgrave Macmillan, 2019, pp. 225~226.

[2] House of Lords Select Committee on Artificial Intelligence, *AI in the UK*: *Ready*, *Willing and Able?*, Report of Session 2017-19 HL Paper 100, https://publications.parliament.uk/pa/ld201719/ldselect/ldai/100/100.pdf.

[3] Jacob Turner, *Robot Rules*: *Regulating Artificial Intelligence*, Palgrave Macmillan, 2019, pp. 227~228.

[4] Cedric Villani, "For a Meaningful Artificial Intelligence: Towards a French and European Strategy", March 201, https://www.aiforhumanity.fr/pdfs/MissionVillani_Report_ENG-VF.pdf.

[5] Jacob Turner, *Robot Rules*: *Regulating Artificial Intelligence*, Palgrave Macmillan, 2019, pp. 228~229.

[6] Paula Boddington, Towards a Code of Ethics for Artificial Intelligence, Springer International Publishing, 2017, pp. 52~53.

[7] European Commission, "EU Member States Sign Up to Cooperate on Artificial Intelligence", An official website of the European Union, https://ec.europa.eu/digital-single-market/en/news/eu-member-states-sign-cooperate-artificial-intelligence.

条例》（GDPR）并非具体指向 AI，但其条款看起来很可能会对该产业产生巨大影响，这一影响可能超出起草者的意图。[1]2020 年 2 月，欧盟委员会公布《人工智能白皮书：通往卓越和信任的人工智能发展之路》，提出了构建基于卓越和信任的人工智能生态系统的理念。[2]白皮书围绕着两个关键部分展开：一是建立协调欧洲、国家和区域三个层面的不同政策措施的框架。通过私人和公共部门之间的合作，调动资源创建一个从研究到创新的、包含整个价值链的"卓越生态系统"。二是创建"信任生态系统"的监管框架，确保人工智能系统遵守欧盟的规则，包括保护最基本的权利和消费者利益。2021 年 4 月 21 日，欧盟委员会发布了欧洲议会和理事会《关于制定人工智能统一规则》的提案。[3]委员会提出构建人工智能监管框架的建议，具体目标如下：确保在市场上放置和使用的人工智能系统是安全的，并尊重有关基本权利和价值的现有法律；确保法律确定性，以促进人工智能的投资和创新；加强适用于人工智能系统的有关基本权利和安全要求的现有法律的有效执行；促进合法、安全、可信的人工智能应用的单一市场的发展，防止市场碎片化。

美国国会在 2000 年就通过法案，要求在 2010 年之前实现三分之一的远程攻击机为无人操作型，以及在 2015 年之前实现三分之一的地面军用车辆为无人操作型。[4]奥巴马政府积极推动人工智能的发展，支持 AI 基础研究与长期发展。其在 2016 年下半年发布了三份具有全球影响力的报告：《为未来人工智能做好准备》《国家人工智能研发战略规划》《人工智能、自动化与经济报告》。[5]三份报告分别针对美国联邦政府及相关机构人工智能发展、美国人工智能研发以及人工

---

[1] Jacob Turner, *Robot Rules: Regulating Artificial Intelligence*, Palgrave Macmillan, 2019, pp. 229~230.

[2] White Paper On Artificial Intelligence-A European approach to excellence and trust.

[3] EUR-Lex, "ARTIFICIAL INTELLIGENCE ACT", An official website of the European Union, https://eur-lex.europa.eu/legal-content/EN/TXT/? uri = CELEX：52021PC0206.

[4] Paul Joseph Springer, *Military Robots and Drone*, ABCClio, 2013, p. 22.

[5] Executive Office of the President, National Science and Technology Council, Committee on Technology, October 2016, "Preparing For The Future Of Artificial Intelligence", the White House, https://obamawhitehouse.archives.gov/sites/default/files/whitehouse_files/microsites/ostp/NSTC/preparing_for_the_future_of_ai.pdf; National Science and Technology Council, Networking and Information Technology, Research and Development subcommittee, "The National Artificial Intelligence Research and Development Strategic Plan", the White House, https://www.nitrd.gov/pubs/national_ai_rd_strategic_plan.pdf; Executive Office of the President, "Artificial Intelligence, Automation, and the Economy", the White House, https://obamawhitehouse.archives.gov/sites/whitehouse.gov/files/documents/Artificial-Intelligence-Automation-Economy.PDF.

智能对经济方面的影响等方面提出了相关建议。但是，美国特朗普总统早年放弃了 AI 的重要优先性，虽然私有部门和国防部对此投资巨大，但联邦政府似乎没有追求重大的国家或国际规制计划。[1] 2019 年 2 月，特朗普签署了《维护美国人工智能领导力的行政命令》，启动了"美国人工智能计划"，将人工智能研究和开发作为优先事项，维持和深化美国在人工智能领域的领导地位。[2] 该计划重点包括：加强人工智能研发投资、联邦政府数据和计算资源开放、人工智能治理和技术标准等方面。2020 年 2 月，白宫科学技术政策办公室（OSTP）发布《美国人工智能计划首年年度报告》，报告总结了自 2019 年 2 月总统签署行政命令以来，在实现人工智能国家战略目标方面取得的重大进展。[3] 报告主要从投资人工智能研发、释放人工智能资源、清除人工智能创新障碍、培育具备人工智能技能的劳动力、改善人工智能创新的国际环境、在政府服务和任务中使用可信人工智能等六个方面概述了美国人工智能计划的进展情况，并提出了一个持续的长期愿景。近两届国会期间，参议院和众议院提出了多个与人工智能相关的法案，其中涉及深度伪造、劳动力及伦理等方面的立法规制备受关注。2019 年 10 月，参议院通过了《2019 年深度伪造报告法案》，要求国土安全部评估用于产生深度伪造的技术以及可用的对策，以帮助决策者和公众更好地了解深度伪造对选举安全和国家安全的威胁。[4] 2019 年 1 月，众议院向国会提交《2019 年人工智能就业法案》，指出技术可以改善个人生活，但也可能破坏就业，应在培训工人的过程中鼓励创新，并要求劳动部编写有关人工智能及其对劳动力的影响的报告。[5] 2019 年 2 月，众议院提交一项支持制定人工智能道德发展准则的决议。[6] 2023 年，美

---

[1] Jacob Turner, *Robot Rules: Regulating Artificial Intelligence*, Palgrave Macmillan, 2019, pp. 230~231.

[2] Executive Order 13859 of February 11, 2019, "Maintaining American Leadership in Artificial Intelligence", Federal Register, https://www.federalregister.gov/documents/2019/02/14/2019-02544/maintaining-american-leadership-in-artificial-intelligence.

[3] The White House Office of Science And Technology Policy, "American Artificial Intelligence Initiative: Year One Annual Report", https://trumpwhitehouse.archives.gov/wp-content/uploads/2020/02/American-AI-Initiative-One-Year-Annual-Report.pdf.

[4] 116th Congress (2019~2020), "Deepfake Report Act of 2019", https://www.congress.gov/bill/116th-congress/senate-bill/2065.

[5] 116th Congress (2019~2020), "AI JOBS Act of 2019", https://www.congress.gov/bill/116th-congress/house-bill/827.

[6] 116th Congress (2019~2020), "Supporting the development of guidelines for ethical development of artificial intelligence", https://www.congress.gov/bill/116th-congress/house-resolution/153?q=%7B%22search%22%3A%5B%22H+Res+153%22%5D%7D&s=1&r=1.

系统部署。"该意见要求强化底线思维和风险意识，把科技伦理要求贯穿于科学研究、技术开发等科技活动全过程，推动科技向善，确保科技活动风险可控、科技成果造福于民。[1]2023科技部发布《科技伦理审查办法（试行）》，以规范科学研究、技术开发等科技活动的科技伦理审查工作，强化科技伦理风险防控，促进负责任创新。

2021年国家网信办印发《关于加强互联网信息服务算法综合治理的指导意见》，为算法治理作出相关顶层设计。意见指出，近年来互联网信息服务算法在加速互联网信息传播、繁荣数字经济、促进社会发展等方面发挥了重要作用。与此同时，算法不合理应用也影响了正常的传播秩序、市场秩序和社会秩序，给维护意识形态安全、社会公平公正和网民合法权益带来挑战。同年底，国家网信办等四部委联合发布《互联网信息服务算法推荐管理规定》。该规定第2条规定，"在中华人民共和国境内应用算法推荐技术提供互联网信息服务（以下简称算法推荐服务），适用本规定。法律、行政法规另有规定的，依照其规定。前款所称应用算法推荐技术，是指利用生成合成类、个性化推送类、排序精选类、检索过滤类、调度决策类等算法技术向用户提供信息"。第3条第1款规定，"国家网信部门负责统筹协调全国算法推荐服务治理和相关监督管理工作。国务院电信、公安、市场监管等有关部门依据各自职责负责算法推荐服务监督管理工作"。该规定的出台是积极促进算法推荐服务规范健康发展的需要。算法应用日益普及深化，在其给经济社会发展等方面注入新动能的同时，算法歧视、"大数据杀熟"、诱导沉迷等算法不合理应用导致的问题也深刻影响着正常的传播秩序、市场秩序和社会秩序，给维护意识形态安全、社会公平公正和网民合法权益带来挑战，迫切需要对算法推荐服务建章立制、加强规范，着力提升防范、化解算法推荐安全风险的能力，促进算法相关行业健康有序发展。[2]2022年国家网信办等三部门联合发布《互联网信息服务深度合成管理规定》。深度合成服务在满足用户需求、改进用户体验的同时，也被一些不法人员用于制作、复制、发布、传播违法信息，诋毁、贬损他人名誉、荣誉，仿冒他人身份实施诈骗等违法行为。出台该规定，能够划定深度合成服务的"底线"和"红线"，维护网络空间良好生态。出

---

[1] 胡喆、田晓航、张泉：《科技向善 造福人类——解读〈关于加强科技伦理治理的意见〉》，载新华网，http://www.news.cn/tech/2022-03/31/c_1128521515.htm，最后访问日期：2024年3月19日。

[2] 中国网信网：《〈互联网信息服务算法推荐管理规定〉答记者问》，载http://www.cac.gov.cn/2022-01/04/c_1642894606594726.htm，最后访问日期：2024年1月21日。

台该规定,也能促进深度合成服务规范发展。落实《中华人民共和国网络安全法》(以下简称《网络安全法》)、《中华人民共和国数据安全法》(以下简称《数据安全法》)、《中华人民共和国个人信息保护法》(以下简称《个人信息保护法》)、《互联网信息服务管理办法》等法律、行政法规,对应用深度合成技术提供互联网信息服务制定系统性、专门性规定,能够明确各类主体的信息安全义务,为促进深度合成服务规范发展提供有力法治保障。[1] 2023年国家网信办等七部委联合印发《生成式人工智能服务管理暂行办法》,这是促进生成式人工智能健康发展的迫切需求。随着生成式人工智能技术的快速发展,在其为经济社会发展带来新机遇的同时,也产生了传播虚假信息、侵害个人信息权益、数据安全和偏见歧视等问题。该办法坚持目标导向和问题导向,明确了促进生成式人工智能技术发展的具体措施,规定生成式人工智能服务的基本规范。办法的出台也是推进实施法律规定的内在要求。制定该办法,是落实《网络安全法》《数据安全法》《个人信息保护法》《中华人民共和国科学技术进步法》(以下简称《科学技术进步法》)有关规定的重要要求,有助于进一步规范数据处理等活动,维护国家安全和社会公共利益,保护公民、法人和其他组织的合法权益。[2]

在宏观政策层面,国家高度重视自动驾驶技术,并积极鼓励自动驾驶技术的研发和使用。《2012 - 2020交通运输业智能交通发展战略》《中国制造2025》《智能汽车创新发展战略》《2018年智能网联汽车标准化工作要点》等多份文件均体现对自动驾驶技术发展的重视,并明确了其发展方向。还有地方政府率先试点出台监管细则允许自动驾驶汽车上路测试,例如,北京、上海、重庆等地政府都陆续出台了相关文件。但在《中华人民共和国道路交通安全法》(以下简称《道路交通安全法》)和机动车管理相关规定等上位法没有做出修改的情况下,自动驾驶汽车上路测试将面临合法性质疑。通过特别授权的方式,可以解决这一问题。但在大批量上市之后,应当有新的立法。

中国推动AI规制的意图是在2018年呼吁协商和缔结禁止使用完全自动的武器系统的简短协定的一大动因。[3] 2018年9月,国家主席习近平在2018世界人工智能大会贺信中指出,新一代人工智能正在全球范围内蓬勃兴起,为经济社会

---

〔1〕 中国网信网:《〈互联网信息服务深度合成管理规定〉答记者问》,载http://www.cac.gov.cn/2022-12/11/c_1672221949570926.htm,最后访问日期:2024年1月21日。

〔2〕 中国网信网:《〈生成式人工智能服务管理暂行办法〉答记者问》,载https://www.gov.cn/zhengce/202307/content_6892001.htm,最后访问日期:2024年3月19日。

〔3〕 Jacob Turner, *Robot Rules: Regulating Artificial Intelligence*, Palgrave Macmillan, 2019, pp. 232~234.

发展注入了新动能，正在深刻改变人们的生产生活方式。把握好这一发展机遇，处理好人工智能在法律、安全、就业、道德伦理和政府治理等方面提出的新课题，需要各国深化合作、共同探讨。中国已然成为 AI 研究和发展的新兴力量，可能成为 AI 法律和政策的引导者，正在积极发布 AI 技术标准和规则。[1]学者认为 AI 可能是中国设定国际标准的第一个技术领域。中国影响 AI 标准设定的雄心体现在，国际标准化组织内部的 AI 特别委员会主席是华为的高级董事，该委员会第一次全体会议在北京召开，中国在这两方面的激烈竞争中胜出。[2]特别要重视的是中国正在发展国际话语权。[3]福柯推广的后现代词语"话语"，一般是指由观点、态度、行动路线、信念和实践组成的思想系统，以系统化地构建主体及其叙说的世界。[4]这是软实力的一个体现，即行为主体通过社会、文化和经济方式投射影响力。[5]中国在 2011 年采纳提升国家话语权为国家政策。有分析认为，控制叙事，是控制形势的第一步。[6]

（三）总结与展望

总体而言，国际上政府监管 AI 的努力较为分散，各国虽然致力解决相关的各种问题，但并未对 AI 进行全面管理的可行计划：例如沙特阿拉伯虽在 2017 年授予机器人公民身份，但却没有推进 AI 立法；美国虽在 2017 年发布了报告阐述政府的政策立场，但却没有在国会通过法律；欧盟 GDPR 虽然关注人工智能对个人数据的操纵，但并未及时建立 AI 立法框架；爱沙尼亚似乎在通过考虑赋予 AI 有限的法律人格寻求普遍的 AI 治理，[7]但仍未发现其相关的全面计划。新的进展是，2021 年 4 月 21 日，欧盟委员会发布了欧洲议会和理事会"关于制定《人

---

[1] [美]约翰·弗兰克·韦弗著，彭诚信主编：《机器人是人吗?》，刘海安、徐铁英、向秦译，上海人民出版社 2018 年版，中文版序第 3 页。

[2] Jeffrey Ding, "Deciphering China's AI Dream", in *Governance of AI Program*, *Future of Humanity Institute*, Future of Humanity Institute, March 2018, https://www.fhi.ox.ac.uk/wp-content/uploads/Deciphering_ Chinas_ AI-Dream. pdf.

[3] WangHun Jen, "Contextualising China's Call for Discourse Power in International Politics", *An International Journal*, Vol. 13, No. 3 （2015）.

[4] Iara Lesser, "Discursive Struggles Within Social Welfare: Restaging Teen Motherhood", *The British Journal of Social Work*, Vol. 36, No. 2, 1 February 2006.

[5] Joseph S. Nye, "Soft Power", *Foreign Policy*, No. 8, Twentieth Anniversary, Autumn 1990.

[6] Jin Cai, "5 Challenges in China's Campaign for International Influence", https://thediplomat.com/2017/06/5 – challenges-in-chinas-campaign-for-international-influence/.

[7] [美]约翰·弗兰克·韦弗著，彭诚信主编：《机器人是人吗?》，刘海安、徐铁英、向秦译，上海人民出版社 2018 年版，中文版序第 3 页。

工智能统一规则》(《人工智能法案》)"的提案。[1]与欧盟《通用数据保护条例》保持一致,《人工智能法案》也提出了以风险为路径的构想。其根据AI系统可能对人的基本权利产生威胁的风险等级将其划分为三类:①不可接受的风险;②高风险;③低风险与最小风险。不同类别系统匹配不同的相关规定。

事实上,法域之间有时存在重要的相关差异,从而形成了关于伦理和伦理守则的辩论。这一事实意味着,考察不同法律制度的可能性,可能是一种从更侧面思考可能性、什么样的法律改革可能令人满意的好方法。[2]例如学者认为,所有法律都有一个基本假设,就是所有的决策由人类做出,但随着AI的应用推广成为愈加无法回避的现实,这种生存世界的假设越来越受到挑战,法律的运作方式也受到了影响,很多规定难以充分回应AI与人类的互动以及AI之间的互动。通过关注美国法律和公共政策,韦弗认为,通过修改法律以巧妙方式赋予AI有限的法律人格,可以确保AI的利益得到广泛传播,这一经验可以普遍适用于各国。这样一个思考可能有助于中国建立一个全面的法律体系来治理AI,成为他国效仿的范本。[3]

在规制结构上,是否应考虑设立AI部长?2017年阿联酋设立了世界上首位AI部长。[4]阿联酋还设立AI国家委员会监督AI在政府部门和教育部门中的融合,这一举措增强了该部长的角色。[5]英国2017年的全党派议会团体也建议设立AI部长。[6]当然,在言论和行动之间有很大的差距,但阿联酋的举动仍然意义重大;不久之后,其他国家也会效仿。一旦该机构成立,下一个问题便是它可能会有什么产出。[7]或许我们可以参照的是,个人数据保护中的信息专员制度。

2022年中国《关于加强科技伦理治理的意见》发布。其从以下几个方面规定健全科技伦理治理体制:其一,完善政府科技伦理管理体制。国家科技伦理委

---

[1] EUR-Lex, "ARTIFICIAL INTELLIGENCE ACT", An official website of the European Union, https://eur-lex.europa.eu/legal-content/EN/TXT/? uri=CELEX: 52021PC0206.

[2] Paula Boddington, *Towards a Code of Ethics for Artificial Intelligence*, Springer International Publishing, 2017, p.26.

[3] [美] 约翰·弗兰克·韦弗著,彭诚信主编:《机器人是人吗?》,刘海安、徐铁英、向秦译,上海人民出版社2018年版,中文版序第2~3页。

[4] Human Fertilisation Embryology Authority, "About Us", *HFEA*, https://www.hfea.gov.uk/about-us/.

[5] United Arab Emirates the Cabinet, "Cabinet Members: Minister of State for Artificial Intelligence", *UAE*, https://uaecabinet.ae/en/details/cabinet-members/his-excellency-omar-bin-sultan-al-olama.

[6] APPG on AI, "APPG on AI: Findings 2017", http://www.appg-ai.org/wp-content/uploads/2017/12/appgai_2017_findings.pdf.

[7] Jacob Turner, *Robot Rules: Regulating Artificial Intelligence*, Palgrave Macmillan, 2019, p.283.

员会负责指导和统筹协调推进全国科技伦理治理体系建设工作。科技部承担国家科技伦理委员会秘书处日常工作，国家科技伦理委员会各成员单位按照职责分工负责科技伦理规范制定、审查监管、宣传教育等相关工作。各地方、相关行业主管部门按照职责权限和隶属关系具体负责本地方、本系统科技伦理治理工作。其二，压实创新主体科技伦理管理主体责任。高等学校、科研机构、医疗卫生机构、企业等单位要履行科技伦理管理主体责任，建立常态化工作机制，加强科技伦理日常管理，主动研判、及时化解本单位科技活动中存在的伦理风险；根据实际情况设立本单位的科技伦理（审查）委员会，并为其独立开展工作提供必要条件。从事生命科学、医学、人工智能等科技活动的单位，研究内容涉及科技伦理敏感领域的，应设立科技伦理（审查）委员会。其三，发挥科技类社会团体的作用。推动设立中国科技伦理学会，健全科技伦理治理社会组织体系，强化学术研究支撑。相关学会、协会、研究会等科技类社会团体要组织动员科技人员主动参与科技伦理治理，促进行业自律，加强与高等学校、科研机构、医疗卫生机构、企业等的合作，开展科技伦理知识宣传普及，提高社会公众科技伦理意识。2023年科技部发布《科技伦理审查办法（试行）》。该办法第4条规定了审查主体：高等学校、科研机构、医疗卫生机构、企业等是本单位科技伦理审查管理的责任主体。从事生命科学、医学、人工智能等科技活动的单位，研究内容涉及科技伦理敏感领域的，应设立科技伦理（审查）委员会。其他有伦理审查需求的单位可根据实际情况设立科技伦理（审查）委员会。单位应为科技伦理（审查）委员会配备必要的工作人员、提供办公场所和经费等条件，并采取有效措施保障科技伦理（审查）委员会独立开展伦理审查工作。

  2021年欧盟《人工智能法案》第59条规定了国家主管机关之指定。①为保证该条例的适用和实施，各成员国应当建立或指定国家主管机构。组织国家主管机关，以保障其活动和任务的客观性和公正性。②每个成员国应当在国家主管机构中指定一个国家监管机构。国家监管机构应作为通报机构和市场监管机构，除非成员国有组织和行政上的理由指定多个监管机构。③成员国应将其被指定的情况通知欧盟委员会，并在适用的情况下说明指定一个以上权威机构的原因。④成员国应当确保为国家主管当局提供足够的财政和人力资源来完成该条例规定的任务。特别是，国家主管当局应拥有足够数量的常备人员，其能力和专门知识应包括对人工智能技术、数据和数据计算、基本权利、健康和安全风险的深入了解以及对现有标准和法律要求的了解。⑤成员国应每年向欧盟委员会报告其国家主管当局的财政和人力资源状况，并对其充分性进行评估。委员会应将该资料转交人工智能委员会讨论并提出可能的建议。⑥欧盟委员会应促进国家主管当局之间的经验交流。⑦国家主管当局可就该条例的实施提供指导和建议,包括向小规模提供者提供指导和建议。每当国家主管当局打算在其他联盟立法所涵盖的领域就人工智能系统提供指导和建议时,应酌情咨询该联盟立法下的国家主管当局。成员国还可以建立一个中央联络点,以便与运营商进行通信。

  人工智能法案对违规行为的处罚是什么?欧盟委员会对此进行了解答。当市场上或在使用中的人工智能系统不符合法规要求时,成员国必须制定有效、成比例且具有威慑力的处罚方案,包括行政罚款,并将这些罚款通报给欧盟委员会。该法案规定了需要考虑的阈值:对于违反禁止性实践或不遵守相关的数据要求的,罚款可达3500万欧元或上一财政年度全球总营业额的7%;对于不遵守法规的其他任何要求或义务的,包括违反通用人工智能模型规则的,罚款可达1500万欧元或上一财政年度全球总营业额的3%;对于向通知机构和国家主管机构提供不正确、不完整或误导性信息的,罚款可达750万欧元或上一财政年度全球总营业额的1.5%;对于每一类违规行为,中小企业的阈值将是两者中的较低金额,而其他公司则是较高金额。为了协调在设定行政罚款方面的国家规则和做法,欧盟委员会将依赖于委员会的建议,制定指导方针。由于欧盟机构、机构或机构应该以身作则,它们也将受到规则和可能罚款的约束;欧洲数据保护监察员将有权对其进行罚款。〔1〕

  特纳提出,对政府规制 AI 当下趋势的结论是,国家的 AI 政策受到其在当下的全球秩序中的地位和其希望的地位的影响。日本将 AI 规制的发展视为其产业战略的一部分,中国则视为经济和国际政治的一部分。中国发展世界领先的本土 AI 产业和其营造 AI 国家话语的努力有联系,但二者并不相同,即使第一个目标不成功,第二个也可能成功。美国暂时离开了全球规则制定者的一般性角色。欧洲要开发其全面的 AI 规制战略,但可能要和中日竞争全世界标准的主要操盘手地位。十九世纪的欧洲大国竞争物理领域的影响力,例如阿富汗和非洲,二十世纪是美苏争霸太空。二十一世纪可能就是 AI 控制权的竞争,这个竞争不仅是在技术研发方面,而且是在书写规则方面。那么,接着应当探讨在各国国家利益不同的情况下,国际规则如何才能为所有人的利益而设计并实施。〔2〕

---

〔1〕 European Commission, "Artificial Intelligence-Questions and Answers", https://ec.europa.eu/commission/presscorner/detail/en/QANDA_21_1683.

〔2〕 Jacob Turner, *Robot Rules*: *Regulating Artificial Intelligence*, Palgrave Macmillan, 2019, p. 236.

三、当前的国际规制 AI 趋势

（一）中国的立场与参与

2023 年，中国提出《全球人工智能治理倡议》。在人工智能的伦理和治理上，中国指出：发展人工智能，应当积极倡导以人为本、智能向善、加强技术风险管控，并在相互尊重、平等互利的原则基础上，鼓励各方协同共治。在人工智能安全问题上，中国强调应秉持共同、综合、合作、可持续的安全观，坚持发展和安全并重的原则，并提出中国的全球安全倡议。在人工智能国际治理的路径上，中国主张通过对话与合作凝聚共识，构建开放、公正、有效的治理机制，推动形成普遍参与的国际机制和具有广泛共识的治理框架。中国还特别强调了增强发展中国家在人工智能全球治理中的代表性和发言权，不断弥合智能鸿沟和治理能力差距。另外，根据媒体的报道，中国的发言还提到了使用人工智能要遵守国际法。

2023 年，中国还参加了英国主办的"人工智能安全峰会"并联署关于人工智能国际治理的《布莱切利宣言》。宣言肯定了人工智能在改善人类福祉上的巨大潜力，也警告了在发展人工智能过程中有意或者无意带来的伤害，希望通过法律等方式避免相关风险。伴随通用人工智能（AGI）应用于千行百业，开源模型广泛滥用风险突出，全球对 AGI 应用于生物、化学、核能、关键基础设施等领域的不可控风险关注度显著提升。风险关注点从传统隐私、歧视向更基础的安全问题扩展。宣言旨在识别人工智能产生的共同关注风险，建立对风险的科学认知，并制定跨国风险缓解政策。AI 带来的许多风险本质上是国际性的，因此最好通过国际合作来解决。我们决心以包容的方式共同努力，确保以人为本、可信赖和负责任的 AI 是安全的，并通过现有的国际论坛和其他相关举措支持所有人的利益，以促进合作，应对 AI 带来的广泛风险。在这样做的过程中，我们认识到各国应考虑促进创新和相称的治理和监管方法的重要性，这种方法能够最大限度地发挥效益并考虑到与 AI 相关的风险。这可能包括根据国情和适用的法律框架在适当情况下对风险进行分类和归类。我们还注意到各国需要在共同原则和行为准则等基础上适当合作。关于最有可能在前沿 AI 方面发现的具体风险，我们决心通过现有国际论坛和其他相关举措，包括未来的国际 AI 安全峰会，保持和强化我们的合作，并扩大与更多国家的合作，以识别、理解相关问题并酌情采取行动。[1]

(二) 全球规制者的公益性

除了国家规制者和地区性规制者，所有国家还都将从全球规制者获益。[2]特纳提醒国际社会要看到国家边界的武断性。尽管一些边界线遵循了物理划分，例如高山、河流，但这些边界最终还是人类的发明，它们可以通过战争、赠与甚至销售而变化。国家法律体系在规制的主体和客体具有有形的形式、能定位到某处时特别有效，但这种模式在主体不受物理或政治边界所限时开始被打破。[3]即使所有有分量的国家都不愿意宣布放弃对AI的较具争议的使用方式，国际社会为AI在国际法中设立其标准也是有益处的。首先，它提供的模板为那些不参与合作的国家在做出相关决定时提供参照，只要意识到该国际法就会影响到其对AI于武装冲突、监控、主权等相关实践的看法。此外，有关责任、知识产权、自导航行器等争议较少的AI公约将为AI在国家关系中的利用提供坚实的国际法框架。[4]

国际社会要关注不确定性的成本。特纳认为，标准不同时，贸易壁垒和额外成本会产生。因为缺乏适用于AI引发的全新问题的规制，面对这块白板，我们有机会设计全面的运作系统以应用到全世界，这将节省各个立法机构的成本和独立规制的困难，节省AI设计者遵循多个不同准则的成本。反过来，消费者和纳税人将从更低的成本和更多样的AI产品中受益。[5]

最后，国际社会要避免套利。一些国家会有经济动力去采用最小的规制而吸引更不谨慎的AI研发者，就强大的和具有潜在危险的AI技术而言，这是令人担忧的趋向。[6]如果国际社会关于"对AI的何种利用是可接受或不可认同的"之混乱争议持续，AI应用对于国际社会的益处会越来越少，而对于国际社会的威胁会与日俱增。[7]

---

[1] 清华大学人工智能国际治理研究院：《中方多条倡议成为英国AI峰会宣言内容，五个要点解读〈布莱切利宣言〉》，载 https://new.qq.com/rain/a/20231102A0ACOX00，最后访问日期：2024年1月21日。

[2] Jacob Turner, *Robot Rules*: *Regulating Artificial Intelligence*, Palgrave Macmillan, 2019, p. 237.

[3] Jacob Turner, *Robot Rules*: *Regulating Artificial Intelligence*, Palgrave Macmillan, 2019, pp. 237~238.

[4] John Frank Weaver, *Robots are People Too*: *How Siri, Google Car, and Artificial Intelligence will Force Us to Change Our Laws*, Praeger, 2013, p. 151.

[5] Jacob Turner, *Robot Rules*: *Regulating Artificial Intelligence*, Palgrave Macmillan, 2019, p. 238.

[6] Jacob Turner, *Robot Rules*: *Regulating Artificial Intelligence*, Palgrave Macmillan, 2019, p. 239.

[7] John Frank Weaver, *Robots are People Too*: *How Siri, Google Car, and Artificial Intelligence will Force Us to Change Our Laws*, Praeger, 2013, p. 147.

那么各国为何会同意通过一个全球准则？联合国运用一系列工具鼓励成员国采取行动，拨款制定规范的条约，以及通过联合国安理会的某些决议，这些形式使得其快速回应技术的发展。许多国家签署多项条约创设某一领域的技术机构，这些应对核武器和地雷的条约和协议表明，国际社会有意行动起来，改变对各种新技术的习惯性国际使用。类似条约对于人工智能也许有必要、有可能。[1]

首先，我们需要平衡国家主义和国际主义。特纳认为，尽管存在虚构性和武断性，但是民族国家持续的心理重要性不可否认。而调和国家自决的渴望和国际规则的需求的措施是结合最佳实践。[2]一个相关的案例研究是互联网名称与数字地址分配机构（ICANN）。2017年ICANN和美国商务部的协议到期，结束了美国政府批准网络关键改变的权力。对此，劳伦斯·斯特里克林作为美国商务部通信和信息部长助理，认为管理工作的转移证明了多方模式行得通。[3]

其次，我们需要平衡自我利益和利他主义。美国总统特朗普强调美国优先和各国为自己利益而行动，但也说为人民创造更美好的生活需要同心协力、和谐统一，为所有人创造更加安全和平的未来。[4]博弈理论解释了为何关注自我利益的理性行为人可能合作并确立未来合作能够进行的规则基础。[5]对此，特纳认为，最强大国家的最本土主义的领导人也仍然承认在某些全球问题上进行国际协调的重要性。AI对发达国家而言也是较新的，比起其他产业存在更小的结构性差距，所以有机会预先防止基于历史性不平等的规制。尽管目前人类面临的生存风险似乎微乎其微，也仍然有很多功能没那么强大、技术没那么先进的人工智能技术可能会造成严重伤害，不受限制的AI竞赛会导致一些国家不负责任地研发。[6]

国际法假定所有决定均由人类以国家或其他国际主体的名义作出，但机器人已经开始执行此前由人类来执行的国际性任务。对此，韦弗认为，回顾新技术是

---

[1] John Frank Weaver, *Robots are People Too：How Siri, Google Car, and Artificial Intelligence will Force Us to Change Our Laws*, Praeger, 2013, p. 136.

[2] Jacob Turner, *Robot Rules：Regulating Artificial Intelligence*, Palgrave Macmillan, 2019, pp. 239~240.

[3] ICANN, "History of ICANN", https://www.icann.org/en/history/icann-usg

[4] White House, "Remarks by President Trump to the 72nd Session of the United Nations General Assembly", https://www.whitehouse.gov/briefings-statements/remarks-president-trump-72nd-session-united-nations-general-assembly/.

[5] Thomas C. Schelling, *The Strategy of Conflict*, Harvard UniversityPress, 1960.

[6] Jacob Turner, *Robot Rules：Regulating Artificial Intelligence*, Palgrave Macmillan, 2019, pp. 243~244.

如何改变国际法的,会启发我们去思考 AI 如何达到同样的效果。[1]特纳提出,对空间法的案例研究可以表明 AI 国际规制的可行性。空间法的发展对 AI 有诸多经验可谈。其一,冷战时期的外空条约虽与国家和国际安全、声望的联系更为密切,但仍得以通过。其二,其原则的协商和肯定具有包容性,确保了其合法性。其三,其采取了递增的路径,开始于宽泛的建议使所有国家同意,然后允许留下一些缺憾给后续工具逐步填补。其四,国际规制机构助力于分享信息和建设能力,与各个国家和地区的机构紧密合作。[2]

联合国教科文组织的《人工智能伦理建议书》是第一个关于人工智能合乎伦理使用的全球规范框架。该建议在 2021 年 11 月被全体会员国认可。它指导各国如何最大限度地发挥人工智能的效益并降低其带来的风险。为此,它包含了价值观和原则,但也包含了所有相关领域的详细政策建议。联合国秘书长安东尼奥·古特雷斯于 2023 年 10 月正式宣布成立联合国高级人工智能咨询机构(High Level Advisory Body on AI)。该咨询机构将对人工智能近期和长远的发展与风险开展研究与建议,其努力将具有包容性,并以《联合国宪章》所承载的普遍价值观为基础。[3]

(三)AI 国际法的工具箱

将国际法应用于 AI,我们有个工具箱。特纳提出,国际公法的传统结构意味着,任何有关人工智能的国际规则体系,都可能需要某种形式的条约协议,至少在高层次上是这样,以创造使其他规范能够轻易生成的基础性结构框架,例如创设一个国际规制者。然后是一系列的附加性方法和技术,用来建设有效的 AI 规制体系。[4]

特纳认为,首先要重视辅助性原则。由此,历史上的梵蒂冈教廷和当代的欧盟最小化其管理,因而得以维持系统的一致性和有效性。这个原则的要求一是符合必要性,二是通过其行动规模或效果得到更成功的实施,也即存在附加价值。如果国际 AI 规制者的行为违反了辅助性原则,则该行为可以被挑战和推翻。[5]

---

[1] John Frank Weaver, *Robots are People Too*:*How Siri*,*Google Car*,*and Artificial Intelligence will Force Us to Change Our Laws*, Praeger, 2013, p. 132~133.

[2] Jacob Turner, *Robot Rules*:*Regulating Artificial Intelligence*, Palgrave Macmillan, 2019, pp. 246~247.

[3] UN News, "New UN Advisory Body aims to harness AI for the common good", An official website of U-nited Nations, https://news.un.org/en/story/2023/10/1142867.

[4] Jacob Turner, *Robot Rules*:*Regulating Artificial Intelligence*, Palgrave Macmillan, 2019, p. 249.

[5] Jacob Turner, *Robot Rules*:*Regulating Artificial Intelligence*, Palgrave Macmillan, 2019, pp. 249~250.

例如，人工智能无人机拥有军事和侦察方面的诸多用途，各国都不大愿意放弃这种效用，尤其是考虑到囚徒困境，当其不确定其他对手国家是否会放弃使用时，更会因为承诺放弃而限制了自我。所以，消除各国之间对 AI 的歧见、潜在问题和冲突的有效方式，就是在多边条约中处理，比如由联合国组织不同领域的多边条约，例如关于人工智能及国家责任的条约、关于人工智能与自导航行器的公约、关于人工智能与知识产权的公约、关于人工智能与国家主权的公约、关于用于监控的人工智能的公约、关于武装冲突中的人工智能的公约。不同领域的多边条约能够提供层次不同的具体操作指引，以此令那些已经开始使用并且依赖 AI 的国家合作并接受其中的一些约定。[1]

其次，利用不同的规制强度。特纳提出了一系列的选择，即有细微差别的单子：必须适用的条例，设定目标但由成员国自己设定法律达到该目标的指南，直接适用于某方的决议，没有约束力的建议，以及某些规则和结果应当如何达成或落实的指南。AI 的国际规制应当是上述选项的综合。条例是最直率的工具，因为所有国家对其实施都没有自由裁量权，因此应当限于最根本的原则。就整体国际规制而言，可以开始于没有约束力的建议，然后在多年内逐步增加强制程度。[2] 条约从未约束过一切国际主体，[3] 但条约影响国际习惯。通过作出决议，创立规制原子武器和核武器的多边条约，国际社会大多数成员认定，正在发展过程中的有关原子武器的习惯是不可接受的，与此相反的国际法不可或缺，对于地雷的习惯性使用也是日益无法接受的，应当起草新的法律进行规制。各国就 AI 无人机等持类似看法也是很有可能的。[4]

---

[1] John Frank Weaver, *Robots are People Too：How Siri, Google Car, and Artificial Intelligence will Force Us to Change Our Laws*, Praeger, 2013, pp. 147 ~ 151. 美国政府将人工智能看作巩固其军事技术优势的重要环节。2017 年 12 月，白宫发布《美国国家安全战略》(National Security Strategy of the United States of America)，明确提出，为保持竞争优势，美国将优先考虑对经济增长和安全至关重要的新兴技术，例如数据科学、加密、自动驾驶、自动化武器等先进的计算技术和人工智能。2019 年 7 月，众议院通过《2020 财年国防授权法案》，(National Defense Authorization Act for Fiscal Year 2020) 授权国防部拨款支持军事人工智能技术的研究、开发和应用，要求建立联合人工智能中心，聘请人工智能领域的科学家和技术人才；要求国防部应制定人工智能教育战略，向最有可能涉及与人工智能技术互动的军事职业人员提供专业课程和培训。

[2] Jacob Turner, *Robot Rules：Regulating Artificial Intelligence*, Palgrave Macmillan, 2019, pp. 250 ~ 252.

[3] Mark W. Janis, John E. Noyes, *International Law：Cases and Commentary*, 3rd ed., Thoms/West, 2006, p. 92.

[4] John Frank Weaver, *Robots are People Too：How Siri, Google Car, and Artificial Intelligence will Force Us to Change Our Laws*, Praeger, 2013, pp. 137 ~ 138.

再次，考虑模范法。特纳认为，模范法可以让各国聚集和分享专长，创造一个反映各自输入的共同利益，在和谐化其法律的国家之间增进贸易和经济利益。国际规制者可以是模范法的来源，模范法可以是更大范围的和谐化的第一步，这取决于其在各国和各地区的吸收和效力。[1]虽然没有强制实施的机构，但它已经为各国提供了一张路线图。一旦国际社会有了一个大概的共识，所有的国家都会感到舒适些，冲突就会更少。[2]

最后，建立并完善面向 AI 法律和规制的国际学院。特纳提出，如果专家来自少部分国家，那么国际机构的合法性会受到严重减损。倘若没有受到足够训练的人员，则一些国家便不能形成或表达其观点，因此可能仅仅是追随地区性的领导或所属的集团，还会导致 AI 法律效力在实施中因为缺乏认真协调和互动而被减损。其中一个方案是创设面向 AI 法律和规制的国际学院，致力于提出和传播国际 AI 法的知识和专业。除了集中化的线下课程，还可以有网络平台课程。[3]

但是，国际法工具箱的运用和建设过程要考虑到伦理相对论、伦理辩护与 AI 的问题。博丁顿认为，交流、公开对话和辩论以及其他参与方式的多样性，在某种程度上有助于认识到这些问题。也要注意，人们可能会对世界各地的伦理多样性采取许多应对措施。认识到伦理守则中的文化差异，并重视评估各种文化的贡献，并不能使所有人得出这样的结论：伦理信仰是相对于不同社会而存在和运行的。[4]这对 AI 意味着什么？博丁顿提出，AI 跨越了国家和文化的边界。我们需要考虑如何建立一种强有力的伦理守则以解决这一问题，而不必简单地退化为一种"挑选和混合"的方法。如果有人希望使用 AI 来煽动对人们的全面监控，试图微调、洗脑，我们似乎只需说"哦，好了，每个人都有自己的想法"。关键是，要在值得称赞的对其他文化的尊重与对伦理错误视而不见之间划清界限是多么困难。[5]

（四）AI 国际法的贯彻

AI 法律的实施和执行，要协调国家规制者。特纳分析道，侵入性的模式是

---

[1] Jacob Turner, *Robot Rules: Regulating Artificial Intelligence*, Palgrave Macmillan, 2019, pp. 252~253.

[2] John Frank Weaver, *Robots are People Too: How Siri, Google Car, and Artificial Intelligence will Force Us to Change Our Laws*, Praeger, 2013, p. 158.

[3] Jacob Turner, *Robot Rules: Regulating Artificial Intelligence*, Palgrave Macmillan, 2019, pp. 253~254.

[4] Paula Boddington, *Towards a Code of Ethics for Artificial Intelligence*, Springer International Publishing, 2017, p. 22.

[5] Paula Boddington, *Towards a Code of Ethics for Artificial Intelligence*, Springer International Publishing, 2017, p. 23.

自上而下地执行,在当地设立执行机构。其好处是便于统一适用和执行相关规范,但无疑会受到政府和许多公民的反对,认为该做法干涉其主权,由此可能产生对机构及规范的不遵从和愤恨。更好的方案是使 AI 的全球规制者和国家的规制机构合作。指定的国家规制者应当有最低限度的权力和能力,例如查看源代码和修改违反其要求的程序,并且能够提供帮助性的服务,例如沙盒(独立于生产环境的软件测试环境)。全球规制者帮助当地机构并提供能力建设项目。[1]以欧盟《人工智能法案》为例,该法案将如何执行?在该法案的适用和执行中,成员国发挥着关键作用。在这方面,每个成员国应指定一个或多个国家主管机关,负责监督法规的适用和实施,以及进行市场监管活动。为提高效率可与公众和其他相关方建立正式联系点,每个成员国应指定一个国家监管机构,该机构还将代表该国参与欧盟人工智能委员会(AI Board)。欧盟委员会还将在其内部建立一个新的欧盟人工智能办公室(AI Office),旨在发展欧盟在人工智能领域的专业知识和能力,并为人工智能法规的实施做出贡献。特别是,AI Office 将执行和监督通用人工智能模型的新规定,并与欧盟人工智能委员会合作。由独立专家组成的科学小组(Scientific Panel of independent experts)将支持全球人工智能伙伴关系(GPAI)模型和系统的实施和执行,并且成员国将能够利用这一专家组的知识库。[2]

为什么需要欧盟人工智能委员会,它将扮演什么角色?欧盟人工智能委员会由各成员国主管机关的高级代表、欧盟数据保护监察员组成。其作用是促进新的人工智能法规的平稳、有效和协调实施。欧盟人工智能委员会在向欧盟委员会和成员国提供建议和协助方面有更广泛的任务。该委员会将向欧盟委员会提出有关高风险人工智能系统及其他与新规则有效和统一实施相关方面的建议和意见。最后,它还将支持该领域的标准化活动。[3]欧盟《人工智能法案》第 56 条规定,

---

[1] Jacob Turner, *Robot Rules: Regulating Artificial Intelligence*, Palgrave Macmillan, 2019, pp. 254~255.

[2] 人工智能办公室的任务是在人工智能领域发展欧盟的专业知识和能力,并在一个集中的结构中促进人工智能法规的实施。具体而言,人工智能办公室将执行和监督通用人工智能模型的新规则。这包括制定详细规则的实践守则,以及在对具有系统风险的模型进行分类和监督该条例的有效实施与遵守方面的作用。后者通过要求提供文件、进行模型评估、对警报进行调查和要求提供商采取纠正措施的权力来加强。人工智能办公室将确保在人工智能政策和涉及的欧盟机构、与其他机构主体之间的合作,并与专家和利益相关方合作。特别是,它将与科学界建立强有力的联系,以支持执法,成为独立专家和专业组织的国际参考点,并促进与全球类似机构的交流和合作。European Commission, "Artificial Intelligence-Questions and Answers", An official website of the European Union, https://ec.europa.eu/commission/presscorner/detail/en/QANDA_21_1683.

[3] European Commission, "Artificial Intelligence-Questions and Answers", An official website of the European Union, https://ec.europa.eu/commission/presscorner/detail/en/QANDA_21_1683.

要成立"欧盟人工智能委员会",该委员会应当向欧盟委员会提供建议和协助,以便:①促进国家监管机构和欧盟委员会在该法案所涵盖的事项上的有效合作;②协调并协助欧盟委员会、国家监管机构和其他主管机构对内部市场中涉及该法案所涵盖事项的新问题进行指导和分析;③协助国家监管机构和欧盟委员会确保该法案的一致性适用。第58条规定,当根据第56条第2款向欧盟委员会提供建议和协助时,委员会应当特别:①在成员国之间收集和分享专业知识和最佳做法;②促进成员国统一的管理实践,包括第53条所述监管沙盒的功能;③就与该条例实施有关的事项发表意见、建议或书面意见,特别是关于第二章第Ⅲ篇所列要求的技术规范或现有标准,关于第40条和第41条所述协调标准或通用规格的使用,以及关于指导文件的准备,包括第71条所述行政罚款的确定准则。该法案第59条规定委员会应当由国家监管机构和欧盟数据保护监管者组成,国家监管机构应当由该机构的负责人或同等级别的高级官员所代表。可邀请其他国家当局参加会议,讨论与它们有关的问题。2023年底的临时协议规定,欧盟人工智能委员会将由各成员国代表共同组成,它将继续作为欧盟委员会的协调平台和咨询机构,并将赋予各成员国在该法的实施方面(包括设计基础模型的业务守则方面)以重要作用。欧盟还将为行业代表、中小企业、初创企业、民间社会和学术界群体等利益相关者设立一个咨询论坛(Advisory Forum),该论坛将成立为向AI Board提供咨询和技术专业知识,其成员由AI Board在利益相关方中任命。[1]

然后是监督和检视。特纳提出,为了确保实施和执行的一致性,国家模式应当通过全球规制者自己或地区性机构定期监督和检视机制以补充。此外,应当适用辅助性原则确定最合适的方式,在同等条件下地区性同行检视最好。为了促进对其独立性和合法性的信任,一种可取的做法是检视人员从全球抽取并组成国籍来源多样的小组进行运作。AI 检视可能是远程获取或是甚至通过分布式记账进行检视。这个特征使得国际监控系统更少受顽固政权的阻碍。[2]

最后是对不服从的惩罚。特纳认为,减少 AI 规制者的政治化的一个可能方式是,赋予其建议适当地限定惩罚的机构成员身份——并非纯粹对国家政府负责的、获得政治性任命的人员。人工智能国际协定的缔约方最好通过维护整个系

---

〔1〕 Council of the EU, "Artificial intelligence act: Council and Parliament strike a deal on the first rules for AI in the world", An official website of the European Council, https://www.consilium.europa.eu/en/press/press-releases/2023/12/09/artificial-intelligence-act-council-and-parliament-strike-a-deal-on-the-first-worldwide-rules-for-ai/?ref=atlasai.news.

〔2〕 Jacob Turner, *Robot Rules: Regulating Artificial Intelligence*, Palgrave Macmillan, 2019, pp. 256~257.

统的完整性的自身利益来遵守其规定，而非通过直接的惩罚。应当首先考虑在该规制结构内部包含的惩罚措施，而非经济惩罚，比如暂停某些成员身份或投票权利。[1]

对此，欧盟对成员国的处罚方法是一个很好的研习案例。特纳分析道，欧盟在成员国违反共同规则时鼓励进入对话，以纠正局势。然后由其中一个欧盟机构向另一个机构建议实施惩罚，再由成员国投票决定该成员国是否的确不符合某些数目有限的最高原则、且其违反达到相对较高的程度，以此决定是否暂停其某些权利。但欧盟的表决要求全体一致，会导致某些地区盟友否决制裁。所以更好的AI国际规制是绝大多数制。[2]另一个好的研习案例是经合组织给跨国企业的指南。特纳分析道，国家联系点会推进指南的效力，其通过采取促进性的活动和处理咨询来达到目的。它除了具有教育功能，还促进投诉的解决。该机制先是建立投诉人和跨国公司的对话，如果不能建立，则在确定违反指南之后，联系点可以发布其不遵从的公告。这个点名丢脸的路径和促进对话的方式基本上是成功的。因为企业考虑避免不良公共形象和避免与他方发生尴尬，而政府考虑履行指南中的经济决定。由此，指南可以影响公司的后续计划和国家的实体法律。联系点必须以可见的、可获取的、透明的和负责任的方式进行运作。指南例证了没有约束力和没有惩罚机制的规则和规范如何能够通过逐步的、影响行为的活动，获得高度的遵从和效力，同时尊重国际差异。[3]

欧盟的方法在国际层面上有哪些维度？欧盟委员会对此进行了解答。《人工智能法案》和《协调人工智能计划》是欧盟努力成为国际上推动值得信赖人工智能的全球领导者的一部分。由于其实用性和潜力，人工智能已经成为地缘政治、商业利益和安全关切的重要战略领域，世界各国也因此选择使用人工智能作为向外界发出技术进步愿望的方式。人工智能监管正在逐渐形成，欧盟将采取行动，与国际伙伴密切合作，推动在基于规则的多边体系和其所坚守的价值观的框架内制定全球人工智能标准。欧盟打算加强与欧盟伙伴（例如日本、美国、印度、加拿大、韩国、新加坡、拉丁美洲和加勒比地区）以及多边组织（例如经合组织、G7 和 G20）和地区组织（例如欧洲委员会）的合作伙伴、联盟关系。[4]

---

[1] Jacob Turner, *Robot Rules*: *Regulating Artificial Intelligence*, Palgrave Macmillan, 2019, p.258.
[2] Jacob Turner, *Robot Rules*: *Regulating Artificial Intelligence*, Palgrave Macmillan, 2019, pp.258~259.
[3] Jacob Turner, *Robot Rules*: *Regulating Artificial Intelligence*, Palgrave Macmillan, 2019, pp.258~259.
[4] European Commission, "Artificial Intelligence-Questions and Answers", An official website of the European Union, https://ec.europa.eu/commission/presscorner/detail/en/QANDA_21_1683.

四、建设 AI 规制者的结论

AI 会改变我们生活和经济中的诸多基本要素。重要的是，世界上的大多数政府和大多数国家会行动起来，通过一些共同的基本概念来处理 AI，并希望这样可以减轻 AI 较具危害的某些方面，并促进 AI 发挥积极作用，让 AI 惠及更多的人、更多的国家和地区。[1]特纳提醒道，旧约中记载了上帝看到人们通过统一的语言能够建设通天塔的协作力量，决定使其语言混乱，不能理解各自的语言，就没有了共同目标。可见，跨越文化和国界，人类能够取得巨大成就。公共舆论尚未成型，我们有独特的机会创造法律和原则以共同治理 AI，这是一种新的共同语言。[2]

2022 年 10 月，美国白宫科技政策办公室发布《人工智能权利法案蓝图》，支持制定政策和采取措施，在自动化系统的建设、部署和治理中系统保护公民权利和促进民主价值。2023 年 12 月，欧盟委员会 AI 委员会（CAI）公布了《人工智能、人权、民主和法治框架公约》草案。草案提出了三种方案。方案 A：申明缔约方保护人权和基本自由、民主和法治的承诺，并促进这些技术以合法、合乎道德、负责、公平、可问责和透明的方式进行设计、开发、使用和停止使用。方案 B：申明缔约方保护人权、民主和法治的承诺，包括通过促进以合法、合乎道德、非歧视、负责、安全和透明的方式来设计、开发、使用和停止使用人工智能系统。方案 C：认识到需要在人工智能系统的设计、开发、使用和停止使用的过程中促进透明度、可解释性、问责制、人的能动性与监督、技术稳健性和安全性，以及隐私和数据治理。[3]这些控制 AI 创造者和创造物的举措需要在下两章进行述评。

---

[1] John Frank Weaver, *Robots are People Too*: *How Siri*, *Google Car*, *and Artificial Intelligence will Force Us to Change Our Laws*, Praeger, 2013, p. 151.

[2] Jacob Turner, *Robot Rules*: *Regulating Artificial Intelligence*, Palgrave Macmillan, 2019, p. 262.

[3] CAI, "Draft Framework Convention On Artificial Intelligence, Human Rights, Democracy And The Rule Of Law", https://rm.coe.int/cai-2023-28-draft-framework-convention/1680ade043.

第七章

控制人工智能创造者

关于 AI 的炒作可以引导我们对解决方案的思考。博丁顿提出，对 AI 危害的关注，再加上对 AI 潜力的乐观，可能会导致人们过度依赖将 AI 作为伦理问题的解决方案，即采用"AI 对 AI"的方法。在此情形下，问题被视为纯技术问题，因此需要技术解决方案。但是人们普遍认为"技术原因＝技术解决方案"并不一定有效，正如它在医学或心理学等其他领域中不一定有效一样。创造性思维通常可以为问题提供更广泛的解决方案。[1] 所以，在接下来两章我们将考虑如何能控制不可取的后果发生。这就涉及 AI 引发的第三个主要问题：伦理标准应当如何适用到这项新技术中？我们考虑从创造者和创造物两个角度对其进行控制。本章和第八章区分了适用于创造者和创造物的规则。创造物意味着 AI 本身。创造者指的是现在负责设计、编程、运行、合作或以其他方式与 AI 互动的人类。

欧盟委员会 2021 年《人工智能法案》第三章明确规定了高风险 AI 系统提供商的横向义务。部署者和人工智能价值链上的其他参与者（例如进口商、分销商、授权代表）也承担了相应的义务。该法案第 28 条规定，就该法规而言，在高风险 AI 系统下，任何经销商、进口商、部署者或其他第三方均应被视为提供商，并应在下列任何情况下履行提供商根据第 16 条所承担的义务：①以其名称或商标在市场上投放或投入高风险人工智能系统；②修改已投放市场或投入使用的高风险人工智能系统的预期用途；③对高风险人工智能系统进行重大修改。如果发生②或③项所述的情况，则最初将高风险人工智能系统投放市场或投入使用的提供商将不再被视为该法的提供商。《人工智能法案》适用于谁？只要该人工智能系统被部署在欧盟市场上或其使用影响位于欧盟境内的人，则这一法律框架

---

[1] Paula Boddington, *Towards a Code of Ethics for Artificial Intelligence*, Springer International Publishing, 2017, p. 33.

将适用于欧盟内外的公共和私人行为主体。它可能涉及提供者（例如一家简币筛选工具的开发者）和高风险人工智能系统的部署者（例如购买此筛选工具的银行）。进口人工智能系统的公司还必须确保外国提供者已经进行了适当的合规评估程序，具有欧洲合格（CE）标志，并附有必要的文件和使用说明。此外，一些义务适用于通用人工智能模型的提供者，包括大型生成式人工智能模型的提供者。免费和开源模型的提供者被豁免了大多数义务。这个豁免不涵盖具有系统性风险的通用人工智能模型的提供者的义务。上述义务也不适用于市场发布前的研究、开发和原型制作活动。此外，该法规也不适用于专门用于军事、国防或国家安全目的的人工智能系统，无论开展这些活动的实体属于何种类型。[1]

本章关注的是如何控制人工智能的创造者。本章将从底部开始搭建，首先讨论如何建设合适的伦理规则设定制度，其次评估迄今为止提出的不同准则，最后探讨适用于创造者的规则可以如何实施和执行。对此，特纳认为，绝大多数书写AI工程师道德准则的机构都像阿西莫夫一样从第二阶段开始考虑问题，很少将注意力放在第一和第三阶段，但AI的有效规制同样取决于这些因素。[2]

一、道德规制者的合法性问题

对阿西莫夫原则的一般性评价是，这些原则中的任何一条都让人很难不同意。但是有什么方法可以改进它们吗？在阿西莫夫提到的群体中，一个主要的遗漏对象是公众成员。这是不幸的，尤其是考虑到在任何事物中都很难定义什么会构成"利益"的关键概念，特别是在AI领域，这个问题可能会深入到我们对价值和意义的整个解释的核心。[3]

（一）输入的伦理规则来源于合适范围

在设计伦理标准时，首要任务是确保输入的伦理规则来源于合适范围。[4]特纳分析道，"民有、民治、民享"说明了程序是我们所理解的政治合法性的核心。英国脱欧则表明，如果法律没有获得足够的公众支持，则其会让公众本能地感到被疏远和权利被剥夺，（欧盟）良法体系也可能被相对富裕和受过良好教育

---

〔1〕 *European Commission*, "Artificial Intelligence-Questions and Answers", https://ec.europa.eu/commission/presscorner/detail/en/QANDA_21_1683.

〔2〕 Jacob Turner, *Robot Rules*: *Regulating Artificial Intelligence*, Palgrave Macmillan, 2019, pp. 263~264.

〔3〕 Paula Boddington, *Towards a Code of Ethics for Artificial Intelligence*, Springer International Publishing, 2017, p. 106.

〔4〕 Jacob Turner, *Robot Rules*: *Regulating Artificial Intelligence*, Palgrave Macmillan, 2019, p. 264.

的人们所反对。全心全意拥抱 AI 的科技偏好者和出于经济和社会方面的担忧而害怕 AI 甚至怀有敌意的新路德主义者的分歧,意味着除非有公共咨询的过程,否则公共话语的缺乏可能被施压团体的实用主义观点所填补,那就是新技术的部分甚至所有应用都被禁止。[1]

路德运动是英国工人以破坏机器为手段反对工厂主压迫和剥削的自发工人运动。对于这些工人而言,工作是有价值的,工作给了他们目标和意义。工作有多种复杂的益处,衡量 AI 给就业带来的变化和影响是极其复杂的。[2]一些人甚至设想 AI 可以接管创意工作。[3]但是,连包括 AI 在内的技术是否可以"节省"我们的时间都是一个十分复杂的问题,它关系到我们如何概念化时间和速度并对其进行衡量。[4]这个问题的解决需要公共话语的参与。博丁顿认为,伦理准则的讨论需强调包括公众成员在内的其他人的作用,以及有关 AI 伦理讨论参与者的代表性。这些伦理准则可有效表明人们对利益问题的认识,这可能正是贯穿该讨论的困难所在,即查明 AI 发展中的"利益"因素构成。用围绕要点提出的问题来表达其中的一些准则,而不是以一种确定无疑的方式来表达,可能有助于在不放弃共识的情况下开放并维持讨论。[5]

接下来看政府如何能避免此种情境。转基因作物和食品安全的案例研究能够为此提供一些启示。消费者调查和心理学研究表明,是否信任信息来源是决定人们对转基因食品信息的反应方式的重要因素。[6]特纳分析道,欧美公众态度的不同至少部分取决于规制者在技术初期行为的不同。美国在转基因技术研发之初,就指定食药局进行监管。该局促进了不同利益方的讨论,开展了后续的实地测试,共享了相关数据,还进行了进一步的实验以处理提出的担忧。而欧洲并无中央规制者为此技术开绿灯和减缓公众的担忧,未能通过新的进程促进公众和政府

---

[1] Jacob Turner, *Robot Rules: Regulating Artificial Intelligence*, Palgrave Macmillan, 2019, pp. 265~266.

[2] Paula Boddington, *Towards a Code of Ethics for Artificial Intelligence*, Springer International Publishing, 2017, p. 74.

[3] Bostrom Nick, *Superintelligence: Paths, Dangers, Strategies*, Oxford University Press, 2014.

[4] Wajcman Judy, "Life In The Fast Lane? Towards A Sociology Of Technology And Time", *British Journal Of Sociology*, Vol. 2008, No. 1.

[5] Paula Boddington, *Towards a Code of Ethics for Artificial Intelligence*, Springer International Publishing, 2017, p. 111.

[6] Lynn Jayne Frewer, Chaya Howard, Richard Shepherd, "Public Concerns In The United Kingdom About General And Specific Applications Of Genetic Engineering: Risk, Benefit And Ethics", *Science, Technology, & Human Values*, Vol. 1997, No. 1.

机构之间的讨论。中国从传统的未知来源的农民或市场销售者这一单一媒介购买食品，转为支持工业化的大规模生产的食品。这一转变需要对新体系诚信的极大信任。中国近年来加强了食品标准，例如通过了《中华人民共和国食品安全法》。可见，不管文化或社会类型如何，公众对于新技术规则制定标准的信心对于其成功贯彻和采用至关重要。若无信心，有选择的人们会选择不使用，无选择的人们将被迫使用不信任的技术，这种情况最终会导致社会凝聚力的下降和对政府制度的信任受损。[1]

就 AI 而言，专业人士必须直接努力解决如何控制机器行为的问题，但应当让目标用户和公众至少保持知情，最好是让他们积极参与其中。博丁顿认为，这有力地表明了 AI 领域迫切需要其他人的大量投入和监督。此外，尝试在机器中构建道德行为等策略，需要对道德的性质、道德自主性、选择权、能动性、责任等进行充分的思考。这些工作太重要了，不能仅交给人工智能专业人员去做，而是需要公众广泛的投入。[2]

（二）合作式立法的框架

卢梭（Rousseau）在《社会契约论》中写道，公意应当来自所有人，以适用于所有人。[3]特纳说道，公民参与公共事务的基本权利在二十世纪已得到了承认。合作式监管使新技术得到更广泛的采用，而新技术的采用反过来又会促进更好的反馈和规则调整。各国和各地区应当根据当地的政治传统确定自己的立场，本书支持审慎的和顺应民意的立法，目标是制定与既有法律和政治体系相容的 AI 法规。为达成此类平衡，一定程度的灵活性是必要的，但所有政府都可以使用某些重要的工具和技术来促进公民参与。其中最重要的两个要素是提供有关这项新技术的信息和教育。这些前提鼓励人民在知情的基础上作出决定，而且公共教育对规范的有效执行也很重要。[4]公众的信任与接受是推进 AI 技术和其应用的必要条件，也是很多其他伦理问题最终指向的目标。

但是，在此之前，必须明确认识到评估 AI 的"好处"和"坏处"有多么困难，以及对这些"好处"和"坏处"的理解可能有多么不同。鉴于 AI 具有

---

[1] Jacob Turner, *Robot Rules: Regulating Artificial Intelligence*, Palgrave Macmillan, 2019, pp. 268~269.

[2] Paula Boddington, *Towards a Code of Ethics for Artificial Intelligence*, Springer International Publishing, 2017, p. 65.

[3] Jean-Jacques Rousseau, *The Social Contract*, ed. and trans. by Victor Gourevitch, Cambridge University Press, 1997, pp. 2~4.

[4] Jacob Turner, *Robot Rules: Regulating Artificial Intelligence*, Palgrave Macmillan, 2019, p. 270.

潜在的变革性，这一点尤其重要。对此，博丁顿认为，更好的办法是考虑与公众展开对话，而不是简单地"教育"他们有关 AI 的知识。[1]在伦理方面，博丁顿建议我们需要密切关注所有相关问题，技术的闪耀魅力可能会导致我们转移对其他问题的注意力。这充分说明我们有必要与一系列受影响的人进行磋商和密切讨论。也许存在矛盾的是，这也为让那些对技术漠不关心的人参与制定 AI 伦理守则的过程提供了一些理由，因为他们不太可能被技术分散注意力。[2]所以合作式立法的另一个背景性条件是个体和团体的言论自由，以创造思想的市场。[3]

1. 参与度代表了足够的样本。罗尔斯提出共同理性，以表明在公正的社会中，规制公共生活的规则应当是对所有受到影响的人们而言是公正的或可接受的。[4]特纳认为，这并不是说每个人都要同意每一个规则，而是他们应当至少同意这个制度。应当有一些共同的理想为所有人所接受，形成相关立法机构的合法性基础。相应地，AI 规制者应当确保参与度代表了足够的样本、反映了整个社会。如果有团体被有意或偶然地排除出咨询过程，政策决定就会在这些人群中失去合法性，未来的社会分裂就可能发生。多样性对于 AI 尤为重要，因为许多人已经担心 AI 系统可能反映了占主导地位的白人男性工程师的固有偏见。[5]

在已经存在合理的性别平衡的情况下，妇女的存在可以提高团队绩效。但是在存在大量男性以致比例失衡的情况下，性别平衡较好的子群体会受到负面女性刻板印象的影响而表现不佳。[6]人格理论和伦理思维发现，具有不同性格的人更加可能强调不同的核心伦理价值观，并可能用不同的术语描述伦理问题。所以，要重视技术中的多样性和等级制度，尽可能以研究结果为前提，以得出关于 AI

---

[1] Paula Boddington, *Towards a Code of Ethics for Artificial Intelligence*, Springer International Publishing, 2017, pp. 103~104.

[2] Paula Boddington, *Towards a Code of Ethics for Artificial Intelligence*, Springer International Publishing, 2017, p. 83.

[3] Jacob Turner, *Robot Rules: Regulating Artificial Intelligence*, Palgrave Macmillan, 2019, p. 270.

[4] John Rawls, *A Theory of Justice: Revised Edition*, Harvard University Press, 1999; Jurgen Habermas, "Reconciliation Through The Public Use Of Reason: Remarks On John Rawls's Political Liberalism", *The Journal Of Philosophy*, Vol. 1995, No. 3.

[5] Jacob Turner, *Robot Rules: Regulating Artificial Intelligence*, Palgrave Macmillan, 2019, p. 271.

[6] Paula Boddington, *Towards a Code of Ethics for Artificial Intelligence*, Springer International Publishing, 2017, p. 82.

伦理的委员会或团体的组成以及制定 AI 伦理守则的结论。[1]关于社会认识论和层次结构运作的研究表明，将各个级别的人员和组织中的所有角色包括在内是有益的。[2]分布式伦理的观点也支持这个论点。伦理（至少有时）在社会上是分布式的，因此在某一情况下处于不同位置的参与者具有不同的伦理角色。这对 AI 中个人和团队的职责，对有关自主系统（包括涉及人和机器的系统）的问题，以及关于将伦理融入智能机器的问题都具有影响。[3]

如何看待相关的伦理与实证证据？博丁顿认为，出于各种原因，关于我们如何思考和采取行动以及人类心理和社会的可能性的经验性问题，可能与伦理考量有关。这对 AI 意味着，我们需要仔细考虑必须收集哪些相关的经验证据来评估 AI 的影响。[4]特纳认为，应当采用一系列方法来征求意见。例如，政府或立法机构应当开展公共咨询以探究公众意见，此类咨询可以通过在私有部门中流行的方法来增强，如为可能无法接触到的关键人群设置有针对性的焦点小组。立法机关也可邀请利益群体和专家参加一系列的公开论坛。[5]博丁顿提出，某些形式的 AI 所固有的透明度问题意味着，在可能的情况下最大限度地提高透明度是尤为可取的。与其他能动者保持良好的沟通，并愿意参加公开讨论和协商将是一种美德。[6]英国关于 AI 的全党派议会团体在 2017～2018 年期间举行了会议，专家接受了议员和公众的各种提问，这采用了现场直播并且网上可得的形式。在美国，议员提议的规则会在联邦登记处进行公开，并通过一个名为"通知和评论"的程序开放给公众讨论。[7]2017 年欧洲议会就公众对 AI 的态度，特别是对相关民法规则的态度进行了网络咨询，其中包括两份独立的问卷，一份是给大众的简短版，一份是给专家的加长版。这项调查为本书提出的一些政策方案提供了实证方

---

[1] Paula Boddington, *Towards a Code of Ethics for Artificial Intelligence*, Springer International Publishing, 2017, pp. 82~83.

[2] Goldman Alvin, Blanchard Thomas, "Social Epistemology", *The Stanford Encyclopedia Of Philosophy*, Summer 2016 Edition, http://plato.stanford.edu/archives/sum2016/entries/epistemologysocial.

[3] Paula Boddington, *Towards a Code of Ethics for Artificial Intelligence*, Springer International Publishing, 2017, p. 23.

[4] Paula Boddington, *Towards a Code of Ethics for Artificial Intelligence*, Springer International Publishing, 2017, p. 9.

[5] Jacob Turner, *Robot Rules: Regulating Artificial Intelligence*, Palgrave Macmillan, 2019, p. 271.

[6] Paula Boddington, *Towards a Code of Ethics for Artificial Intelligence*, Springer International Publishing, 2017, p. 101.

[7] Centre For Effective Government, "Notice-And-Comment Rulemaking", https://www.foreffectivegov.org/node/2578.

面的支持，特别是绝大多数人都表示有必要在此领域进行公共规制，并认为该规制应当在欧盟和（或）国际层面进行。[1]

机器伦理开放机构是一个很好的例子，其表明了一个组织能采用从下至上的包容性路径来探讨伦理问题。它探索了不同的机器伦理问题，包括自动驾驶机动车、看护机器人和致命自动武器系统，且特别强调纳入来自不同群体的利益相关方。其方法包括问卷和调查，对所涉及的技术和问题进行了中立和平衡的解释。[2] 重要的是，它还使用了简单易懂的语言，而非 AI 专家或法律人有时提倡的晦涩的技术用语。[3] 麻省理工学院（MIT）的道德机器模拟网站以十种语言书写，收集人们对机器智能伦理决策的意见，截至 2017 年已收集了一百万多人的意见。[4] 这代表了公众如何能被鼓励参与 AI 产生的全新伦理问题。[5]

博丁顿认为，这表明相关的认知策略有助于提高精确性和降低不确定性。对认知策略的追求包括降低关于 AI 未来发展的不确定性水平，以使更精确的 AI 应对策略成为可能。一种常见的策略是在线共享和发布研究结果，并尽可能广泛地提供这些成果。使 AI 操作透明化的策略也可能有助于降低不确定性。还有正在进行的旨在阐明 AI 中涉及的相关伦理道德、法律和概念问题的工作，也有利于更清楚地说明必须解决哪些问题。[6]

博丁顿认为，更明智的策略是关注参与制定伦理守则人员的多样性。我们已经注意到，AI 的任何伦理准则都需要处理各种各样的不确定性：关于伦理价值的不确定性和分歧，关于技术发展的不确定性，以及关于个人和整个社会如何应对技术发展的不确定性。重要的是群体中的观点、经验和思维方式的多样性。但是，这里的"多样性"是什么意思？它到底为什么重要？我们的思维方式因社会影响存在着一些人们已知的偏差。利用网络资源和社交媒体，我们可能会形成志同道合的意见集团。将不同群体的声音纳入伦理讨论中有其合理性。对良好结

---

[1] Tatjana Evas, "Public Consultation On Robotics And Artificial Intelligence First (Preliminary) Results Of Public Consultation", *European Parliament Research Service*, 13 July 2017, http://www.europarl.europa.eu/cmsdata/128665/eprs-presentation-first-results-consultation-robotics.pdf.

[2] ORI, "What Is Open Roboethics Institute?", http://www.openroboethics.org/about.

[3] ORI, "Would You Trust A Robot To Take Care Of Your Grandma?", http://www.openroboethics.org/would-you-trust-a-robot-to-take-care-of-your-grandma.

[4] http://moralmachine.mit.edu.

[5] Jacob Turner, *Robot Rules: Regulating Artificial Intelligence*, Palgrave Macmillan, 2019, p.274.

[6] Paula Boddington, *Towards a Code of Ethics for Artificial Intelligence*, Springer International Publishing, 2017, p.4.

果的期望为考虑群体思考的多样性提供了理由。[1]这项关于集体智慧的工作在研究元认知概念的工作中也得到了证实。[2]在此过程中，我们会考虑他人的知识和意图，从而监控自己的思维过程。这意味着任何致力于制定和实施伦理准则的团体都必须注意他们讨论的质量和建设性的、批判性的反馈。[3]

制定伦理守则是伦理高尚者的工作吗？如果是，我们如何识别这些人？博丁顿认为，我们能够识别善良的人，这一想法可能意味着我们最终会与某种类型的人较量。有一种危险是，人们可能会认为"有道德"意味着"像我们一样的人"或"和蔼可亲的人"，当然，这两者都不等同于拥有美德。[4]此外，有意识地关注伦理的人不一定更有道德。[5]博丁顿提醒我们要注意炒作、伦理风险和公众形象之间的关系：炒作的一个重要潜在影响是，对被打上"坏人"烙印的担心可能会导致个人或集体试图彰显自己天使的一面。在最坏的情况下，表现得合乎道德的欲望可能会胜过对是否合乎道德的担忧。[6]炒作AI的伦理风险可能会产生所谓的"道德信号"，[7]即个人或组织自豪地宣布其具有伦理上的资格，并以此取代实际行动。[8]

我们先看多学科专家的多样性问题。任何指南都需要对技术上可实现的目标有扎实的认识，而研发AI有许多不同的路径，除了深度学习和使用神经网络这两种当前最有前途的技术，其他的技术还包括全脑模拟和人机交互。AI专家的范围应当是多样的，包括法学家、伦理学家、神学家、哲学家、医疗人员、机器

---

[1] Paula Boddington, *Towards a Code of Ethics for Artificial Intelligence*, Springer International Publishing, 2017, pp. 79~80.

[2] Chris D. Frith, "The Role Of Metacognition In Human Social Interactions", *Philosophical Transactions: Biological Sciences*, Vol. 2012, No. 1599.

[3] Paula Boddington, *Towards a Code of Ethics for Artificial Intelligence*, Springer International Publishing, 2017, p. 81.

[4] Paula Boddington, *Towards a Code of Ethics for Artificial Intelligence*, Springer International Publishing, 2017, p. 79.

[5] Schwitzgebel Eric, "Do Ethicists Steal More Books?", *Philosophical Psychology*, Vol. 2009, No. 6.

[6] Paula Boddington, *Towards a Code of Ethics for Artificial Intelligence*, Springer International Publishing, 2017, p. 35.

[7] Bartholomew James, "Hating The Daily Mail Is A Substitute For Doing Good", *The Spectator*, 18 April 2015.

[8] Hogben Susan, "It's (Not) Easy Being Green: Unpacking Visual Rhetoric And Environmental Claims In Car, Energy And Utility Advertisements In The UK (2007-08)", *Language & Ecology*, Vol. 2009, No. 1.

人学家、工程学家，这里的挑战在于不同专家思想的交叉融合。[1]博丁顿认为，炒作可能影响我们思维的方式，一是造成思想上的扭曲。急于解决突出的伦理问题可能会导致一种伦理价值的凸现和其他伦理价值的牺牲。只强调一种伦理价值而不注意平衡，可能会造成特别严重的危害。价值需要在特定背景下相互平衡。当人们对 AI 的影响感到恐慌时，可能会夸大一种价值的重要性，而忽略其他价值。炒作还可能会对代码内容产生切实影响。有时，对 AI 的讨论可能会简化、夸大和理想化人类和智能机器的含义。[2]

引领某一领域学术讨论的学科必须具有自我批评精神，并避免被特定的意识形态或派系所支配。[3]博丁顿认为，潜在的专业价值观可能会侧重于保护个人。首先，伦理守则可能会侧重于相对个人主义伦理的价值观。但是，在其他情况下还需要其他价值。其次，我们需要考虑相关的服务或产品会对非客户的个人产生怎样的影响，以及实际上它们将如何影响整个社会。但是，如果技术是新的、快速发展的，并且有可能破坏或改变社会关系，例如人工智能，那么准确确定将出现哪些更广泛的道德和社会问题将是一项复杂又往往困难的任务，而要理清和追踪特定技术是如何促成这些问题的则更加困难。在这种情况下，加强审查和认真研究以揭示影响将是有益的，甚至是至关重要的。[4]博丁顿分析，有些危险是潜伏着的。一是政治或其他价值关切会出现在专业机构的声明和伦理准则中，反映出一种假定的正统观念，而这种观念可能并不代表所有成员，也可能没有经过充分的考虑和辩论。某些带有政治色彩的问题可能会被认为是不恰当的，或者超出了专业机构的评论范围。然而，这些可能是这个行业面临的最重要的问题之一。[5]博丁顿还提出，在充满恐惧的 AI 领域，仅仅为了避开批评而制定一套动听的伦理准则的诱惑可能尤其强烈。引人注目的美德也可能成为准则内容的陷阱，因为坏人可能夸大某些价值或美德使好人无法与坏人斗争。AI 的控制问题因而成为一个特别重要的问题。我们已经看到 AI 的控制问题是如何影响 AI 专业

---

[1] Jacob Turner, *Robot Rules: Regulating Artificial Intelligence*, Palgrave Macmillan, 2019, p. 274.

[2] Paula Boddington, *Towards a Code of Ethics for Artificial Intelligence*, Springer International Publishing, 2017, p. 35.

[3] Paula Boddington, *Towards a Code of Ethics for Artificial Intelligence*, Springer International Publishing, 2017, p. 46.

[4] Paula Boddington, *Towards a Code of Ethics for Artificial Intelligence*, Springer International Publishing, 2017, p. 47.

[5] Paula Boddington, *Towards a Code of Ethics for Artificial Intelligence*, Springer International Publishing, 2017, p. 71.

权力的权威基础的。明智的做法是，各组织应清楚地陈述这些困难，最好是针对与它们有关的特定 AI 形式进行具体说明。此外，我们也看到了某些形式的 AI 可能会广泛地影响和破坏社会。明智的做法是，各组织能意识到在问题涉及更广泛的政治、社会和文化问题时，它们无法充分解决也没有能力充分解决这些问题，但这些组织可能在社会对话中发挥至关重要的作用。在这些问题上的精确性和自我意识是有价值的，而且可能比一般意义上的平淡陈述更能赢得公众的信任。[1]

再看利益相关方、利益团体和非政府组织的多样性问题。特纳认为，咨询应当包括对 AI 的规制和其特定应用具有特别利益的人，例如在医药看护 AI 规则设计中咨询医疗组织和患者代表组织。但要记住非政府组织、利益团体和其他利益相关方可能有特别强烈和突出的意见，要不受嘈杂的小团体所影响。[2]强调一种伦理价值会排除资源贫乏的人。这些问题可能是政府机构或国际专业机构的主要关注点，它们可能不希望使任何成员处于不利地位，至少所有这些机构都在努力获取资源来做到这一点。[3]特纳认为，公司可能是受影响最直接的主体，当然会成为规则的重要决定者。行业主导的人工智能监管越来越多地来源于公司集体，例如美国科技巨头组成的 AI 合作组织。它当然应该发挥作用，但不应当成为 AI 规则的唯一来源，因为其看重的是股东利益而非公众利益，其规制是自愿性质的，且其不包括中小企业，可能有害竞争和革新。[4]微软 2018 年出台的报告中，其首席执行官提出的两个最深远的利他原则"AI 必须旨在帮助人类""AI 必须在不损害人类尊严的前提下实现效率最大化"，被其官方清单替换为更加有限的技术性目标"AI 必须是公平的、包容的和可靠安全的"。这让人思考该公司的股东利益在何种程度上影响了这一微小但重要的改变。[5]电气电子工程师协会的《人工智能设计的伦理准则》第二版于 2017 年发布，最终版于 2019 年发布。[6]这是经过深思熟虑的结果，但特纳建议由国家政府设定合适的规则以解决相关问题。[7]

---

[1] Paula Boddington, *Towards a Code of Ethics for Artificial Intelligence*, Springer International Publishing, 2017, pp. 99~100.

[2] Jacob Turner, *Robot Rules：Regulating Artificial Intelligence*, Palgrave Macmillan, 2019, p. 275.

[3] Paula Boddington, *Towards a Code of Ethics for Artificial Intelligence*, Springer International Publishing, 2017, p. 36.

[4] Jacob Turner, *Robot Rules：Regulating Artificial Intelligence*, Palgrave Macmillan, 2019, pp. 275~276.

[5] Jacob Turner, *Robot Rules：Regulating Artificial Intelligence*, Palgrave Macmillan, 2019, p. 295.

[6] "Autonomous And Intelligent Systems（AIS）", *EAD V2 Website*, https://ethicsinaction.ieee.org.

[7] Jacob Turner, *Robot Rules：Regulating Artificial Intelligence*, Palgrave Macmillan, 2019, pp. 292~294.

2. 沙盒监管的启示。针对金融行为监管局的金融科技沙盒的案例研究可以给我们诸多启示。特纳分析道，政府和科技公司合作的一个特别有用的机制是沙盒，这是规制者针对新技术在封闭或有限的环境中进行使用和测试，并与政策决定者密切对话的过程。沙盒还允许规制者试行新规则并观察其对新技术的影响，同时限制了对公众的大范围损害或威胁。在法律要求人类必须在场控制特定决策或过程时，沙盒就显得特别有用，它可以证明 AI 系统在小范围内的安全和效率，在此基础上可以再次测试适当的安全标准，并在更大范围内合法使用。比起传统的产业咨询，该机制下政府更少依赖昂贵的游说者和公关顾问准备的熟练演讲，而更多聚焦于实验的实证结果，在虚拟现实中模拟的研发技术允许了更大范围的极度复杂 AI 系统的行为模拟。沙盒使得 AI 管理政策的两个领域能够相互支持，即鼓励当地部门的发展和制定新的法规。这种合作式和迭代式监管可以鼓励竞争，让那些缺乏昂贵的研究、设计设备或政府公关部门的市场参与者有机会向监管者介绍新产品的潜在优势。沙盒还能使得政府更好地达到保护未得到充分代表的人群的社会目标，因为它允许具有创新商业模式的企业进行大量测试，以满足更弱势的消费者的需求。这种灵活、反应迅速的治理技术给未来的 AI 规制提供了诸多经验。[1]

2021 年的欧盟《人工智能法案》第五编规定了支持创新的措施，有助于建立一个有利于创新、面向未来并能抵御破坏的法律框架。监管框架可以从以下两个方面促进 AI 的采用。一方面，增强用户的信任将提高企业和公共机构使用 AI 的需求。另一方面，通过提高法律确定性和统一规则，AI 提供者将能够进入更大的市场，推出用户和消费者喜爱和愿意购买的产品。规则只会在绝对需要的地方应用，并以轻量级治理结构的方式最大限度地减轻经济运营商的负担。为此，它鼓励国家主管当局建立监管沙盒，并在治理、监督和责任方面制定基本框架。人工智能监管沙盒建立了一个受控环境，可以根据与主管当局商定的测试计划，在有限的时间内测试创新技术。第五编还载有减轻中小企业和初创企业的监管负担的措施。为建立一个更利于创新的法律框架，并促进循证监管学习，与欧盟委员会的提案相比，2023 年的临时协议通过《人工智能法案》对创新支持措施条款进行了大幅修改。值得注意的是，临时协议声明，人工智能监管沙盒不仅应该为创新型人工智能系统的开发、测试和验证建立一个受控的环境，也应该允许在

---

〔1〕 Jacob Turner, *Robot Rules*: *Regulating Artificial Intelligence*, Palgrave Macmillan, 2019, pp. 276~278.

现实环境中测试创新型人工智能。[1]临时协议为此还增加了新条款，允许在特定条件和保障措施下，在现实环境中测试人工智能系统。为减轻小型公司的管理负担，临时协议列出了支持此类运营商的行动清单，并规定了一些有限且明确的豁免。[2]欧洲议会议员希望确保企业，尤其是中小企业，能够开发人工智能解决方案，而免受控制价值链的行业巨头的过度压力。为此，临时协议将进一步推动这些由国家当局建立的监管沙盒和现实场景测试，其目的在于推动企业在将人工智能投放到市场前开发和培训创新人工智能。[3]

AI 监管沙盒规定在该法案第 53 条：①由一个或多个成员国主管当局或欧洲数据保护监督员建立的人工智能监管沙盒应提供一个受控环境，在创新人工智能系统投入市场或根据具体计划投入使用之前，在有限的时间内促进其开发、测试和验证。这应在主管当局的直接监督和指导下进行，以确保遵守该条例的要求，并在相关情况下，遵守沙盒监督的其他欧盟和成员国立法。②成员国应确保，如果创新的人工智能系统涉及个人数据的处理，或属于其他国家主管部门或提供或支持数据访问的主管部门的监督职权范围，则国家数据保护主管部门和上述其他国家主管部门应与人工智能监管沙盒的运作相关联。③人工智能监管沙盒不应影响主管部门的监督和纠正权力。在此类系统的开发和测试过程中发现的对健康和安全以及基本权利的任何重大风险应立即缓解，如果不能立即缓解，则暂停开发和测试过程，直到缓解发生。④人工智能监管沙盒的参与者仍应根据适用的欧盟和成员国责任立法，就其在沙盒中进行的实验对第三方造成的任何伤害负责。⑤已建立人工智能监管沙盒的成员国主管当局应在欧盟人工智能委员会框架内协

---

[1] 对高风险 AI 系统的实地测试最长可以进行 6 个月（可以在此基础上延长 6 个月）。在进行测试之前，需要制定并提交一个计划给市场监管机构，该机构必须批准计划和具体的测试条件，如果在 30 天内没有得到回复，则视为默许批准。实地测试可能会受到当局的、不预先通知的检查。实地测试只能在特定的保障措施下进行，例如系统的实地测试用户必须提供知情同意，测试不得对他们产生任何负面影响，结果必须是可逆或可忽略的，并且在测试结束后必须删除他们的数据。对于易受伤害群体，例如由于他们的年龄、身体或精神残疾而易受伤害的，应提供特殊保护。*European Commission*, "Artificial Intelligence-Questions And Answers", https://ec.europa.eu/commission/presscorner/detail/en/QANDA_21_1683.

[2] *European Council*, "Artificial Intelligence Act: Council And Parliament Strike A Deal On The First Rules For AI In The World", https://www.consilium.europa.eu/en/press/press-releases/2023/12/09/artificial-intelligence-act-council-and-parliament-strike-a-deal-on-the-first-worldwide-rules-for-ai/?ref=atlasai.news.

[3] *European Parliament*, "Artificial Intelligence Act: Deal On Comprehensive Rules For Trustworthy AI", 9 December 2023, https://www.europarl.europa.eu/news/en/press-room/20231206IPR15699/artificial-intelligence-act-deal-on-comprehensive-rules-for-trustworthy-ai.

调其活动和开展合作。它们应向人工智能委员会和欧盟委员会提交年度报告，报告实施这些方案的结果，包括良好做法、吸取的教训和关于其设置的建议，并在相关情况下，就该条例和沙盒内监督的其他欧盟立法的应用提出建议。⑥人工智能监管沙盒的运作方式和条件，包括申请、选择、参与和退出沙盒的资格标准和程序，以及参与者的权利和义务，应在实施法案中加以规定。实施办法依照第 74 条第 2 款规定的审查程序制定。

在人工智能监管沙盒中应进一步处理个人数据，以开发符合公共利益的特定人工智能系统。该法案第 59 条第 1 款规定：在人工智能监管沙盒中，为其他目的合法收集的个人数据在满足以下条件后可以处理，以便在沙盒中开发和测试某些创新的人工智能系统：①开发创新的人工智能系统应在以下一个或多个领域中维护重大公共利益：其一，主管当局控制和责任下的预防、调查、侦查或起诉刑事犯罪或执行刑事处罚，包括防范和预防对公共安全的威胁，处理应基于成员国或欧盟法律；其二，公共安全和公共卫生，包括疾病预防、控制和治疗；其三，高度保护及改善环境质量；②在处理匿名、合成或其他非个人数据无法有效满足第三编第二章所述的一项或多项规定的情况下，所处理的数据是符合这些规定所必需的；③是否有有效的监测机制，以确定在沙盒试验过程中，数据主体的基本权利是否可能面临任何高风险，以及是否有反应机制可迅速减轻这些风险，并在有需要时作停止处理；④任何拟在沙盒范围内处理的个人资料处于功能上独立、隔离及受保护的资料处理环境中，并由参与者控制，而只有获授权的人士才可查阅该等资料；⑤处理过的任何个人资料不会被其他各方传送、转移或以其他方式查阅；⑥在沙盒范围内对个人数据的任何处理不会影响数据主体的措施或决定；⑦在终止参与沙盒或个人数据的保存期结束后，在沙盒范围内处理的任何个人数据将被删除；⑧在参与沙盒期间和沙盒终止后的 1 年内，仅为履行该条或其他适用的欧盟或成员国立法规定的问责和存档义务的目的，在必要时保存沙盒中个人数据处理的日志；⑨将人工智能系统的培训、测试和验证背后的过程和基本原理的完整而详细的描述与测试结果作为附件 4 技术文档的一部分一并保存；⑩在沙盒中开发的人工智能项目的目标、简短摘要和预期结果应在主管当局网站上公布。该条第 2 款规定：第 1 款不妨碍欧盟或成员国立法排除为该立法中明确提到的目的以外的其他目的进行的处理。

针对小规模供应商和用户的措施。法案第 55 条规定，成员国应采取以下行动：①在满足资格条件的情况下，向小规模提供商和初创企业优先提供进入人工智能监管沙盒的机会；②针对小规模供应商和用户的需要，举办有关应用该法规的具体宣传活动；③在适当情况下，建立专门的渠道，与小规模供应商、用户和其他创新者进行沟通，就该法规的实施提供指导并回答询问。该法案第43条规定的合格评定费用，应当考虑到小型供应商的具体利益和需要，并根据其规模和市场大小按比例降低费用。

除了《人工智能法案》之外，欧盟将如何促进和支持人工智能领域的创新？欧盟委员会对此进行了解答。欧盟对人工智能的态度基于卓越和信任，旨在推动研究和工业能力的提升，同时确保安全和保护基本权利。人们和企业应该能够在享受人工智能的好处的同时感到安全和受保护。欧洲人工智能战略旨在使欧盟成为人工智能的世界级中心，并确保人工智能以人为本和值得信赖。2021年4月，欧盟委员会提出了人工智能的一揽子计划，包括对人工智能协调计划的审查和关于制定人工智能协调规则的法规提案。通过人工智能协调计划，欧盟委员会制定了一项全面的战略，以促进欧洲人工智能的发展和应用。它侧重于为人工智能的发展和采用创造有利条件，确保从实验室到市场的卓越表现，以提高人工智能的可信度，并在影响力大的行业建立战略领导地位。欧盟委员会旨在通过协调和统一成员国的努力，利用它们的活动来促进以一致和协同的方式推动人工智能的发展和应用。该委员会还建立了欧洲人工智能联盟平台，该平台汇集了来自学术界、工业界和公民社会的利益相关者，以交流有关人工智能政策的知识和见解。此外，协调计划预计将采取几项旨在释放数据资源、培养关键计算能力和提高研究能力的措施，通过欧洲数字创新中心（EDIHs）以及欧洲测试和实验设施网络（TEFS）支持中小企业。[1]

产业标准机构的设立也需要合作式立法的思维。特纳提出，在国家和国际层面，标准机构都在设定和更新标准以及确保不同产品和技术的互操作性上发挥了重要作用。其成员身份的分散意味着更少受到小范围的强大公司利益的支配，决策程序更为透明，技术专长也有保障，有利于形成不涉及伦理和社会维度的技术标准。[2]特纳认为，对英国人类受精和胚胎管理局的案例研究表明了伦理规制者应当符合的要件。规制者的成员身份应当具有广泛性，并应当充分代表外行利益。新技术必须每两年得到检视，以确保继续提供安全、合法和有

---

[1] *European Commission*, "Artificial Intelligence-Questions And Answers", https://ec.europa.eu/commission/presscorner/detail/en/QANDA_21_1683.

[2] Jacob Turner, *Robot Rules*: *Regulating Artificial Intelligence*, Palgrave Macmillan, 2019, pp. 279~280.

质量的服务和研究,并努力教育和报告给该产业之外的公众。[1]一个负责监督各种机器人研究小组的机构,可能能够发现更广泛的威胁和趋势,而这些威胁和趋势在现实中可能并不那么明显。这在很大程度上取决于这样一个机构拥有的权力。[2]

总之,我们要检查伦理讨论的不完全性。解决思维扭曲问题的一种方法是,通过规范的实施程序来考虑所有受 AI 特定发展影响的人的不同观点,以及理解伦理问题的不同方式。[3]博丁顿就此提出了一系列建议。其一,建设制定和实施规范的程序。要警惕落入为"多元化"设定"勾选框"配额的陷阱。可以考虑确保不同的人格类型都有代表,以获得全方位的思维方式。此外,来自 AI 领域之外的专家(如法学家、经济学家、社会科学家)以及公众参与等,也会有所帮助。将那些在 AI 领域之外而对此有重大利益的成员包括进来,可能有助于保持一种外部视角。我们应该注意伦理讨论的领导权及其边界。其二,重视准则的修订和批评。必须对准则的修订作出规定,并对检举程序作出规定,以及建立良好的沟通渠道,以减少检举的需要,考虑确定守则影响的程序。其三,需要注意讨论制定守则的时间安排。有时可能需要对问题作出迅速反应,但一般而言,在涉及这些问题时,需要花费时间进行仔细思考。[4]

但需要注意的一个问题是,立法上的宏观制度要得到公意的支持以形成共同理想,而行政规章上的具体规则却需要不同考虑。韦弗认为,在太慢太少和太快太多的规制之间,合理的妥协可能是修改行政程序,包括公布拟议的规则、举行听证会以审议规则、在提议规则生效之前发表意见和回应。这些规定耗时费力,可能拖累 AI 的规章发展。充分考虑和公开不能阻碍快速和有针对性的行动,修改的行政程序要允许 AI 规章的快速通过和进一步修改。这在 AI 出现在更多的产品和服务中的社会背景下,愈发显得必要。[5]

---

[1] Jacob Turner, *Robot Rules: Regulating Artificial Intelligence*, Palgrave Macmillan, 2019, p. 281.
[2] Paula Boddington, *Towards a Code of Ethics for Artificial Intelligence*, Springer International Publishing, 2017, p. 64.
[3] Paula Boddington, *Towards a Code of Ethics for Artificial Intelligence*, Springer International Publishing, 2017, p. 104.
[4] Paula Boddington, *Towards a Code of Ethics for Artificial Intelligence*, Springer International Publishing, 2017, pp. 100~101.
[5] John Frank Weaver, *Robots are People Too: How Siri, Google Car, and Artificial Intelligence will Force Us to Change Our Laws*, Praeger, 2013, pp. 184~185.

二、已经提出的规制准则

博丁顿认为,真正有益的做法当是尽可能把重点置于 AI 的独特或典型作用,并避免非常笼统的伦理原则表述。此类一般化原则所提问题并非专门针对 AI,而可能适用于任何技术,或适用于任何商业或工业企业。然而,我们需要考虑的价值问题往往具有更强的语境化要求。[1] AI 将如何紧密嵌入复杂的人类系统,从而在某种程度上使得对其评估更加复杂?对此更明确的考虑将有助于指明许多未来工作的必要方向。[2] 博丁顿提出,一种方法是从具有多年医学伦理前沿工作经验的道德哲学家处获得丰富的见解。考虑到 AI 伦理所提问题的新颖性,这很可能是 AI 伦理最接近的同类事物。AI 伦理有能力影响我们对自己的看法,影响我们生活众多方面以及对未知且不断变化的未来的看法。[3] 但是,博丁顿提出,在将医学伦理的经验应用于 AI 时,出现了许多独特的问题:AI 研究的分散性和非专业性本质,资源的集中和失衡,各种参与者的可能的混合动力以及潜在应用的广泛范围(包括预期的和不可预见的范围)。凡此种种,使得我们很难从过去在诸如土木工程或医学方面的伦理守则的发展中加以推断 AI 的伦理准则。[4] 因此要经常提出"与 AI 有何关系?"这一问题,明确阐明各种道德问题与 AI 有何关系,以及在 AI 中的独特发展中如何将新要素代入旧式道德讨论。[5]

(一)各地规制 AI 创造者的实践

先看欧洲的机器伦理路线图。欧洲机器人学研究网络在 2006 年提出了一系列机器人伦理问题,但这不是问答清单,因为对于需要仔细考虑的复杂领域,其没有提供简单答案。这也不是原则宣言,因为机器人伦理学工作室的局外讨论不能被视为合格的制度化委员会的宣言。[6] 机器伦理路线图并没有寻求创建规则,

---

[1] Paula Boddington, *Towards a Code of Ethics for Artificial Intelligence*, Springer International Publishing, 2017, p. 111.

[2] Paula Boddington, *Towards a Code of Ethics for Artificial Intelligence*, Springer International Publishing, 2017, pp. 110~111.

[3] Paula Boddington, *Towards a Code of Ethics for Artificial Intelligence*, Springer International Publishing, 2017, p. x.

[4] Paula Boddington, *Towards a Code of Ethics for Artificial Intelligence*, Springer International Publishing, 2017, pp. x~xi.

[5] Paula Boddington, *Towards a Code of Ethics for Artificial Intelligence*, Springer International Publishing, 2017, p. x.

[6] Roboethics, "EURON Roboethics Roadmap", 6 July 2006, http://www.roboethics.org/atelier2006/docs/ROBOETHICS%20ROADMAP%20Rel2.1.1.pdf.

而是向其他人提出了制定规则的挑战。[1]

2018年3月,欧盟科学与新技术伦理小组在《关于人工智能、机器人及"自主"系统的声明》中,提出了一套人工智能发展的基本伦理原则。[2]2018年3月,欧盟委员会成立了一个高级专家组(AI HLEG),以收集专家意见并制定AI伦理准则。2018年4月,欧盟委员会在《人工智能通讯》中提出,要研究和制定人工智能新的伦理准则,以解决公平、安全和透明等问题,捍卫欧洲价值观。[3]2019年4月,欧盟高级专家组发布了《可信赖人工智能道德准则》,提出了建设以人为本的人工智能,列出了可信赖的人工智能系统应满足的七大原则此外,其还说明了可信赖人工智能应有两个组成部分:一是应尊重基本人权、规章制度、核心原则及价值观;二是应在技术上安全可靠,避免因技术不足而造成无意的伤害。[4]2019年6月,高级专家组发布《可信赖人工智能的政策和投资建议》,从人类和整个社会、私营部门、公共部门、欧洲的研究与学术界四个领域提出了人工智能发展的33项政策和投资建议。[5]

欧盟委员会2021年《人工智能法案》在解释性备忘录第3.3部分提出,该法案评估了四种不同程度的监管干预政策方案。"方案1"是欧盟立法文书建立自愿标签计划;"方案2"是部门性的"特别"方法;"方案3"是采用基于风险的比例方法的横向欧盟立法;"方案3+"是横向欧盟立法文书,遵循基于风险的比例方法以及非高风险人工智能系统的行为准则;"方案4"是横向欧盟立法文书,对所有人工智能系统制定强制性要求,而不考虑它们带来的风险。根据委员会既定的方法,其对每一项政策选择都根据经济和社会影响进行了评估,尤其是对基本权利的影响。首选方案是"方案3+",即仅针对高风险人工智能系统出台监管框架,但所有非高风险人工智能系统的提供商都有可能遵守相关行为准则。这些要求将涉及数据、文档管理和可追溯性、信息的提供和透明度、人力监

---

[1] Jacob Turner, *Robot Rules: Regulating Artificial Intelligence*, Palgrave Macmillan, 2019, p.283.

[2] *European Commission*, "Statement On Artificial Intelligence, Robotics And Autonomous Systems", http://ec.europa.eu/research/ege/pdf/ege_ai_statement_2018.pdf.

[3] *European Commission*, "Communication Artificial Intelligence For Europe", https://ec.europa.eu/digital-single-market/en/news/communication-artificial-intelligence-europe.

[4] *European Commission*, "Ethic Guideline For Trustworthy AI", https://ec.europa.eu/digital-single-market/en/news/ethics-guidelines-trustworthy-ai.

[5] *European Commission*, "Policy And Investment Recommendations For Trustworthy Artificial Intelligence", https://ec.europa.eu/digital-single-market/en/news/policy-and-investment-recommendations-trustworthy-artificial-intelligence.

督、稳健性和准确性,并将是针对高风险人工智能系统的强制性要求。为其他人工智能系统引入行为准则的公司则可以自愿遵循。

欧盟《人工智能法案》前言第83段提出,根据该法规的要求,开发除高风险人工智能系统以外的人工智能系统,可能会导致欧盟更多地采用值得信赖的人工智能。应鼓励非高风险人工智能系统的供应商制定行为准则,以促进其对适用于高风险人工智能系统的强制性要求的自愿应用。还应鼓励提供者在自愿的基础上提出与环境可持续性、残疾人无障碍、利益攸关方参与人工智能系统的设计和开发以及开发团队的多样性等相关的额外要求。委员会可制定包括部门资质在内的举措,以促进降低阻碍人工智能发展数据跨境交换的技术壁垒,包括数据访问基础设施、不同类型数据的语义和技术互操作性。

该法案第九编为制定行为准则提供了框架,旨在鼓励非高风险人工智能系统的提供商自愿适用高风险人工智能系统的强制性要求(如第三编所述)。非高风险人工智能系统的提供商可自行制定和实施行为准则。法案第69条规定:①人工智能办公室和成员国应鼓励并促进制定行为准则,以促进高风险人工智能系统外的人工智能系统自愿应用第三编第二章规定的要求。该要求以技术规范和解决方案为基础,且这些技术规范和解决方案是根据系统的预期目的确保遵守上述要求的适当手段。②人工智能办公室应鼓励并促进制定行为守则,以促进在明确目标和衡量目标实现的关键绩效指标基础上,自愿将环境可持续性、残疾人无障碍、利益攸关方参与人工智能系统的设计和开发以及开发团队的多样性等方面的要求应用于人工智能系统。③行为准则可由人工智能系统的个别供应商或代表他们的组织制定,也可由两者共同制定,包括用户和任何感兴趣的利益攸关方及其代表组织的参与。考虑到相关系统预期目的的相似性,行为准则可能涵盖一个或多个人工智能系统。④人工智能办公室和成员国在鼓励和促进拟订行为守则时,应考虑到小规模提供者和初创企业的具体利益和需要。

2017年6月,德国联邦交通与数字基础设施部推出全球首套《自动驾驶伦理准则》,规定了自动驾驶汽车的20项道德伦理准则。[1]德国在自动驾驶伦理和道德的研究分析方面走在了世界前沿。德国于2017年对《德国道路交通安全法》进行了修订,规定针对自动驾驶汽车的基础性的准入条件,是全球第一个以立法

---

〔1〕 *European Commission*, "Ethics Commission Automated And Connected Driving", https://www.bmvi.de/SharedDocs/EN/publications/report-ethics-commission-automated-and-connected-driving.pdf?__blob=publicationFile.

形式允许自动化驾驶车辆在公共道路上和其他车辆一样行驶的国家,在此基础上传统的侵权责任法、强制保险法等规定依然适用。2021年其进一步大范围修法,成为了全球第一个颁布车辆自主运行规则的国家。修订后的法律允许车辆没有驾驶员,但要求配备技术监督员,以随时与车辆保持联系,并在极特殊的情况下干预车辆行驶。[1]

英国2010年公布的工程和物理研究委员会与人文研究委员会的机器人原则,分为准法律原则和相应的写给大众的原则。[2]但特纳认为这种区分难以保证二者意思一致,使得人们不确定哪一个才是有约束力的。例如规则二的专业表述是"人类而非机器人是负责任的行为能力人",但大众表述"机器人的设计和操作应符合现有法律,包括隐私"中没有这一点,遗漏了规则的关键部分,导致提供简明解释的理念落空了。简明扼要固然值得称赞,但正如阿西莫夫的法则,简明隐藏了不具体和过分抽象的危险。[3]对此,博丁顿认为我们还应有更多的反思。一是共同的语言可能导致错误的沟通并阻碍对清晰的追求。所有相关方都需要能够理解伦理问题,因此需要清晰地传达技术语言和概念。有一些术语是在技术层面上使用的,也有一些是常用的说法。共同的词汇可能会掩盖分歧。只有深入的对话和对潜在背景问题的理解才能揭示这一点。但不要错误地认为,我们需要做的只是简单地提出一个强有力的和一致同意的定义。[4]二是共同的语言可能掩盖分歧。博丁顿认为,语言不是固定在世界上的一组标签,而是有多种用途的。即使是描述世界,我们也很少需要"完整"描述,而是选择适合各种目的的描述。而且,许多词语中都会包含价值观念,这些观念并非直截了当的"价值"用语。并且,相同的词语对于不同的人而言会有不同的含义和内涵。因此,在寻找关键术语的定义时,我们可能不需要得到"那个唯一的"定义。相反,最好是标记出可能的误解,并确保通用语言不会消除复杂性和掩盖分歧。在伦理守则试图将语言形式化的情况下,这一做法可能会掩盖分歧。出台术语的词汇表可能会有所帮助,但如果将复杂的概念塞进一个词汇表里则无济于事。而且,我们很难生成

---

[1] [德]埃里克·希尔根多夫:《数字化、人工智能和刑法》,江溯等译,北京大学出版社2023年版,第17、20章。

[2] EPRSC, "Principles Of Robotics", https://www.epsrc.ac.uk/research/ourportfolio/themes/engineering/activities/principlesofrobotics.

[3] Jacob Turner, *Robot Rules: Regulating Artificial Intelligence*, Palgrave Macmillan, 2019, p.285.

[4] Paula Boddington, *Towards A Code Of Ethics For Artificial Intelligence*, Springer International Publishing, 2017, pp.95~96.

一个简单的标准定义，注意到这一点通常是有益的。[1]

英国政府在多个文件和报告中呼吁建立准则与伦理框架，提出政府应制定国家层面的人工智能准则。英国下议院于2016年发布《机器人技术和人工智能》报告，指出英国应规范机器人技术与人工智能系统的发展，讨论了有关安全、验证、偏见、隐私和问责制的道德和法律问题。[2]2018年1月，原文化、媒体和体育部发布的《数字宪章》指出，应确保数据以安全和符合伦理的方式被使用，并规定了以下原则：互联网应免费、开放和可用；线上人群应了解适用规则；尊重并妥善使用个人数据；采取措施保护人们尤其是儿童的线上安全；线下权利在线上应受到同等保护；新技术带来的社会和经济效益应公平共享。[3]2018年6月，该部又发布《数据伦理框架》，提出数据伦理的七项原则：①从明确的用户需求和公共利益入手；②了解相关的法规和业务守则；③使用与用户需求成比例的数据；④了解数据的局限性；⑤运用稳健的做法，并在自己的技能范围内工作；⑥工作透明并为此负责；⑦负责任地嵌入数据。[4]2018年4月英国议会出台了《人工智能在英国：准备、意愿和能力》的报告。[5]报告提出了关于AI准则的五条总体原则，阐明了政府需要考虑的策略性问题，呼吁英国政府制定国家层面的人工智能准则，为人工智能研发和利用设定基本的伦理原则，并探索相关标准和最佳实践等，以实现行业自律。

英国政府数字服务局（GDS）和人工智能办公室（OAI）在2019年发布了有关如何在公共部门构建和使用人工智能的联合指南。[6]该指南主要内容分为三大部分：评估、规划、管理人工智能，合道德、安全地使用人工智能，人工智能在公共领域的使用范例。指南指出，政府部门在计划部署人工智能辅助之前需要全面评估数据的质量，包括数据的准确性、完整性、特殊性、及时性、有效性、

---

[1] Paula Boddington, *Towards a Code of Ethics for Artificial Intelligence*, Springer International Publishing, 2017, pp. 96~97.

[2] United Kingdom Parliament, "Robotics And Artificial Intelligence", https://publications.parliament.uk/pa/cm201617/cmselect/cmsctech/145/145.pdf.

[3] GOV. UK, "Digital Charter", https://www.gov.uk/government/publications/digital-charter/digital-charter.

[4] GOV. UK, "Data Ethic Framework", https://assets.publishing.service.gov.uk/government/uploads/system/uploads/attachment_data/file/737137/Data_Ethics_Framework.pdf.

[5] United Kingdom Parliament, "AI In The UK: Ready, Willing And Able", https://publications.parliament.uk/pa/ld201719/ldselect/ldai/100/100.pdf.

[6] GOV. UK, "A Guide To Using Artificial Intelligence In The Public Sector", https://www.gov.uk/government/collections/a-guide-to-using-artificial-intelligence-in-the-public-sector.

充分性、关联性、代表性等;针对不同的需求,应当选用不同的人工智能或机器学习技术;对不同应用领域的人工智能建立清楚明确的规则机制。

法国科技学术与产业智库于2014年提供了机器人研究的伦理准则,包括关于自主和决策能力实体的研究建议。其亮点在于发现了道德和技术问题,这是有限的、适度的路径。[1]美国加州2017年"阿西洛马会议"有一百多个AI研究所以及经济学、法律、伦理和哲学专家的参加,最后达成了23条原则。[2]其过程缺陷在于参与者来自相当小的研究团体,而且主要来自西方;内容上缺乏复杂性和包容性,而这对回应式、负责任的创新至关重要。[3]

日本内政与通信部在2016年给AI研发者提出了九条原则,建议作为软法,以深化国家和国际层面的多方在AI研发和利用上的参与。[4]近两届美国国会期间,参议院和众议院提出了多个与人工智能相关的法案,其中涉及算法、人脸识别等方面的法案备受关注。2019年3月,参议院向国会提交《2019年商业人脸识别隐私法案》,禁止在商业用户未经授权的情况下,使用人脸识别技术收集和共享用于识别或跟踪消费者的数据。[5]2019年4月,众议院向国会提交《2019年算法责任法案》,该法案要求公司研究和修复有缺陷的、可能会导致不准确、不公平、有偏见或歧视性决定的计算机算法。[6]2019年5月,经合组织成员国签署了《经合组织人工智能原则》。[7]这是第一项关于AI的政府间标准,其中包括可持续发展原则、以人为本的价值观和公平性、安全性、透明性、可归责性等五项使用AI技术的基本原则和五项给政府的建议。该原则同时被G20国家采纳。2020年1月,白宫科学技术政策办公室(OSTP)发布《人工智能应用监管指南》。[8]该指南提出了政府机构在针对私营部门提出AI监管法规时应遵循的十项原则。这些原则具有三个主要目标:确保公众参与、限制监管范围,以及最重要

---

[1] Jacob Turner, *Robot Rules: Regulating Artificial Intelligence*, Palgrave Macmillan, 2019, pp. 285~287.

[2] *Future of Life Institute*, "A principled AI Discussion in Asilomar", 17 January 2017, https://futureoflife.org/2017/01/17/principled-ai-discussion-asilomar.

[3] Jacob Turner, *Robot Rules: Regulating Artificial Intelligence*, Palgrave Macmillan, 2019, pp. 288~291.

[4] Jacob Turner, *Robot Rules: Regulating Artificial Intelligence*, Palgrave Macmillan, 2019, p. 299.

[5] "Commercial Facial Recognition Privacy Act Of 2019", https://www.congress.gov/bill/116th-congress/senate-bill/847.

[6] "Algorithmic Accountability Act Of 2019", https://www.congress.gov/bill/116th-congress/house-bill/2231.

[7] *OECD*, "The OECD AI Principles", https://www.oecd.org/going-digital/ai/principles.

[8] *THE WHITE HOUSE*, "Guidance For Regulation Of Artificial Intelligence Applications", https://www.whitehouse.gov/wp-content/uploads/2020/01/Draft-OMB-Memo-on-Regulation-of-AI-1-7-19.pdf.

的是促进开发公平、透明、安全和可信赖的人工智能。

中国于 2017 年发布了《新一代人工智能发展规划》。2018 年,工信部电子工业标准化研究院发布了 AI 标准化报告《人工智能标准化白皮书》。白皮书论述了人工智能的安全、伦理和隐私问题,提出设定人工智能技术的伦理要求要依托于社会和公众对人工智能伦理的深入思考和广泛共识。它包括了对 AI 迄今引发的伦理挑战的最全面分析,例如隐私、电车问题、算法偏见、透明度和损害责任。[1]2019 年 5 月,中国人工智能产业发展联盟发布了《人工智能行业自律公约(征求意见稿)》,从行业组织角度推动人工智能伦理自律。

(二) 规制 AI 创造者的主题和趋势

特纳总结了 AI 规制的主题和趋势。尽管不同机构有不同的专业和焦点,但是通过分析以上简述反复浮现的关键词,可得出四个最常见的主题:AI 致损时的责任规则,AI 的设计安全,AI 的透明性或可解释性,AI 运行符合既定人类价值。这进一步说明制定 AI 设计方面的一套指导方针是合适的和可以实现的。[2] 但是,博丁顿提出了疑问——伦理辩护何时"完成"? 在技术和社会的迅速变革影响着我们彼此之间以及我们与世界的关系时,我们的许多价值观也在不断变化。这使得我们更有可能没有一套完整的、连贯一致的价值观。我们最好认识到这一点,而不是追求虚假的一致性。[3] 基本价值是伦理准则、伦理要求的立足之本。从现有文件看,大量文件确认以人类为中心的伦理准则。除此之外,由于伦理问题具有很强的文化烙印,不同国家、地区视为基本价值的内容常常不同。比如,欧洲的文件特别强调"基本权利"(fundamental rights),而美国则强调"美国价值观"(American values)。

我们以伦理和 AI 的透明度为例,看看这一主题下的趋势。透明度成为了各国立法中率先突破的制度工具。例如欧盟《人工智能法案》规定了披露训练目的、训练数据、重大事故报告、能耗、版权信息等多重透明度义务。临时协议规定,高风险人工智能系统被部署者投放到市场之前,应进行基本权利影响评估。临时协议还规定要提高高风险人工智能系统使用的透明度。值得注意的是,欧盟

---

[1] 中国电子技术标准化研究院:《人工智能标准化白皮书(2018 版)》,载 https://www.cesi.cn/201801/3545.html,最后访问日期:2024 年 1 月 20 日。

[2] Jacob Turner, *Robot Rules*: *Regulating Artificial Intelligence*, Palgrave Macmillan, 2019, pp. 303 ~ 304.

[3] Paula Boddington, *Towards a Code of Ethics for Artificial Intelligence*, Springer International Publishing, 2017, p. 17.

委员会提案中的部分条款已被修改，要求作为公权力机构的高风险人工智能系统的某些用户也有义务在欧盟高风险人工系统数据库中注册。此外，新增加的条款强调，情绪识别系统的用户有义务在自然人接触到这种系统时告知他们。[1]2023年10月，美国拜登总统签署人工智能行政命令，要求训练整数或浮点算力超过10^{26}的大模型向政府披露红队测试结果和相关信息。技术工具方面，水印标识也成为白宫自愿承诺、各国实现互操作性的重点问题，有利于实现用户知情和源头追溯。[2]伦理透明至少包含三大方面。其一是对他人的可见性。如果其他人可以看到你在做什么，那么你就更有可能表现良好。哲学家早就知道这一点。[3]在柏拉图的《理想国》中，普罗塔高勒斯（Protagoras）考虑了裘格斯戒指（the Ring of Gyges），这使魔戒的佩戴者可以隐身。普洛塔高勒斯认为，拥有这一点的人当然会做出各种错误行为。[4]而且，最近的许多研究都支持这样一种观点，即纵使是别人想象中的审查也可以帮助我们做正确的事。[5]其二是对他人的可理解性。伦理要求有一个共同的辩护系统。在《理想国》中，柏拉图不光彩地辩称，被称为"金"的哲学家国王在社会高层中掌握着伦理真理，但在社会中的低层或被称为"银"和"青铜"的部分，则无法完全获得此类知识。[6]其三是对他人负责。柏拉图关于知识和政府的观点的一个推论是，在统治知识和政府的过程中，"崇高的谎言"可能是合理的，以维持民众的秩序。对此，博丁顿认为在任何民主社会中这种观点都是可憎的。毋庸置疑，如果拒绝向正当的利益相关方解释自己，那么就不能声称自己已经充分解决了伦理问题。当然，关于利益相关方是谁以及他们有何主张，通常会是一个进一步的问题。[7]

---

[1] *European Council*, "Artificial Intelligence Act: Council And Parliament Strike A Deal On The First Rules For AI In The World", https://www.consilium.europa.eu/en/press/press-releases/2023/12/09/artificial-intelligence-act-council-and-parliament-strike-a-deal-on-the-first-worldwide-rules-for-ai/?ref=atlasai.news.

[2] *THE WHITE HOUSE*, "Executive Order on the Safe, Secure, And Trustworthy Development and Use Of Artificial Intelligence", https://www.whitehouse.gov/briefing-room/presidential-actions/2023/10/30/executive-order-on-the-safe-secure-and-trustworthy-development-and-use-of-artificial-intelligence.

[3] Paula Boddington, *Towards a Code of Ethics for Artificial Intelligence*, Springer International Publishing, 2017, p.20.

[4] Plato, *The Republic*, Benjamin Jowett trans., Clarendon Press, 1888, p.39.

[5] Zimbardo Philip, *The Lucifer effect: understanding how good people turn evil*, Random House, 2008.

[6] Paula Boddington, *Towards a Code of Ethics for Artificial Intelligence*, Springer International Publishing, 2017, p.20.

[7] Paula Boddington, *Towards a Code of Ethics for Artificial Intelligence*, Springer International Publishing, 2017, p.20.

这在 AI 中意味着什么？博丁顿认为，算法透明性是一个重要的人工智能伦理命题。算法的透明性和可理解性在很大程度上决定了人类对算法的安全感、信赖感、认同度，它关涉人类的知情利益和主体地位。而算法的复杂性和专业性促使算法消费者与算法设计者、使用者之间，人类和机器之间产生严重的信息不对称。首先，许多 AI 的特殊复杂性意味着通常存在一个特定的透明度问题。如果连其创建者都不知道机器学习产生的算法是如何运行的，那么我们怎么知道它是否在伦理轨道上运行呢？人们常常担心，在我们不知情的情况下，我们可能会被功能强大的机器或非常强大的公司操纵，这些机器和公司会以不透明的 AI 手段武装到牙齿，这就是裘格斯戒指神话的现代诠释。只是，现在这实际上已不是神话。[1]博丁顿提出，拥有专业知识并不意味着可以向人民"撒谎"，也不意味着有权全权负责与人民有关的问题；恰恰相反，这种专业知识的拥有者应承担解释的义务。然而，在某些活动中，透明度在多大程度上是合法的，这是一个悬而未决的问题。鉴于存在真正的敌人，只有傻子才希望自己国家的安全部门完全透明；尽管如此，划清界限可能很难。商业公司也有保密的理由。这就引出了下一点。其次，AI 中有许多强大的参与者，他们的活动可能会影响数十亿其他人。也许在某种程度上，一个能够接触到神秘知识的技术精英、人工智能专业人士就是新的"菲奥弗国王"。他们如何处理道德问题，如何解释自己，以及他们是否管理任何问责和对话制度，对于他们可能提出的任何真正涉及道德问题的主张都至关重要。[2]

然而，AI 中专业能力和脆弱性的梯度造成了解决透明度问题的障碍。博丁顿提出，大量 AI 的性质为开发它的专业人员带来了认知脆弱性。AI 可能会作出无法预测的决定，而我们在原则上甚至无法解释。与许多其他技术和知识领域一样，人工智能的发展可以导致专业化程度的提高，因此，单个专业人员可能只有在越来越孤立的专业领域才具有良好的知识水平，从而对单个专业人员和整个行业造成相对的脆弱性，并提出了沟通方面的挑战。[3]总之，透明度可以在一定程度上帮助解决公众信任与接受、安全、责任分配等问题。但基于 AI 系统的复杂

---

[1] Paula Boddington, *Towards a Code of Ethics for Artificial Intelligence*, Springer International Publishing, 2017, p. 20.

[2] Paula Boddington, *Towards a Code of Ethics for Artificial Intelligence*, Springer International Publishing, 2017, pp. 20~21.

[3] Paula Boddington, *Towards a Code of Ethics for Artificial Intelligence*, Springer International Publishing, 2017, pp. 61~62.

性、AI领域分布式的开发方式、个体的知识局限等原因，透明度的实现还存在相当大的困难。对算法解释来说，探索"相关关系"而非"因果关系"或许是部分解决之道。

非常重要的是，博丁顿并没有从一种狭义的伦理角度撰写文章，也没有试图推广有关AI伦理的特定理论。他深刻认识到伦理学的复杂与缺陷，以及全面性解答或过分简单化解决方案的傲慢主张的危险。[1]博丁顿认为，尽管人们对AI在技术可行性及其正面和负面的伦理和社会影响方面的问题议论纷纷，但AI确实向我们提出了伦理问题，而且不仅仅是伦理问题。AI向我们提出的一些问题不仅是"我们应当这样做还是应当那样做？"的形式；在许多方面，AI所带来的挑战都涉及一些关于人类行动者的本质以及我们于世界所处地位的中心前提，这些前提正是道德本身的核心。[2]博丁顿提出，如果我们的行为是由一台在某些方面上缺乏透明度的机器所调节的，那么我们如何确保它们是合乎伦理的？假设我使用了机器学习设计的算法来制定策略决策，我如何对以这种方式作出的决定负责？从伦理学的一些观点来看，只要结果是好的，那就不用担心了。但对其他人而言——结论没那么快得出。解决如此高度复杂的问题可能意味着要检查能动性和自治权主张的基础，无论是就自己还是就机器而言都是如此。在某种程度上，关于机器智能和能动性发展的许多工作都是在研究人类智能和能动性的本质。这意味着我们也许会打乱某些伦理学观点所依赖的哲学应用。例如，我们是否在使用假设人类具有自由意志的道德能动性思想？[3]

（三）欧盟《人工智能法案》对AI创造者的规制

一是高风险人工智能系统提供者的义务。"提供者"是指开发人工智能系统的自然人或法人、公共机关、机构或其他团体，其开发人工智能系统的目的是将其以自己的名称或商标投放市场或投入服务，无论其收费还是免费。2021年《人工智能法案》第16条规定了高风险人工智能系统提供商应：①确保其高风险人工智能系统符合该编第二章所列的对于高风险人工智能系统本身的要求；②有符合第17条规定的质量管理体系；③拟备高风险人工智能系统的技术文件；

---

[1] Paula Boddington, *Towards a Code of Ethics for Artificial Intelligence*, Springer International Publishing, 2017, p. x.

[2] Paula Boddington, *Towards a Code of Ethics for Artificial Intelligence*, Springer International Publishing, 2017, p. xiv.

[3] Paula Boddington, *Towards a Code of Ethics for Artificial Intelligence*, Springer International Publishing, 2017, p. 24.

④在其控制下，保留其高风险人工智能系统自动生成的日志；⑤确保高风险的人工智能系统在投放市场或投入使用前经过相关的合格评定程序；⑥履行第51条规定的登记义务；⑦如果高风险人工智能系统不符合该编第二章规定的要求，则采取必要的纠正措施；⑧将提供或投入使用的人工智能系统通知成员国的国家主管当局，并在适用时将不遵守情况和所采取的纠正行动通知公告机构；⑨依照第49条的规定，在其高风险人工智能系统上贴上CE标志，以表明其符合该条例；⑩应国家主管当局的要求，证明高风险人工智能系统符合该编第二章规定的要求。

二是质量管理体系。《人工智能法案》第17规定，高风险人工智能系统供应者应建立质量管理体系，确保符合该规定。该体系应以书面政策、程序和指示的形式系统有序地形成文件，并应至少包括以下方面：①法规符合性战略，包括符合性评估程序和高风险人工智能系统修改管理程序的符合性；②用于高风险人工智能系统的设计、设计控制和设计验证的技术、程序和系统行动；③为开发、控制和保证高风险人工智能系统而采用的技术、程序和系统行动；④在开发高风险人工智能系统之前、期间和之后进行的检查、测试和验证程序，以及进行这些程序的频率；⑤应适用的技术规格，包括标准，以及（如有关的协调标准未完全适用）为确保高风险人工智能系统符合该编第二章所载的要求而采用的手段；⑥用于数据管理的系统和程序，包括数据收集、数据分析、数据标签、数据存储、数据过滤、数据挖掘、数据聚合、数据保留，以及在高风险人工智能系统投放市场或投入服务之前为此目的而执行的与数据有关的任何其他操作；⑦第9条所指的风险管理制度；⑧依照第61条的规定建立、实施和维持的上市后监测制度；⑨依照第62条的规定报告严重事故和故障的有关程序；⑩处理与提供或支持访问数据的国家主管当局、主管当局（包括部门当局）、通知机构、其他经营者、客户或其他有关方的联系的制度；⑪记录所有有关文件和资料的制度和程序；⑫资源管理，包括与供应安全有关的措施；⑬问责架构，明确管理层和其他工作人员就该段所列各方面的责任。上述各方面的实施应与服务提供者组织的规模相称。

三是起草技术文件的义务。法案第18条规定，高风险人工智能系统提供者应根据附件4制定第11条所述技术文件。

四是合格评定。法案第19条规定，高风险人工智能系统提供者应确保其系统在上市或投入使用前，按照该条例第43条的规定，经过相关的合格评定程序。如果在合格评估后能够证明人工智能系统符合该编第二章规定的要求，则提供者应根据第48条起草一份欧盟合格声明，并根据第49条粘贴CE合格标记。

五是自动生成的日志。法案第 20 条规定，高风险人工智能系统的提供者应保留其高风险人工智能系统自动生成的日志，只要此类日志通过其与用户的合同安排或法律规定的其他方式在其控制之下。根据高风险人工智能系统的预期目的和欧盟或国家法律下的适用法律义务，日志应保存一段适当的时间。

六是纠正措施。法案第 21 条规定，高风险人工智能系统的供应者如果认为或有理由认为其投放市场或投入使用的高风险人工智能系统不符合该条例的规定，应立即采取必要的纠正措施，使该系统符合规定，并酌情召回或撤回该系统。他们应将有关的高风险人工智能系统通知分销商，并在适用的情况下，相应地通知授权代表和进口商。

七是信息义务。法案第 22 条规定，如果高风险人工智能系统存在第 65 条第 1 款所指的风险，且该系统的提供者知道该风险，该提供者应立即将不符合规定的情况和所采取的纠正措施通知其提供该系统的成员国的国家主管当局，以及（如适用）向为高风险人工智能系统颁发证书的公告机构通报。

八是与主管部门的合作。法案第 23 条规定，高风险人工智能系统的供应者应当应国家主管部门的要求，以有关成员国确定的欧盟官方语言，向该主管部门提供所有必要的信息和文件，以证明高风险人工智能系统符合该编第二章规定的要求。根据国家主管当局的合理请求，提供者还应允许该当局访问高风险人工智能系统自动生成的日志，如果此类日志根据与用户的合同安排或法律规定由提供者控制。

九是产品制造商的义务。法案第 24 条规定，如果与附件 2 第 a 节所列法律行为所适用的产品有关的高风险人工智能系统，以产品制造商的名义与根据该法律行为生产的产品一起投放市场或投入使用，则该产品制造商应对该人工智能系统符合该条例的规定承担责任，就该人工智能系统而言，具有该条例对提供者施加的相同义务。

十是授权代表的义务。"授权代表"是指在欧盟境内成立的任何自然人或法人，其已收到人工智能系统提供者的书面授权，代表其履行和执行该条例规定的义务和程序。法案第 25 条规定，在无法确定进口商的情况下，在将其系统投放到联盟市场之前，在联盟以外设立的供应商应根据书面授权，任命在联盟内设立的授权代表。获授权的代表应执行从提供机构收到的授权中规定的任务。授权代表应依授权执行以下任务：①保存一份欧盟合格声明和技术文件的副本，供第 63 条第 7 款所指的国家主管当局和国家当局使用；②应合理要求，向国家主管当局提供所有必要的信息和文件，以证明高风险人工智能系统符合该编第二章规定的要求,包括访问由高风险人工智能系统自动生成的日志(在此范围内,此类日志由提供者通过与用户的合同安排或法律规定的其他方式控制);③应合理要求,就国家主管当局针对高风险人工智能系统采取的任何行动与国家主管当局进行合作。

十一是进口商的义务。"进口商"系指在欧盟设立的任何自然人或法人,在市场上投放或投入使用具有欧盟以外设立的自然人或法人的名称或商标的人工智能系统。法案第26条规定:①在将高风险的人工智能系统投放市场之前,该系统的进口商应确保:该人工智能系统的提供者已执行适当的合格评估程序;该提供者已根据附件4起草了技术文件;该系统附有规定的合格标志,并附有规定的文件和使用说明。②如进口商认为或有理由认为高风险的人工智能系统不符合该条例,则在该人工智能系统符合该条例之前,不得将该系统投放市场。当高风险人工智能系统存在第65条第1款所指的风险时,进口商应通知人工智能系统的提供者和市场监管机构。③进口商应在高风险的人工智能系统上注明其名称、注册商号或注册商标,以及可与之联系的地址,如果不可能满足该要求,则应在其包装或附带的文件(视情况而定)上注明。④进口商应确保,当高风险人工智能系统由其负责时,储存或运输条件不会危及其对该编第二章规定的要求的遵守。此外,进口商应根据合理要求,以国家主管当局容易理解的语言向国家主管当局提供所有必要的信息和文件,以证明高风险人工智能系统符合该编第二章规定的要求。包括对高风险人工智能系统自动生成的日志的访问,只要此类日志根据与用户的合同安排或法律规定由提供商控制。它们还应就国家主管当局针对该系统采取的任何行动与这些当局进行合作。

十二是经销商的义务。"经销商"是指供应链中的任何自然人或法人,除了供应商或进口商,他们可使人工智能系统在联盟市场上可用而不影响其属性。法案第27条规定:①在将高风险人工智能系统投放市场之前,分销商应核实该高风险人工智能系统具有所需的CE合格标志并附上所需的文件和使用说明,以及该系统的供应商和进口商(如适用)已遵守该条例规定的义务。②如果经销商认为或有理由认为高风险的AI系统不符合该编第二章的要求,在该系统符合这些要求之前,经销商不得将该高风险的AI系统投放市场。此外,如果该系统在第65条第1款所指范围内存在风险,经销商应酌情通知系统的提供商或进口商。③经销商应确保,当高风险AI系统在其责任范围内时,存储或运输条件不会危及系统其对该编第二章规定的遵守。④经销商如果认为或有理由认为其在市场上提供的高风险人工智能系统不符合该编第二章的要求,应采取必要的纠正措施,使该系统符合这些要求。例如，召回或撤回该系统，或应确保供应商、进口商或任何相关运营商酌情采取这些纠正措施。如果高危人工智能系统在第 65 条第 1 款的意义范围内存在风险，经销商应立即通知其提供产品的成员国的国家主管当局，并提供具体细节，特别是不符合规定的情况和所采取的纠正措施。⑤根据国家主管部门的合理要求，高风险人工智能系统的经销商应向该主管部门提供所有必要的信息和文件，以证明高风险系统符合该编第二章规定的要求。经销商还应就国家主管当局采取的任何行动与该主管当局合作。

十三是文件留存。法案第 50 条规定，在人工智能系统投放市场或投入使用后的 10 年期间内，提供商应保留以下文件供国家主管当局使用：①第 11 条所述的技术文件；②第 17 条所指的质量管理体系文件；③有关经通知机构核准的变更（如适用）的文件；④在适用情况下由被通知机构发出的决定和其他文件；⑤第 48 条所指的欧盟合格声明。

十四是登记。法案第 51 条规定，在将第 6 条第 2 款所指的高风险人工智能系统投放市场或投入服务之前，提供者或（如适用）授权代表应在第 60 条所指的欧盟数据库中注册该系统。法案的解释性备忘录 5.1 部分指出，这种登记将使主管当局、用户和其他相关人士能够核实高风险的人工智能系统是否符合建议中规定的要求，并加强对那些对基本权利构成高风险的人工智能系统的监督。为了向该数据库提供数据，人工智能供应商将有义务提供有关其系统和对这些系统进行的符合性评估的有意义的信息。

十五是上市后监测。法案前言第 78 段指出，为了确保高风险人工智能系统的供应商能够考虑使用高风险人工智能系统的经验，以改进其系统和设计和开发过程，或能够及时采取任何可能的纠正措施，所有供应商都应建立上市后监测系统。该系统也是确保人工智能系统在投放市场或投入使用后继续"学习"过程中可能出现的风险能够更有效和及时地被解决的关键。在这方面，还应要求提供者建立一套系统，向有关当局报告因使用其人工智能系统而导致的任何严重事件或任何违反保护基本权利的国家和联盟法律的行为。

法案第 61 条规定了供应商的上市后监测及高风险人工智能系统的上市后监测计划。①供应商应根据人工智能技术的性质和高风险人工智能系统的风险，建立并记录上市后监测系统。②上市后监测系统应积极、系统地收集、记录和分析用户提供的或通过其他来源收集的有关高风险人工智能系统整个生命周期性能的相关数据，并允许提供者评估人工智能系统是否持续符合第三编第二章中规定的对高风险人工智能系统的要求。③上市后监测制度应以上市后监测计划为基础。上市后监测计划应作为附件 4 所述技术文件的一部分。欧盟委员会应通过一项实施法案,制定详细规定,为上市后监测计划制定模板,并列出计划应包括的要素清单。④对于附件 2 所述法律所涵盖的高风险人工智能系统,如果已根据该立法建立了上市后监测系统和计划,则应酌情将第 1~3 段所述的要素纳入该系统和计划。第 1 款也应适用于附件 3 第 5 (b) 点所指的高风险人工智能系统,这些系统由指令 2013/36/EU 规定的信贷机构投放市场或投入使用。

十六是事故和故障信息共享。法案第 62 条规定了重大事故和故障的报告制度。①投放在欧盟市场上的高风险人工智能系统的供应商应报告任何构成违反欧盟法律规定的义务的严重事件或系统故障,该法律旨在保护事件或违反发生的成员国市场监管当局的基本权利。此类通知应在提供商在人工智能系统与事件或故障之间建立因果联系或确定这种联系的合理可能性后立即发出,并且在任何情况下,不迟于提供商知道严重事件或故障后 15 天。②市场监管当局在接到有关违反欧盟法规定的保护基本权利义务的通知后,应通知第 64 条第 3 款所述的国家公共当局或机构。欧盟委员会应制定专门的指导方针,以促进提供者遵守第 1 款规定的义务。该指导方针最迟应在该条例生效后 12 个月发布。③对于附件 3 第 5 (b) 点所指的由受指令 2013/36/EU 监管的信贷机构提供者投放市场或投入服务的高风险人工智能系统,以及对于作为设备安全组件或本身为法规(EU) 2017/745 和法规(EU) 2017/746 覆盖的设备的高风险人工智能系统,对严重事件或故障的通报应限于那些构成违反欧盟法律规定的保护基本权利义务的情形。

如何对通用人工智能模型进行监管?欧盟委员会对此进行了解答。通用人工智能模型,包括大型生成式人工智能模型,可以用于各种任务。单个模型可能被整合到大量人工智能系统中。对于希望基于通用人工智能模型构建系统的提供者来说,确保其系统安全并符合《人工智能法案》的规定非常重要。因此,《人工智能法案》要求此类模型的提供者向下游系统提供商披露某些信息。这种透明度有助于更好地理解这些模型。此外,模型提供者还需要制定规则,确保在训练模型时遵守版权法。此外,一些模型由于非常强大或使用广泛,可能会带来系统性风险。目前,使用总计超过 10^{25} FLOPs 的计算能力训练的通用人工智能模型被认为具有系统性风险,因为使用更强计算能力训练的模型往往更强大。[1]欧盟人工智能办公室可能会根据技术进展更新此阈值,并在特定情况下基于其他标准(例如用户数量或模型的自主程度)指定其他模型为具有系统性风险的模型。因此,具有系统性风险的模型的提供者需要评估和减轻风险,报告严重事件,进行尖端测试和模型评估,确保网络安全,并提供其模型的能源消耗信息。为此,他们被要求与欧盟人工智能办公室合作制定实践守则,作为与其他专家协商规则的核心工具。科学专家组将在监督通用人工智能模型方面发挥核心作用。[2]通用人工智能模型的实践守则是如何运作的?欧盟委员会邀请通用人工智能模型的提供者和其他专家共同制定实践守则。一旦这些实践守则制定并经过批准,通用人工智能模型的提供者就可以用这些守则证明其遵守了《人工智能法案》的相关义务,这借鉴了《通用数据保护条例》的做法。这对于详细说明具有系统风险的通用人工智能模型提供者的规则特别重要,可以确保风险评估和缓解以及其他义务的规则切实可行且具有前瞻性。[3]

《人工智能法案》是否包含与环境保护和可持续性有关的规定?《人工智能法案》的目标是解决对安全和基本权利的风险,包括对高水平环境保护的基本权利的风险。环境也是明确提到和受到保护的法律利益之一。委员会被要求向欧洲标准化组织提出一个关于报告和文档流程的标准化成果,以提高 AI 系统的资源性能,比如在高风险 AI 系统的生命周期内减少能源和其他资源的消耗,以及关于通用人工智能模型的能源高效开发。另外,委员会应当在法规适用日期后的 2 年以及此后的每四年提交一次报告,对通用模型能源高效开发的标准化成果的进展进行审查,并评估是否需要进一步的措施或行动,包括约束性的措施或行动。此外,通用人工智能模型的提供者还被要求披露能源消耗情况,因为其模型是在大量数据的基础上训练出来的,容易出现高能耗。委员会

---

[1] 为什么 10^{25} FLOPs 是通用人工智能具有系统性风险的合适阈值?这个阈值捕捉了目前最先进的通用人工智能模型,即 OpenAI 的 GPT-4 和可能是 Google DeepMind 的 Gemini。这个阈值以上模型的能力尚未被充分了解。它们可能带来系统性风险,因此有理由对它们的提供者施加额外的义务。FLOP 是模型能力的首个指标,确切的 FLOP 阈值可以根据欧盟人工智能办公室的意见上调或下调,例如,根据客观测量模型能力的进展和实现特定性能水平所需的计算能力的发展。人工智能法案可以通过修改 FLOP 阈值(通过授权法案的方式)来保持更新。*European Commission*, "Artificial Intelligence-Questions And Answers", https://ec.europa.eu/commission/presscorner/detail/en/QANDA_21_1683.

[2] *European Commission*, "Artificial Intelligence-Questions And Answers", https://ec.europa.eu/commission/presscorner/detail/en/QANDA_21_1683.

[3] *European Commission*, "Artificial Intelligence-Questions And Answers", https://ec.europa.eu/commission/presscorner/detail/en/QANDA_21_1683.

被要求为这一评估制定适当的方法。在通用人工智能模型涉及系统风险的情况下，还需要评估能源效率。[1]

三、许可和教育

欧盟倡议要对设计者设置许可证，欧洲议会也对机器人用户提出了单独的许可证。特纳认为，欧洲议会雄心壮志的建议是否以及在何种程度上会在委员会立法建议中被采纳，有待观察。[2]英国提出应加强公民终身再培训，政府应增加技能和培训方面的投资等，并在《人工智能在英国：准备、意愿和能力》《产业战略：建设适应未来的英国》中都提出了具体举措。[3]2018年4月，英国政府发布了《产业战略：人工智能领域行动》，[4]该战略包括扩建阿兰图灵研究所、创立图灵奖学金以及启动数据伦理与创新中心等内容。2018年10月，英国政府还与阿兰·图灵研究所合作，向AI行业投资用于顶尖人才培养。2023年10月的七国集团"广岛人工智能进程"将成为全球首个针对开发人员及用户规定人工智能"所有相关人员"应遵守职责的全面国际规则，但其不具法律约束力，具体强制性规定将由各个国家自行出台。[5]2023年底的欧盟临时协议规定，违反《人工智能法案》的主体可能面临的罚款金额，被设定为违法行为人上一财年全球年营业额的百分比或一个特定金额，以其中的较高者为准。也即，违反该法关于禁止性人工智能应用程序的规定的，罚款3500万欧元或违法行为人上一财年全球营业额的7%；违反《人工智能法案》规定的其他义务的，罚款1500万欧元或上一财年全球营业额的3%；提供错误信息的，罚款750万欧元或上一财年全球营业额的1.5%。但临时协议还规定，违反《人工智能法案》规定时，中小

---

[1] European Commission, "Artificial Intelligence-Questions And Answers", https://ec.europa.eu/commission/presscorner/detail/en/QANDA_21_1683.

[2] Jacob Turner, *Robot Rules: Regulating Artificial Intelligence*, Palgrave Macmillan, 2019, pp. 296~298.

[3] United Kingdom Parliament, "AI In The UK: Ready, Willing And Able", https://publications.parliament.uk/pa/ld201719/ldselect/ldai/100/100.pdf; GOV.UK, "Industrial Strategy: Building a Britain Fit for the Future", https://assets.publishing.service.gov.uk/government/uploads/system/uploads/attachment_data/file/664563/industrial-strategy-white-paper-web-ready-version.pdf.

[4] GOV.UK, "Industrial Strategy: Artificial Intelligence Sector Deal", https://assets.publishing.service.gov.uk/government/uploads/system/uploads/attachment_data/file/702810/180425_BEIS_AI_Sector_Deal__4_.pdf.

[5] THE WHITE HOUSE, "G7 Leaders' Statement On The Hiroshima AI Process", https://www.whitehouse.gov/briefing-room/statements-releases/2023/10/30/g7-leaders-statement-on-the-hiroshima-ai-process.

企业和初创企业的罚款上限将更为适度。[1]

（一）规制 AI 职业人员

规则确定之后的问题就是实施和执行，除了依靠前章的国家和国际规制机构，另一个重要方面是创建合理的结构，以协调和提高那些参与人工智能开发的人的教育、培训和专业标准的质量。[2]AI 建筑工人的使用如果没有最低标准，就无法保证 AI 工人得到适当监督，甚至无法保证其拥有建造资格；AI 医生如果没有合格的医护人员来监督，更多病人可能会死亡或遭受术中损害；AI 药剂师如果没有强制要求的常规维护，消费者可能会拿到错误的药品。[3]在其典型应用中，博丁顿认为，人工智能有可能以某种方式扰乱我们对自身、本性、能力以及我们在社会和世界中的地位的思考，而这种方式可能会对道德准则背后的潜在伦理思维造成重大的不安。与相对规范和具有证书的旧职业相比，AI 的特性使其成为名副其实的伦理守则"狂野西部"；而在这狂野的西部，我们不太确定谁应该戴上警长的徽章。[4]

历史上我们就有著名的公会。特纳说道，在罗马晚期，熟练的艺术人员和工匠形成的单位叫做公会。除了反竞争方面的副作用——这可以由反垄断法进行应对——公会可以起到训练、质量控制和保障的重要作用，然后这些标准又会得到国家法律的尊重。[5]博丁顿认为这套系统的理论基础是，专业人士与他人之间的专业知识和资源梯度会产生相对脆弱性，从而引起潜在的伦理问题，我们的规范正是为了解决这些问题而设计的。专业人员的特定职业角色赋予他们相应的伦理和职业责任；职业提供的机会也让腐败或不正当使用的现象得以滋生。通常，专业人员与他人之间的漏洞之一是一般性的认知漏洞。[6]博丁顿认为，诚实和透明

---

[1] European Council, "Artificial Intelligence Act: Council And Parliament Strike A Deal On The First Rules For AI In The World", https://www.consilium.europa.eu/en/press/press-releases/2023/12/09/artificial-intelligence-act-council-and-parliament-strike-a-deal-on-the-first-worldwide-rules-for-ai/? ref = atlasai.news.

[2] Jacob Turner, Robot Rules: Regulating Artificial Intelligence, Palgrave Macmillan, 2019, p. 304.

[3] John Frank Weaver, Robots are People Too: How Siri, Google Car, and Artificial Intelligence will Force Us to Change Our Laws, Praeger, 2013, p. 49.

[4] Paula Boddington, Towards a Code of Ethics for Artificial Intelligence, Springer International Publishing, 2017, p. 61.

[5] Jacob Turner, Robot Rules: Regulating Artificial Intelligence, Palgrave Macmillan, 2019, p. 305.

[6] Paula Boddington, Towards a Code of Ethics for Artificial Intelligence, Springer International Publishing, 2017, p. 41.

的要求通常涉及能够说明所采取的行动及其背后的原因。对此的假设是,某个行业的个人成员以及整个行业对他(它)的活动了如指掌,因此可以对其进行充分的控制,至少可以确保避免不可预见的失控。从这个意义上说,在某一领域内,将存在对工作相对停滞或渐进发展的假设:这一领域的进展并不会超过该行业理解和控制其自身领域的能力。[1]而这一点在 AI 行业就不那么明显了,这意味着 AI 行业的职业监管可能存在重要性或可行性、宽广度下降的问题。

学者认为现代职业有四个特征:具有专家知识,准入需要认证,活动得到规制,受到共同价值观体系的约束。[2]特纳分析道,这四个要素是相互联结的,职业人员持续的训练培育了共同的职业标准观念,共同的价值观体系也提供了共有的身份意识。最有名的例子就是希波克拉底誓言(立誓拯救人命及遵守医业准绳)。在监管方面,通常会有具体准则来管理日常实践,最后该惩戒制度将作为执法棒,向其他参与者发出信号,以阻止不符合具体准则的行为,并再次促进行业正直的共同自豪感。证明上述监管符合公共利益时通常采用下列要素:技术复杂性、公共互动性、社会重要性,而 AI 的研发符合所有要素。[3]

我们可以考虑推进 AI 职业人员的希波克拉底誓言。特纳分析道,对 AI 影响的担忧意味着学习伦理将成为对计算机编程者和研究员的要求,这是一条安全带。AI 人员的誓言是对宽广的社会责任的承诺。此类原则将反制其创立者,例如谷歌不作恶的座右铭导致其退出与国防部的合作,不再使用 AI 技术扫描军用无人机视频,同时还发布了一系列伦理原则。座右铭、誓词或原则都是有用的起点,但要达到上述各项道德守则中更复杂的目标,专业监管必须包括制定标准、培训和执行的机制。[4]任何由此产生的准则(比如专业行为准则)和"软"监管的权威,只有在获得足够重要的机构支持和相关团体的合理共识的情况下才具有效力。[5]所以,我们除了要有类似公会的国内组织,还需要有全球职业团体的保障。

因此,我们还可以考虑全球职业团体的规制。特纳认为,与官方的全球规制

---

〔1〕 Paula Boddington, *Towards a Code of Ethics for Artificial Intelligence*, Springer International Publishing, 2017, p.42.

〔2〕 Richard Susskind, Daniel Susskind, *The Future of The Professions*, Oxford University Press, 2015.

〔3〕 Jacob Turner, *Robot Rules: Regulating Artificial Intelligence*, Palgrave Macmillan, 2019, pp.305~307.

〔4〕 Jacob Turner, *Robot Rules: Regulating Artificial Intelligence*, Palgrave Macmillan, 2019, pp.307~309.

〔5〕 Paula Boddington, *Towards a Code of Ethics for Artificial Intelligence*, Springer International Publishing, 2017, p.64.

一样,一个由全世界的 AI 职业人员组成的规制机构将鼓励维持标准,避免在国家之间制造代价高昂的壁垒。欧盟法承认其他成员国的某些职业,但这仍然是繁琐的,包含了诸多的职业分支以安置当地的利益团体。为了避免这种复杂神秘的变通方法,更好的方法是开始制定适用于所有国家的单一标准。[1] 话虽如此,我们不可能也不应该在所有方面都制定单一标准。

对此,我们可以看看关注自主性的例子。博丁顿认为,自主性不仅仅是当代社会的核心价值,也不仅仅是医德等许多职业道德准则的核心价值,它作为人工智能发展自主系统和机器的关键,更是我们应该在人工智能领域特别关注的。在如何准确地理解自主的价值方面,存在着哲学和实践上的问题和分歧。关于如何以及在何种程度上重视个人的医学自主,我们的结论也存在巨大文化差异。此外,在我们如何评价自主方面也存在个体差异。我们在考虑技术的发展时,必须注意科学发现、技术发展和确凿的事实可能会对有关自主的思想和行动提出挑战。[2]

专业机构的伦理守则通常还具有更广泛的国家或国际背景。如何将全球标准与当地敏感性结合起来可能需要复杂的伦理考虑。[3] 博丁顿认为,伦理守则也与某些文化背景有关,并且文化背景可能以难以辨别的方式对其产生影响,尤其是当我们也置身于该文化背景中时。具有影响力的文化语境的线索可以在文学手段中找到,例如周围文本中使用的修辞和暗示。在一般技术尤其是 AI 的背景下,人们经常引用科幻小说以及有关机器人、计算机和失控创作的各种故事。这些现实可能会指导潜在的信念和价值观的形成。[4]

我们也要考虑推进 AI 审计者的建设。特纳认为,正如公司和慈善机构在许多国家需要职业金融审计师的年度审计,使用 AI 的组织也可能被要求提交其算法给职业审计师,以独立评估其对外在系列原则和价值的遵从度。AI 检视员或审计师自身可能变成一个职业,拥有自己的世界标准和纪律程序。基于相关风险,AI 审计可能不需要应用到所有使用情形,正如一些职业监管只适用于商业或公共环境下的活动。[5]《人工智能法案》促进了对人工智能系统的审计,其要

---

[1] Jacob Turner, *Robot Rules:Regulating Artificial Intelligence*, Palgrave Macmillan, 2019, pp. 309~310.

[2] Paula Boddington, *Towards a Code of Ethics for Artificial Intelligence*, Springer International Publishing, 2017, pp. 44~45.

[3] HapMap Iinternational Committee, "Integrating Ethics And Science In The International Hapmap Project", *Nature Reviews Genetics*, Vol. 2004, No. 6.

[4] Paula Boddington, *Towards a Code of Ethics for Artificial Intelligence*, Springer International Publishing, 2017, p. 51.

[5] Jacob Turner, *Robot Rules:Regulating Artificial Intelligence*, Palgrave Macmillan, 2019, pp. 310~311.

求相关人工智能系统具备文档管理、可追溯性和透明度。考虑到目前尚处监管干预的早期阶段、人工智能行业非常具有创新性以及审计的专业知识现在才开始积累，通过内部检查进行全面的事前合格评估，再加上强有力的事后执法，可能是监管这些系统的有效合理方案。法案要求提供者在欧盟数据库中注册他们的高风险人工智能系统。为了确保数据库的充分功能，在部署时，设置数据库的程序应包括委员会制定的功能规格标准和一份独立的审计报告。

  关于以上建议，有一些需回答的问题。第一个问题是，谁是 AI 职业人员？专业团体以外的工人，使得独立或可能独立的工作成为可能。实际上，现代神话中的"独狼"式电脑黑客有能力破坏我们依赖技术的生活，这可能是人们对 AI 担忧的潜在驱动因素之一。[1]对此特纳提出了针对功能而非标签的定义：AI 职业人员是所有一直涉及 AI 系统和应用的设计、实施和操纵的工作人员。"一直"在不同情形下有不同理解，但在大多数情况下，每周参与这些工作一次很可能就足以被认为是"一直"。为了避免不确定性，职业规制组织可以发布指南，开设热线或进行聊天室答疑。职业团体同等条件下，使用 AI 系统导致危害的能力越大，训练时间就应当越长。外行用户应当接受最低限度的基本培训。内部可能有不同的许可等级。第二个问题是，职业规制不会阻止恶行吗？在个人层面，职业标准提供了以高于政治秩序的规范系统进行教育的机会，在政治秩序中的规范包罗万象而有损职业准则时，职业标准可以是良心反对的来源。第三个问题是，职业规制将扼杀创造力吗？如果伦理准则要有效，某些实践必然被控制或禁止。问题是这是不是一种值得的平衡。使得 AI 成为被规制的职业将向社会公众传达从业者不是雇佣兵的信号，从而增加信任，有助于避免公众抵制 AI 技术，而公众抵制可能比职业标准对创新造成更大的伤害。因此，AI 设计者应当达到最低标准，例如完成必修的伦理模块。第四个问题是，是否有太多的 AI 职业人员需要规制？尽管增长相对较快，AI 职业人员的数目也不应被夸大，而且他们集中在相当小范围的大学、私有公司或政府项目之中，这三组机构是 AI 职业人员的必经瓶颈和门户，对整个行业的覆盖范围很大。[2]腾讯研究表明，截至 2017 年底，全球只有 30 万 AI 研究者和从业者。[3]博丁顿认为，资源集中不仅限于财务和技

---

[1] Paula Boddington, *Towards a Code of Ethics for Artificial Intelligence*, Springer International Publishing, 2017, p. 60.

[2] Jacob Turner, *Robot Rules: Regulating Artificial Intelligence*, Palgrave Macmillan, 2019, pp. 311~315.

[3] 腾讯研究院、BOSS 直聘：《2017 全球人工智能人才白皮书》，载 http://www.tisi.org/4960，最后访问日期：2024 年 3 月 19 日。

术能力。这些问题还涉及捕获个人信息并通过算法将其用于针对特定受众的政治广告,以及最近被称为"假新闻"的内容。尽管其警告过读者有关 AI 炒作的危险,但重要的是要注意此类问题的范围和复杂性。为了迈向 AI 造福人类的未来,广泛的理解和辩论至关重要。[1]

(二) 规制 AI 公众使用者

我们首先要考虑 AI 使用的执照许可制度。在需要专业知识而人的生命又特别脆弱、易受伤害的领域,执照许可的背书制度将可能持续存在。[2]特纳提出,在让人们有机会享受自动化技术时,不同国家都会采用许可制度来规制公众,避免他们从事可能给用户和他人带来巨大损害的强大机器活动。随着 AI 的应用变得更加广泛,诸如软件和机器学习简化工具等用途将变得越来越容易接触、越来越简单,操控 AI 也可能变得简单和自然,而这个过程的效果是有益的、中立的还是有害的,都取决于人类使用者的输入。[3]

美国针对自动驾驶汽车的各州立法出现的一个显著趋势是建立执照许可背书制度。内华达州法律规定,自动驾驶汽车的驾驶权利与驾照挂钩,如同驾驶摩托车和校车需要取得背书或许可证。[4]这似乎支持了上述 AI 执照许可制度的建议。但是,韦弗对此的评论是,立法机构默认了我们作为一个社会整体,还没有准备好出台 AI 所要求的新法律。其仍然假定人才是做出驾驶决定的法律主体,即使自动汽车为人们做出驾驶决定,但人们仍然必须拥有合适的驾驶执照才能享受机器人的驾驶决策。[5]可见,AI 驾驶证制度有两种设计,一种是照搬原来的驾驶证制度,已经取得执照或被允许执行相同任务的人备案即可,因为法律假定仍然是人在运行和决策;另一种是认识到 AI 运行和决策的程度,只要求人们获得为理解和配合 AI 运行和决策所需的特殊认证和许可。由此,我们可以理解韦弗提出的观点:最初在市场上应用或销售的大部分 AI 技术和产品可能会受益于更多的人类监督,所以法律要求人类获得使用 AI 的特殊许可以便可以接管和操作 AI,

---

[1] Paula Boddington, *Towards a Code of Ethics for Artificial Intelligence*, Springer International Publishing, 2017, p. 60.

[2] John Frank Weaver, *Robots are People Too: How Siri, Google Car, and Artificial Intelligence will Force Us to Change Our Laws*, Praeger, 2013, p. 65.

[3] Jacob Turner, *Robot Rules: Regulating Artificial Intelligence*, Palgrave Macmillan, 2019, p. 315.

[4] "Assembly Bill 511" (Nevada, 2012), Sec. 2.

[5] John Frank Weaver, *Robots are People Too: How Siri, Google Car, and Artificial Intelligence will Force Us to Change Our Laws*, Praeger, 2013, p. 56.

但是当技术进步、我们的文化适应 AI 决策时，我们可能会达成共识：至少在 AI 旨在为人类生活带来便利的情况下，人类不再需要许可。[1]

公众的 AI 许可证如何运行？特纳认为，当人们有能力对 AI 的选择施加某种因果影响时，人们应当遵从一些最低的道德或法律标准。其实质要求一般包括强制训练课程和评估（包括实践和理论），持续的定期性评估可能也是必要的。此外，许可可以是多类的。与职业的 AI 工程师类似，公众也可能在如下条件下学习 AI 技能和伦理：一是教育制度，二是强制兵役或社区服务制度，三是更为先进的业余程序员、工程师项目，如开源编程资源。为了避免市场为未被规制的 AI 程序所污染，数字认证体系可以帮助用户认定 AI 系统是否来自有声誉的或被许可的来源。分布式记账科技可被用来支持这一质量保障，其通过提供程序初始和后续变化的不可修改的记录来提供支持。[2]博丁顿认为这是因为我们需要考虑开发 AI 的方法。尽管许多人目前正在努力考虑 AI 技术所涉及的伦理和政策问题，但是 AI 技术的发展使少数个人、公司或研究团体在缺乏监督的情况下取得重大进展的可能性越来越大。上述进展工作可以由那些完全不在任何专业资格认证框架内工作的人员来完成。[3]

许可证和保险制度也是相互关联的。特纳提出，保险人不愿意接受没有有效许可证的用户的保险要求，而那些因为对自己或他人造成伤害而不得不向保险公司索赔的人，可能会支付更高的保险费，从而强化了安全驾驶的经济动机。类似的强制保险制度可能适用于使用、设计或影响 AI 的公众。[4]

最后，还需考虑高风险人工智能系统用户的义务。"用户"指在其权限下使用人工智能系统的任何自然人或法人、公共当局、机构或其他团体，但将人工智能系统用于个人非专业活动的除外。《人工智能法案》第 29 条规定：①高风险人工智能系统的用户应根据第 2 段和第 5 段附带的使用说明使用此类系统。②第 1 款的义务不妨碍欧盟或国家法律规定的其他用户义务，也不妨碍用户为执行提供商所述的人力监督措施而组织其自身资源和活动的自由判断权。③在不影响第 1 段的情况下，在用户对输入数据进行控制的范围内，该用户应确保输入数据与高

---

[1] John Frank Weaver, *Robots are People Too：How Siri, Google Car, and Artificial Intelligence will Force Us to Change Our Laws*, Praeger, 2013, pp. 64~65.

[2] Jacob Turner, *Robot Rules：Regulating Artificial Intelligence*, Palgrave Macmillan, 2019, p. 316.

[3] Paula Boddington, *Towards a Code of Ethics for Artificial Intelligence*, Springer International Publishing, 2017, p. 31.

[4] Jacob Turner, *Robot Rules：Regulating Artificial Intelligence*, Palgrave Macmillan, 2019, p. 317.

风险人工智能系统的预期目的相关。④用户应根据使用说明，监控高风险人工智能系统的运行情况。当他们有理由认为按照使用说明使用可能会导致 AI 系统出现第 65 条第 1 款所指的风险时，他们应通知供应商或经销商，并暂停系统的使用。当他们发现任何严重事件或第 62 条所指的故障并中断 AI 系统的使用时，也应通知供应商或经销商。如果用户无法联系到服务提供人，应比照适用第 62 条。对于受指令 2013/36/EU 监管的信贷机构用户，若其遵守该指令第 74 条规定的内部治理安排、流程和机制规则，应被视为已履行第 1 款规定的监测义务。高风险 AI 系统的用户应保留由该高风险 AI 系统自动生成的日志，只要这些日志在他们的控制范围内。根据高风险人工智能系统的预期目的和欧盟或国家法律下的适用法律义务，日志应保存一段适当的时间。受指令 2013/36/EU 监管的信贷机构用户应根据该指令第 74 条将日志作为有关内部治理安排、流程和机制的文件的一部分进行维护。高风险 AI 系统的用户应使用根据第 13 条提供的信息，以遵守其根据法规（EU）2016/679 第 35 条或指令（EU）2016/680 第 27 条（如适用）进行数据保护影响评估的义务。

四、控制 AI 创造者的结论

博丁顿提醒道，伦理不是关于"禁止"事情。很多时候，谈论"伦理"，尤其是"伦理守则"，会让人联想到"伦理"仅仅是为了停止活动、禁止或强制采取各种行动。但伦理也可以而且应该被更积极地视为有助于促进或增强某项活动的。[1]特纳提醒道，社会规范一旦形成，就难以改变。例如英、美、欧对待枪支的态度。AI 虽不像枪支那样有害，但人们不但可能拒绝 AI，也可能变得欣然接纳并拒绝对其进行规制。我们有充分的理由在初期，即在形成保护其得到不受限制的使用的社会规范之前，对其施加限制。设定和执行 AI 设计和使用方面的伦理限制不是某个社会领域的问题，而是对所有社会领域的挑战。这些问题要求政府、利害关系人、业界、学界和公民多方参与应对。所有这些不同的群体都应当助力这场大谈判：获取参与设计合乎伦理的控制的权利，作为交换，自己被相应地规制。只有这样，我们才能在有害的习惯形成之前创造负责任地使用 AI 的文化。[2]

---

[1] Paula Boddington, *Towards a Code of Ethics for Artificial Intelligence*, Springer International Publishing, 2017, p. 8.

[2] Jacob Turner, *Robot Rules: Regulating Artificial Intelligence*, Palgrave Macmillan, 2019, pp. 317~318.

最后是关于如何推进控制人工智能创造者的一些建议。博丁顿认为，任何伦理守则都需要很好地融入到一个组织及其文化中，并指明了 AI 伦理守则可能面临问题的具体方式。若规定与具体细节有关的价值，这一任务也应该变得更容易。制定和实施准则的程序需要注意参与者思维方式和经验的多样性。一些 AI 运行中固有的透明度问题，以及公众对 AI 影响的重要关注，意味着在适用于特定组织的伦理守则中最大限度地提高透明度和公开性是非常可取的。伦理准则需要平衡对抽象原则的关注和对具体原则的关注，特别是在 AI 中，伦理理想的应用必须可转化为具体实践。修订和评论准则的程序至关重要。制定伦理守则的伦理讨论，以及伦理守则本身，都必须考虑人类功能边界的有关问题，这是 AI 中的一个关键问题，但可能会被排除在一些伦理辩论之外。特别关注 AI 扩大或取代人类能动者的影响，以及其对复杂社会系统的影响，将有助于解决控制创造者的问题。[1]

---

[1] Paula Boddington, *Towards a Code of Ethics for Artificial Intelligence*, Springer International Publishing, 2017, p. 99.

第八章

控制人工智能创造物

相比于基于规则算法的旧式人工智能，机器学习、数据挖掘、大数据分析与类似的人工智能技术取得了惊人进步。但希尔德布兰德认为这一切都取决于假设空间的约束，取决于噪声或随机干扰可在多大程度上调整原有算法，以及（显而易见地）替代算法所施加的框架。考虑采用一种计算技术的效果而非其他，我们必须迅速学会与它们所作的决定相竞争。就像人类的判断一样，它们并不客观，而在人类判断之外，我们是否可以与其争论并选择最终决定的操作，这一问题尚未确定。这就是为什么此处的重点是数据驱动行为能力及其对法治的影响。[1]我们一代一代地传承我们的价值观，现在，当我们面对能够做出复杂决策并遵循先进规则的人工实体时，我们应该教给他们怎样的价值观？为了回答这个问题，特纳认为我们需要再问两个问题。一个是道德问题：我们如何选择规范？一个是技术问题：一旦我们决定了这些准则，我们如何将它们传授给人工智能？[2]特纳提醒道，本章不是关于人工智能的全面的道德圣经，也不是制造安全可靠人工智能的技术守则，而是旨在为未来的法规提出可能构成最低要件的规则类型。也就是说，本章的建议是指示性而非封闭性的。本章讨论的各种潜在"法律"旨在成为未来人工智能领域的基础原则。[3]

希尔德布兰德提出，法律作为一种基于文本的学科，有其固有的模糊性，并在人类语言中发展繁荣。这与建立在数字科技基础上的学科所固有的去模糊性需求形成了对比。考虑到我们的世界经过重新配置以逐步满足数字技术需求，这一差异依然至关重要，且需要得到积极关注以反对大数据崇拜和其他关于数据或从中推断出内容的客观性的一些错误认识。应当深入研究处于核心且常常不兼容的

---

[1] Mireille Hildebrandt, *Smart Technologies and the End(s) of Law: Novel Entanglements of Law and Technology*, Edward Elgar Publishing, 2015, p. xi.

[2] Jacob Turner, *Robot Rules: Regulating Artificial Intelligence*, Palgrave Macmillan, 2019, p.319.

[3] Jacob Turner, *Robot Rules: Regulating Artificial Intelligence*, Palgrave Macmillan, 2019, p.320.

法律目标：正义、法律确定性与法律目的性。要使一种规范框架达到成为法律的质量要求，它必须至少为了这三大目标而是"可重构的"，同时也必须承认对三者之间的相互联系与表达常常需要加以权衡。数据保护法是终止对数据驱动行为能力的过分与错误信任的唯一方法，应当反对最近要求放弃数据收集限制和目的限定的言论。考虑到大数据集合的增长，到 2020 年，我们的问题不会是如何收集尽可能多的数据，而是如何"在收集之前进行选择"以及如何更正、连接、删除、匿名化或去标识化个人数据。从企业和政府的角度来看，数据的生命周期管理将成为更大的挑战，因为这将是数据驱动智能的功能性与安全性的前提要件。从基本权利的视角来看，应当明晰与此相关的众多权利，而非以信息隐私简化数据保护。总而言之，许多事项亟待解决，刻不容缓。[1]

欧盟《人工智能法案》对高风险系统的要求规定在第三编第二章。要根据人工智能系统的预期目的，建立和实施风险管理流程：使用高质量的培训、验证和测试数据（数据应具有相关性、代表性等）；建立文档并设计日志功能（满足人工智能系统的可追溯性和可审核性）；确保适当的一定程度的透明度，并向用户提供信息（关于如何使用系统）确保人为监督（系统内置和/或由用户实施的措施）；确保稳健性、准确性和网络安全性。在此，确保人为监督是一个实体正义方面的要求，因为它直接限制了系统的使用；其他的要求都是正当程序方面的要求。

一、正当程序原理

（一）身份识别法则

身份识别法则要求实体必须证明其是否有 AI 能力。[2]一个自动系统应该被设计成不会被认为是自动系统之外事物的样态，沃尔什（Walsh）认为这项法则可能类似于要求在玩具枪的末端有一个色彩鲜艳的帽子，以表明它们不是真正的武器。[3]艾奇奥尼（Etzioni）的规则表达则为否定式的：系统必须说它不是人类，但它不必说它是人工智能。[4]但特纳认为，艾奇奥尼的问题在于，并非所有

---

[1] Mireille Hildebrandt, *Smart Technologies and the End(s) of Law: Novel Entanglements of Law and Technology*, Edward Elgar Publishing, 2015, pp. xii ~ xiii.

[2] Jacob Turner, *Robot Rules: Regulating Artificial Intelligence*, Palgrave Macmillan, 2019, p. 320.

[3] Toby Walsh, *Android Dreams*, Hurst & Company, 2017, p. 111.

[4] Oren Etzioni, "How to Regulate Artificial Intelligence", *New York Times*, 1 September 2017, https://www.nytimes.com/2017/09/01/opinion/artificial-intelligence-regulationsrules.html; Tim Wu, "Please Prove You're Not a Robot", *New York Times*, 15 July 2017, https://www.nytimes.com/2017/07/15/opinion/sunday/please-prove-youre-not-a-robot.html.

的人工智能都最像甚至模仿人类。对一个实体来说，说出它是什么比不是什么更有帮助，因此，沃尔什的识别法则更好。[1]

识别法则的作用体现在以下几个方面。其一，它能够帮助区分 AI 与其他实体，如果我们无法区分哪些实体受其管辖，那么实施适用于 AI 的其他法则将更加困难、耗时且成本高昂。[2]其二，特纳认为它能够帮助预测 AI 的行为，考虑到 AI 在某些情况下的行为与人类不同，了解一个实体是人类还是人工智能将使其行为对其他人而言更具可预测性，从而提高效率和安全性。如智能驾驶能够比人类更快作出反应。其三，它对公平参与活动而言是必要的。比如，没人会想和 AI 赌博。其四，它让我们知道信息的来源，防止 AI 宣传与欺骗。[3]虽然 AI 识别法则不禁止少数人对 AI 的恶意使用，但它可能会使其对社交媒体的利用变得更加困难，因为它会将恶意行为人的机会降到最低。[4]欧盟《人工智能法案》关注了具体透明度风险：对于某些人工智能系统，该法案会施加特定的透明度要求，例如在存在明显操纵风险的情况下（例如使用聊天机器人）。用户应该意识到他们正在与机器互动。[5]

如何落实身份识别法则？特纳认为，鉴于人工智能系统和类型的多样性，不太可能有单一的技术解决方案来实施识别法则。因此，人工智能的识别法则应该是一个笼统的概念，具体地由每个设计师来实现。[6]在沃尔什提交的一份意见书的推动下，[7]新南威尔士州议会无人驾驶车辆和道路安全委员会决定："需要公开识别自动驾驶车辆，使其在视觉上区别于其他车辆，特别是在试验和测试阶段。"[8]特纳则认为，定期检查和测试可用于解决身份识别法则的落实问题，可以通过给 AI 装上芯片等标签的方式实现。但是如果非人工智能实体能够伪装成人工智能，识别法则就难以发生作用。这是因为误报会降低对身份识别系统的信

---

[1] Jacob Turner, *Robot Rules：Regulating Artificial Intelligence*, Palgrave Macmillan, 2019, p. 321.
[2] Jacob Turner, *Robot Rules：Regulating Artificial Intelligence*, Palgrave Macmillan, 2019, p. 321.
[3] Jacob Turner, *Robot Rules：Regulating Artificial Intelligence*, Palgrave Macmillan, 2019, p. 322.
[4] Jacob Turner, *Robot Rules：Regulating Artificial Intelligence*, Palgrave Macmillan, 2019, p. 323.
[5] EC, "Artificial Intelligence-Questions and Answers", https://ec.europa.eu/commission/presscorner/detail/en/QANDA_21_1683.
[6] Jacob Turner, *Robot Rules：Regulating Artificial Intelligence*, Palgrave Macmillan, 2019, p. 323.
[7] Toby Walsh, *The Future of AI Website*, http://thefutureofai.blogspot.co.uk/2016/09/staysafe-committee-driverless-vehicles.html.
[8] Joint Standing Committee on Road Safety, "Driverless Vehicles and Road Safety in New South Wales", https://www.parliament.nsw.gov.au/committees/DBAssets/InquiryReport/ReportAcrobat/6075/Report%20-%20Driverless%20Vehicles%20and%20Road%20Safety%20in%20NSW.pdf.

任,破坏其作为信号机制的功能。出于这个考虑,识别法则应从两方面着手,不仅需要要求 AI 实体标识自己,还需要禁止任何非 AI 实体贴上 AI 标签。[1]《美国加利福尼亚州加强在线透明度法案》于 2019 年 7 月生效。[2] 该法案将"机器人"定义为"其上所有或几乎所有行为或帖子都并非由人类产生的一个自动在线帐户"。该法案禁止在加利福尼亚州出于商业或政治目的使用机器人,而仅允许将其用于在面向公众的互联网网站、网络应用程序、包括社交网络或出版物的数字应用程序中与他人交流或互动。根据"安全港"(safe harbor)规则,如果机器人首先以"清晰、醒目且合理设计"的方式披露其身份,则可以免责。

欧盟《人工智能法案》规定,一些 AI 系统是法律所允许的,但具有特殊的透明性义务,须遵守信息或透明度义务。某些人工智能系统的新透明度义务规定在第 52 条,以考虑它们所构成的特定操纵风险。包括:①通知人类他们正在与人工智能系统进行交互,除非这是明显的。提供商应确保旨在与自然人交互的人工智能系统的设计和开发方式能够使自然人被告知他们正在与人工智能系统交互,除非从环境和使用背景中可以明显看出这一点。这项义务不适用于法律授权用于侦查、预防、调查和起诉刑事犯罪的人工智能系统,除非这些系统可供公众举报刑事犯罪。②通知人类情感识别或生物识别分类系统已应用于他们。情感识别系统、生物识别分类系统的部署者,应当将该系统的运行情况告知接触该系统的自然人。这项义务不适用于用于生物识别分类的人工智能系统,如果法律允许其用于检测、预防和调查刑事犯罪的话。③对深度伪造应用标签(除非是行使基本权利或自由或出于公共利益的原因)。如果人工智能系统生成或操纵的图像、音频或视频内容明显类似于现有的人物、物体、地点或其他实体或事件,并且在人们看来是真实的("深度伪造"),则该系统的部署者应被披露该内容是人为生成或操纵的。这使人们能够做出明智的选择,或者从给定的情境中退一步。

该法案第 69 条规定了具有特定透明度要求的人工智能自愿行为准则,在此需要注意:①无强制性义务;②欧盟委员会和欧盟人工智能委员会鼓励制定旨在促进自愿应用要求的低风险系统的行为准则。

(二)可解释法则

AI 职业伦理准则的第三层复杂性是机器的行为。博丁顿认为,职业伦理准则通常涉及两个方面:专业人员自身的行为及其产品或服务的影响。然而,在处

---

[1] Jacob Turner, *Robot Rules: Regulating Artificial Intelligence*, Palgrave Macmillan, 2019, p. 324.
[2] California's Bolstering Online Transparency Act (S. B. 1001).

理自主机器和自主系统时，必须引入第三个因素——这些机器或系统本身的自主且通常不透明的行为。[1]可解释法则要求 AI 的推理必须向人类阐明。这包括要求提供有关人工智能一般决策过程的信息（透明度）和/或在具体决策发生后对该决策进行合理化（个性化解释）。美国有的州在具体领域的立法已经走在前列。2020 年 1 月，伊利诺伊州的《人工智能视频面试法案》正式生效。[2]该法案禁止伊利诺伊州雇主使用"人工智能"作为评估求职者视频面试的手段，并据此考虑求职者是否适合该职位，除非雇主通知求职者，解释"人工智能如何工作"，并在面试前获得利用人工智能程序进行评估的同意。[3]对于人工智能为何需要具备可解释性，主要有两个理论基础：工具主义和内在主义。工具主义把可解释性作为改进人工智能和纠正其错误的工具；内在主义着眼于任何受影响的人的权利。[4]

对此，我们得思考技术规则的本质。希尔德布兰德认为，技术通过赋能某些行为以及约束其他行为来规范人类的行为。由技术制品产生的规则较之目前已制定的法律略失明显性，其并非产生于民主立法者。它的调节规范能力取决于工程师、设计师与商业企业如何将这些人工技术产品引入市场，并最终了解消费者或最终用户如何与产品互动。技术法规的物质和社会嵌入有一种方法诱导或抑制某些行为模式，例如共享个人数据。根据设计和使用情况，技术甚至可以强制执行或排除某些类型的行为。这并不意味着技术决定论。但是社会技术基础设施存在规范性影响，如果规范性是指规范人与人之间互动的话。[5]因为一旦默认值稳定，将会使得抵抗变得更加困难，人们对事情如何完成的预期也将固化。希尔德布兰德提出，先发制人的智能环境开始改变我们与人工产品的往来。在某种时刻，我们会意识到我们正在被机器观察与预期的事实，我们将尝试弄清楚基础设施如何"读取"我们和它们与谁分享其对用户偏好的了解，以及我们将面临的风险。面临的问题之一是，我们是否将设法弄清楚这一点，以及"生活在一个能

---

[1] Paula Boddington, *Towards a Code of Ethics for Artificial Intelligence*, Springer International Publishing, 2017, p. 63.

[2] The Artificial Intelligence Video Interview Act. 对于雇主以及他们如何与人工智能进行面试，还有其他限制。在视频面试完成并使用人工智能后，雇主将被限制分享视频面试，并被要求在潜在雇员提出要求后的 30 天内删除视频。

[3] Jacob Turner, *Robot Rules*: *Regulating Artificial Intelligence*, Palgrave Macmillan, 2019, p. 324.

[4] Jacob Turner, *Robot Rules*: *Regulating Artificial Intelligence*, Palgrave Macmillan, 2019, p. 325.

[5] Mireille Hildebrandt, *Smart Technologies and the End(s) of Law*: *Novel Entanglements of Law and Technology*, Edward Elgar Publishing, 2015, p. 11.

够预料我们的行为而我们却没有任何线索了解我们如何被生成画像的在线生活世界中"这一事实到底意味着什么。因此，技术法规不同于基于成文法和习惯法制定的法律规范。它不同之处有如下三点。其一，技术法规的明确表达不受民主立法者控制，也不存在法律上的"制定"。技术法规通常是针对特定功能的特定设计。Cookies通过创造新的负担和约束，实际上规范了我们的在线环境。其二，现实非常容易以消除违反其自身所支持规则的方式设计技术策略，即使该具象化仅为副作用产物而非有意为之。法律规范无法排除违规。其三，主张规范人类生活的技术存在缺陷实则不太现实，因为它们通常不可见，且多数情况下我们对其无管辖权也没有上诉法院。[1]

虽然可解释性并非算法设计时的主要考量，但模型的表示能力与其可解释性之间存在权衡，从易到难为线性模型（只能表示简单的关系，但易于解释）到非参数方法（如支持向量机和高斯过程；可以表示丰富的函数类，但难以解释）。同样，加州大学伯克利分校信息学院的Jenna Burrell写道，在机器学习中，存在一种"由于机器学习的高维特性中的数学优化与人类规模推理和语义解释风格的要求不匹配造成的不透明性"。[2]特纳提出，受限于人类自身的认知能力，研发者无法预见其所研发的智能产品作出的决策以及其产生的效果。人工智能的自主学习能力导致算法结果的不可预见。在机器学习系统运行时，算法会通过反馈和重新加权其内部节点的过程来更新自身，以便获得更好的结果，因此AI产生一个结果的过程前后可能会有不同。[3]专家认为，可解释性并不仅仅意味着需要得到数据来源，还意味着需要理解一个特定的AI赋能的设备所处的整个技术生态系统。这就把分析带回到日益依赖人工智能的主要风险。因此，监管机构面临的最大障碍，并不在于技术本身，而在于AI设备之间的互动——其被错误地认为是处于孤岛中的数据库之间的信息共享。误导性的训练数据伪造了AI的运行环境。[4]

怎么落实解释法则？开发了一种他们称之为"人工智能合理化"的新技术，

---

[1] Mireille Hildebrandt, *Smart Technologies and the End(s) of Law: Novel Entanglements of Law and Technology*, Edward Elgar Publishing, 2015, pp. 11~12.

[2] Jenna Burrell, "How the Machine 'Thinks': Understanding Opacity in Machine Learning Algorithms", *Big Data & Society*, Vol. 2016, No. 1.

[3] Jacob Turner, *Robot Rules: Regulating Artificial Intelligence*, Palgrave Macmillan, 2019, p. 326.

[4] Iria Giuffrida, Fredric Lederer, Nicolas Vermeys, "A Legal Perspective on the rials and Tribulations of AI: How Artificial Intelligence, the Internet of Things, Smart Contracts, and Other Technologies Will Affect the Law", *Case Western Reserve Law Review*, Vol. 2018, No. 3.

这是一种对自主系统行为进行解释的方法，将其视为人类做出该行为一样。[1]数据科学家怀特纳克（Whitenack）以不同的方式进行了研究，得出了实现 AI 透明性所需的三种因素：数据来源（知道所有数据的来源）；再现性（再现给定结果的能力）；和数据版本控制（在特定状态下保存 AI 的快照副本，以记录哪个输入导致哪个输出）。他说，理想情况下的人工智能透明工具应该是：语言不可知、基础设施不可知、可扩展/分布式与非侵入性的。[2]

欧盟 GDPR 对此做出了规定。虽然 GDPR 是技术中立的，并未直接援引人工智能、机器学习等概念，但 GDPR 非常关注个人数据的大规模自动处理，尤其是关于自动决策的使用。由于人工智能的使用是自动化决策的一种形式，GDPR 中有关自动化决策的规范与与使用人工智能进行决策高度相关。[3]GDPR 在第 13 条第 2 款第 f 项规定，个人资料控制者在获得个人数据时应当向数据主体提供以下必要的进一步信息，以确保公平、透明的处理：存在自动化决策，包括画像分析，以及至少在这种情况下，相关逻辑的有意义的信息，以及这类处理对资料主体的重要性和预期的后果。但特纳认为 GDPR 的上述规定存在的问题是其表述具有很大的不确定性，没有对关键术语作出解释。如"有意义的信息"，它可能相当于数千行不能直接看懂的存储数据的源代码；即使数据提供者可能合理地愿意提供这种材料，对普通人来说也用处不大，因此"有意义"一词需要在日常语言中进行个性化描述，以使非专家能够理解相关过程。"相关逻辑"一词也同样模糊不清。GDPR 的制定者考虑到了非智能专家系统，它们遵循确定性的"是/否"逻辑树，以便基于已知输入达到已知输出。有了逻辑树，人们总是可以通过每一步追溯到导致结果的推理，但神经网络不一定如此。[4]因为这些表述从人工

---

[1] Upol Ehsan, Brent Harrison, Larry Chan, Mark Riedl, "Rationalization: A Neural Machine Translation Approach to Generating Natural Language Explanations", https://arxiv.org/pdf/1702.07826.pdf.

[2] Daniel Whitenack, "Hold Your Machine Learning and AI Models Accountable", *Medium*, 23 November 2017, https://medium.com/pachyderm-data/hold-your-machine-learning-and-ai-models-accountable-de887177174c.

[3] GDPR 第 5 条规定，应当以合法、公正、透明的方式处理个人数据。第 13～15 条规定，数据主体对与自身相关的自动化决策、模型的内在逻辑以及决策对数据主体的预期后果与影响等信息有知情权。第 22 条规定，对于将会对数据主体产生法律效力或类似重大影响的自动化决策，数据主体有权选择不受上述决策的限制。在使用自动化决策时，数据控制者应当实施适当的措施保护数据主体的权利、自由和合法利益，例如使数据主体获得对控制者的部分的人为干预权，表达数据主体的观点和同意决策的权利。第 35 条规定，数据控制者在处理个人数据，尤其是使用容易对个人产生较高风险的新兴技术时，应当开展数据保护影响评估。

[4] Jacob Turner, *Robot Rules: Regulating Artificial Intelligence*, Palgrave Macmillan, 2019, p.329.

智能飞速发展之前的法律文本中延续而来，在 GDPR 的漫长酝酿期内，AI 技术的发展速度远比立法表述的变化要快得多。[1]

因此，牛津大学的三位学者认为 GDPR 并没有阐明解释法则，而只是规定了有限的知情权。[2]但 Whatcher 等人也提到对个别决定的明确解释法则在 GDPR 的草案上是有的，但是后来被删掉了。[3]2010 年欧盟法律委员会的一份报告显示，各国并没有就"涉及逻辑"作出统一解释，因此该报告的作者便有先见之明地指出，日后在适用《数据保护指令》中关于 AI 的表述时，可能会产生如下问题："在不久的将来，'智能'计算机系统将越来越多地被用于包括执法机构在内的公私部门机构的决策。在任何一种情况下，依赖复杂的计算机生成的'配置文件'（特别是动态生成的配置文件，其中的算法本身在计算机'学习'时进行修改）无疑都属于本条款的范围。因此，这一规定亟需阐明和澄清。"[4]

不幸的是，这一警告没有得到重视，GDPR 只是复制了《数据保护指令》中有问题的术语。尽管在《数据保护指令》（仅对要达到的结果有约束力）下，这种监管分歧是可能存在的，但像 GDPR 这样的监管并不提供执行方面的自由裁量权，因此可能需要在整个欧盟具有单一含义。[5]2017 年 10 月，GDPR 第 29 条专门工作小组就"有关逻辑的有意义信息"做出了如下阐释：机器学习的发展和复杂性使理解自动决策过程或分析工作具有挑战性。控制者应该找到简单的方法告诉数据主体背后的原理，或者在作出决定时所依赖的标准，而不必总是试图对所使用的算法进行复杂的解释，或者披露完整的算法。第 29 条工作组对这项义务采取了坚定的立场，宣布"复杂性不是不向数据主体提供信息的借口"。[6]特纳认为，工作组力求实现在向数据主体提供充分信息与不披露专有设计和商业秘密之间找到一个平衡点。这一条款的解释迟早会提交欧盟法院，该法院有时对欧

---

[1] Jacob Turner, *Robot Rules: Regulating Artificial Intelligence*, Palgrave Macmillan, 2019, p. 330.

[2] Tadas Klimas, Jurate Vaiciukaite, "The Law of Recitals in European Community Legislation", *International Law Students Association Journal of International and Comparative Law*, Vol. 2009.

[3] Sandra Wachter, Brent Mittelstadt, Luciano Floridi, "Why a Right to Explanation of Automated Decision-Making Does Not Exist in the General Data Protection Regulation", *International Data Privacy Law*, Vol. 2017, No. 2.

[4] Douwe Korff, "New Challenges to Data Protection Study-Working Paper No. 2", *European Commission DG Justice, Freedom and Security Report 86*, https://papers.ssrn.com/sol3/papers.cfm?abstract_id=1638949.

[5] Jacob Turner, *Robot Rules: Regulating Artificial Intelligence*, Palgrave Macmillan, 2019, p. 331.

[6] Art. 29 Working Party, "Guidelines on Automated Individual Decision-Making and Profiling for the Purposes of Regulation", 2016/679, adopted on 3 October 2017, 17/ENWP 251.

盟立法采取高度扩张性解释的做法，特别是在涉及个人权利的情况下。[1]

我们再看看解释的局限性。马克斯·普朗克研究所和加州大学伯克利分校的研究人员在2016年开发了一种语义标记技术，但他们写道："在这项研究中，我们将重点放在语言和视觉解释上，通过访问模型的隐藏状态来证明决策的合理性，但不一定与系统的推理过程保持一致。"[2]特纳认为，虽然识别图片中的动物或玩游戏很容易用人类的语言来解释，但是在某些人工智能所擅长的任务上却并非如此。人工智能的主要优势之一是，它不像人类那样思考。要求人工智能将自身限制在人类能够理解的操作上，可能会将人工智能束缚在人类的能力范围内，以至于它永远无法实现其真正的潜力。人类的许多发现不能被轻易解释给外行听懂，某些科学和数学理论，例如在量子物理领域，如果不借助于方程中的数字和符号，是不可能用自然语言完全描述的。如果涉及人工智能，问题就更加严重。[3]

那是否能够尝试替代解释？重点是要能够进行回忆，人类的大脑与人工智能一样不能被直接读懂，即使是最先进的大脑扫描技术也缺乏精确解释人类决策的能力。[4]但即使我们看不见大脑内部，至少人类可以用自然语言解释自己。[5]算法可解释性和算法黑箱问题可以通过"技术手段"得到部分解决，比如借助技术使得"机器理解层次"降维到"人类理解层次"，促使人类能看懂、能理解。然而，现代心理学研究表明，我们的行为与原因之间的联系在某种程度上代表了一种回溯性的虚构叙事，这种叙事可能与潜在的动机没有什么联系。[6]因此，纽约大学人工智能研究所在2017年的报告中建议核心公共机构，如负责刑事司法、医疗保健、福利和教育的机构（如"高风险"领域），不应再使用"黑箱"AI和算法系统。[7]

---

[1] Jacob Turner, *Robot Rules：Regulating Artificial Intelligence*, Palgrave Macmillan, 2019, p. 332.

[2] Dong Huk Park et al., "Attentive Explanations：Justifying Decisions and Pointing to the Evidence", arXiv, 14 December 2016, https://arxiv.org/pdf/1612.04757v1.pdf.

[3] Jacob Turner, *Robot Rules：Regulating Artificial Intelligence*, Palgrave Macmillan, 2019, p. 333.

[4] Vijay Panday, "Artificial Intelligence's 'Black Box' Is Nothing to Fear", *New York Times*, 25 January 2018, https://www.nytimes.com/2018/01/25/opinion/artificial-intelligence-black-box.html.

[5] Jacob Turner, *Robot Rules：Regulating Artificial Intelligence*, Palgrave Macmillan, 2019, p. 334.

[6] See Daniel Kahneman, Jason Riis, "Living, and Thinking About It：Two Perspectives on Life", in F. Huppert, N. Baylis, B. Kaverne eds. *The Science of Well-Being: Intergrating Neurobiology，Psychology and Social Science*, Oxford University Press, 2005.

[7] Campolo et al., "AI Now Institute 2017 Report", https://assets.contentful.com/8wprhhvnpfc0/1A9c3ZTCZa2KEYM64Wsc2a/8636557c5fb14f2b74b2be64c3ce0c78/_AI_Now_Institute_2017_Report_.pdf.

但这是一种过度反应。特纳说道，人类可能有一种本能的愿望，即对为什么会做出决定进行合理化的解释和理解，但我们不应该不惜一切代价做到这一点，特别是在对大量的人类决定也无法从任何实际意义上加以解释的情况下。可解释性与可预测性或可控性不同。[1]技术作家大卫温伯格（David Weinberger）总结如下：通过将AI治理视为一个优化问题，我们才能将必要的争论集中在真正重要的方面——我们希望从一个系统中得到什么，以及我们愿意放弃什么来获得它。[2]许多法律规则是这样运作的，它们主要集中在行动上，而不是思想上。解释法则最好被认为是将AI的行为限制在一定范围内的工具。[3]

（三）反歧视法则

希尔德布兰德认为，我们将关注法律禁止的一种特定类型的社会分类，因为它违反了基本的非歧视权。作为一项法律权利，非歧视是一个定义明确的概念，指的是禁止歧视的具体依据和禁止这种歧视的具体情况。国家、国际和超国家一级的各种法律文本都明确规定，非歧视是一项基本权利或人权，其通常强调宗教、种族、健康、年龄或性取向是禁止的歧视理由。诸如就业和职业、健康保险、住房、社会保障和教育之类的环境可能会根据管辖范围以更具体的术语进行监管。[4]人工智能与人类一样会有偏见。由此产生了三个问题：什么是人工智能偏见？为什么会产生这种偏见？对此我们可以做些什么？[5]此处更为关注数据的质量和可用性的影响，而不是收集、处理和保留数据的合法性。

1. 什么是人工智能偏见。如果要有一个解决人工智能偏见的规则，最好是使用一个尽量减少个人意见作用的测试。有鉴于此，特纳对偏见的定义如下："当决策者的行为因考虑到不相关的因素或未考虑到相关的因素而改变时，就会存在偏见"。为了更好地理解和对待人工智能的偏见，我们需要避免拟人化，更多地关注数据科学。[6]

当算法遵循特定的一系列步骤，而不是另一系列步骤时，它们必然会有偏

---

[1] Jacob Turner, *Robot Rules：Regulating Artificial Intelligence*, Palgrave Macmillan, 2019, p. 335.

[2] David Weinberger, "Don't Make AI Artificially Stupid in the Name of Transparency", *Wired*, 28 January 2018, https://www.wired.com/story/dont-make-ai-artificially-stupid-in-the-name-of-transparency/.

[3] Jacob Turner, *Robot Rules：Regulating Artificial Intelligence*, Palgrave Macmillan, 2019, p. 336.

[4] Mireille Hildebrandt, *Smart Technologies and the End(s) of Law：Novel Entanglements of Law and Technology*, Edward Elgar Publishing, 2015, p. 94.

[5] Jacob Turner, *Robot Rules：Regulating Artificial Intelligence*, Palgrave Macmillan, 2019, p. 336.

[6] Jacob Turner, *Robot Rules：Regulating Artificial Intelligence*, Palgrave Macmillan, 2019, p. 337.

差。希尔德布兰德认为这种偏差是任何模式识别的核心，偏见使区分和选择成为可能。如果没有这种偏见，一个能动者就无法生存，大数据也将毫无价值。关键是，这种偏见是否有助于检测帮助算法用户实现其目标的知识，尤其是在更长的时间范围内。如果这种偏见产生了虚假的相关性，而该相关性被认为是有意义的，并且用户基于相关性的积极价值作出决定，那么他最终可能无法达到他的目标。另一个问题是，这种偏见可能对直接用户有利，但对被应用该模式的用户（最终用户）不公平或不合法。[1]她提出，例如在智能信贷领域，智能金融算法可能会降低弱势群体的信贷得分，拒绝向有色人种贷款，广告商也更倾向于将高息贷款信息向低收入群体展示。有趣的是，神经网络的计算类似于人类的直觉：即使正确，也难以解释。神经网络是多主体系统的主要示例。它们将并行处理与网络连接相结合的过程，从而生成难以预测的紧急行为。[2]

希尔德布兰德认为，在可以秘密地先发制人的在线生活世界中，被歧视的威胁与大数据分析未触及的世界在两个方面有所不同。首先，要弄清楚一个人是否会因为某个被禁止的理由而受到歧视，也许并不容易，因为智能技术的决定在很大程度上是看不见的。这涉及证明歧视存在的困难。然而，另一个威胁来自于先发制人的目标定位使复杂的间接歧视成为可能，这种歧视基于对风险或盈利能力的统计推断。[3]她提出，半自治决策系统缺乏透明度可能是构建在线生活世界的无形计算层所构成的最关键的威胁。通过将其隐藏在我们的审查范围之外，它加剧了其他威胁。[4]

2. 偏见的产生与无罪推定、正当程序。特纳认为，如果输入的数据存在某种偏见，那么生成的模型也会如此，因为数据原因产生的偏见可以用这样一句话概括——"种瓜得瓜，种豆得豆（you are what you eat）"。当理论上有足够的可用信息来呈现相关环境的足够图片，但操作员选择了一个不具代表性的样本时，就会出现有偏见的数据集。此外，倘若一种类型的数据更容易获得，或者输入者

---

[1] Mireille Hildebrandt, *Smart Technologies and the End(s) of Law: Novel Entanglements of Law and Technology*, Edward Elgar Publishing, 2015, p. 34.

[2] Mireille Hildebrandt, *Smart Technologies and the End(s) of Law: Novel Entanglements of Law and Technology*, Edward Elgar Publishing, 2015, p. 35.

[3] Mireille Hildebrandt, *Smart Technologies and the End(s) of Law: Novel Entanglements of Law and Technology*, Edward Elgar Publishing, 2015, p. 96.

[4] Mireille Hildebrandt, *Smart Technologies and the End(s) of Law: Novel Entanglements of Law and Technology*, Edward Elgar Publishing, 2015, p. 97.

没有足够努力地寻找不同的数据源,都会出现偏见的数据集。[1]这是数据驱动的歧视——由于原始训练数据存在偏见性,导致算法执行时将歧视带入决策过程。数据的偏差可能是有意的,也可能是无意的。例如,微软的 AI 聊天机器人 Tay 被人误导说出"希特勒是正确的"。[2]微软不是有意的,但是没有设置足够的保护措施来纠正用户引入的脏话或令人不快的一些话语。[3]故意设计的用来愚弄人工智能系统的输入一般叫做"对抗性示例"。[4]

有时,数据偏见不会因为人类对特定数据集的选择而产生,而是因为所有可用数据都存在缺陷。发表在《科学》杂志上的一项实验表明,人类语言(如互联网上记录的那样)存在"偏见",因为人们通常会发现其中包含的词语之间存在各种价值判断的语义关联。[5]事实上,在人类受试者身上表现出的认知和语言偏见(例如男性与高收入工作的联系)在互联网上也存在。[6]研究结果并不令人惊讶:互联网是人类创造的,代表着各种社会影响的总和,包括共同的偏见。然而,实验提醒我们,一些偏见可能深植于社会之中,需要仔细选择数据,甚至修正人工智能模型,才能纠正这一点。[7]特纳认为,训练数据在分布性上往往存在偏差,隐藏了特定的社会价值倾向。现有的数据不够详细地说明有些因素(如年龄)与能力并不完全相关,重要的是我们不能混淆相关性和因果性。[8]这是机器自我学习造成的偏见——机器在学习过程中会自我学习到数据的多维不同特征,从而将某些偏见引入决策过程。

最后是人工智能训练中的偏见。特纳认为,强化学习中人工智能偏见特别常

---

[1] Jacob Turner, *Robot Rules*:*Regulating Artificial Intelligence*, Palgrave Macmillan, 2019, p. 338.

[2] Sarah Perez, "Microsoft Silences Its New A. I. Bot Tay, after Twitter Users Teach It Racism", *Tech Crunch*, 24 March 2016, https://techcrunch.com/2016/03/24/microsoft-silences-its-new-a-i-bot-tay-after-twitter-users-teach-it-racism/.

[3] John West, "Microsoft's Disastrous Tay Experiment Shows the Hidden Dangers of AI", *Quartz*, 2 April 2016, https://qz.com/653084/microsofts-disastrous-tay-experiment-shows-the-hidden-dangers-of-ai.

[4] Christian Szegedy, Wojciech Zaremba, Ilya Sutskever, Joan Bruna, Dumitru Erhan, Ian Goodfellow, Rob Fergus, "Intriguing Properties of Neural Networks", *arXiv preprint server*, https://arxiv.org/abs/1312.6199.

[5] Aylin Caliskan, Joanna J. Bryson, Arvind Narayanan, "Semantics Derived Automatically from Language Corpora Contain Human-Like Biases", *Science*, Vol. 2017, No. 6334.

[6] Matthew Huston, "Even Artificial Intelligence can Acquire Biases Against Race and Gender", *Science Magazine*, 13 April 2017, http://www.sciencemag.org/news/2017/04/even-artificial-intelligence-can-acquire-biases-against-race-and-gender.

[7] Jacob Turner, *Robot Rules*:*Regulating Artificial Intelligence*, Palgrave Macmillan, 2019, p. 341.

[8] Jacob Turner, *Robot Rules*:*Regulating Artificial Intelligence*, Palgrave Macmillan, 2019, p. 341.

见，当奖赏或劝阻行为的时机由人类自由决定时，就可能出现偏见。但在人工智能的设计中，能够采取标记某些因有缺陷的训练而产生的偏见的保障措施。[1]这是"人为造成的偏见"——由于算法的设计者或开发人员对事物的认知存在某种偏见，而将算法将歧视或偏见引入决策过程中。

3. 反歧视法则如何实现。一是通过多样性进行解决——更好的数据和解决"AI 的白人问题"。特纳认为，如果数据选择不当会产生偏差，那么显而易见的解决方案是改进数据选择。这是一个效率和有效性的问题：如果一个程序必须搜索所有不相关的数据，那么它会比只针对关键数据的情况更慢、能耗更高。这就是说，机器学习系统（特别是无监督学习）的一个巨大优势是能够识别先前未知的情况。这一特性可能有利于为人工智能提供更多而不是更少的数据。除了检查选定的数据外，我们还需要关注选数据的人，因为目前大多数 AI 工程师都是白人，所以他们选择输入 AI 的数据带有他们的偏好和偏见的标记。[2]AI 研究人员克劳福德（Crawford）称之为"AI 的白人问题"。[3]特纳提出，减少数据偏见更适合的方法不是简单地要求程序员对偏见"更敏感"，而是要使程序员的人口范围扩大到少数群体和妇女，还可能需要包含多种民族血统、宗教和其他因素。另一种解决办法是，AI 的设计需要接受偏见审查，由专门的多样性小组，甚至是专门为此设计的 AI 审计程序来定期审查，例如在电子商务中基于数据评价交易各方的过错。[4]针对机器自我学习造成的偏见问题，还应对相应人工智能技术进行定期准确性测试。

特纳认为 AI 偏见还可以通过技术修正，这一方式在数据库无法保证不带偏见的情况下尤其有用。在一些国家的人权法中，某些人的特征受法律保护，因此决策者禁止基于这些因素做出决定。[5]特纳提出，在机器学习模型中，针对具有特定属性的对象（通常是人）的认知偏见的最简单解决方案是降低该属性的权重，这样人工智能就不太可能在决策时考虑到它。但是这是一个粗糙的工具，可能导致不准确的整体结果。一个更好的方法是使用反设事实来测试：如果不同的变量被分离和改变，AI 系统是否会作出相同的决定。[6]因此，Chiappa 和 Graham

---

[1] Jacob Turner, *Robot Rules：Regulating Artificial Intelligence*, Palgrave Macmillan, 2019, pp. 341~342.
[2] Jacob Turner, *Robot Rules：Regulating Artificial Intelligence*, Palgrave Macmillan, 2019, p. 346.
[3] Kate Crawford, "Artificial Intelligence's White Guy Problem", *New York Times*, 25 June 2016, https://www.nytimes.com/2016/06/26/opinion/sunday/artificial-intelligences-white-guy-problem.html.
[4] Jacob Turner, *Robot Rules：Regulating Artificial Intelligence*, Palgrave Macmillan, 2019, p. 346.
[5] Jacob Turner, *Robot Rules：Regulating Artificial Intelligence*, Palgrave Macmillan, 2019, p. 347.
[6] Jacob Turner, *Robot Rules：Regulating Artificial Intelligence*, Palgrave Macmillan, 2019, p. 348.

提出了一个反事实模型的修改，该模型声明："如果一个决定与在反事实世界中做出的决定一致，那么这个决定对个人是公平的。在这个反事实世界中，对不公平事件的敏感度不同"。[1]IBM 的研究人员解释说，设想的系统将自动对此类文档执行知识提取和推理，以识别敏感字段（其示例中为性别），并支持测试和防止针对这些字段的偏见算法决策。[2]这样，特纳认为诊断工具就内置在系统的输出中，而不是每次发现问题时都需要专门"打开引擎盖"。偏见被描述为"人工智能核心的黑暗秘密"。但是，我们也不能夸大它的新颖性和处理它的困难。人工智能的偏见来自于人类社会的共同特征和科学错误。与其寻求从人工智能中消除所有价值，更好的方法可能是在设计和维护 AI 时让它反映所运行的特定社会的价值。[3]

霍姆斯（Holmes）声称，法律的生命并非逻辑，而是经验。[4]在此，希尔德布兰德认为法律是我们所期望的样子，因为正是这种期望控制着我们的行为。这与特定的智能概念有关。基于规则的人工智能试图通过逻辑演绎来解决问题，这已经被基于经验的机器学习所取代。预期需要经验而纯粹的逻辑只能在严格控制的环境中工作。基于多元线性理论的法庭裁决将消除法律中心阶段人类语言的基本模糊性。这种模糊性与法律概念的价值取向有关。这并不是自然语言的缺点，而是将我们从无意识的行为中拯救出来的原因。基于统计数字的方法会将司法或立法决定简化为行政管理，从而破坏法治。这并不是说许多管理决策不能由智能计算系统做出，而是要确认这些决定应在法治环境下作出，特别是通过使这些决定在法庭上具有可诉性。[5]我们应当不过分依赖算法，坚持人类在算法应用中的主体性地位，将人的经验判断与算法的数据优势相结合。

正当程序的原理如何与先发制人式计算系统相适应？事实上，希尔德布兰德认为，在从物理世界到在线世界的转变中，正当程序将提供关键的潜力来重塑我们自己。抢先分析在拥有数据库和软件的一方积累了知识。对于被描述和预测的人来说，这些知识并不容易获得，部分原因是，挖掘这些数据将产生非显而易见

---

[1] Silvia Chiappa, Thomas P. S. Gillam, "Path-Specific Counterfactual Fairness", https://arxiv.org/abs/1802.08139.

[2] Samiulla Shaikh et al., "An End-To-End Machine Learning Pipeline That Ensures Fairness Policies", https://arxiv.org/abs/1710.06876.

[3] Jacob Turner, *Robot Rules: Regulating Artificial Intelligence*, Palgrave Macmillan, 2019, p.349.

[4] O. W. Holmes, *The Common Law*, Little, Brown and Co., 1881, p.1.

[5] Mireille Hildebrandt, *Smart Technologies and the End(s) of Law: Novel Entanglements of Law and Technology*, Edward Elgar Publishing, 2015, pp.142~143.

的知识。例如，关于收入能力、健康状况、信用风险和就业能力的重要推论。当人们不了解这些知识时，他们就无法捍卫自己免受其基于有效性和相关性假设所采取的行动的伤害。[1]她提出，正是由于缺乏广义上的正当程序，算法的使用经常会侵犯隐私和非歧视的权利。在先发制人式剖析的背景下，正当程序意味着存在一种有效而可靠的直觉，知道如何针对某人以及如何将其与某人的行为联系起来。这将允许一个人更改其行为以更改其被画像化的方式，但是正当程序意味着他还可以选择对他人将其在算法中的比喻作为其代理人提出异议。因此，正当程序是一个人有效地防止其被侵犯隐私以及操纵性社会分类和不正当歧视的前提。[2]在此，提供算法解释的目的是使用户了解对其不利的决定是如何作出的，以便在不利决定违反法律的情况下寻求救济。

我们再看看通过正当程序、知情权和反对不利决定权控制 AI。尽管正当程序权与隐私权、非歧视和无罪推定有直接关系，但对正当程序权的关注却很少。[3]希尔德布兰德提出，作为一项法律权利，人们可以辩称，正当程序要求仅适用于政府与其公民之间的关系，正当程序的狭义（法律）含义与刑事调查和刑事诉讼程序有关。但从更一般的意义上说，正当程序与强大的组织同个人公民之间的所有互动有关。正当程序确实可能是宪法民主中法律的规范核心，这种法律的道德基础，使法律与纯粹的行政甚至法规区别开来。即使从法律和经济学的角度来看，正当程序在创造公平竞争环境方面也是有利的。传统上，在一系列事件中增加障碍被视为增加了交易成本，但实际上，行使应有的程序权可能会分配交易成本，而不是将交易成本全部留给弱者一方。因此，它不应阻止最优解决方案，而应实现公平的最优解决方案。作为一项不成文的原则，它永远不会因其在法律中的编纂或在判例法中的主张而被用尽，从广义上讲，正当程序是指对抗不利决定的能力。这种能力首先是知道这些决定存在的权利以及被通知这些决定的理由。其次，如果有人认为这些决定不适当或不公正，就有权提出异议。[4]推而广之，在产品质量领域，倘若基于智能算法完成对产品质量的评价，此时企业也将提交

---

[1] Mireille Hildebrandt, *Smart Technologies and the End(s) of Law: Novel Entanglements of Law and Technology*, Edward Elgar Publishing, 2015, p. 101.

[2] Mireille Hildebrandt, *Smart Technologies and the End(s) of Law: Novel Entanglements of Law and Technology*, Edward Elgar Publishing, 2015, p. 102.

[3] Mireille Hildebrandt, *Smart Technologies and the End(s) of Law: Novel Entanglements of Law and Technology*, Edward Elgar Publishing, 2015, p. 100.

[4] Mireille Hildebrandt, *Smart Technologies and the End(s) of Law: Novel Entanglements of Law and Technology*, Edward Elgar Publishing, 2015, p. 101.

数据作为证据证明产品质量。[1]

我们再看看无罪推定和 AI 的关系。希尔德布兰德提出，人们认为，将注意力集中于比其他人更可能违反法律的公民，这实际上将防止他们犯罪；同时，其假定忽略那些不太可能犯罪的人不会影响他们的行为。在这些假设不成立的情况下，基于成本效益分析先发制人的犯罪特征分析缺乏充分的理由将所有注意力集中在可疑类别上。[2]她认为，使警察和司法当局能够对推断出的潜在罪犯采取行动的先发制人式计算不会导致刑事指控。但是，从更广泛的意义上讲，人们可以说，基于计算推论对不同类别的人进行有针对性的监视，会忽略无罪推定的基础。它似乎通过对诸如潜在的犯罪行为之类的行为采取行动，从而违背了这一推定，进而以某种方式将所有公民变成了潜在的犯罪嫌疑人。或者，更复杂的是，根据复杂的风险分析，将特定的亚组转变为潜在的嫌疑人。两种先发制人的犯罪特征分析都存在很大问题。首先，因为要选择那些倾向于犯罪行为的人，需要所有公民的数据。其次，它落入了对那些据称容易犯罪的人的不正当和无效的监视的批判。在这两种情况下，问题似乎至少部分是由于人们不了解自己的个人资料，因而他们无法抗衡得出的推论。[3]

对此我们可以考察"威斯康星诉卢米斯"案。[4]该案中法院参考了 COMPAS 的报告，最终判处卢米斯 6 年有期徒刑。但是 COMPAS 的生产商以可能泄露"商业秘密"为由拒绝透露风险评分是如何确定的。

卢米斯上诉称，COMPAS 使用的推理不应被采纳，因为该系统无法确定自己的判决是否基于准确的信息。此外，卢米斯还认为 COMPAS 的推理部分是基于组数据的，而不是仅仅根据卢米斯的特点和情况做出个性化的决定。威斯康星州最高法院驳回了卢米斯的上诉。

对于 COMPAS 的不透明性，布拉德利法官（与其他法官达成一致）说，只要在评估结果的同时进行告知，让法官决定应给予哪些权重，就允许使用受商业秘密保护的风险评估软件。布拉德利法官还认为，法院在裁量个案时，可以合法

---

[1] 杨延超：《机器人法：构建人类未来新秩序》，法律出版社 2019 年版，第 16 页。

[2] Mireille Hildebrandt, *Smart Technologies and the End(s) of Law: Novel Entanglements of Law and Technology*, Edward Elgar Publishing, 2015, p. 98.

[3] Mireille Hildebrandt, *Smart Technologies and the End(s) of Law: Novel Entanglements of Law and Technology*, Edward Elgar Publishing, 2015, p. 99.

[4] *Wisconsin v. Loomis*, 881 N. W. 2d 749 (2016); Jacob Turner, *Robot Rules: Regulating Artificial Intelligence*, Palgrave Macmillan, 2019, pp. 342~343.

地将从群体中获得的数据作为一个相关因素加以考虑。对使用数据时并不一定要告诉受试者程序是如何加权得出结果的。问题是，对于下级法院应如何行使这种自由裁量权，上级法院几乎没有提供指导。

目前，如果是按照欧盟 GDPR 下数据主体有权在自动决策时获得解释的规则，卢米斯或许可以决定是否以及如何挑战 COMPAS 的建议。在确定必须向被告披露多少信息，而庭审证据出于国家安全或相似理由被保密时，英国法院认为，在《欧洲人权公约》第 6 条下获得公正审判的权利可能会通过称为"间质化"的这一过程得到满足——充分披露案件的细节，使被告能够指示一名特别律师，他有权看到证据，但不能告诉当事人。[1]人工智能或许可以使用类似的过程，在算法的保密性和它们在司法系统或其他重要决策中的使用之间进行权衡。[2]

4. 欧美对于正当程序权利的保障。但即使在美国，不同的州对在重要决策中使用人工智能的态度也有所不同。如在 2017 年，得克萨斯州的一家法院支持了教师们对算法审查软件对他们作出的终止雇佣决定的质疑。教师们辩称，该软件因没有向他们提供足够多的信息，违反了宪法对免受不公平剥夺财产的保护。该法院表示，在没有披露相关算法的情况下，该结果仍然是一个黑箱，违反了程序公正。[3]机器人在定罪量刑等司法活动中的作用意味着，对证据的辩论会转变为对算法的辩论，此种辩护权（包括算法工程师接受质证和询问）以及审计权将成为立法和司法考虑的问题。[4]

2019 年 4 月，美国参议院和众议院向国会提交《算法责任法案》。[5]在该法案中，自动化决策系统被广义地定义为源自机器学习、统计或其他数据处理方式或人工智能技术的、能够影响消费者的决策或促进人为决策的任何计算程序。该法案要求被监管组织对其"高风险"自动化决策系统进行"影响评估"，以便评估算法系统设计和数据使用对"准确性、公平性、偏见、歧视、隐私和安全性"的影响。该法案规定，在可能的情况下，企业应与外部第三方共同进行影响评估，包括独立审计师和独立技术专家。评估后，企业将被要求以合理的方式及时

---

[1] *A and others v. United Kingdom* [2009] ECHR 301; applied by the UK Supreme Court in *AF* [2009] UKHL 28.

[2] Jacob Turner, *Robot Rules：Regulating Artificial Intelligence*, Palgrave Macmillan, 2019, p. 344.

[3] *Houston Federation of Teachers Local* 2415 et al. *v. Houston Independent School District*, Case 4：14 – cv – 01189, 17 – 18, https：//www.gpo.gov/fdsys/pkg/USCOURTS-txsd – 4_14 – cv – 01189/pdf/US-COURTS-txsd – 4_14 – cv – 01189 – 0.pdf.

[4] 杨延超：《机器人法：构建人类未来新秩序》，法律出版社 2019 年版，第 14 页。

[5] Algorithmic Accountability Act of 2019.

地解决任何已发现的问题。

欧盟《人工智能法案》如何应对人工智能中的种族和性别偏见？确保人工智能系统不产生或复制偏见非常重要，同时，当人工智能系统被正确设计和使用时，其还可以有助于减少偏见和现有的结构性歧视，从而导致更加公平和非歧视性的决策（例如在招聘中）。所有高风险人工智能系统的新强制性要求将为实现这一目标提供帮助。人工智能系统必须在技术上具有稳健性，以确保技术适用于其目的，并且虚假的正面或负面结果不会对受保护群体（例如基于种族或民族起源、性别、年龄等而受保护的群体）产生不成比例的影响。高风险系统还需要使用足够具有代表性的数据集进行训练和测试，以最小化模型中潜在的不公平偏见风险，并确保可以通过适当的偏见检测、纠正和其他缓解措施来解决这些问题。它们还必须是可追溯和可审计的，确保保留适当的文档，包括用于训练算法的数据，这在事后调查中将是关键的。在投放市场之前和之后，合规系统必须确保这些系统受到定期监测、其潜在风险得到及时解决。[1]

欧盟《人工智能法案》的规定如何保护基本权利？欧盟委员会对此进行了解答。在欧盟和成员国层面已经存在对基本权利和非歧视的强大保护，但是某些人工智能应用的复杂性和不透明性（"黑箱"）构成了一个问题。以人为本的人工智能方法意味着确保人工智能应用符合基本权利立法。对于使用高风险人工智能系统的责任和透明度要求，再加上强化的执法能力，将确保相关人员在开发阶段考虑到法律合规性。在发生违规行为时，这些要求将允许国家当局获取所需信息，以调查人工智能的使用是否符合欧盟法律。此外，《人工智能法案》还要求由公共法律主导的机构或提供公共服务的私营运营商以及提供高风险系统的运营商进行基本权利影响评估。[2]

---

[1] EC, "Artificial Intelligence-Questions and Answers", https://ec.europa.eu/commission/presscorner/detail/en/QANDA_21_1683.

[2] 什么是基本权利影响评估？谁必须进行这样的评估，以及何时进行？使用高风险人工智能系统可能对基本权利产生影响。因此，公共机构或提供公共服务的私人运营商，以及提供高风险系统的运营商，必须对基本权利的影响进行评估，并向国家当局通报评估结果。评估应包括：使用高风险人工智能系统的流程，高风险人工智能系统拟使用的时间和频率，以及在特定情境中使用该系统可能受影响的自然人和群体的类别，可能对受影响的人员或群体造成的具体危害风险，对实施人工监督措施的情况以及在风险发生时应采取的措施的说明。如果提供商已通过数据保护影响评估履行了这一义务，基本权利影响评估应与该数据保护影响评估同时进行。EC, "Artificial Intelligence-Questions and Answers", https://ec.europa.eu/commission/presscorner/detail/en/QANDA_21_1683.

二、实体正义原理

博丁顿认为，使 AI 无错误或更安全的通用策略是解决伦理问题的重要元素。验证（确定最终产品符合设计规范）和核实（确定最终产品符合用户需求并且设计规范足以满足使用环境）具有明显的伦理意义。除此之外，还有多种使 AI 与人类价值观保持一致的策略。另一个常见的广泛策略是尝试确保人类对 AI 的最终控制。但是，对于先进形式的 AI 来说，这是否可能，仍存在争议。而努力实现人与 AI 之间的信任是确保控制的方式之一。[1]他提出追求有益 AI 的伦理策略。一些评论员试图减轻对人们 AI 的恐惧，其中有人声称 AI 不会带来新的伦理问题，因此没有什么特别需要担心的。或者，AI 的道德威胁可以与利益相平衡，例如声称 AI 可以帮助我们更好地作出道德决策。该方法是否可行以及如何实施，是一个悬而未决的问题。值得指明的是，如果我们需要 AI 来帮助我们更好地做出道德决策，那么这将使我们对确保人类始终保持对 AI 的控制的努力产生怀疑。[2]

（一）限制使用法则

1. 对限制使用法则的一般探讨。限制使用法则是规定人工智能系统能做什么和不能做什么的法则。[3]特纳分析道，AI 会犯错，因此很多人支持人类应始终承担监督或者事后纠正 AI 的任务。一种方式是要求始终"有人在循环中"，这意味着人工智能在没有人类批准的情况下永远无法作出决定。另一种方式是应该"有人关注着循环"，这是一个严格的要求，即人类必须掌握随时能够推翻 AI 的权力。始终要求"有人在循环中"让人想到十九世纪英国臭名昭著的"红旗法律"（开汽车时要有一个人在前面挥红旗）。[4]而美国哥伦比亚特区的立法则特别要求了驾驶自动汽车之时必须有人坐在司机的位置，以随时作好控制自动汽车的准备。[5]

对此，韦弗认为，这使得将 AI 运用到驾驶汽车中的好处变得无关紧要了，而且忽略了驾驶机器人可以像人一样作出驾驶汽车的决定这一事实，以及要求人

---

[1] Paula Boddington, *Towards a Code of Ethics for Artificial Intelligence*, Springer International Publishing, 2017, p. 5.

[2] Paula Boddington, *Towards a Code of Ethics for Artificial Intelligence*, Springer International Publishing, 2017, p. 5.

[3] Jacob Turner, *Robot Rules: Regulating Artificial Intelligence*, Palgrave Macmillan, 2019, p. 350.

[4] Jacob Turner, *Robot Rules: Regulating Artificial Intelligence*, Palgrave Macmillan, 2019, p. 351.

[5] District of Columbia, Automated Vehicle Act of 2012, Sec. 2.

们充分参与驾驶的决策过程是不必要的。[1]归根结底，选择是否要以及在什么时候坚持为人工智能配备一个人类监督者，最好是把社会作为一个整体来看，适用在之前章节所阐述的那些流程。[2]美国佛罗里达州、内华达州将启动车辆自动化技术的人确认为驾驶员。[3]韦弗分析道，尽管立法者在起初经常会把人类当做自动计算的操作者（行为人），但是法律最终将在以确定操作者的责任为目的时，更加细分 AI 的类型。对于大多数主要用于消除人为责任的 AI 而言，人工操作员这一标签将随着其逐渐不适合科技发展和社会认知而消失。起初 AI 往往需要人为监督，但最后只有主要用于改善或替代人类表现的 AI 才需要，例如 AI 外科医生；而主要用于方便人类做其他事情的 AI 产品，例如自动汽车、机器人保姆、机器人管家等本该设计为将人类从监控中释放出来的 AI 产品，则不需要人为监控。[4]

德国的人工智能监管集中在自动驾驶领域。德国政府一直大力支持自动驾驶技术的发展，因而德国的自动驾驶及其监管的发展处于领先地位。早在 2015 年 9 月德国政府就推出了《自动网联驾驶战略》。[5]2017 年 6 月，德国议会通过了一项由运输部提议的《道路交通法修正案》，肯定了自动驾驶的合法地位，并规定在特定时间和条件下，高度或全自动化驾驶系统可接管驾驶人对汽车的控制。[6]

就人工智能辅助诊断产品而言，2017 年的中国医院协会《人工智能辅助诊断技术管理规范》主要对使用计算机辅助诊断软件及临床决策支持系统提出要求：人工智能辅助诊断的临床应用应由 2 名以上具有 5 年以上与开展人工智能辅助诊断技术相关专业临床诊疗工作经验的医师做出决定并出具诊断意见；由具有 5 年以上与开展人工智能辅助诊断技术相关专业临床诊疗工作经验的医务人员进行操作；人工智能辅助诊断产品为辅助诊断和临床决策支持系统，不能作为临床最终诊断，仅能作为临床辅助诊断和参考，最终诊断必须由有资质的临床医师确定。

欧盟《人工智能法案》第 14 条系统规定了人类的监督。①高风险人工智能系统的设计和开发方式，包括适当的人机界面工具，应使其在人工智能系统使用期间能够受到自然人的有效监督。②人工监督应旨在预防或最小化高风险人工智

---

[1] John Frank Weaver, *Robots are People Too: How Siri, Google Car, and Artificial Intelligence will Force Us to Change Our Laws*, Praeger, 2013, pp. 56~57.

[2] Jacob Turner, *Robot Rules: Regulating Artificial Intelligence*, Palgrave Macmillan, 2019, p. 352.

[3] Florida House Bill 1207 (Ch. 2012-2111), Sec. 3; NAC Ch. 482A. 020.

[4] John Frank Weaver, *Robots are People Too: How Siri, Google Car, and Artificial Intelligence will Force Us to Change Our Laws*, Praeger, 2013, pp. 65~68.

[5] Strategy for Automated and Connected Driving.

[6] Eight Act Amending the Road Traffic Act.

能系统在按照其预期目的或在合理可预见的滥用情况下使用时可能出现的健康、安全或基本权利风险,特别是当此类风险持续存在时,尽管适用该章规定的其他要求。③应通过以下一项或全部措施确保人工监督:在技术可行的情况下,在高风险人工智能系统投放市场或投入服务之前,由提供商识别并构建该系统;由提供商在将高风险人工智能系统投放市场或投入服务之前确定,并且适合由用户实施。④第 3 款所述措施应使被指派进行人工监督的个人能够根据具体情况完成以下工作:充分了解高风险人工智能系统的能力和局限性,并能够适当地监控其运行,以便能够尽快发现并处理异常、功能障碍和意外性能的迹象;意识到自动依赖或过度依赖高风险人工智能系统的输出("自动化偏差")的可能趋势,特别是用于为自然人决策提供信息或建议的高风险人工智能系统;能够正确解释高风险人工智能系统的输出,特别是考虑到系统的特点以及可用的解释工具和方法;能够在任何特定情况下决定不使用高风险人工智能系统,或以其他方式无视、覆盖或逆转高风险人工智能系统的输出;能够干预高风险人工智能系统的运行,或通过"停止"按钮或类似程序中断系统运行。⑤对于附件 III 第 1(a)点所述的高风险人工智能系统(拟用于自然人"实时"和"事后"远程生物识别的人工智能系统),第 3 款所述的措施应确保用户不会根据系统产生的识别结果采取任何行动或决定,除非已由至少 2 个自然人验证和确认。

如何实现限制使用法则?这可以参考在 GDPR 下不受自动决策约束的权利这一个案研究。第 29 条工作组在其指导意见草案中建议,将 GDPR 第 22 条规定的个人自动决策在原则上禁止,除非有第 22 条第 2 款规定的例外情况,即根据法律或明确同意、履行合同和授权。[1]这一关键性的变化使该制度从被允许转为被禁止。[2]这一发展使许多评论员怀疑,某些类型的人工智能是否会在欧盟完全成为非法的。[3]美国多州立法要求披露说明自动汽车运行时制造商所收集的信

---

[1] Art. 29 Data Protection Working Party, "Guidelines on Automated individual decision-making and Profiling for the purposes of Regulation 2016/679", adopted 3 October 2017, 17/EN WP 251, 10.

[2] Eduardo Ustaran and Victoria Hordern, "Automated Decision-Making Under the GDPR—A Right for Individuals or A Prohibition for Controllers?", *Hogan Lovells*, 20 October 2017, https://www. hldataprotection. com/2017/10/articles/international-euprivacy/automated-decision-making-under-the-gdpr-a-right-for-individuals-or-a-prohibition-for-controllers/.

[3] Richa Bhatia, "Is Deep Learning Going to Be Illegal in Europe?", *Analytics India Magazine*, 30 January 2018, https://analyticsindiamag. com/deep-learning-going-illegal-europe/; Rand Hindi, "Will Artificial Intelligence Be Illegal in Europe Next Year?", *Entrepreneur*, 9 August 2017, https://www. entrepreneur. com/article/298394.

息，这说明制造商将驾驶习惯和目的地等作为消费者信息的来源。这是在许多产品中都存在的问题，并非 AI 产品所特有的。但第二个问题是 AI 将使用这些信息来替用户做出个人决定，例如将其搭载至喜欢的场所，这是 AI 产品必须解决的问题。[1]韦弗认为，立法机构要考虑主动禁止一些数据收集和自动决策，但未来要让 AI 的好处在更多的人群里广泛传播，如果用户能够通过使用 AI 产生的数据和决策而获得经济利益，则其可以要求制造商支付使用费以收集信息和自动决策。[2]例如 2019 年 5 月由议会通过，目前正由参议院批准的《加利福尼亚州反窃听法》。[3]如果颁布，它将禁止智能扬声器的制造商"在没有显著地通知用户的情况下"安装设备。该法案规定，未经用户的明示同意，禁止将任何被视为"个人信息或未去标识化的信息"进行记录或抄录，以用于广告目的、进行存储、共享或出售给第三方。

韦弗还提出了其他的限制使用法则。对于与人类（即社会）进行物理性的相互作用的 AI（这不包括侧重于为人们提供建议、进行创意表达或其他书面材料制作的 AI），首先，因为最初许多人会对可以思考的机器感到不确定和恐惧，需要一个"紧急滑道"，所以立法将要求 AI 产品有一个机制，允许人类脱离但又能轻易地重新掌控 AI。其次，立法还将要求在自动化技术失败时，该 AI 产品向周围之人发出警告。最后，立法将区分用于测试目的的 AI 和向消费者提供的 AI。前者面临的是测试新功能的问题，后者更多地会存在新特征的小问题。立法将根据产品的情况和产品所处社会的情况，限制或禁止其使用。[4]例如，中国监管下的软件类医疗器械更新既包括为进行软件性能提升或改革的更新，也包括一般性的技术性更新，同时软件的更新也可能涉及问题软件的召回。根据 2022 年《医疗器械软件注册技术审查指导原则》，依据是否影响医疗器械的安全性和有效性为标准，软件类医疗器械更新分为重大软件更新和轻微软件更新两类。①影响医疗器械安全性与有效性的为重大软件更新。就具体判定原则而言，软件类医疗器械更新如影响到医疗器械的预期用途、使用环境或核心功能，原则上均为重大软

---

[1] John Frank Weaver, *Robots are People Too: How Siri, Google Car, and Artificial Intelligence will Force Us to Change Our Laws*, Praeger, 2013, p. 60.

[2] John Frank Weaver, *Robots are People Too: How Siri, Google Car, and Artificial Intelligence will Force Us to Change Our Laws*, Praeger, 2013, p. 73.

[3] California's Anti-Eavesdropping Act (A. B. 1395).

[4] John Frank Weaver, *Robots are People Too: How Siri, Google Car, and Artificial Intelligence will Force Us to Change Our Laws*, Praeger, 2013, p. 69 – 70.

件更新。在实际操作中,所有重大软件更新均应进行许可事项的变更。②不影响医疗器械安全性与有效性的更新则属于轻微软件更新。而轻微软件更新又根据更新的作用分为轻微增强类软件更新和纠正类软件更新。发生轻微软件更新则仅需通过质量管理体系进行控制,无需进行注册变更,而应待到下次注册(注册变更和延续注册)时提交相应申报资料。需要注意的是,医疗器械的重新开发,即制造商弃用原有软件不属于软件更新,应按照医疗器械产品注册的要求重新提交申报资料。

2. 欧盟《人工智能法案》的限制使用规则。欧盟《人工智能法案》基于风险规制的路径对于人工智能的限制使用作了层次化的安排。首先是风险不可接受的系统,此种系统要被禁止。其主要分为如下几类:①潜意识操纵导致身体或心理伤害。例如在卡车司机的驾驶室里播放一种听不见的声音,迫使他们在健康和安全的情况下驾驶更长时间。人工智能被用来找到对司机影响最大的声波频率。②剥削儿童或智障人士,造成身体或心理伤害。例如,一个集成了语音助手的娃娃会以有趣或酷炫的游戏为幌子,鼓励未成年人从事危险性逐渐提升的行为或挑战。③通用社会评分。例如,人工智能系统根据父母不重要或不相关的社会"不当行为"(例如错过医生预约或离婚)识别出需要社会照顾的高危儿童。④在公共场所用于执法目的的远程生物识别(有例外)。例如,通过视频摄像机实时捕捉所有人脸,并与数据库进行实时比对,以识别恐怖分子。

若要在执法中使用实时远程生物识别(RBI)系统(第5条),禁止在公共场所进行,但有以下例外情况:搜索犯罪受害者;对生命或人身安全或恐怖主义的威胁;严重犯罪(欧盟逮捕令);事先由司法当局或独立行政机构授权。《人工智能法案》如何规范生物特征识别?欧盟委员会对此进行了解答。在公共场所使用实时远程生物特征识别(即使用闭路电视进行面部识别)进行执法活动是被禁止的,除非在以下情况之一下使用:①与16种特定犯罪相关的执法活动;②对特定受害者与被绑架、人口贩卖和性剥削者以及失踪人员的针对性搜索;③防止对人员生命或身体安全的威胁,或对当前或可预见到的恐怖袭击的威胁作出反应。16种犯罪的清单包括:恐怖主义犯罪;人口贩运;儿童性剥削和性虐待内容;非法贩卖麻醉药品和精神药品;非法贩卖武器、弹药和爆炸物;谋杀;重伤;非法交易人体器官和组织;非法贩卖核或放射性材料;绑架、非法拘禁和劫持人质;国际刑事法院管辖范围内的罪行;非法劫持飞机、船只;强奸;环境犯罪;有组织或武装抢劫;在犯有上述一种或多种罪行的犯罪组织中的破坏行为与参与。执法机关进行实时远程生物特征识别需要经司法或独立行政机构事先授权，其决定具有约束力。在紧急情况下，可以在事后24小时内授权；如果授权被拒绝，所有数据和输出都需要被删除。它需要进行先前的基本权利影响评估，并应通知相关市场监督机构和数据保护机构。在紧急情况下，可以在不注册的情况下开始使用该系统。对于对调查对象进行非实时远程生物特征识别（对先前收集的视频材料中的人进行识别）的 AI 系统的使用也需要经司法机关或独立行政机构事先授权，并通知数据保护和市场监督机构。[1]

然后是高风险系统，例如用于招聘、医疗装置等的人工智能系统，此种系统要遵守人工智能系统的要求和事先的合规评估。对于高风险人工智能系统的提供者，在将其投放到欧盟市场或以其他方式投入使用之前，必须对其进行合规评估。这将使他们能够证明他们的系统符合值得信赖的人工智能的强制性要求（例如数据质量、文档和可追溯性、透明度、人工监督、准确性、网络安全性和稳健性）。如果系统或其目的发生实质性修改，必须重新进行此评估。倘若该人工智能系统为受欧盟部门法规约束的产品的安全组件，则其在受到该部门法规的第三方合规评估时将始终被视为高风险。此外，对于生物识别系统，始终需要进行第三方合规评估。高风险人工智能系统的提供者还必须实施质量和风险管理体系，以确保其符合新要求，并在产品投放市场后最小化用户和受影响人员面临的风险。由公共机构或代表其行事的实体部署的高风险人工智能系统必须在欧盟公共数据库中注册，除非这些系统用于执法和移民。后者必须在数据库的非公共部分进行注册，仅供相关监管当局访问。市场监管机构将通过审计和向提供者提供报告表明他们已经了解的严重事件或违反基本权利义务的可能性，支持事后市场监控。任何市场监管机构都可以基于特殊原因授权上市特定高风险人工智能系统。在违规情况下，将允许国家机关访问所需信息，以调查人工智能系统的使用是否符合法律。

---

〔1〕 为什么需要远程生物特征识别的特殊规定？生物特征识别可以采用不同的形式。它可以用于用户身份验证，例如解锁智能手机，或用于边境口岸的核实/身份验证，以检查个人的身份是否与其旅行文件相匹配（一对一匹配）。生物特征识别还可以远程使用，例如在人群中识别个人，其中例如将一个人的图像与数据库进行匹配（一对多匹配）。面部识别系统的准确性可以根据多种因素显著变化，例如摄像头质量、光线、距离、数据库、算法以及个体的种族、年龄或性别。步态和语音识别等其他生物特征系统也同样如此。先进的系统正在不断降低其误接受率。尽管在一般情况下，99%的准确率听起来不错，但当其结果导致对无辜人的怀疑时，是相当危险的。即使是0.1%的错误率，如果涉及成千上万的人，也将产生很大的风险。EC,"Artificial Intelligence-Questions and Answers", https://ec.europa.eu/commission/presscorner/detail/en/QANDA_21_1683.

根据《人工智能法案》附件二和附件三，高风险系统是指应用于以下情形的人工智能系统：①受管制产品的安全部件（例如医疗装置、机械），根据有关的行业法例该类系统须接受第三方评估。②以下领域的某些（独立）人工智能系统：自然人的生物识别和分类；道路交通和水、燃气、供热和电力供应等关键基础设施的管理和运营；教育和职业培训（例如评估学习成果、引导学习过程和监测作弊）；就业、工人管理与获得自营职业的机会（例如发布定向的招聘广告、分析和筛选求职申请、以及评估候选人）；获得和享受基本的私人服务和公共服务和福利（例如医疗保健），自然人的信用评估，以及与人寿和健康保险相关的风险评估和定价；执法；移民；庇护和边境管制管理；司法行政管理和民主进程；紧急呼叫的评估和分类；生物识别、分类和情感识别系统（不包括被禁止的类别）。非常大的在线平台的推荐系统不包括在内，因为它们已经受到其他法规［欧盟《数字市场法》（DMA）与《数字服务法》（DSA）］的覆盖。

《人工智能法案》明确定义"高风险"的同时，还制定了一种坚实的方法，帮助在法律框架内确定高风险人工智能系统。这旨在为企业和其他运营者提供法律确定性。风险分类基于人工智能系统的预期用途，符合现有的欧盟产品安全法规。这意味着风险的分类取决于人工智能系统执行的功能，以及系统的具体用途和使用方式。该法案的附件中列有被认为是高风险的用例清单。欧盟委员会将确保该清单与用例的演变保持一致。在高风险清单上的系统，如果执行狭义的程序性任务、改进先前人类活动的结果、不影响人类决策或仅执行准备性任务，则不被视为高风险。然而，如果人工智能系统执行自然人的个人资料化任务，则它将始终被视为高风险。[1]

除了提高算法的可解释性外，还可以明确某种算法的应用领域，严格限定其适用边界，并引入相应的算法终结机制，以便在算法决策无法判断未来结果时立即终止系统，以获得安全可中断性。这就是后将论及的道德推理中的切断开关（kill switch）。2023年5月25日，美国微软公司发布《人工智能治理：未来蓝图》报告。其中提出要对控制关键基础设施的人工智能系统部署有效的安全"刹车"机制。人工智能系统应当部署有效的故障安全系统，故障安全系统应当与整体系统安全综合方法相结合，注重有效的人类监督、弹性和稳健性开发。虽然不是每个潜在的人工智能场景都会带来重大风险，但当考虑到人工智能系统管

---

［1］ EC, "Artificial Intelligence-Questions and Answers", https://ec.europa.eu/commission/presscorner/detail/en/QANDA_21_1683.

理或控制电网、供水系统、应急响应和城市交通流量的基础设施系统时，仍然需要"安全刹车"来确保这些系统在人类的控制之下。对此，政府应当完成以下方面的工作。一是政府应该定义用于控制关键基础设施的高风险人工智能系统的类别，保证上述人工智能系统能够安全制动。二是政府应该要求系统开发商确保在设计人工智能系统控制关键基础设施时设置内置安全停止装置。三是政府应确保运营商能够持续测试和监控高风险系统，以确保控制关键基础设施的人工智能系统持续在人类控制之下。四是要求控制指定关键基础设施运行的人工智能系统只部署在获得许可的人工智能基础设施中。

最后是风险最小或者没有风险的系统。该类系统是法律允许的系统，法律对其没有附加限制。也即除前述两类系统外，所有其他人工智能系统都可以在现有法律框架下开发和使用，无需额外的法律义务。目前在欧盟使用或可能使用的绝大多数人工智能系统属于此类别。这些系统的提供者可以选择自愿遵守值得信赖的人工智能要求，并遵守自愿行为准则。[1]非高风险人工智能系统的自愿行为守则是如何运作的？非高风险应用的提供者可以通过制定自己的自愿行为守则或遵守其他代表性协会制定的守则来确保其AI系统的值得信赖。这些守则将与某些AI系统的透明度义务同时适用。欧盟委员会将鼓励行业协会和其他代表性组织制定自愿行为守则。[2]

（二）设计出守法的AI（机器和系统）

在第二章和第三章中谈到的僵局使得我们必须要通过第二种策略来缩小人类和AI的差距及AI造成的损害。即通过设计"遵守"法律的AI来减少危害。知念认为，这种方式假定法律已经界定人类和机器都需要承担一系列的责任。当然，需要注意，即使是最先进的机器也不了解法律，更不用说在主观上欣赏或者重视法律了。但工程师和训练者正试图将技术推向这个方向。其部分动机很简单，法律已经要求自主技术按照现有法律运行例如有些自动驾驶汽车法规。此处分为四个部分讨论可以在多大程度上设计出遵守法律的机器。第一部分是关于服从法律意味着什么的一些基础问题。第二部分讨论了法律规则、法律标准和法律政策之间的区别，以及能否以AI系统能够"理解"的方式来表述这些规则。第

---

[1] EC, "Artificial Intelligence-Questions and Answers", https://ec.europa.eu/commission/presscorner/detail/en/QANDA_21_1683.

[2] EC, "Artificial Intelligence-Questions and Answers", https://ec.europa.eu/commission/presscorner/detail/en/QANDA_21_1683.

三部分着眼于使法律实践自动化的努力,以此作为评估人工智能可能达到的法律复杂程度上限的一种方式。结论是,通过特殊的方式构建起来的 AI 系统,至少能够在受到严格限制的领域内遵守法律,至少可能会比没有受过法律训练的人会做的更好。如果复杂的 AI 无法遵循法律,特别是法律规则和政策,那么这可能更多地揭示了法律的局限性,而不是 AI 的局限性。同时,如果精密的机器和系统事实上能够比人类更好地遵循法律,或者达到法律的要求,则它们可能会建立起足够高的法律责任标准,以致于人类在没有他们帮助的情况下将无法达到这些标准。[1]

1. AI 服从法律意味着什么。有充分的理由将遵守法律作为防止 AI 造成损害的手段。人民遵守法律,并不必完全了解法律,也不必完全了解法律的所有细节。[2]但是,知念认为主要的问题是这种方法是否存在技术和理论上的限制。有些人认为,AI 只能在一定程度上遵守法律,因为法律不能总是被简化为一套决定性的规则,因为法律学说深深扎根于人类语言。就像人工智能系统尚不能以人类语言进行交流一样,它们无法像人类一样适用法律。问题在于这到底是技术上的限制,理论上的限制,还是两者兼而有之呢?另一问题是,我们希望 AI 在多大程度上遵守法律?是像没有接受过法律教育的人一样,还是要求他和法律人具有同等的法律知识。[3]

人工智能遵守法律的程度取决于其处理人类语言的潜力,但即使没有其他原因,大量的案例和法规也会使人类程序员无法参与到这个翻译过程中。要实现这一点,程序员必须要直面法律的特点,即法律的普遍性与多样性。[4]Patrick Lin、George Bekey 和 Keith Abney 指出了为什么所谓的"操作道德(functional morality)"(实际上是遵循战争法则的自动武器)并不能确保机器人遵守战争法则。[5]知念提出,首先,随着武器系统越来越自主,很难让它们按照符合法律原则的既

---

[1] Mark Chinen, *Law and Autonomous Machines*:*The Co-Evolution of Legal Responsibility and Technology*, Edward Elgar Publishing, 2019, p.147.

[2] Mark Chinen, *Law and Autonomous Machines*:*The Co-Evolution of Legal Responsibility and Technology*, Edward Elgar Publishing, 2019, p.148.

[3] Mark Chinen, *Law and Autonomous Machines*:*The Co-Evolution of Legal Responsibility and Technology*, Edward Elgar Publishing, 2019, p.149.

[4] Mark Chinen, *Law and Autonomous Machines*:*The Co-Evolution of Legal Responsibility and Technology*, Edward Elgar Publishing, 2019, p.150.

[5] Patrick Lin et al., "Autonomous Military Robotics:Risk, Ethics, and Design", 2008, p.26, http://ethics.calpoly.edu/onr report.pdf.

定模式"行事"。其次，AI 系统会遇到设计人员所无法预料到的复杂环境，或者他们有可能被部署在不适合的场所。最后，技术本身是复杂的，会进行自我学习，从而使系统工程师很难预测系统在面对新信息时的行为。然而，这三个原因似乎都取决于可预见性和我们预测 AI 技术会在哪些地方采取行动的能力。法律无处不在，其几乎适用于所有的领域和情况。在这种情况下，我们将不得不放弃预测可能涉及哪些法律的想法，而要在假设所有法律都有可能适用的情况下设计系统。我们希望，作为一般规则，法律或多或少地考虑到"普通人"的行为以及法律不会与特定环境中应该做什么的常识相冲突。法律与人们朴素价值观的大致相当性使得法律无处不在。法律普遍性的一个含义是，即使在法律没有明确规定的领域，人们也必须利用法律处理新的或不可预见的问题。我们已经就在各种驾驶情况下什么是导致安全驾驶与不安全的因素达成了共识。事实上我们可以确定所有的驾驶情况，然后定义在所有场景中被认为是安全驾驶的参数。法律的普遍性和多样性是否会使 AI 的设计难以遵循法律，在一定程度上取决于技术的进步。不难想象，终有一天计算机能够预测特定法律领域内的所有情况。如果技术能够协助预测过程，从而允许我们进行更为细致的设计，我们就能够接受 AI 可以达到我们遵守法律的水平。[1]

2. AI 眼中的法律规则、标准和政策。法律分析涉及不同程度的不确定性，当有更多信息能够适用，且法律规则的内容明确时，确定性就会比较高。[2]知念提出，法律是抽象的，不能总是将其简化为一组算法。法律的"设计"更加灵活：与明确的通断规则相比，它能够解决和适用于更广泛的情况。但是，这种灵活性是有代价的。这意味着在实施法律时，相对来说明确的代码与法律规则的关系最密切，而与法律标准的关系次之，与法律政策的关系则更少。[3]然而，知念认为，这种对法律抽象性的担忧并没有阻止开发人员尝试将法律程序化，即使是以更抽象的形式。他们试图识别所有的驾驶场景，然后设定在这些场景中构成安全驾驶的参数，其效果是将一个抽象的标准、适当的谨慎程度转化为一组 AI 能够理解和遵循的"如果－那么"（if-then）指令。如上文所述，这一策略能否成功将取决于能否预见到绝大多数的情况，也取决于是否已经有了可编程的且大致

---

[1] Mark Chinen, *Law and Autonomous Machines*: *The Co-Evolution of Legal Responsibility and Technology*, Edward Elgar Publishing, 2019, pp. 152~154.

[2] Harry Surden, "The Variable Determinacy Thesis", 12 *Colum. Sci. & Tech. L. Rev.* 1, 2011.

[3] Mark Chinen, *Law and Autonomous Machines*: *The Co-Evolution of Legal Responsibility and Technology*, Edward Elgar Publishing, 2019, pp. 155~156.

符合法律要求的行为标准。有些标准由于其基础的模糊性而更加困难。如果一个法律标准本身就很模糊，以至于法律人们都拿不准，那么我们无法将其程序化并使 AI 系统按照该标准行事就很正常。事实上，一个 AI 系统可能更好地适用一些抽象的标准。[1]

在此我们可以考虑刑法对罪责的要求。AI 能动者遵守刑法的能力，或现行形式的刑法适用于 AI 能动者的能力，在一定程度上取决于能够实现的技术进步，以及我们是否愿意放弃主要侧重于精神状态和主观方面的意向性罪责观。[2]知念认为这涉及法律的预期与追溯功能。罪责的要求是一个更广泛的问题。法律与道德责任原则一样，旨在指导未来的行为和评估过去的行为。许多涉及 AI 的法律问题在本质上是可追溯的：我们需要确定机器已经做过的事情是否具有法律意义。对这件事而言，这台机器是否事先有任何合法的编程并不重要。即使可以前瞻性地设计出符合法律的 AI，根据法治原则，它们也不能充当自己的法官。即使司法系统在未来某一天需要 AI 技术协助，也要遵守这一原则。在程序写代码时，它往往会把自己对法律的理解和偏见带到编程中。[3]知念认为，设计师在设计符合法律的机器和系统时需要咨询律师，这说明法律的预期功能和追溯功能之间的界限是模糊的。如果可以将无人驾驶汽车编程为在各种参数下安全运行，那么在对故障的公认理解下，在无人驾驶汽车和人力驱动汽车的事故中，无人驾驶汽车将永远不会疏忽大意，除非硬件或软件出现故障。[4]关于 AI 安全基本问题的讨论应集中在其是否能减少或预期能够减少总体事故上，而不是实际上是否在特定情况下减少了事故或其他危害。[5]然后，将重点放在控制 AI 的计算机的特定行为上，而不是其设计上。[6]这种责任机制将引导人们提

---

[1] Mark Chinen, *Law and Autonomous Machines*: *The Co-Evolution of Legal Responsibility and Technology*, Edward Elgar Publishing, 2019, pp. 157~158.

[2] Mark Chinen, *Law and Autonomous Machines*: *The Co-Evolution of Legal Responsibility and Technology*, Edward Elgar Publishing, 2019, p. 159.

[3] Mark Chinen, *Law and Autonomous Machines*: *The Co-Evolution of Legal Responsibility and Technology*, Edward Elgar Publishing, 2019, pp. 160~161.

[4] Mark Chinen, *Law and Autonomous Machines*: *The Co-Evolution of Legal Responsibility and Technology*, Edward Elgar Publishing, 2019, p. 162.

[5] Ryan Abbott, "The Reasonable Computer: Disrupting the Paradigm of Tort Liability", 86 *George Wash. L. Rev.* 101, 2018.

[6] Ryan Abbott, "The Reasonable Computer: Disrupting the Paradigm of Tort Liability", 86 *George Wash. L. Rev.* 101, 2018.

高特定应用程序的性能并对受害者进行赔偿。[1]这种方式面向的问题不在于自主技术是否能够在特定情况下遵守法律,而是总体上它们是否会比人类做得更好。最后,应该指出的是,包括成文法令和监管性法律在内的诸多法律,都是基于可预测性。[2]知念提出,我们可以将自主技术设计为使其更易于适应法律和法律法规的状态。如果自动驾驶汽车的行为更具可预测性,法律可能会更好地应对自动驾驶汽车带来的危险。[3]

3. 法律实践自动化的努力与 AI 可能达到的法律复杂程度上限。我们先看看 AI 律师。知念提出,到目前为止,通过衡量设计师克服人类语言处理的挑战以及应对法律的普遍性和多样性的能力、我们已经评估了设计符合法律的自主技术的可能性。其中,我们将法律分为规则、标准和政策,并探讨了其预期和追溯功能。评估 AI 守法可能性的另一种方法是探索在法律实践中使用人工智能。我们可能既不会期待、也不希望每台机器或系统都拥有与人类律师同等的知识和技能,但是让 AI 进行法律分析是可预期的,因为它正在这样做。[4]知念感兴趣的是在何种程度上,自主技术能够像人类律师那样回应我们刚刚讨论的法律的各种特点所带来的挑战。当然,需要为 AI 律师收集好案件事实,这样他们才能够制定相关的代理策略,我们可能希望 AI 能够有足够的情景意识,以认识到法律问题的利害关系。例如,我们可能希望一个自主武器系统具有足够的态势敏感度,以便知道平民何时出现在军事行动区,从而触发一种算法来区分平民和战斗人员。[5]知念提出,从中长期来看,这些发展和可能的改进对 AI 意味着什么?首先,让 AI 律师有更高法律水平的困难程度是成几何倍上升的。如前所述,它需要情景意识,才能意识到可能会出现法律问题。它需要能够向自己提出这个问题,然后汇集一套法律来源对此作出回应,因此它必须能够理解它收集的文本。

[1] Ryan Abbott, "The Reasonable Computer: Disrupting the Paradigm of Tort Liability", 86 *George Wash. L. Rev.* 101, 2018.

[2] Harry Surden, Mary-Anne Williams, "Technological Opacity, Predictability, and Self-Driving Cars", 38 *Cardozo L. Rev.* 121, 164–6, 2016.

[3] Mark Chinen, *Law and Autonomous Machines*: *The Co-Evolution of Legal Responsibility and Technology*, Edward Elgar Publishing, 2019, p. 163.

[4] Mark Chinen, *Law and Autonomous Machines*: *The Co-Evolution of Legal Responsibility and Technology*, Edward Elgar Publishing, 2019, p. 164.

[5] Mark Chinen, *Law and Autonomous Machines*: *The Co-Evolution of Legal Responsibility and Technology*, Edward Elgar Publishing, 2019, p. 165.

这些挑战更多地与技术能力有关，而不是法律的理论局限性。[1]

我们再看看 AI 立法者。知念提出，如果自主的机器和系统实现了他们的目标，在重要的生活领域，不管基于什么标准都比人类表现更好，很可能使人类在法律上处于另一个不利地位。有可能出现一个自动驾驶系统比人类驾驶更安全的时代，人类在进行这些活动时更可能出现疏忽大意的情况。[2]当这种情况发生时，注意标准将从一个合理的人的标准转变为一个合理计算机的标准。[3]知念认为，立法机构和监管机构极有可能希望利用 AI 系统的计算能力。一旦政策制定者希望利用人工智能来帮助他们评估事实、确定数据中的模式、预测可能的趋势和结果、评估已经存在的法律并将其作为立法和监管过程中所需的必要条件、指导 AI 起草法规和条例，那么，此时离 AI 向人类提出立法建议已经不远了。这样的系统不必无所不知。他们只需要比人类能够更好地预测可能的结果就行。但是，到那时自主技术已经达到了一种成熟的水平，这可能意味着人类可能希望他们还能做更多的事情，而不仅仅是遵守法律。这就是下面的主题——开发道德机器和系统进行粗略的道德推理。[4]

法律形式主义的逻辑推理使得机器人成为自动售货机，适用于规则的核心意义。但规则总有疏漏的情况，社会形势也总会出现新情境，此时的规则出现了开放结构，而 AI 需要把握这一结构。正如拉德布鲁赫认为法律中的客观现象的本质都与其实践目的相关，对于人类作品的目的无涉或价值无涉的思考是不可能的，对法律现象的价值无涉的思考亦不可能。[5]此时，机器人需要领会法律的目的、价值。

（三）开发道德机器和系统进行粗略的道德推理

1. 开发道德机器人的需求迫切。知念提出，上面的结论是，人们发现开发符合适当行为预期的 AI 技术最符合他们的利益。这可能是由于存在处理自然语言的技术限制和法律的固有特征，其使得设计出遵循法律的 AI 系统非常困难

---

[1] Mark Chinen, *Law and Autonomous Machines: The Co-Evolution of Legal Responsibility and Technology*, Edward Elgar Publishing, 2019, p. 167.

[2] Mark Chinen, *Law and Autonomous Machines: The Co-Evolution of Legal Responsibility and Technology*, Edward Elgar Publishing, 2019, p. 168.

[3] Ryan Abbott, "The Reasonable Computer: Disrupting the Paradigm of Tort Liability", 86 *George Wash. L. Rev.* 101, 2018.

[4] Mark Chinen, *Law and Autonomous Machines: The Co-Evolution of Legal Responsibility and Technology*, Edward Elgar Publishing, 2019, p. 169.

[5] [德] G. 拉德布鲁赫：《法哲学》，王朴译，法律出版社 2005 年版，第 4 页。

（即使不是不可能），或者是因为我们可能不希望 AI 拥有和律师或法官一样的法律经验。如果我们对设计守法 AI 技术的策略没有信心，我们可能会尝试开发道德机器，这种机器更可能从事亲社会行为，并且容易受到法律责任的影响。[1]知念认为，总体上我们希望创造出的是亲社会的机器，以尽量减少对人类造成伤害的可能性，并且越先进的 AI 越能够认识到自己对他人的责任，也许也更容易受到各种形式的惩罚。从某种意义上说，这是另一种维护个人责任模式的方式，通过让自主技术以个人责任承担体系中有意义的方式承担责任。[2]

我们首先看看人们对道德机器人的需求。专家认为，人们对探索如何通过编程使机器表现出亲社会行为非常感兴趣。要使自主武器系统在所有情况下符合战争法是不可能的。因此，这类机器将需要通过编程来进行粗略的道德推理。[3]道德 AI 能动者根据它们的行为可能造成的伤害或它们忽视的责任来监测和调整它们的行为。所以人类应该期待更多的道德 AI 能动者。[4]更务实的理由是，如果机器人能够解决伦理问题，将会打开一个新市场。否则，如果它们不能充分适应人类的法律和价值观，就需要制定限制其使用的法规。[5]特纳提出，随着能够独立选择和射击目标的武器越来越接近现实，各方已经集结起来反对使用这些武器。人工智能使用的目的论原则是，当且仅当人工智能能够以明显优于人类的方式，始终如一地坚持这些价值观，才能允许人工智能的使用。在目的论原则得到满足的情况下，要求人类批准人工智能的决定是不必要的，甚至是有害的。目的论原则不能抽象地使用，即使是在满足该原则的情况下，决策者也需要考虑到社会对使用 AI 或其他非人类技术来完成相关任务的可接受性的总体看法。但至少，目的论原则是一个有帮助的指南，能够指导决策者何时鼓励人工智能应用于特定领域。[6]

---

[1] Mark Chinen, *Law and Autonomous Machines*: *The Co-Evolution of Legal Responsibility and Technology*, Edward Elgar Publishing, 2019, p. 170.

[2] Mark Chinen, *Law and Autonomous Machines*: *The Co-Evolution of Legal Responsibility and Technology*, Edward Elgar Publishing, 2019, p. 147.

[3] Patrick Lin et al., "Autonomous Military Robotics: Risk, Ethics, and Design", pp. at 27 – 41, http://ethics.calpoly.edu/onr_report.pdf.

[4] Wendell Wallach and Colin Allen, *Moral Machines*: *Teaching Robots Right from Wrong*, Oxford University Press, 2010, p. 16.

[5] Wendell Wallach, "From Robots to Techno Sapiens: Ethics, Law and Public Policy in the Development of Robotics and Neurotechnologies", *Law Innov. & Tech.*, 2011, No. 2.

[6] Jacob Turner, *Robot Rules*: *Regulating Artificial Intelligence*, Palgrave Macmillan, 2019, pp. 354 ~ 355.

第八章 控制人工智能创造物

然而，特纳提出，智能武器与那些迄今已被禁止的武器之间的一个主要区别是，被禁止的武器通常使遵守战争法更加困难。比如，无论是平民还是士兵，踩上地雷都会死。这些技术被禁止的另一个原因是，它们往往会比实现既定目标给人造成更大的痛苦。相比之下，如果对人工智能的发展进行适当的监管，人工智能在区分平民和战斗人员以及使用不超过必要的武力方面可能远远超过人类。此外，智能武器不会像人类士兵那样变得疲倦、愤怒或实施报复，机器人不会强奸、抢劫或掠夺。[1]反对自主武器的另一个主要论点是它们可能被黑客攻击或失灵。[2]特纳认为这是事实，但同样的论点也适用于现代战争中使用的成千上万种技术中的任何一种——从军用轰炸机用来定位目标的全球定位系统到核潜艇的转向系统。潜在的危险活动时时刻刻都在发生，重要的是，尽可能确保所涉及的计算机系统是安全的，不会受到外部攻击或发生故障。虽然我们还未实现，但只要有足够的时间和资金，似乎目的论原则就能够满足智能武器的需要。呼吁全面禁止军事人工智能（或实际上在任何其他领域进行禁止）意味着，我们错过了在技术处于早期阶段时灌输共同价值观和标准的机会。[3]

知念认为，设计出合乎道德的机器和系统的一个更为紧迫的理由是，一旦人工智能达到了通用智能的水平，它很快就会获得比我们更强大的学习和创新能力。令人担忧的是，这种超智能体会对人类的生存构成威胁。它可以分裂或者将自己转化为另一种智能体。[4]一旦 AI 达到了更高的水平，问题就变成了我们如何能够在其完全有可能规避所有责任的情况下让它们负责。Bostrom 探讨了两种控制超智能体的主要方法：能力控制和动机选择。能力控制试图通过装箱（限制系统，使其只能以有限的方式影响现实世界）技术、激励引导方法（将系统置于一个激励引导其以期望方式行动的环境中）、发育迟缓（限制系统的认知能力或影响某些过程的能力）和绊网［创建诊断程序以检测和关闭超级智能（当其从事危险活动时）］来限制超级智能。[5]然而，随着 AI 达到通用智能水平，智能体摆脱这些控制的可能性就会提升。因此，能够控制超智能体的动机就显得尤为

---

[1] Jacob Turner, *Robot Rules：Regulating Artificial Intelligence*, Palgrave Macmillan, 2019, p. 356.
[2] Loes Witschge, "Should We Be Worried About 'Killer Robots'?", *Al Jazeera*, 9 April 2018, https://www.aljazeera.com/indepth/features/worried-killer-robots-180409061422106.html.
[3] Jacob Turner, *Robot Rules：Regulating Artificial Intelligence*, Palgrave Macmillan, 2019, p. 357.
[4] Mark Chinen, *Law and Autonomous Machines：The Co-Evolution of Legal Responsibility and Technology*, Edward Elgar Publishing, 2019, p. 171.
[5] Nick Bostrom, *Superintelligence: Paths, Dangers, Strategies*, Oxford University Press, 2016.

重要。[1]

所以，问题焦点在于如何将价值观嵌入到 AI 系统中。此处将遵循 IEEE 组织的原则，围绕三个问题进行展开：应选择谁的伦理道德；如何落实这些伦理道德；以及如何实现人类对责任的理解与有待发展的人工智能之间的契合。[2]简言之，专家认为价值观嵌入主要通过迭代的方式来实现，在迭代过程中识别、实现价值并进行价值评估。在价值识别中，由于认识到价值观不是普遍的，因此嵌入的价值观将"主要针对用户群体和任务"。在此，首要解决的问题是选择谁的价值观。专家认为，应该优先考虑较大利益相关者的价值观，[3]但是其也认为，在工程设计的过程中存在大量的利益相关者。而且，在实现方面，存在着在 AI 中嵌入价值规范的技术问题。最后，机器规范和人类规范可能是不同的，因此未来需要在人类和 AI 之间构建一种信任机制，而且必须有一些方法可以让第三方评估二者在价值观上是否一致。[4]

2. AI 反映谁的道德价值观。由于人们的关切是多方面的，社群内部以及社群之间的规范冲突是一个大问题。对此知念认为，一种解决方式是使 AI 技术简单地反映并加强现有的社会和政治权力分配模式。设计师在编写程序时也会带入自己价值观上的一些偏见。国际层面，有能力的国家和经济体也都在追求开发自主技术。与国际社会中没有资源的其他国家相比，占优势的国家将消耗更多资源，也将变得更加强大。[5]这种解决方式显然不可取。

我们考察一下道德困境及其解决方式。知念提出，当涉及机器时，人们对类似电车难题的一些问题有不同的看法。有的会反映出对机器人的不熟悉，对机器人能力的不切实际的期望，以及对技术的顺从和责怪受害者的倾向。但正是因为这些困境是由对立的价值体系或伦理方法导致的，如果多数人通过法令来解决这一困境，就会出现反犹太主义式的担忧。至少在某些道德状况下，由大多数选民

---

[1] Mark Chinen, *Law and Autonomous Machines: The Co-Evolution of Legal Responsibility and Technology*, Edward Elgar Publishing, 2019, pp. 171~172.

[2] Mark Chinen, *Law and Autonomous Machines: The Co-Evolution of Legal Responsibility and Technology*, Edward Elgar Publishing, 2019, p. 173.

[3] IEEE, "Ethically Allied Design: A Vision for Prioritizing Human Well-being with Artificial Intelligence and Autonomous Systems", https://standards.ieee.org/wp-content/uploads/import/documents/other/ead1e.pdf.

[4] IEEE, "Ethically Allied Design: A Vision for Prioritizing Human Well-being with Artificial Intelligence and Autonomous Systems", https://standards.ieee.org/wp-content/uploads/import/documents/other/ead1e.pdf.

[5] Mark Chinen, *Law and Autonomous Machines: The Co-Evolution of Legal Responsibility and Technology*, Edward Elgar Publishing, 2019, pp. 173~174.

做出应该做什么的决定是不能令人满意的。同时，就立法机关和设计师、制造商、法律顾问之间的关系而言，立法机关能更好的发出呼吁。[1]当出现类似电车难题的情况时，元伦理学方法将指导道德推理，该方法包括根据结果发生的概率来衡量结果在道德上的重要性。分析的第一步是，找出两个与电车难题相类似的道德类比。第一个类比是，撞上这辆车可以被比作把钱捐给一个更有效的慈善机构，而不是一个更无效的慈善机构。第二个类比是，一个医生杀死一个健康的病人，这样他的器官就可以用来拯救另外五个人的生命。在他的分析中，第二个器官捐赠类比的道德权重明显高于第一个例子中的道德权重。[2]但知念认为这种方法也存在问题，例如我们是否可以使用同样有效的类比，来推导出不同的道德价值预期差异。有观点认为，只要一个人有能力驾驶一辆自动驾驶汽车，他就应该对任何事故负主要责任。当然，这种假设之下，人类必须对所讨论的 AI 拥有决策控制权。一个实际的问题是，如果我们知道自己在电车难题中将如何行动，那么我们将很难甚至不可能满足所有的偏好，以确保自动驾驶汽车能够按照我们想要的方式行动。既然这种选择是事先作出的，那么如果有责任的话，这个人有什么责任必须告知其他人他所作的选择？[3]

博丁顿提出，我们可能还会觉得，如果一个人类司机，在其他方面有能力和警觉，而在遭遇车辆碰撞时，在巨大的压力下作出了错误的决定，那么他应该得到原谅。但是我们不太可能原谅这样做的机器。这在一定程度上是因为自动驾驶汽车事先规划出在某些碰撞情况下该做什么的原理。关于痛苦和缓慢如何被用作衡量伦理诚意的指标。无论首选哪种解决方案，都将直接考虑我们如何理想化机器能动性，以及当我们用人工决策者代替机器时会发生什么，这将有助于增加辩论的清晰度和细微差别。还要注意一个悖论：AI 的一个主要特点是非常迅速地做出决定并使用谨慎的公式。但在伦理学上，正是这些决策的特点引起了怀疑。这可能表明，无论机器在何种情况下介入人类的严重事件，甚至是悲惨事件，麻烦都可能随时出现。由于所使用的方法论，我们也可能在考虑伦理问题方面理想

---

[1] Mark Chinen, *Law and Autonomous Machines*: *The Co-Evolution of Legal Responsibility and Technology*, Edward Elgar Publishing, 2019, pp. 174~175.

[2] Vikram Bhargava, Tae Wan Kim, "Autonomous Vehicles and Moral Uncertainty", in Patrick Lin, Ryan Jenkins, Keith Abney eds., *Robot Ethics* 2.0: *From Autonomous Cars to Artificial Intelligence*, Oxford University Press, 2017.

[3] Mark Chinen, *Law and Autonomous Machines*: *The Co-Evolution of Legal Responsibility and Technology*, Edward Elgar Publishing, 2019, p. 177.

化。例如，关注"电车难题"类型的自动驾驶汽车的伦理操守方法，可能会使我们将注意力转移到相关活动的更广泛背景之外。例如，在一些抽象的模拟中，倘若把注意力放在精确的死亡人数上，则可能不易回应一个更大的问题：既然最终可能会杀人，那么为什么一开始选择了上车。[1]

我们再考察作为神谕的人工智能。问题是技术本身能否决定这些价值观的内容呢？知念认为，直接将伦理嵌入到超智能体的困难可能是无法克服的，因为我们在伦理应该是什么、伦理原则应该在何种情况下应用等复杂性问题上缺乏共识，以及在将伦理原则转化为可理解的指导概念上存在困难。[2]因此，有学者建议通过间接规范的方式来解决这个问题：为超智能体提供一个应该满足任何实质规范的标准，然后利用超智能体优越的计算能力，让它确定应该在何种情况下执行该规范。[3]学者认为，如果我们足够聪明且有足够的时间思考问题，并希望通过协议达成这些准则，那么超智能体大概率会选择我们认可的准则。AI将选择他自认为正确且与人类意愿趋于一致的推断，当然我们在此过程中也应该反思自身，考虑我们希望这个过程是如何展开的。[4]

知念认为这类间接规范方法的优势是，在一开始就避免了需要在实质性道德原则上达成共识。这种间接方法引出的下一个问题是，我们可以采取哪种间接方法。康德的绝对命令试图用无内容的方式来推导实质性原则，但仍然受到了功利主义和其他后果主义伦理学方法的挑战。此外，具体到相关的推导意识，人们可能会认为，在具有高度信心和共识的情况下进行推导的准则以并非所有人都会分享的价值为前提。[5]最后，专家认为每一种间接方式在基本逻辑上都是相同的。指导人工智能进行推断，或决定什么是道德正确的，或做任何我们有理由要求人工智能做的事情——这些特定的指令与人工智能决定执行的操作之间会有一定的对应关系，我们对此要有信心，在这个意义上讲，它与类比推理没什么不同。[6]

---

[1] Paula Boddington, *Towards a Code of Ethics for Artificial Intelligence*, Springer International Publishing, 2017, p. 88.

[2] Mark Chinen, *Law and Autonomous Machines: The Co-Evolution of Legal Responsibility and Technology*, Edward Elgar Publishing, 2019, p. 178.

[3] Nick Bostrom, *Superintelligence: Paths, Dangers, Strategies*, Oxford University Press, 2016, p. 258.

[4] Nick Bostrom, *Superintelligence: Paths, Dangers, Strategies*, Oxford University Press, 2016, p. 258.

[5] Mark Chinen, *Law and Autonomous Machines: The Co-Evolution of Legal Responsibility and Technology*, Edward Elgar Publishing, 2019, p. 179.

[6] Steve Petersen, "Superintelligence as Superethical", in Patrick Lin, Ryan Jenkins, Keith Abney eds., *Robot Ethics* 2.0: *From Autonomous Cars to Artificial Intelligence*, Oxford University Press, 2017.

问题在于，知念提出我们是否准备让 AI 充当先知。AI 可能比任何人都能做的都好，但我们可能无法理解他的做法，或者鉴于道德困境的棘手性质，基于一个或多个道德理由而无法接受他的解释。这是质疑谁来决定道德的另一个例子。[1]

将伦理融入 AI 和伦理能动性的理想化，意味着我们要注意消除灾难。博丁顿提醒我们，人工智能的许多可能结果都处于我们所能想象的极限状态，它们有可能从"美妙"转变为"灾难"。除非我们对自己的价值目标有一个相当清晰的概念，否则很难对机器进行编程来解决道德问题。但我们缺乏这样的明确观点，特别是对于这样难以想象的、具有复杂可能性的情形。下面将讨论"伦理外包"的问题。伦理必须始终包含发展的可能性，以及与其他拥有合法利益的人进行对话的可能性；也许他们受到了影响，也许他们可以贡献一些见解。把伦理判断外包给一个没有嵌入这种人类对话网络的机器，是与所有这一切都背道而驰的。结果论认为，这台机器将为实现伦理目标做出决策，并进行有关最佳伦理目标的理性计算。但还记得我们讨论过的纽伦堡审判吗？二十世纪最典型的糟糕借口是"我只是服从命令"。这就意味着二十世纪最重要的伦理洞察力（职业伦理和法律的后续准则）使我们不能将我们的伦理判断外包出去。[2]

3. AI 如何践行道德价值观。即使我们能够就道德体系的内容或道德决策的方法达成共识，在人工智能体中实现这一目标仍然是一项艰巨的任务。[3]博丁顿认为伦理守则的特殊性是，伦理守则的一般性和精确性之间总有一个平衡点。在 AI 领域，伦理准则与 AI 本身的发展有关，它们的形式必须使工程师能够将其转化为可实现的程序。代码的具体程度和细节也将与所讨论的 AI 的具体形式有关：事实上，调整 AI 的价值很可能需要非常密切地关注本地化的价值观和优先级。[4]

专家认为这存在两个问题，第一个问题是需要找到一种计算方法，来确定道德判断的准则、规则、原则或程序。第二个是一组相关的问题，可称之为框架问题，即系统如何认识到它处于伦理判断的境况中？它如何区分本质信息和非本质信息？系统将如何认识到，它已经对面临的挑战考虑了所有因素，或确定了要采

---

[1] Mark Chinen, *Law and Autonomous Machines*：*The Co-Evolution of Legal Responsibility and Technology*, Edward Elgar Publishing, 2019, pp. 179~180.

[2] Paula Boddington, *Towards a Code of Ethics for Artificial Intelligence*, Springer International Publishing, 2017, pp. 89~90.

[3] Mark Chinen, *Law and Autonomous Machines*：*The Co-Evolution of Legal Responsibility and Technology*, Edward Elgar Publishing, 2019, p. 180.

[4] Paula Boddington, *Towards a Code of Ethics for Artificial Intelligence*, Springer International Publishing, 2017, pp. 101~103.

取怎样的适当行动?[1]知念提出,当 AI 技术接近通用智能时,控制它们的计算机程序本身将通过效用函数来驱动。设计者遵循一种混合的方法,即机器是用"自上而下"的道义伦理规则来编程的,类似于阿西莫夫的机器人三定律或者康德的绝对命令。[2]专家认为,自上向下方法的优点是其提供的规则可以应用于很多情况。同时,它也有存在的弱点,那就是太模糊,对情境不够敏感。因此,这类机器也应该被编程成参与"自下而上"的进行式学习,从而随着机器所面临的情况的变化,其行为规则也会随之改变。[3]Bostrom 赞同这样的观点,即自上而下的规则将无法单独控制智能机器,特别是超智能体。他提出了许多方法,可用于确保自主系统被引导至以人类为行动对象。这可以通过直接规范的方式(通过规则或结果机制)来实现,或者通过家庭生活(激励系统只在小范围和狭窄的环境中活动)、间接规范(如前所述,设计用于派生行为标准的程序)和增强(改进已经显示出令人满意的行为的系统)。[4]

　　最重要的是,法律制度是由法官和陪审团管理的,他们通常运用常识和维护人格尊严的思维,而忽略了一些逻辑上可能的法律解释,而这显然是立法者所不希望看到的。而明确地制定一套高度复杂的详细规则,使它们适用于多种多样的情况,并使其在第一次实施时正确无误,这对人类来说是不可能的。[5]专家认为,自上而下的方法不足以驱动自下而上获取学习能力的 AI,至少对于超智能体来说,这种策略可能行不通。由于超智能体在到达超智能阶段后可能会很快获得超越人类的战略优势,因此从一开始就建立适当的控制机制并正确发挥作用非常重要。人类的伦理体系是从几千年的经验中产生的,其中包括了许多人类的痛苦。我们是否希望一个超智能体以这种方式进行实验(在应用中积累伦理观)呢?[6]当然,AI 的一个优点是一个系统吸取的经验教训几乎可以与所有其他系统

---

[1] Wendell Wallach, *From Robots to Techno Sapiens*:*Ethics*,*Law and Public Policy in the Development of Robotics and Neurotechnologies*, *Law Innov. & Tech.*, 2011, No. 2.

[2] Mark Chinen, *Law and Autonomous Machines*:*The Co-Evolution of Legal Responsibility and Technology*, Edward Elgar Publishing, 2019, pp. 180 ~ 181.

[3] Patrick Lin et al., "Autonomous Military Robotics:Risk, Ethics, and Design", http://ethics.calpoly.edu/onr_report.pdf.

[4] Wendell Wallach, Colin Allen, *Moral Machines*:*Teaching Robots Right from Wrong*, Oxford University Press, 2010, pp. 169 ~ 175.

[5] Nick Bostrom, *Superintelligence*:*Paths*,*Dangers*,*Strategies*, Oxford University Press, 2016, pp. 170 ~ 171.

[6] Nick Bostrom, *Superintelligence*:*Paths*,*Dangers*,*Strategies*, Oxford University Press, 2016, pp. 229 ~ 230.

共享。此外，由于计算机模拟足够丰富，AI可以通过模拟来"实践"和学习。[1]

4. 人与机器价值观的契合方法。博丁顿提出，责任和问责的问题，它们在组织中的分布，以及对AI本身的实施如何影响责任和问责的关注，都应该包括在伦理准则之内。重要的是要考虑涉及AI的下游应用及其对复杂环境的影响。[2]IEEE报告指出，由于AI能够自行确定实现特定目标的最佳方法，并最终实现自己的目标，因此无法保证这些方法、目标和后续行动与人类价值观相吻合。这个问题可分解为三个部分。首先是刚刚讨论的问题：哪些是实质性的道德规则或实施方法。其次，假设AI知道人类想要什么，并且有动机为达到这个目标而行动，那么如何确保机器或系统使用的方法符合人类的利益呢？最后，假设我们能够解决这些问题，如果机器不知何故不为人类的利益采取行动，我们在多大程度上会对追究机器的责任感到满意？以及，让一个AI系统自己对损害负责意味着什么？[3]

最有前景的动机控制方法之一仍然处于研究阶段，这是一种价值观学习方法。人类程序员需要意识到，AI技术追求各种目标的方式本身就具有伦理含义。[4]知念认为，人们争论的并非因果关系问题，而是将责任归属于AI技术是否有一致性。因为我们不能确定这些机器和系统是否永远享有实体的地位，这些实体可以接受道德评估并自己承担道德责任。这个问题有两个原因。一是人类是否会满足于将伤害归咎于一个自主的机器或系统，而不是进一步要求其他人担责。另一个原因是，让AI产生亲社会行为的方法之一是让最先进的技术接受惩罚或其他不利后果，当然这种惩罚或后果必须是正当的。[5]为了评估AI是否应该对损害负责，是否有必要将其从人类设计者手中逐代移除？[6]如果机器已达到足够高的自主性和复杂性，就很难将责任线追溯到人类身上，因为此时认为损害由机器或

---

[1] Mark Chinen, *Law and Autonomous Machines: The Co-Evolution of Legal Responsibility and Technology*, Edward Elgar Publishing, 2019, p. 183.

[2] Paula Boddington, *Towards a Code of Ethics for Artificial Intelligence*, Springer International Publishing, 2017, p. 103.

[3] Mark Chinen, *Law and Autonomous Machines: The Co-Evolution of Legal Responsibility and Technology*, Edward Elgar Publishing, 2019, p. 184.

[4] Mark Chinen, *Law and Autonomous Machines: The Co-Evolution of Legal Responsibility and Technology*, Edward Elgar Publishing, 2019, pp. 184~185.

[5] Mark Chinen, *Law and Autonomous Machines: The Co-Evolution of Legal Responsibility and Technology*, Edward Elgar Publishing, 2019, p. 185.

[6] Patrick Chisan Hew, "Artificial Moral Agents Are Infeasible with Foreseeable Technologies", *Ethics & Info. Tech.*, Vol. 2014, No. 3.

系统本身造成是适当的。[1]也有学者认为,坚持惩罚反映了一种以人为中心和拟人化的责任观。[2]Bernd Stahl 就试图避免责任能力的问题,提出 AI 可以被赋予准责任。[3]无论是积极还是消极的,通过制裁实现责任的社会功能,以使被制裁者"社会所认可的状态",是因为我们希望在面对消极结果时找到其有罪的一面并对其进行惩罚。[4]

专家认为,增加或减少对系统的使用和依赖是机器行为的社会后果,这归因于机器对自身行为的"准责任性"。机器人的"准责任"问题并没有就此结束,它还涉及人的责任。这至少有三个含义。首先,计算机准责任应被视为促进进一步的责任归属的一种手段。在当前责任归属中,人类将至少要承担一项额外责任,人们需要让 AI 承担这部分责任。[5]也许能够通过关闭 AI 系统的方式来承担这样的责任。[6]切断(终止)开关有时被称为"大红色按钮",指的是经常出现在有强大力量的机器之上的突出的关闭开关。[7]其次,不管如何,准责任性使潜在的人类责任承担者的责任范围扩大,"必须引入新的社会结构和制度,使计算机设计者、程序员、管理者和用户承担责任"。[8]最后,准责任性将要求程序本身更加复杂,"计算机的内部结构需要被修改,使得它们能够履行其准责任,计算机必须要更适应其环境"。[9]

知念认为,准责任模型有三个问题值得讨论。首先,它的优势在于,至少在一定程度上避免了与 AI 和由 AI 驱动的自主技术地位有关的形而上学问题。其次,它继续让人类设计师对能够承担准责任的机器负责。如前所述,它可能需要增加一种离线处理模式,或者确保自主机器能够"解释自己",而不是在黑箱内

---

[1] Andreas Matthias, "The Responsibility Gap: Ascribing Responsibility for the Actions of Learning Automata", *Ethics & Info. Tech.*, Vol. 2004, No. 3.

[2] Luciano Floridi, J. W. Sanders, "On the Morality of Artificial Agents", *Minds & Machine*, Vol. 2004, No. 3.

[3] Bernd Carsten Stahl, "Responsible Computers? A Case for Ascribing Quasi-Responsibility to Computers Independent of Personhood or Agency", *Ethics &Info. Tech.*, Vol. 2006, No. 4.

[4] Bernd Carsten Stahl, "Responsible Computers? A Case for Ascribing Quasi-Responsibility to Computers Independent of Personhood or Agency", *Ethics &Info. Tech.*, Vol. 2006, No. 4.

[5] W. Bechtel, "Attributing Responsibility to Computer Systems", *Metaphilosophy*, Vol. 1985, No. 4.

[6] Mark Chinen, *Law and Autonomous Machines: The Co-Evolution of Legal Responsibility And Technology*, Edward Elgar Publishing, 2019, p. 190.

[7] Jacob Turner, *Robot Rules: Regulating Artificial Intelligence*, Palgrave Macmillan, 2019, p. 358.

[8] Bernd Carsten Stahl, "Responsible Computers? A Case for Ascribing Quasi-Responsibility to Computers Independent of Personhood or Agency", *Ethics &Info. Tech.*, Vol. 2006, No. 4.

[9] W. Bechtel, "Attributing Responsibility to Computer Systems", *Metaphilosophy*, Vol. 1985, No. 4.

第八章 控制人工智能创造物

做出决定。这是非常恰当的,特别是现在,在人工智能的第一波浪潮中其还处于萌芽阶段,出现问题可以很容易地被遏制。此外,由于这种责任涉及一种社会结构,我们可能还会看到责任或责任团体的重新构建。[1]同时,知念指出,准责任在某种程度上取决于我们是否愿意放弃 Stahl 所说的以人为中心的责任观。此外,虽然可以说 AI 不得被使用是一种惩罚,但除非机器能够被设计成"感觉到"这种惩罚,否则很可能会有人会不满意于认为机器是准责任性的。这要么会造成责任上的明显差距,要么会产生一种将更大的责任扩大到技术的设计者和制造商的导向,从而在此引发前述章节中讨论的责任分配问题。[2]

我们再看看能够受到惩罚的机器。涉及惩罚的问题包括,阐明制裁的理由,是否必须为人工智能设计新的形式,以及这些形式在技术上是否可行。[3]特纳认为,我们需要切断开关是出于以下几个原因:一是报应。报应是指感觉因对某人或某物造成伤害或违反约定而受到的惩罚。它是一种心理现象,似乎适用于所有的人类社会。报应在两个层面上发挥作用:面向犯罪者的内向层面和面向其他人的外向层面。由于报应的双重目的,即使行为人本身没有道德内疚感,报应也是有效的。切断 AI 的开关可能会满足人们的报应感,从而保持对整个司法系统的信任。从这个角度来看,切断 AI 开关作为报应机制,满足了一个基本的愿望,即"正义被视为已完成"。[4]二是悔改。切断开关可以帮助重新格式化(不管是人类还是其他人工智能)来检查故障,以便诊断和处理问题的原因。在许多司法系统中,徒刑等刑罚至少在一定程度上是为了给罪犯一个悔改、正常回归社会的机会。[5]三是威慑。一个主体因受到惩罚而遭受的损害也会使其受罚事由被其他主体视为不可取的。因此在其他情况都相同的情况下,切断开关的存在会让 AI 出于工具主义动机而避免从事那些不被允许的行为。[6]四是保护社会。自十九世纪末以来,人们就开始使用保险丝来保护电力系统,通过切断电源来应对短路。在现代,熔断机制已被用来防止证券市场的极端波动。在事件发生迅速以至于无

---

[1] Mark Chinen, *Law and Autonomous Machines*: *The Co-Evolution of Legal Responsibility and Technology*, Edward Elgar Publishing, 2019, p. 190.

[2] Mark Chinen, *Law and Autonomous Machines*: *The Co-Evolution of Legal Responsibility and Technology*, Edward Elgar Publishing, 2019, p. 191.

[3] Mark Chinen, *Law and Autonomous Machines*: *The Co-Evolution of Legal Responsibility and Technology*, Edward Elgar Publishing, 2019, p. 191.

[4] Jacob Turner, *Robot Rules*: *Regulating Artificial Intelligence*, Palgrave Macmillan, 2019, pp. 358~360.

[5] Jacob Turner, *Robot Rules*: *Regulating Artificial Intelligence*, Palgrave Macmillan, 2019, p. 360.

[6] Jacob Turner, *Robot Rules*: *Regulating Artificial Intelligence*, Palgrave Macmillan, 2019, p. 361.

法进行有效的人为监督的行业中,这种类型的自动关闭尤为重要。[1]

知念认为,应该注意到,倘若一个机器或系统复杂到足够被认为是一个道德主体时,其将接近拥有通用智能。即使现在的AI系统还不能达到通用智能的水平,它也有可能参与开发这样的系统。届时,我们将需要依靠开发新技术来控制它们。[2]一个获得超级智能的系统可以获得新的硬件、修改其软件、创建子系统并采取其他行动,使最初的程序员只能对AI能动者进行不可靠的控制。如果该AI能动者有抵制修改或关闭的动机,则尤其如此。这被称为"可订正性问题"。[3]问题将转向最先进的技术是否具有意识,以及是否有维持其存在的"欲望"。[4]另一个伦理问题是,设计一个能够承受痛苦的东西是否合适。[5]

一般情况下,AI会避免触发终止开关,但是如果终止开关的效用得分与完成主要任务的效用得分相同或更高,那么AI可能决定激活终止开关本身,以便在最短的时间内实现最大的效用。这种自杀倾向被称为"关闭问题"。[6]特纳认为,即使AI与它的终止开关相隔离,只有人类才能激活它,也存在AI操纵人类从而激活或停用这一功能的风险(取决于效用权重)。在进化计算的一个著名例子中,一个负责计时的电路意外地发展成一个接收器,它能够接收附近个人计算机(PC)的常规射频发射。如果一个人工智能系统想要关闭自身,它可能会故意显示出故障或危险行为,以使人类激活终止开关。[7]

最后看看安全的可中断性和不确定性的重要性。在人类事务中,完全确定的信仰会导致极端主义,同样的结论也适用于人工智能。[8]在2015年的一篇论文中写道,"说真的,我们希望一个系统能够理解它可能有缺陷,成为一个在深层

---

[1] Jacob Turner, *Robot Rules*: *Regulating Artificial Intelligence*, Palgrave Macmillan, 2019, p. 362.

[2] Mark Chinen, *Law and Autonomous Machines*: *The Co-Evolution of Legal Responsibility And Technology*, Edward Elgar Publishing, 2019, p. 193.

[3] Nate Soares, Benja Fallenstein, "Aligning Superintelligence with Human Interests: A Technical Research Agenda", in *The Technological Singularity*, Springer, 2017.

[4] Mark Chinen, *Law and Autonomous Machines*: *The Co-Evolution of Legal Responsibility and Technology*, Edward Elgar Publishing, 2019, p. 192.

[5] Mark Chinen, *Law and Autonomous Machines*: *The Co-Evolution of Legal Responsibility and Technology*, Edward Elgar Publishing, 2019, p. 193.

[6] Jacob Turner, *Robot Rules*: *Regulating Artificial Intelligence*, Palgrave Macmillan, 2019, p. 363.

[7] Jacob Turner, *Robot Rules*: *Regulating Artificial Intelligence*, Palgrave Macmillan, 2019, p. 364.

[8] Jacob Turner, *Robot Rules*: *Regulating Artificial Intelligence*, Palgrave Macmillan, 2019, p. 364.

意义上与其程序员动机一致的系统"。[1]提出了一个基于人工智能模型中不确定性的解决方案，以尽量减少人工智能激活其终止开关的可能性。这一解决方案的关键在于为了让 AI 维持其终止开关的关闭状态，需要它无法确定与结果相关的效用，并将人类的行为视为对该效用的重要观察对象。[2]它是对强化学习中一种现象的一种特殊反应，即人工智能以一种不受欢迎的方式，将人类的行为内在化，并对它作出反应。[3]正是基于这一限制，机器智能研究所的杰西卡·泰勒（Jessica Taylor）、埃利泽·尤德科夫斯基（Eliezer Yudkowsky）和同事们认为，上述方法有"重大缺点"，他们的改进方法是：找到一种结合目标功能的方法，使人工智能系统①没有动机触发或阻止目标功能的转移；②有动机保持其在未来更新目标功能的能力；③对其行为与导致目标功能转移的机制之间的关系有合理的信念。但是现在并未找到这样一种方法。[4]

特纳认为，不像人只能被杀死一次，AI 可以存在于各种迭代或副本中。这一点在"群"AI 系统中尤其适用，因为它们本质上是分布式的。有一种法律机制可以强制性促进软件更新（终止 AI），那就是激励人工智能的设计者或供应商推出补丁程序的下载和安装。[5]另一种鼓励删除有问题的人工智能的方法是，将拥有人工智能视为拥有有害的化学或生物物质，并对使用人工智能的人施加严格的责任和/或严厉的刑事处罚。[6]就如细菌会产生抗药性一样，"可订正性问题"可能会在人工智能和人类抑制它的能力之间引发一场持续的军备竞赛。[7]

三、控制 AI 创造物的结论

希尔德布兰德认为，智能技术对法律的存在模式的寓意，即现行法律如何构造我们的人造的、制度的与人工的环境，值得我们探讨。问题是现代法律是否能够保护我们，免受不适当的透明性影响；如果不能，我们如何重新发明为（永远

---

[1] Nate Soares, Benja Fallenstein, Eliezer Yudkowsky, Stuart Armstrong, "Corrigibility", in Toby Walsh ed., *Artificial Intelligence and Ethics*, AAAI Press, 2015.

[2] Dylan Hadfield-Menell, Anca Dragan, Pieter Abbeel, Stuart Russell, "The Off-Switch Game", https://arxiv.org/abs/1611.08219.

[3] Jacob Turner, *Robot Rules: Regulating Artificial Intelligence*, Palgrave Macmillan, 2019, p.366.

[4] Jessica Taylor, Eliezer Yudkowsky, Patrick LaVictoire, Andrew Critch, "Alignment for Advanced Machine Learning Systems", https://intelligence.org/files/AlignmentMachineLearning.pdf.

[5] Jacob Turner, *Robot Rules: Regulating Artificial Intelligence*, Palgrave Macmillan, 2019, p.367.

[6] Jacob Turner, *Robot Rules: Regulating Artificial Intelligence*, Palgrave Macmillan, 2019, p.368.

[7] Nate Soares, Benja Fallenstein, Eliezer Yudkowsky, Stuart Armstrong, "Corrigibility", in Toby Walsh ed., *Artificial Intelligence and Ethics*, AAAI Press, 2015.

被其发明的技术所调和并再造的）人类个体成长所需的保护机制。[1]本章讨论了在直接适用于 AI 的规则和原则中，哪些是可取的，哪些是可以实现的。特纳认为，比前几章更重要的是，这里提出的建议可能会发生变化，要么是因为社会上存在其他更重要的价值观，要么是因为技术进步。关键的一点是，社会需要对这项技术有更多的了解，以便实现第一章中提出的目标：我们学会与人工智能共存。[2]希尔德布兰德提出，计算机科学和法律均对体系结构保持敏感，即无论是在计算机系统中还是在法律体系中，对其中的一部分规则的更改将对其他部分立刻产生间接的影响。为了维持我们的人造世界，无论在制度抑或人为因素方面，这种敏感性均至关重要。[3]

---

[1] Mireille Hildebrandt, *Smart Technologies and the End(s) of Law: Novel Entanglements of Law and Technology*, Edward Elgar Publishing, 2015, p. xiv.

[2] Jacob Turner, *Robot Rules: Regulating Artificial Intelligence*, Palgrave Macmillan, 2019, p. 369.

[3] Mireille Hildebrandt, *Smart Technologies and the End(s) of Law: Novel Entanglements of Law and Technology*, Edward Elgar Publishing, 2015, p. xii.

第九章

人工智能犯罪的刑法预防

未来已来，智能已能。随着阿尔法狗依靠自主学习人类棋谱完胜人类最强棋手，以及阿尔法元自己摸索棋谱后以100∶0碾压阿尔法狗，人工智能激发了人们的思考。随着自动驾驶、无人机、[1]自动武器[2]等领域的人工智能研发不断取得突破，各国纷纷出台人工智能规划和规范。2017年7月，我国发布《新一代人工智能发展规划》，提出"建立人工智能法律法规、伦理规范和政策体系，形成人工智能安全评估和管控能力"。在这个规范新技术风险的社会背景下，我国学者研究了人工智能时代的制度安排与法律规制、[3]智能制造的法律挑战与基本对策，[4]还研究了具体问题，如人工智能创造物的法律保护、[5]人工智能有限法律人格、[6]机器人法律权利问题。[7]

但是，人工智能犯罪的刑法应对问题则仍然主要停留在会议研讨阶段，个别学者的诸多研讨也集中在刑事责任主体和刑罚体系等方面，[8]对人工智能犯罪的

---

[1] 樊邦奎、张瑞雨：《无人机系统与人工智能》，载《武汉大学学报（信息科学版）》2017年第11期。
[2] 蔡华悦、未志元：《人工智能在各军事强国的发展》，载《国防科技》2017年第5期。
[3] 吴汉东：《人工智能时代的制度安排与法律规制》，载《法律科学（西北政法大学学报）》2017第5期。
[4] 龙卫球、林洹民：《我国智能制造的法律挑战与基本对策研究》，载《法学评论》2016第6期。
[5] 梁志文：《论人工智能创造物的法律保护》，载《法律科学（西北政法大学学报）》2017第5期；吴汉东：《人工智能生成发明的专利法之问》，载《当代法学》2019年第4期。
[6] 袁曾：《人工智能有限法律人格审视》，载《东方法学》2017年第5期。
[7] 张玉洁：《论人工智能时代的机器人权利及其风险规制》，载《东方法学》2017第6期。
[8] 李婕：《智能风险与人工智能刑事责任之构建》，载《当代法学》2019年第3期；王燕玲：《人工智能时代的刑法问题与应对思路》，载《政治与法律》2019年第1期；刘宪权、胡荷佳：《论人工智能时代智能机器人的刑事责任能力》，载《法学》2018年第1期；时方：《人工智能刑事主体地位之否定》，载《法律科学（西北政法大学学报）》2018年第6期；刘宪权：《人工智能时代我国刑罚体系重构的法理基础》，载《法律科学（西北政法大学学报）》2018年第4期；刘宪权：《人工智能时代刑事责任与刑罚体系的重构》，载《政治与法律》2018第3期；刘宪权：《人工智能时代的刑事风险与刑法应对》，载《法商研究》2018年第1期。

客观违法性关注不足，而且未从我国应对新型技术犯罪的历程中寻找一以贯之的思路。域外已经有人工智能犯罪的最新研究，这是我国人工智能犯罪研究的比较对象。比如魏根特（Weigend）等德国、瑞士学者对人工智能犯罪主体问题和归责问题的德国法与美国法比较研究，[1]再如对电子人的行为及其刑事责任问题的研究等。[2]这些例子表明人工智能犯罪的研究不是无章可循。显然，不能一味套用德日刑法的现有教义学体系来试图解决人工智能犯罪的刑法问题，因为现有的刑法教义产生的社会实践是前人工智能时代。

人工智能犯罪研究的有效路径可以从科技变革的法律应对的大趋势中找到。[3]2017年12月，习近平在主持中央政治局第二次集体学习时强调，实施国家大数据战略加快建设数字中国，推动制造业加速向数字化、网络化、智能化发展。整个信息科技革命的三个节点就是数字化、网络化、智能化：数字化是指从传统的有形信息载体转向计算机系统中的二进制无形载体，网络化是将这些计算机系统互相连接，而智能化则是在万物互联、天地一体的基础上形成计算机系统自主化的人机交互。所以，人工智能的技术既有对原有信息科技的继承与弘扬，也有与原有科技截然不同的全新特性。人工智能犯罪的规制和研究从数字犯罪和网络犯罪的规制和研究中得到启发、予以创新，是一条可行之路。早期关于数字犯罪的司法解释解决的是录音录像制品、非法出版物犯罪问题，而早期关于网络犯罪的司法解释解决是的淫秽物品犯罪网络异化问题。二者的相关司法解释迄今总计数十个。中国刑法从1997年修订开始应对计算机网络犯罪，截至2015年《中华人民共和国刑法修正案（九）》[以下简称《刑法修正案（九）》]已经形成了较为系统的刑法规范。这些刑法规范和相关研究，是人工智能犯罪研究的基础。

当我们从工业社会来到智能风险社会转变的当下，法律对策的考量不能坐等实际案例的积累。"法律体系的价值和意义就在于规范和追寻技术上的可以管理的、哪怕是可能性很小或影响范围很小的风险和灾难的每一个细节。"[4]为此，

---

[1] Sabine Gless, Emily Silverman, Thomas Weigend, "If Robots Cause Harm, Who is to Blame：Self-Driving Cars and Criminal Liability", *New Criminal Law Review*, Vol. 2016, No. 3.

[2] Maxim Dobrinoiu, "The Influence of Artificial Intelligence on Criminal Liability", *Challenges of the Knowledge Society*, Vol. 2019, No. 1.

[3] Ryan Calo, "Robotics and the Lessons of Cyberlaw", *California Law Review*, Vol. 2014, No. 3.

[4] [德] 乌尔里希·贝克：《从工业社会到风险社会（上篇）——关于人类生存、社会结构和生态启蒙等问题的思考》，王武龙编译，载《马克思主义与现实》2003年第3期。

第九章 人工智能犯罪的刑法预防

本章将从犯罪主体、犯罪行为和犯罪责任三方面探讨人工智能的带来的主要冲击与刑法预防。

一、犯罪主体的双重变化

传统刑法关于犯罪主体实施的是自然人和单位并行的双轨制,这在人工智能时代面临新的冲击。首先,单位犯罪将成为新常态;其次,人工智能本身能否成为犯罪主体是一个必须持续思量的问题。

(一)人工智能犯罪主体的单位化趋向

传统的犯罪一般以自然人犯罪为主流,单位犯罪为非主流。但是这一犯罪态势结构将在人工智能犯罪时代变更。人工智能以大数据为基础。原有的将人与人连接的社交软件公司如 Facebook、Twitter、微信,将人与信息相连的搜索公司如谷歌和百度,将人与物相连的购物平台如亚马逊和淘宝,已经掌握了人类社会三种基本的大数据类型,并在马太效应的影响下,它们将继续在人工智能时代占据主导地位。[1]产业趋势已经表明人工智能将主要由大型商业实体和政府实体驱动,而非小的私有主体,这也表明未来为规制者和司法者轻易识别的对象将主要是高度可视化的实体,而非个体的人工智能管控者。[2]此时刑法将预防人工智能犯罪的义务赋加于单位实体身上,是正当的,也是基本有效的。

单位犯罪的常态化已经在计算机和网络犯罪的刑法规制中得到凸显。《刑法修正案(九)》通过实施后,《中华人民共和国刑法》(以下简称《刑法》)有关网络犯罪的5个专有罪刑条款都配备了单位犯罪主体,具体是:第285条原有的非法侵入计算机信息系统罪,非法获取计算机信息系统数据、非法控制计算机信息系统罪,提供侵入、非法控制计算机信息系统程序、工具罪;第286条原有的破坏计算机信息系统罪;第286条之一增设的拒不履行信息网络安全管理义务罪;第287条之一增设的非法利用信息网络罪;第287条之二增设的帮助信息网络犯罪活动罪。这种趋向需要我们系统反思网络单位犯罪刑事责任体系,进而提出当前适用和未来完善的理路。这些单位网络犯罪制裁体系的共同特征和可能的问题是:①采纳双罚制原则;②对责任人员采纳同罚制;③对单位仍然采取无限额罚金制;④单位网络犯罪处罚两类责任人("直接负责的主管人员和其他直接

---

[1] 郑戈:《人工智能与法律的未来》,载《探索与争鸣》2017年第10期。
[2] Matthew U. Scherer, "Regulating Artificial Intelligence Systems: Risks, Challenges, Competencies, and Strategies", *Havard Journal of Law & Technology*, Vol. 2016, No. 2.

责任人员")。中国刑法应当借此契机系统反思和完善单位网络犯罪甚至整个单位犯罪的刑事责任体系。

如何完善单位智能犯罪的刑事责任体系，达到罪刑相当和预防犯罪的目的，将是人工智能犯罪时代的重要课题。应当根据单位犯罪情况对定罪量刑的标准进行适当调整，比如将单位实施的违法行为升格为犯罪行为处理。也即通过打击违法行为而预防犯罪行为，《刑法》第286条之一、第287条之一、第287条之二增设的三个罪名都体现了该种犯罪预防思路。具体可以借鉴传统立法和司法中因为违法行为主体的数量而将招募下级、发展下线等组织、策划、指挥、纠集、煽动、联络、聚众等主要责任行为予以入罪量刑的实践，考虑增设单位实施网络、人工智能违法行为的原则性条款：以单位名义或者单位形式实施刑法规定的网络、人工智能违法行为，人数较多的，应当认定为情节严重，对直接负责的主管人员和其他直接责任人员依照刑法相应条款的规定追究刑事责任；实施其他违法行为，人数较多的，应当认定为情节严重，对直接负责的主管人员判处3年以下有期徒刑或者拘役，并处或者单处罚金。

（二）人工智能的意志力与适格性

在改革开放和市场经济发展的背景下，犯罪主体从原有的自然人扩展到法人等单位主体，这是我国刑法的现有主体结构。那么，在人工智能时代，犯罪主体能否扩展到人工智能本身也成为了一个问题，比如沙特授予机器人公民身份。换言之，刑法针对人工智能本身进行犯罪预防是否是必要的？这涉及延续传统的问责人类程序员的思路所面临的实践困难：首先，软件大多由一个团队构建，不止一个工程师；其次，后续的管理决策和持续维护在重要性上很可能并不比原来的程序决策更低；再次，代码的准确性固然有赖于测试者，但许多软件也依赖于原产地和有效性都不可靠的现成组件；最后，人工能动者（artificial agent）正变得越来越有自主性。[1]问责起初的一个程序员，乃至团体的程序员，都变得越来越困难。因此要不要将目光投向末端的人工能动者本身也成为了一个刑法问题。

现有的自然人和单位犯罪主体都具有行为能力和责任能力。行为能力包括认识能力和意志控制能力。从洛克到康德的法哲学认为，法律主体必须有自我意识，能意识到自己的过去从而认为自己能为过去负责。也就是说，法律主体应拥

---

[1] Luciano Floridi, *The Ethics of Information*, Oxford University Press, 2013, p.154.

有良心自由,能够反思自己行为的对错从而选择自己的行为。[1]成年理性人显然具有这样的认识和意志能力,而法人等单位主体通过法定代表人等单位负责人以及其他代理人,也能具有类似的认识和意志能力。人工智能在现阶段仍然处于弱人工智能阶段,可能很长时间后才会进入强人工智能阶段,也就是能像自然人一样去思考和行动。[2]现阶段的弱人工智能具有很大程度的认识能力,但是其意志能力很弱,并不能自主设定目标,也就不能决定改正和避免错误的行为,也不能通过行为承载的自由意志进行对话从而挑战现有规范的有效性。[3]比如人工智能能自主采集和报道新闻,但可能出现错误甚至中伤他人,但此时并无实际的恶意。[4]这就决定了人工智能没有可谴责(blame)性,而可谴责性是责任能力的一个要素。另一个要素是有独立的利益,而人工智能既没有独立的财产,也没有独立的人身及其承载的人格利益。

但是,应当考虑到人工智能技术突变的可能性及其在法律上得到主体性认可的可能性。在自然法上,自由意志和道德理性属于先验的认识论范畴,被拟制为人类成为法律主体的资格条件;随着历史条件的发展,也可能在发展之后被拟制为其他事物成为法律主体的资格条件。[5]在人工智能获得更像人类的特性与能力后,可将伦理决定形式化后内置于人工智能,使其能够学会处理和决定道德问题,从而理解刑罚的意义,反思和控制自己的行为。[6]在技术突变的基础上还要求有民法、公司法上的配套制度才能承认人工智能为受刑主体。刑罚要求具有报应性和预防性,没有反思和控制行为的能力固然达不到刑罚的报应和预防效果,但没有配套制度的实施,也达不到刑罚效果。公司等单位之所以能够成为犯罪主体和受刑主体,一个重要原因是民法和经济法承认了其主体资格,赋予了其相应的行为能力。公司等单位可以拥有自己的财产,判处罚金刑及附带的资格处罚和社会评价能够体现单位犯罪的报应和预防效果。人工智能要具有受刑能力也必须

---

[1] Sabine Gless, Emily Silverman, Thomas Weigend, "If Robots Cause Harm, Who is to Blame: Self-Driving Cars and Criminal Liability", *New Criminal Law Review*, Vol. 2016, No. 3.

[2] 孙柏林:《美国新的人工智能报告及其对我们的启示》,载《自动化技术与应用》2017年第10期。

[3] Sabine Gless, Emily Silverman, Thomas Weigend, "If Robots Cause Harm, Who is to Blame: Self-Driving Cars and Criminal Liability", *New Criminal Law Review*, Vol. 2016, No. 3.

[4] Dennis Normile, "Q&A: Robots and the Law", *Science* (New York, N.Y.), Vol. 2014, NO. 6206.

[5] 彭文华:《自由意志、道德代理与智能代理——兼论人工智能犯罪主体资格之生成》,载《法学》2019年第10期。

[6] Sabine Gless, Emily Silverman, Thomas Weigend, "If Robots Cause Harm, Who is to Blame: Self-Driving Cars and Criminal Liability", *New Criminal Law Review*, Vol. 2016, No. 3.

先在民法、经济法等法律上通过行为能力制度设计满足享有财产等行为能力要素，刑罚通过剥夺和限制其行为能力要素方可达到报应和预防的目的。例如在未来劳动立法中确认和保护机器人的劳动者身份和劳动权利。[1]在立法之前的前瞻性思考则是社会伦理问题。[2]这又回到了何以为人的伦理学和法哲学问题。

研究认为，法人受到法律拟制的认可，是因为法人以自然人为基础，如果没有法律拟制，则只剩下自然人主体。而人工智能不同，倘若没有法律拟制，其将只剩下它自己。如果超级人工智能真的出现，需要的是另一套法律体系去应对。如果扩张现有的刑法体系，则意味着以自然人为基础的人本主义法律体系的终结和突变型成长。这种突变的可能性极小，而人类通过人工智能和生物工程来实现自己的升级进化却是一个现实的问题。[3]

二、犯罪行为的认定

虽然传统的犯罪应对方式是先考虑司法上的解释方案，再考虑立法上的犯罪化思路。但这在网络犯罪时代已经被证明是应接不暇的，会放纵犯罪，甚至倒逼类推解释，有违罪刑法定主义。在人工智能犯罪时代，更要注意刑法规范的有效供给。

预防性犯罪化的理念将持续影响犯罪行为及其违法性的认定。[4]在犯罪结果出现以前对相关行为予以刑事规制的预防性犯罪化理念已经在上述单位犯罪责任体系完善中起作用，还将在本部分对犯罪实行、犯罪参与、客观归责和正当事由产生影响，最后将在下一部分对主观责任认定产生冲击。本部分犯罪客观方面的认定是刑事责任的基础支柱：人工智能犯罪将一如既往地对计算机网络犯罪的实行观念和参与观念产生冲击，这需要刑法规范的调适；接着，应当探讨客观归责与正当事由在人工智能时代的预防性解释问题。

（一）犯罪实行和犯罪参与观念的更新

人工智能犯罪可以分为针对人工智能的犯罪和利用人工智能的犯罪。这种划

---

[1] 姚万勤：《人工智能影响现行法律制度前瞻》，载《人民法院报》2017年11月25日，第2版。

[2] 吴汉东：《人工智能时代的制度安排与法律规制》，载《法律科学（西北政法大学学报）》2017年第5期。

[3] 董玉庭：《人工智能与刑法发展关系论——基于真实与想象所做的分析》，载《现代法学》2019年第5期。

[4] 郭旨龙：《预防性犯罪化的中国境域——以恐怖主义与网络犯罪的对照为视角》，载《法律科学（西北政法大学学报）》2017年第2期。

分与针对计算机网络的犯罪和利用计算机网络的犯罪的二元划分一脉相承。在针对人工智能的犯罪中,面临着行为对象扩容的问题。刑法需要应对病毒、黑客对人工智能的攻击,例如其侵入后控制看护机器人。[1]司法解释先是将刑法条文中的"计算机系统"和"计算机信息系统"统一解释为"具有自动处理数据功能的系统",[2]其中显然可以包括人工智能;后来对"信息网络"作了列举,包括各种信息网络,[3]也可涵盖人工智能网络。如此,刑法中既有的非法侵入计算机信息系统罪、非法获取计算机信息系统数据、非法控制计算机信息系统罪、破坏计算机信息系统罪也可保护针对人工智能的犯罪。

但是这种延伸保护思路也将延续原有的问题。破坏计算机信息系统罪在司法实践中被用来应对非法篡改系统数据的行为,如非法篡改报考信息。[4]但是,这种思路其实是忽视了行为本身的性质。该罪保护的是系统按照既定方式进行运行的正常性,而篡改学历信息或报考信息得以完成和体现恰恰反映了该系统在按照既定方式运行。[5]此类行为的本质是侵犯了数据背后的信息所代表的利益。正是因为刑法本身有缺漏,不能应对前数字化时代的纸本志愿篡改行为,导致司法者在网络时代利用保护系统本身的罪名来保护部分带有数字化特征的篡改行为。这是信息时代的口袋罪,但其功能异化值得反思。此类行为的目的和侵害的法益都非系统安全本身,认定为破坏计算机信息系统罪并不能做到罪刑相适应。"刑罚的轻重,应当与犯罪分子所犯罪行和承担的刑事责任相适应"这一刑法原则要求的不仅仅是所受的刑罚严厉性要适当,而且要求所受的刑罚谴责性要合适,也就是应当受到合理的定性评价,其表现为英美刑法中的标签理论。[6]如果延伸这种口袋罪思路,那么会出现人工智能时代的标签错误。人工智能的一大特点是人机交互,一个表现是穿戴式、植入式人工智能,如果攻击这些人工智能,仍被认定为破坏计算机信息系统,那么该行为侵害人身利益的性质并未得到标示。而这种人身侵害一旦涉及不特定人或者多数人,就成为了公共安全问题。如攻击自动驾

---

[1] 吴汉东:《人工智能时代的制度安排与法律规制》,载《法律科学(西北政法大学学报)》2017年第5期。
[2] 《关于办理危害计算机信息系统安全刑事案件应用法律若干问题的解释》第11条。
[3] 《关于办理利用信息网络实施诽谤等刑事案件适用法律若干问题的解释》第10条。
[4] 参见陈某某破坏计算机系统案,山东单县人民法院(2016)鲁1722刑初312号刑事判决书。
[5] 参见网络犯罪公约(Convention on Cybercrime)第6条规定的滥用设备罪行(misuse of devices),它不要求针对功能。
[6] James Chalmers, Fiona Leverick, "Fair Labelling in Criminal Law", *The Modern Law Review*, Vol. 2008, No. 2.

驶、无人机系统，将其认定为破坏信息系统罪只是看到了表象。该罪属于扰乱公共秩序罪，而此类攻击行为却是危害公共安全的行为。即使认定为以危险方法危害公共安全罪也只解决了这一类攻击行为的合理标签问题，没有解决其他没有相当危险的攻击行为。

应当充分认识到，攻击系统的行为并不等同于破坏系统，攻击系统的行为只是侵害其他法益的新手段。从攻击行为和危害后果的时空距离来看，攻击系统行为是侵害其他法益的预备。从这个角度改造破坏计算机信息系统罪，就能实现合理的标签效应。如非法侵入计算机信息系统罪固然可以说侵入行为本身具有危害性，但其危害性往往体现在为后续犯罪做准备。破坏计算机信息系统罪应当更名为攻击计算机系统罪，删除第1款中的"造成计算机信息系统不能正常运行"和第3款中的"影响计算机系统正常运行"，不局限于保护系统安全本身，从而既能打击攻击系统以破坏系统运行功能的行为（第1款），又能打击攻击数据、应用程序或者利用病毒等破坏性程序造成系统按既定功能运行从而产生其他侵害后果的行为，例如更改了人工智能的一个数据，导致对使用者的人身伤害（通过诱导用户做出相应行为）或者对公众的危害（通过诱导自动汽车加速或者转弯）。[1] 因为目的行为类型多样，所以打击多功能预备行为的该罪只能规定在第六章"妨害社会管理秩序罪"，而该章第一节"扰乱公共秩序罪"应当理解为包括了后面各节不能涵盖的妨害社会管理秩序的罪行，而不仅仅包括扰乱公共秩序的罪行。

问题是，破坏计算机信息系统罪是否真的需要按照预备行为实行化的思路进行改造？预备行为实行化的根本原因是随着技术因素介入犯罪行为链条，原本的预备行为具有了实质性的危害性和独立性，其地位超过了原有的实行行为。网络犯罪异化中的预备行为实行化的典型例子是，传统的伪造证件行为以伪造纸本证件为实行行为，但是在数字化、网络化的信息时代，侵入官方网站篡改学历信息成为伪造纸本证件的先决条件，没有数字化伪造，就难以完成伪造或者说体现纸本伪造的危害性，由此数字化伪造行为具有了独立于纸本伪造行为的实质危害性，可以在刑法上独立评价为实质上直接侵害法益的实行行为。在人工智能时

---

[1] 这个预防性思路也证明了网络谣言的扰乱公共（场所）秩序性质，也就是说网络成为了一个犯罪空间。2013年《关于办理利用信息网络实施诽谤等刑事案件适用法律若干问题的解释》第5条将造谣、传谣行为界定为可以构成寻衅滋事、造成公共场所秩序严重混乱的，也就是将网络虚假信息对人认知和决策的干扰认定为其生活受到干扰。这一合理性在人工智能时代更加明朗化：网络虚假信息将影响人工智能的认知和决策，比如干扰汽车的自动驾驶，这就是扰乱了公共场所的生活秩序。

代,这一应对传统犯罪网络异化的基本思路也应当延续。无论是攻击人工智能系统,影响其数据采集、处理,从而影响用户的行为造成人身侵害,还是影响人工智能的后续行为造成公共危险,攻击行为本身的危害性和独立性都超过了后续的被"愚弄"的用户或人工智能的危害行为。在人工智能时代,用户和公众之所以接受人工智能,是因为人工智能能够在大数据的基础上自主行动,也就是说其大数据能力推定了高度的准确性,这种能力是常人所不具有的,常人愿意信服、只能信服。因而,即便攻击行为造成人工智能的数据结果差异,人们依然会根据这个数据结果采取相应行为,自然造成后续侵害结果。换言之,只要有了先前的攻击行为,后续的侵害结果的可能性非常高。正如美国法哲学家范伯格(Feinberg)所说,危害实现的可能性越高,国家强制干预的必要性越大。[1]所以,正如《中华人民共和国刑法修正案(八)》[以下简称《刑法修正案(八)》]增设了危险驾驶罪以预防后续的高度可能的侵害结果,有必要将先前的攻击人工智能系统的行为作为实行行为处理。由此,攻击计算机系统罪行应当将"后果严重"的要求改为"情节严重"的要求,实现对攻击人工智能行为的预防性犯罪化。

这种预防思路符合计算机网络犯罪预防的一贯思路。《中华人民共和国刑法修正案(七)》增设了提供侵入、非法控制计算机信息系统程序、工具罪,只要情节严重即可入罪,实现了对计算机犯罪的刑法预防。不过,在刑法打击攻击人工智能等计算机系统的行为以后,该罪应当扩容为提供侵入、非法控制和攻击计算机系统的程序、工具罪。[2]但是,这仍然只考虑到了人工智能作为计算机系统本身应当受到保护的情形,而忽视了人工智能作为计算机系统本身应当受到限制甚至禁止的情形。自动武器的出现意味着人工智能本身也应当受到限制甚至禁止。刑法一贯预防性地打击制造、买卖、持有枪支的行为,但此处的枪支除非通过修改前置的行政管理法规能够包括自动武器,否则应当通过类似《刑法修正案(九)》增设非法利用信息网络罪的思路预防其产生危害。非法利用信息网络罪通过打击常见的设立网站、通讯群组与发布信息行为,来预防后续的违法犯罪行

---

[1] Joel Feinberg, *The Moral Limits of the Criminal Law* (Vol.I): *Harm to Others*, Oxford University Press, 1984, p.216.
[2] 国内首例人工智能犯罪已出现:黑客搭建提供图片验证码识别服务的"快啊"打码平台,自主识别登录时的图片验证码,3个月提供验证服务259亿次,1年内牟利1300多万元,给诈骗、黑客攻击等网络黑色产业链条环节提供犯罪工具。参见王春:《绍兴警方侦破首例利用AI犯罪案》,载《法制日报》2017年9月26日,第8版。

为。但这还不够严密，[1]在人工智能时代，刑法更应当增设罪行，打击非法制造、提供、持有自动武器等专门或主要用于违法犯罪活动的人工智能及其方法、安全漏洞，预防人工智能黑市。

系统地看，人工智能犯罪产生侵害结果是一个行为流程链条，涉及设计、制造、警示、跟踪观察等商业流程，[2]也涉及安全检测市场准入等行政流程，每一个环节都是风险的节点，[3]需要刑法的预防性审视。整个人工智能风险控制体系的环节可以参照美国学者的研究和建议：立法设定指导性的目标，然后授权政府机构的技术官僚评估人工智能的风险；该机构设定认证投入使用前的人工智能具安全性的规则，以及认证研发、测试具安全性的规则（例如要求在封闭的环境中进行测试，不能产生测试环境之外的影响），以及认证既存的人工智能具安全性的机制，认证时需提交的信息包括所有的源代码、进行测试的所有软硬件描述、测试中人工智能表现的描述，以及其他与人工智能安全密切相关的重要信息。[4]由此可见，任何一个商业流程环节或行政把关环节出了问题，都将产生人工智能的安全问题。

首先，在商业流程中的设计、制造、警示、跟踪观察、召回、停止销售等环节，相关主体必须尽到合理义务，限制乃至消除可以预知或可以控制的风险，否则应当进行预防性打击。"人工智能超越人类智能的可能性，人工智能产生危害后果的严重性，以及人工智能技术本身内在的不确定性，这些因素足以构成法律以及其他规范防止风险的必要性。"[5]如果将人工智能视为新时代产品，适用产品责任，可以考虑的罪名是生产、销售伪劣产品罪，但是该罪的行为方式"以次充好或者以不合格产品冒充合格产品"并不能涵盖整个商业流程的所有行为节点，如警示缺陷、跟踪观察。该罪要求销售金额，也就意味着无法规制免费试用

---

[1] 郭旨龙：《网络犯罪的定量评价机制》，载《法律和社会科学》2016年第1辑。

[2] Sabine Gless, Emily Silverman, Thomas Weigend, "If Robots Cause Harm, Who is to Blame: Self-Driving Cars and Criminal Liability", *New Criminal Law Review*, Vol. 2016, No. 3.

[3] 孙柏林：《美国新的人工智能报告及其对我们的启示》，载《自动化技术与应用》2017年第10期。该学者强调了要对人工智能的风险以及风险类型进行深入分析，在此基础上才能探讨如何应对。姚万勤：《对通过新增罪名应对人工智能风险的质疑》，载《当代法学》2019年第3期。虽然其立场是解释论，而非立法论，但其逻辑思维与本文不谋而合：不同的风险类型划分导致不同的应对方案。

[4] Matthew U. Scherer, "Regulating Artificial Intelligence Systems: Risks, Challenges, Competencies, and Strategies", *Havard Journal of Law & Technology*, Vol. 2016, No. 2.

[5] 吴汉东：《人工智能时代的制度安排与法律规制》，载《法律科学（西北政法大学学报）》2017第5期。

行为。这些问题的本源是，该罪属于扰乱市场经济秩序罪，无法应对扰乱社会管理秩序、进而危害公共安全的人工智能研发、推广行为。对此类行为的预防性规制，应当参照《刑法修正案（九）》增设的拒不履行信息网络安全管理义务罪，对服务提供者拒不改正、情节严重的行为予以打击。在人工智能时代，应当增设拒不履行人工智能安全管理义务罪，对拒不履行设计、制造、警示、跟踪观察、召回、停止销售等安全管理义务、情节严重的行为予以打击，不要求造成严重后果。在预防研发、推广人工智能风险的过程中，企业和技术官僚是互动的主体，企业入罪的前提是监管部门责令改正。但是，我们需要反思这种前置条件。人工智能安全与原有的信息网络安全有所不同，它处于发展中，很难有全面细致的法律、行政法规规定人工智能安全管理义务。特别是在提供材料进行投入使用前的认证时，义务人很可能明知有重大安全缺陷但仍然只提供明文要求的信息，而不提供其他与人工智能安全至关重要的信息。所以拒不履行人工智能安全管理义务罪行应当只要求明知应当履行、客观上可以履行却不履行，情节严重即可。当然，我们需要平衡人工智能研发和使用可能带来的利益和风险，对不同种类人工智能区别对待，例如对部分种类人工智能的企业入罪不要求责令改正这一前置条件。这种对不要求责令改正的前置条件的严格规制，应当限于可能造成灾难性后果的人工智能领域，[1]例如自动武器的研发和投入使用。正如法哲学家认为的那样，可能的危害性越大，国家强制干预的必要性越大。[2]

其次，政府机构必须建立起监管制度，然后落实好监管制度，以监管人工智能的测试、投入使用以及使用跟踪。例如，政策制定者应当根据对使用自动战车的经济成本有重大影响的设计方案来决定遵循战争法和避免平民伤亡的程度。[3]又如，政府应当考虑是否、如何根据无人机的用途、尺码或者风险水平采取不同的规制思路。[4]再如，2017年12月《北京市关于加快推进自动驾驶车辆道路测试有关工作的指导意见（试行）》正式出台，规定了测试管理制度。在人工智能时代，对于未建立相应的测试、认证、跟踪等监管制度的，例如相应的硬件安全

---

[1] Matthew U. Scherer, "Regulating Artificial Intelligence Systems: Risks, Challenges, Competencies, and Strategies", *Havard Journal of Law & Technology*, Vol. 2016, No. 2.

[2] Joel Feinberg, *The Moral Limits of the Criminal Law (Vol. I): Harm to Others*, Oxford University Press, 1984, p. 216.

[3] Evan Wallach, Erik Thomas, "The Economic Calculus of Fielding Autonomous Fighting Vehicles Compliant with the Laws of Armed Conflict", *Yale Journal of Law and Technology*, Vol. 2017, No. 1.

[4] Adem Ilker, "Regulating Commercial Drones: Bridging the Gap between American and European Drone Regulations", *Journal of International Business and Law*, Vol. 2016, No. 2.

标准、软件安全标准、公众知情标准，以及未落实好监管制度的，应当予以预防性打击。[1]但是，如果仍然依赖滥用职权罪、玩忽职守罪，则仍然面临"致使公共财产、国家和人民利益遭受重大损失的"罪刑法定约束。这将是立法者的滥用职权、玩忽职守：首先，没能在行政监管环节有效控制人工智能的风险，未能满足人民的安全需求；[2]其次，行政相对人的预防义务逐步推进，而行政主体的预防义务踟蹰不前，有违立法平等，司法更难以平等。这也凸显了原来的信息网络安全管理义务的设定和分配有所不公。

在上述行政主体和相对人互动的人工智能风险控制机制中，一个典型的例子将是危险驾驶行为的智能化演变。换言之，在自动驾驶这一人工智能领域，将突出体现应当同时推进和落实双方的预防义务。现有的危险驾驶罪主要针对驾驶者的醉酒驾驶和追逐竞驶行为，交通法也只关注汽车装置的安全性和驾驶者的安全驾驶能力。但是在自动驾驶时代，立法应当关注的是避险保障和精确驾驶的软硬件体系。[3]换言之，人工智能时代的危险驾驶行为概念发生了扩容，扩张到造成驾驶危险的行为，也就应当包括企业和政府双方的风险管理不力行为，这是人工智能时代的刑法和交通法需要解决的问题。对于交通肇事罪而言也是如此。"对交通肇事的责任认定，不再限于交通肇事罪的犯罪主体范畴，将扩展至自动驾驶汽车的设计者、制造者、监管者、销售者、所有者、使用者与驾驶者，这些主体可能因自动驾驶汽车造成的严重事故，承担交通肇事罪或者其他相关罪名的刑事责任。"[4]

在上述预备行为独立性增强和危害性增大的过程中，也凸显了共犯行为独立性的增强和危害性的增大。在最终侵害法益的行为之前的行为环节都可看作是预备行为环节，这些环节往往不是由一个主体统一完成的，而是由多个主体共同加工而成的，这将对正犯行为的理解产生挑战。有学者总结了人工智能规制的问题在于其分散性、弥漫性、组件性：分散性是指人工智能项目的研发很可能不需要像二十世纪大多数工业机构那样的大规模的、集中的机构环境，而是可以体现为

---

[1] 例如《中华人民共和国反恐怖主义法》第88条处罚未建立公共安全视频图像信息系统值班监看、信息保存使用、运行维护等管理制度的行为。这就是典型的预防性规制思路。

[2] P. Ramsay, *The Insecurity State*: *Vulnerable Autonomy And The Right To Security In The Criminal Law*, Oxford University Press, 2012.

[3] 吴汉东：《人工智能时代的制度安排与法律规制》，载《法律科学（西北政法大学学报）》2017年第5期。

[4] 侯帅：《自动驾驶技术背景下道路交通犯罪刑事责任认定新问题研究》，载《中国应用法学》2019年第4期。

小作坊式的单兵作战;弥散性是指人工智能项目的研发可以由互不联系的多方在各自不同的地方和法域完成;组件性是指人工智能项目将利用组件技术和成分,其完全的潜能直到所有成分组到一起才会明朗化。[1]人工智能的这三个特征给人工智能犯罪的正犯行为认定带来了挑战:最终侵害行为之前的各个研发行为环节由不同主体在互不联系的情况下在不同时空环境下独立地完成,而这些环节只有到了最后投入使用时才知道其特定的法益侵害性,但这些环节组合到一起时,最终的法益侵害性也是自然而然的事,普通人皆可完成最终侵害行为。所以,这些先前环节的行为危害性增大、独立性增强,其必须各自得到独立的评价,即各自评价为独立的犯罪。这就是共犯行为正犯化的思路。

这种新时代犯罪应对思路在之前的网络犯罪中已经出现并得到认可。传统共同犯罪的犯罪人之间密切联系、目标明确,所以只有最终造成法益侵害的行为才是正犯行为。但传统犯罪的网络异化改变了这一思路:研发和提供犯罪工具、方法、技术的行为成为后续与其没有密切联系的多个普通人的侵害行为得以完成的关键,应对这种实质性行为环节直接以正犯处理。这种思路在《刑法修正案(九)》中得到集中认可,该修正案增设了帮助信息网络犯罪活动罪。人工智能时代的帮助行为的独立性和危害性将更加凸显,可以预见,这种共犯行为正犯化的思路将继续影响人工智能犯罪的司法与立法。这不仅是正犯行为实质定义的改变,也是正犯行为程序追诉的需求:各个环节的主体在不同的时空环境下互不联系而各自加功,只能分别对其行为作出独立的规范评价,而不能依赖最后行为人的责任确定之后再行追诉。

(二)刑法关键词的解释

在人工智能时代,一些新的行为方式与行为对象需要刑法规范的扩容。传统犯罪类型下学界习以为常的行为方式、行为对象、行为客体观念都将受到人工智能犯罪的冲击,马克思的名言"一切坚固的东西都烟消云散了"将持续性地值得人工智能时代的法律人深思。在处理新型犯罪时,往往刑法分则本身没有问题,而是既有的观念局限了解释思维。

一些犯罪有了新的行为方式,这些方式虽然在定罪上不影响刑法规范的定性

---

[1] Matthew U. Scherer, "Regulating Artificial Intelligence Systems: Risks, Challenges, Competencies, and Strategies", *Havard Journal of Law & Technology*, Vol. 2016, No. 2. 分散性与前述的刑法应将单位作为主要规制主体并不矛盾:智能单位主要是以一种平台的形式为分散的各方提供犯罪的空间。

适用，但是将对行为的违法性程度产生影响。遥控无人机或自动武器等人工智能侵害人身的，将被认为是残忍的、冷血的、无情的，其行为性质区别于传统的侵害手段，因为其借由人工智能手段不需要直面血淋淋的现场，并能够更加方便有效地侵害。这是行为无价值论下违法性程度理论认识的时代增容。这种关注暴力行为方式而非被害人的思路反映了教导内在限制、自律美德以及提高关于暴力行为自控期待的法律目标。[1]这种对违法性的关注能够影响犯罪情节的认定，从而影响刑罚的从重、加重，包括死刑（立即执行）的选择。信息时代已经出现了将网络传播行为等置于"情节严重"范畴的司法方案，[2]而人工智能时代也将运用将智能侵害行为等置于情节严重范畴的思路。

有一些行为对象的变迁其实是行为客体的变迁，也就是刑法法益的发展。人工智能产生了新的利益类型，也就意味着刑法要面对新的违法性类型，比如人工智能的人格化带来的新问题。虽然有些学者讨论的人工智能记忆模块助力人脑的情况在现阶段还没有技术的可能性，[3]但是一些穿戴式、植入式人工智能设备已经与使用者的人身融为一体，成为其人身完整和身体健康的一部分，是其行使人格自主的必要条件。此时侵害人工智能设备也就直接侵害了使用者的人身权利，而非其财产。[4]

人工智能意味着万物互联、人机交互，必然产生大数据，进而在信息时代产生数据定性的问题。如果定性为财产，[5]比如把数据通过密码学形成代码机制，就规避了个人隐私性质，而产生数据所有权的问题，如自动驾驶中产生的数据所有权主体是开发者、销售者还是使用者？这种所有权对既有财产犯罪的对象概念

---

[1] L Farmer, *Making the Modern Criminal Law：Criminalisation and Civil Order*, Oxford University Press, 2016.

[2] 郭旨龙：《信息时代犯罪定量评价的体系化转变》，载《东方法学》2015年第6期。2016年最高人民法院、最高人民检察院、公安部《关于办理电信网络诈骗等刑事案件适用法律若干问题的意见》规定，利用"钓鱼网站"链接、"木马"程序链接、网络渗透等隐蔽技术手段实施诈骗的，酌情从重处罚。

[3] 袁曾：《人工智能有限法律人格审视》，载《东方法学》2017年第5期。

[4] 人工智能不仅延展了受害人的人身，也可延伸犯罪人的人身。传统的非法侵入住宅必须是行为人肉身进入住宅，但在人工智能时代，这种观念将受到挑战。人工智能时代通过人机互动最终达到人机融合，不仅机器人的大脑、感官、执行部可以进行时空分离，而且当这些部分成为人类新器官后，其将意味着人类的大脑、感官和执行器官也可以出现时空不一致。这是自然人行为概念的扩容。具体到侵犯住宅，刑法所包含的人身安全和个人隐私等人身权利将在无人机侵入时受到有过之而无不及的侵害。

[5] 龙卫球、林洹民：《我国智能制造的法律挑战与基本对策研究》，载《法学评论》2016第6期。

产生冲击,原有的盗窃、抢劫、抢夺、侵占犯罪针对的是财产所有权,要求占有的排他性,而数字化的大数据不存在独占性,可被多重主体同时占有。[1]此时是否认定为传统的罪名成为难题,需要刑法的扩容。例如通过人工智能对其他数据平台进行数据抓取,甚至强行抓取。如果认定为不正当竞争则只考虑了数据的同类使用行为产生的危害。倘若要认定为财产犯罪,一般性地保护数据的财产性,最便利的方法显然是进行刑法的扩展解释,认为不排除他人的占有也侵害了他人占有所具有的财产价值,则可以依据行为方式认定为相应的财产犯罪。而更彻底的方法是进行立法修正,增设专门的罪名保护数据占有的完整价值。

但是,通过大数据也可以形成个体的数据人画像,而非上述非个人的、有商业价值的数据,这涉及个人信息保护。这是通过数字化信息建立起来的数字化人格形象。[2]例如在自动驾驶中收集和处理数据形成的数据人画像比数字化时代的记录更为全面、准确地记录了个人信息。类似飞机黑匣子的信息保留制度将制度性地增加个人隐私被侵害的风险。收集、处理和共享信息的任何事物都将对隐私产生影响。[3]这将对个人信息犯罪的定性和定量评价产生常态性的冲击,需要相关司法解释的更新。[4]

如果说以上大数据是人工智能在进行主要工作中附带产生的法益,那么,刑法还要面对人工智能直接主动产生数据的法益问题。机器人写诗、绘画、作曲已经是技术上成熟的实践。依靠数据和算法独立完成的作品应当被作为著作权的对象予以保护。[5]这首先带来了著作权归人工智能、设计者还是公司甚至公众的问题。[6]前已论及,人工智能在现阶段不能作为法律主体。在这个问题上,如果人工智能作为权利人,也就意味着侵犯著作权罪的行为人和受害人都可是人工智能,这是未来人工智能作为法律主体所要面临的全新问题。在现阶段,这些人工智能作品的权利人仍然是自然人或单位,未经权利人许可而发行其作品的并未引

---

[1] Andrew Murray, *Information Technology Law: The Law and Society*, Oxford University Press, 2016, p. 13.
[2] 吴汉东:《人工智能时代的制度安排与法律规制》,载《法律科学(西北政法大学学报)》2017年第5期。
[3] Dennis Normile, "Q&A: Robots and the Law", *Science*, Vol. 2014, No. 6206.
[4] 参见2017年最高人民法院、最高人民检察院《关于办理侵犯公民个人信息刑事案件适用法律若干问题的解释》。
[5] 吴汉东:《人工智能时代的制度安排与法律规制》,载《法律科学(西北政法大学学报)》2017年第5期;梁志文:《论人工智能创造物的法律保护》,载《法律科学(西北政法大学学报)》2017年第5期。
[6] 袁曾:《人工智能有限法律人格审视》,载《东方法学》2017年第5期。

起新的问题。但是,制作、出售假冒他人署名的美术作品这一犯罪类型可能面临新问题,如果署名其他人工智能,能否认定为假冒他人?应当认为是假冒了人工智能的权利人。

  人工智能产生和使用数据不仅会造成上述财产问题和人身权利问题,而且可能造成社会管理问题。这是因为数据和信息还可能承载其他社会意义。除了看护机器人,性爱机器人也已经出现。这里暂且不讨论这些机器人是否是个人人身权利的延伸,值得关注的是性爱机器人带来的社会管理问题。性爱机器人一般出现在性用品商店,但和原有的性用品有了本质区别。原有用品一般是静态的物体或者附加简单语音内容的物品,难以被认定为"具体描绘性行为或者露骨宣扬色情的诲淫性的"淫秽物品,也难以被认定为面向他人的淫秽表演。但是,性爱机器人的出现,将改变对淫秽物品和淫秽表演的认定。具有人工智能的性爱机器人当然可以像阿法狗一样对人类社会既有的淫秽物品进行大数据分析,然后自己创作出淫秽作品再以各种形式呈现出来,还可以像阿法元一样根据给定的行为规则完全自主地创作出淫秽作品再以各种形式呈现出来,其完全可以成为刑法上的淫秽物品并进行面向他人的淫秽表演。这在刑法解释论上不是难题。但是,这却引发了刑法立法论上的问题:淫秽行为犯罪化的根据何在?这种根据在人工智能时代是否还一如既往地存在?以英美和欧陆国家都打击的极端淫秽物品为例,特别是儿童色情作品,该类作品经常被认为是为了预防现实中的性侵害,甚至涵盖了机器合成的漫画。[1]值得思考的是:即使这种预防具有有效性,这在机器完全可以替代部分象征对象的社会意义时,比如类似儿童的机器人,或者扮演被杀害者、被强奸者的机器人,是否仍然助长了使用者侵害真实对象的危险?想想模拟的拳击与射击吧。其他与社会管理相关的问题是:在我国没有针对虐待动物的强制法,也就不存在微调动物虐待法适用于踢机器狗的问题;此外,我国同样存在是否应当、如何规制操纵人们迷恋虚拟女友并为其购物的问题。[2]

  (三)客观归责的新问题

  人工智能引发了新的客观归责问题。[3]人们想归责的愿望和缺乏合适的报应

---

[1] Andrew Murray, *Information Technology Law: The Law and Society*, Oxford University Press, 2016, pp. 403~417.

[2] Dennis Normile, "Q&A: Robots and the Law", *Science*, Vol. 2014, NO. 6206.

[3] 龙卫球、林洹民:《我国智能制造的法律挑战与基本对策研究》,载《法学评论》2016 第 6 期;樊邦奎、张瑞雨:《无人机系统与人工智能》,载《武汉大学学报(信息科学版)》2017 年第 11 期。

性谴责主体之间不相匹配。[1]当机器人将工人压死、致使病人受伤,或者自动驾驶危害公共安全时,倘若客观归责发生变化,则具有相关关系即可客观归责,不需要社会相当性。德国、美国传统刑法都认为存在因果关系中断时,例如他人放火或者失火导致先前行为致伤的受害人在医院死亡,该中断事由可以阻断客观归责。[2]但是,这种因果关系中断不能适用于人工智能,不能说有了机器人的自主行为,就切断运营者和危害后果的归责链条:一是因为实际情况可能并非机器人的"自主"行为导致危害后果,而是编程确有重大疏忽;二是因为如果中断归责,无法问责机器或者其身后的人,将导致责任缺口,继而导致对人工智能发明的支持的减少。[3]换言之,虽然人工智能导致某类具体损害后果并不是社会常态现象,不能推出运营者有类型化的疏忽,但是,运营者必须切实采取相关制度性的措施,才能免于承担相应后果的责任。在制度性过错的基础上,能将危害后果进行归责。如果运营者在研发、测试、报批、跟踪服务、召回等各个环节都履行了法律、法规和行业准则要求的注意义务,就不能将后果在刑法上归责,这种后果只能在民法、经济法上进行归责,例如利用保险制度进行责任分配,[4]换言之,刑法上的归责和民法上的归责有所不同。[5]

中断客观归责的可能情形是,下游环节更改了人工智能系统。前已述及,人工智能研发具有离散性和组件性,其他参与主体很可能对人工智能系统进行改动,这种改动是无法具体预知和具体控制的。不过这涉及生产者是否有更新人工智能系统的义务。美国判例和学者认为生产者一般没有更新义务。[6]但这应当在整个风险规制的体系中理解:只有生产者尽了与风险相当的其他合理义务之后,才能免除其没有更新系统造成后果的责任,也就是要尽到合理的警示义务。

前面论及的预防性刑法规制体系建设就是在进行制度化的、以相关性为基础

---

[1] John Danaher, "Robots, Law and the Retribution Gap", *Ethics and Information Technology*, Vol. 2016, No. 4.
[2] Sabine Gless, Emily Silverman, Thomas Weigend, "If Robots Cause Harm, Who is to Blame: Self-Driving Cars and Criminal Liability", *New Criminal Law Review*, Vol. 2016, No. 3.
[3] Sabine Gless, Emily Silverman, Thomas Weigend, "If Robots Cause Harm, Who is to Blame: Self-Driving Cars and Criminal Liability", *New Criminal Law Review*, Vol. 2016, No. 3.
[4] 参见英国相关法案:Vehicle Technology and Aviation Bill 2016-17.
[5] Hin-Yan Liu, "Irresponsibilities, Inequalities and Injustice for Autonomous Vehicles", *Ethics and Information Technology*, Vol. 2017, No. 3.
[6] Sabine Gless, Emily Silverman, Thomas Weigend, "If Robots Cause Harm, Who is to Blame: Self-Driving Cars and Criminal Liability", *New Criminal Law Review*, Vol. 2016, No. 3.

的归责体系建设。例如，非法利用人工智能操纵证券期货市场的，如果是他人的攻击行为，固然可以认定为非法攻击系统的罪行，予以预防性打击；但如果是人工智能原本的控制人的行为，则应当另行进行预防性规制：控制人利用大众对处理大数据的人工智能的"自愿服从"而（可能）导致公众损失的，[1]应当在非法利用阶段就予以刑法介入，而不讨论具体的经济损失行为是否因为介入了公众的"自主"行为而阻断归责。

但是，当风险具有常态性时应排除归责。在某类人工智能危险成为社会常态，例如当自动驾驶突然偏离行道被看作是日常生活的一部分时，接触此类人工智能将成为人们的正常风险，此时应排除客观归责；但这是人工智能成熟使用阶段的规范评价，而非试用阶段的规范评价，在人工智能初期，此类风险不应当被看作是日常性的，而应被视为人工智能创设的异常的风险，仍要归责于运营者。[2]之所以说异常，是因为今天我们与机器共享物理空间，该机器要么虽有自由行动范围，但由我们控制（例如汽车），要么虽由电脑控制，但行动范围高度受限（例如电梯）；但是无人驾驶汽车由计算机控制，却能引导自己的活动，且有巨大的活动范围，这给普通人例如行人带来了更低的关于他人行动的预测性。[3]

（四）正当事由的明朗化

排除违法性的正当事由制度也会受到常态性的冲击。人工智能使用中的风险导致不同主体的不同类型的利益处于竞争和冲突之中，需要法律的衡量和取舍。首先是要把保障人的生命放在首位，不能为了其他人身权利甚至财产利益而舍弃生命。[4]其次要保障算法平等，人们不因年龄、性别、种族、民族等个人身份条件受到歧视。即便如此，我们仍然面临牺牲或伤害少数人而挽救多数人的紧急避险问题。一般认为，如果允许紧急避险，则符合功利主义，但似乎不符合自由主义，因为任何人不应当仅仅被作为实现其他目的的手段，否则就侵害了

---

[1] 操纵行为所侵害的抽象法益决定了操纵行为的性质是具体危险犯，故能推定非直接因果关系规则成立的正当性；判断操纵行为情节严重的必要因素不是价量变动的大盘（证券市场）股价波动，而是行为是否有影响、控制证券市场价格形成机制的可能性。王新：《证券市场操纵犯罪的刑法属性及推定规则》，载《河南财经政法大学学报》2017年第5期。

[2] Sabine Gless, Emily Silverman, Thomas Weigend, "If Robots Cause Harm, Who is to Blame: Self-Driving Cars and Criminal Liability", *New Criminal Law Review*, Vol. 2016, No. 3.

[3] Harry Surden, Mary-Anne Williams, "Technological Opacity, Predictability, and Self-Driving Cars", *Cardozo Law Review*, Vol. 2016, No. 38.

[4] 郑戈：《人工智能与法律的未来》，载《探索与争鸣》2017年第10期。

该人的尊严。[1]

这种问题在前人工智能时代只是偶发现象，法律没有必要给出明确规则，只需司法者在个案中裁量，例如教学案例中创设的少数是否要被牺牲以挽救多数的情景冲突。但是在人工智能时代，这种法益冲突问题将常态化，成为研发和规制中的类型化问题。这不仅在自动驾驶中的突发障碍中要面临，而且在无人机的不当使用中更将成为要早作考量的问题。想想倘若在"后9.11时代"无人机被用于恐怖袭击，是否要击落无人机以挽救重大目标，哪怕牺牲被砸的无辜者？反恐怖主义是现代战争，这种法益冲突和衡量义务是国家必须面对的。

一种方案是将系统设定为在出现上述情况时请求人工处理，[2]将难题恢复到人工具体分析状态。但是，人在紧急状态下作出的决定很可能还不如事先做好的决定。另一种方案是事先设定规则。此时，应当对人工智能预设道德准则，为人工智能进行伦理指引。[3]有德国学者认为，如果不作为是唯一的合法选择，那么不进行事先编程也是合法的选择，否则每个人都要思考自己是否还愿意步行、是否要尽可能使用自动汽车。[4]其他学者认为，国家可以但非必须设定数量规则：道德决定必须合理地尊重涉事方的利益，而事先的算法平等地降低了每个人的潜在受害人身份几率，其正是通过公平裁量而合理地尊重了每个人的利益，所以国家事先规定采取此种算法是通过制定和执行规则来履行保护生命的积极义务，并未违反人类尊严和平等价值。[5]这种理论的正义性在于，运用了"无知之幕"的理论：当个体在不知道自己是在自动汽车上的受害概率更高还是在路上的概率更高时，会选择允许设定数量规则给自动汽车执行。

三、严格责任的趋向

传统的犯罪故意和犯罪过失认定以行为人针对犯罪结果的认识和意志为前提

---

[1] Immanuel Kant, *Groundwork of the Metaphysics of Morals*, Cambridge University Press, 1997, Trans. & Ed. by Mary Gregor, p. 38.

[2] 郑戈：《人工智能与法律的未来》，载《探索与争鸣》2017年第10期。

[3] 吴汉东：《人工智能时代的制度安排与法律规制》，载《法律科学（西北政法大学学报）》2017年第5期。

[4] [德]黎安·沃尔娜、王德政：《自动驾驶汽车编程者的刑事责任——以规定参数进行紧急避险的角度》，载《上海师范大学学报（哲学社会科学版）》2019年第6期。

[5] Ungern-Sternberg, Antje, "Autonomous Driving: Regulatory Challenges Raised by Artificial Decision-Making and Tragic Choices", Woodrow Barfield, Ugo Pagallo eds., *Research Handbook on the Law of Artificial Intelligence*, Edward Elgar, 2018. 在预设道德准则或者进行伦理指引的过程中出现失误的，应当成为责任主体。

展开，这种认定模式在人工智能时代将面临常态性的挑战。正如有学者指出的那样，"以过错责任为基础而建立的'风险分配'责任体系，在未来的交通法规中将不复存在。对于道路交通责任事故的认定，其归责事由只有结果的'对'与'错'，而无主观上的'故意'或'过失'"。[1] 这就是说，人工智能相关主体对于侵害结果谈不上故意和过失。这是因为人工智能可以是自动的，以原先的编程员不可预见的方式运行，或者以法律上为其负责的主体所不再能控制的方式运行，甚至在超级智能时代可以超出所有人的控制范围。[2] 在责任主体没有预见或者控制相关危害后果的能力时，刑法上的故意和过失概念也将被消解。换言之，人工智能时代的犯罪主观状态或者说责任认定将以严格责任为常态，而以故意和过失为例外。[3] 即使是弱人工智能，如果相关案件的发生普遍化（例如自动驾驶汽车在 5G 时代满大街跑），或者其对社会的影响全面铺开，也将引发刑法的质变。[4]

严格责任（strict liability）一般被认为是英美刑法的特色，甚至被认为是结果责任的残余，侵害了责任主义谴责（condemn）和预防犯罪的刑法机能。其实这是对严格责任的误读。严格责任并非无过错（fault）责任，而一般是指犯罪客观方面的某些要素不需要相应的主观过错，但是犯罪客观方面的其他要素还是需要相应的主观过错。例如在英国为了保护监护人对未成年人的监护权，在诱拐的认定上一般认为被诱拐者客观上未满相应年龄即可，不要求诱拐者对年龄的主观认识，但仍要求其认识到诱拐行为违反了监护人的意志。[5] 严格责任的立法考量因素是：在需要预防的危险十分重要和急迫的情形下，严格责任能够推进相关目标，并且其适用和覆盖范围得到限制。[6]

这种英美刑法中的严格责任并非绝对责任，其在中国刑法和理论中也逐步得

---

[1] 吴汉东：《人工智能时代的制度安排与法律规制》，载《法律科学（西北政法大学学报）》2017年第5期。

[2] Matthew U. Scherer, "Regulating Artificial Intelligence Systems: Risks, Challenges, Competencies, and Strategies", *Havard Journal of Law & Technology*, Vol. 2016, No. 2.

[3] 另外一种思路也认识到了预见可能性在过失责任认定上范围过宽的问题，但其提出仍然以结果为指向，以具体的预见可能性为中心。参见杨剑锋：《结果无价值型过失论在汽车自动驾驶时代的展开——以交通肇事罪为切入点》，载《法大研究生》2017年第1期。

[4] 董玉庭：《人工智能与刑法发展关系论——基于真实与想象所做的分析》，载《现代法学》2019年第5期。

[5] David Ormerod ed., *Blackstone's Criminal Law Practice* 2012, Oxford University Press, 2012, p. 28.

[6] David Ormerod ed., *Blackstone's Criminal Law Practice* 2012, Oxford University Press, 2012, p. 31.

到承认。就中国刑法对严格责任的规定而言，其首先是将同类行为的故意责任和过失责任规定于同一条款，适用同等刑法幅度。例如在立法规定上，滥用职权和玩忽职守行为，都是渎职行为，但不强求对危害后果有故意或者过失责任，满足故意或者过失都可构成犯罪（当然司法上面临选择哪个罪名的问题）。该条可以统称为渎职罪。出于重大公共利益的考虑，且鉴于法定犯的故意与过失之间的伦理谴责性差异不大，为严密刑事法网，提高追诉效率，不管对结果持故意还是过失态度都构成该罪。严格区分故意与过失的传统观点已经不能适应法定犯时代的要求。[1]然后是对危害结果既不要求故意也不要求过失，只要实施分则规定的行为即可构成犯罪。例如交通肇事罪，刑事诉讼中几乎不可能要求检察官证明行为人对具体的危害后果有预见能力甚至已经预见，检察官只需证明行为人实施了违反交通运输管理法规的行为，导致了危害后果即可。这种情况已经为我国学者在理论上界定为客观的超过要素，例如对丢失枪支不报罪而言，不要求证明危害后果的主观责任，只要求证明故意不报即可。[2]最后是直接将故意行为规定为犯罪，不要求证明出现危害后果及其责任，而直接打击危险行为。例如《刑法修正案（八）》增设危险驾驶罪，不要求证明肇事及其责任。

这三种情况体现出来的弱化针对危害后果的主观责任倾向在网络犯罪的规制体系中已经凸显。《刑法修正案（九）》规定了拒不履行信息网络安全管理义务罪，它只要求故意拒不改正，不要求对严重后果的主观责任；即使认为对发生的严重后果要求主观责任，该罪也同时规定了情节严重即可入罪，也就是可以直接打击情节严重的危险犯。

在人工智能时代，这一趋势将更加凸显。人工智能犯罪的刑法规制体系，必须在责任要素上普遍采纳严格责任，对超过的客观要素（结果）不强求故意或者过失；必要时直接规定危险犯，正如前已论及的预备行为实行化，连客观的结果要素都不要求。

四、新犯罪时代的新预防策略

人工智能犯罪的刑事规制体系不可避免地要比较和借鉴英、美、德、日等法域的刑法体系和最新趋向。但是，要注意域外刑法的历史背景，其不是从一开始

---

[1] 陈洪兵：《模糊罪过说之提倡——以污染环境罪为切入点》，载《法律科学（西北政法大学学报）》2017年第6期。

[2] 张明楷：《刑法分则的解释原理》，中国人民大学出版社2011版，第473页。

就有一套教义学体系，也不是从来就是现在这一套教义学体系。西方法治发达国家的法律体系形成于农业时代，完备于工业时代，但它在计算机网络和人工智能技术不断发展的信息时代背景下不断受到冲击，西方也在考虑不断进行变革。要考察其当下的合理性，合不合适要自己思考才知道，中国刑法不能削足适履。在人工智能时代，中国的人工智能技术实践将处在世界前列，中国刑法规范的变革不可亦步亦趋，坐等他国刑法规范变迁然后学习，而是必须结合自己既有的刑法实践经验和理论积累不断内化生成自己的规范体系。

人工智能时代的新犯罪层出不穷、不断变异。本章与其说提出了一些人工智能犯罪问题的解决方案，不如说提出了更多的刑法规范问题，以期待更多的争鸣与探索。例如现在可以开始考虑人工智能犯罪的人工智能解决。人工智能能够帮助作出是否予以缓刑、假释等刑罚处遇的决定，这虽然不是人工智能犯罪的问题，但却表明人工智能除了可以被运用于犯罪，也能被用来应对犯罪。[1]人工智能可以快速有效地搜集、整理各个法域应对人工智能犯罪的新立法、新司法、新理论，[2]并结合特定法域的人工智能犯罪情况给出相应的建议，由法律人权衡后作出决策，这就可以是人工智能助力我们解决人工智能犯罪有效方式。此外，通过设计来规制机器人的行为应当得到重视。[3]例如立法可以规定将人工智能通过编程设定为自主报警，如在使用者制作兴奋剂时会被人工智能感知并报警。[4]这对商业流程环节和行政把关环节的预备行为实行化和共犯行为正犯化的法律考量应当会产生制度性的影响。总之，要通过智能形成预防与打击的合力，通过智能统计、分析助力被害人应急救援制度的完善与落实，并且要推动办案经验和智能技术的有效结合，要建立犯罪治理的智能协作机制。[5]

---

[1] 方圆、沈寅飞：《人工智能+法律=?》，载《检察日报》2017年7月26日，第5版；孙道萃：《人工智能对传统刑法的挑战》，载《检察日报》2017年10月22日，第3版。

[2] 张保生：《人工智能法律系统的法理学思考》，载《法学评论》2001年第5期。

[3] Ronald Leenes, Federica Lucivero, "Laws on Robots, Laws by Robots, Laws in Robots: Regulating Robot Behaviour by Design", *Law, Innovation and Technology*, Vol. 2014, No. 2. 另见于冲：《刑事合规视野下人工智能的刑法评价进路》，载《环球法律评论》2019年第6期。

[4] Dennis Normile, "Q&A: Robots and the Law", *Science*, Vol. 2014, No. 6206.

[5] 张旭、朱笑延：《弱智慧社会语境下的犯罪治理：情势、困境与出路》，载《吉林大学社会科学学报》2019年第1期。

附 录
中国人工智能政策法规文件及其解读

《新一代人工智能发展规划》
《新一代人工智能发展规划》政策解读
《新一代人工智能治理原则——发展负责任的人工智能》
《新一代人工智能伦理规范》
《关于加强科技伦理治理的意见》
《科技伦理审查办法（试行）》
科技向善 造福人类——解读《关于加强科技伦理治理的意见》
科技部解读《关于加强科技伦理治理的意见》
《关于加强科技伦理治理的意见》新闻发布会（文字实录）
《科技伦理审查办法（试行）》（征求意见稿）
《关于加强互联网信息服务算法综合治理的指导意见》
《互联网信息服务算法推荐管理规定》
《互联网信息服务算法推荐管理规定》答记者问
专家解读｜构建互联网信息服务算法安全监管体系
聚焦《互联网信息服务算法推荐管理规定》五大看点
《互联网信息服务深度合成管理规定》
《互联网信息服务深度合成管理规定》答记者问
深度解读《互联网信息服务深度合成管理规定》
《生成式人工智能服务管理暂行办法》
《生成式人工智能服务管理暂行办法》答记者问